办案实务 **全新**查询工具书

民事办案图解一本通

实体法手册 ❷

付欣欣／编著

中国检察出版社

图书在版编目（CIP）数据

民事办案图解一本通. 实体法手册. 2／付欣欣编著. —北京：中国检察出版社，2015.6
ISBN 978 – 7 – 5102 – 1415 – 8

Ⅰ.①民… Ⅱ.①付… Ⅲ.①民法 – 法律解释 – 中国②民事诉讼法 – 法律解释 – 中国 Ⅳ.①D923.05②D925.105

中国版本图书馆 CIP 数据核字（2015）第 077618 号

民事办案图解一本通：实体法手册②

付欣欣 编著

出版发行：	中国检察出版社
社　　址：	北京市石景山区香山南路 111 号（100144）
网　　址：	中国检察出版社（www.zgjccbs.com）
编辑电话：	(010)88685314
发行电话：	(010)68650015　68650016　68650029
经　　销：	新华书店
印　　刷：	三河市西华印务有限公司
开　　本：	720 mm×960 mm　16 开
印　　张：	32.75 印张
字　　数：	548 千字
版　　次：	2015 年 6 月第一版　2015 年 6 月第一次印刷
书　　号：	ISBN 978 – 7 – 5102 – 1415 – 8
定　　价：	78.00 元

检察版图书，版权所有，侵权必究
如遇图书印装质量问题本社负责调换

目　　录

第六部分　劳动争议、人事争议

十七、劳动争议……………………………………………………… 2
　　NO.169　劳动合同纠纷 ………………………………………… 3
　　NO.170　社会保险纠纷 ………………………………………… 17
　　NO.171　福利待遇纠纷 ………………………………………… 27

十八、人事争议……………………………………………………… 30
　　NO.172　人事争议 ……………………………………………… 31

第七部分　海事海商纠纷

十九、海事海商纠纷………………………………………………**36**
　　NO.173　船舶碰撞损害责任纠纷 ……………………………… 38
　　NO.174　船舶触碰损害责任纠纷 ……………………………… 41
　　NO.175　船舶损坏空中设施、水下设施损害责任纠纷 ……… 42
　　NO.176　船舶污染损害责任纠纷 ……………………………… 43
　　NO.177　海上、通海水域污染损害责任纠纷 ………………… 45
　　NO.178　海上、通海水域养殖损害责任纠纷 ………………… 46
　　NO.179　海上、通海水域财产损害责任纠纷 ………………… 47
　　NO.180　海上、通海水域人身损害责任纠纷 ………………… 48
　　NO.181　非法留置船舶、船载货物、船用燃油、船用物料损害责任
　　　　　　纠纷 …………………………………………………… 49
　　NO.182　海上、通海水域货物运输合同纠纷 ………………… 50

NO.183 海上、通海水域旅客运输合同纠纷 …………………… 51
NO.184 海上、通海水域行李运输合同纠纷 …………………… 52
NO.185 船舶经营管理合同纠纷 ………………………………… 52
NO.186 船舶买卖合同纠纷 ……………………………………… 53
NO.187 船舶建造合同纠纷 ……………………………………… 54
NO.188 船舶修理合同纠纷 ……………………………………… 56
NO.189 船舶改建合同纠纷 ……………………………………… 56
NO.190 船舶拆解合同纠纷 ……………………………………… 56
NO.191 船舶抵押合同纠纷 ……………………………………… 56
NO.192 航次租船合同纠纷 ……………………………………… 57
NO.193 船舶租用合同纠纷 ……………………………………… 58
NO.194 船舶融资租赁合同纠纷 ………………………………… 62
NO.195 海上、通海水域运输船舶承包合同纠纷 ……………… 64
NO.196 渔船承包合同纠纷 ……………………………………… 64
NO.197 船舶属具租赁合同纠纷 ………………………………… 65
NO.198 船舶属具保管合同纠纷 ………………………………… 67
NO.199 海运集装箱租赁合同纠纷 ……………………………… 69
NO.200 海运集装箱保管合同纠纷 ……………………………… 69
NO.201 港口货物保管合同纠纷 ………………………………… 69
NO.202 船舶代理合同纠纷 ……………………………………… 70
NO.203 海上、通海水域货运代理合同纠纷 …………………… 72
NO.204 理货合同纠纷 …………………………………………… 72
NO.205 船舶物料和备品供应合同纠纷 ………………………… 72
NO.206 船员劳务合同纠纷 ……………………………………… 73
NO.207 海难救助合同纠纷 ……………………………………… 74
NO.208 海上、通海水域打捞合同纠纷 ………………………… 78
NO.209 海上、通海水域拖航合同纠纷 ………………………… 78
NO.210 海上、通海水域保险合同纠纷 ………………………… 80
NO.211 海上、通海水域保赔合同纠纷 ………………………… 86

- NO.212 海上、通海水域运输联营合同纠纷 …… 86
- NO.213 船舶营运借款合同纠纷 …… 87
- NO.214 海事担保合同纠纷 …… 88
- NO.215 航道、港口疏浚合同纠纷 …… 89
- NO.216 船坞、码头建造合同纠纷 …… 90
- NO.217 船舶检验合同纠纷 …… 90
- NO.218 海事请求担保纠纷 …… 92
- NO.219 海上、通海水域运输重大责任事故责任纠纷 …… 92
- NO.220 港口作业重大责任事故责任纠纷 …… 93
- NO.221 港口作业纠纷 …… 93
- NO.222 共同海损纠纷 …… 94
- NO.223 海洋开发利用纠纷 …… 96
- NO.224 船舶共有纠纷 …… 97
- NO.225 船舶权属纠纷 …… 98
- NO.226 海运欺诈纠纷 …… 99
- NO.227 海事债权确权纠纷 …… 100

第八部分 与公司、证券、保险、票据等有关的民事纠纷

二十、与企业有关的纠纷 …… 102
- NO.228 企业出资人权益确认纠纷 …… 103
- NO.229 侵害企业出资人权益纠纷 …… 105
- NO.230 企业公司制改造合同纠纷 …… 105
- NO.231 企业股份合作制改造合同纠纷 …… 107
- NO.232 企业债权转股权合同纠纷 …… 109
- NO.233 企业分立合同纠纷 …… 112
- NO.234 企业租赁经营合同纠纷 …… 114
- NO.235 企业出售合同纠纷 …… 118

NO.236 挂靠经营合同纠纷 ························· 121
NO.237 企业兼并合同纠纷 ························· 123
NO.238 联营合同纠纷 ······························ 125
NO.239 企业承包经营合同纠纷 ····················· 130
NO.240 中外合资经营企业合同纠纷 ················· 132
NO.241 中外合作经营企业合同纠纷 ················· 133

二十一、与公司有关的纠纷 ························· 137

NO.242 股东资格确认纠纷 ························· 138
NO.243 股东名册记载纠纷 ························· 140
NO.244 请求变更公司登记纠纷 ····················· 141
NO.245 股东出资纠纷 ······························ 142
NO.246 新增资本认购纠纷 ························· 146
NO.247 股东知情权纠纷 ··························· 147
NO.248 请求公司收购股份纠纷 ····················· 148
NO.249 股权转让纠纷 ······························ 149
NO.250 公司决议纠纷 ······························ 151
NO.251 公司设立纠纷 ······························ 151
NO.252 公司证照返还纠纷 ························· 152
NO.253 发起人责任纠纷 ··························· 152
NO.254 公司盈余分配纠纷 ························· 153
NO.255 损害股东利益责任纠纷 ····················· 154
NO.256 损害公司利益责任纠纷 ····················· 154
NO.257 股东损害公司债权人利益责任纠纷 ··········· 156
NO.258 公司关联交易损害责任纠纷 ················· 156
NO.259 公司合并纠纷 ······························ 157
NO.260 公司分立纠纷 ······························ 158
NO.261 企业减资纠纷 ······························ 159
NO.262 公司增资纠纷 ······························ 160
NO.263 公司解散纠纷 ······························ 160

NO.264	申请公司清算	163
NO.265	清算责任纠纷	165
NO.266	上市公司收购纠纷	168

二十二、合伙企业纠纷 175

NO.267	入伙纠纷	176
NO.268	退伙纠纷	176
NO.269	合伙企业财产份额转让纠纷	178

二十三、与破产有关的纠纷 179

NO.270	申请破产清算	180
NO.271	申请破产重整	181
NO.272	申请破产和解	182
NO.273	请求撤销个别清偿行为纠纷	183
NO.274	请求确认债务人行为无效纠纷	184
NO.275	对外追收债权纠纷	184
NO.276	追收未缴出资纠纷	184
NO.277	追收抽逃出资纠纷	186
NO.278	追收非正常收入纠纷	186
NO.279	破产债权确认纠纷	187
NO.280	取回权纠纷	189
NO.281	破产抵销权纠纷	189
NO.282	别除权纠纷	190
NO.283	破产撤销权纠纷	191
NO.284	损害债务人利益赔偿纠纷	191
NO.285	管理人责任纠纷	192

二十四、证券纠纷 194

NO.286	证券权利确认纠纷	195
NO.287	证券交易合同纠纷	196
NO.288	金融衍生品种交易纠纷	200

NO.289　证券承销合同纠纷 …………………………………… 202
NO.290　证券投资咨询纠纷 …………………………………… 206
NO.291　证券资信评级服务合同纠纷 ………………………… 209
NO.292　证券回购合同纠纷 …………………………………… 210
NO.293　证券上市合同纠纷 …………………………………… 213
NO.294　证券交易代理合同纠纷 ……………………………… 213
NO.295　证券上市保荐合同纠纷 ……………………………… 214
NO.296　证券发行纠纷 ………………………………………… 219
NO.297　证券返还纠纷 ………………………………………… 222
NO.298　证券欺诈责任纠纷 …………………………………… 223
NO.299　证券托管纠纷 ………………………………………… 226
NO.300　证券登记、存管、结算纠纷 ………………………… 229
NO.301　融资融券交易纠纷 …………………………………… 231
NO.302　客户交易结算资金纠纷 ……………………………… 233

二十五、期货交易纠纷 ………………………………………… **234**

NO.303　期货经纪合同纠纷 …………………………………… 235
NO.304　期货透支交易纠纷 …………………………………… 238
NO.305　期货强行平仓纠纷 …………………………………… 239
NO.306　期货实物交割纠纷 …………………………………… 241
NO.307　期货保证合约纠纷 …………………………………… 244
NO.308　期货交易代理合同纠纷 ……………………………… 245
NO.309　侵占期货交易保证金纠纷 …………………………… 246
NO.310　期货欺诈责任纠纷 …………………………………… 251
NO.311　操纵期货交易市场责任纠纷 ………………………… 253
NO.312　期货内幕交易责任纠纷 ……………………………… 255
NO.313　期货虚假信息责任纠纷 ……………………………… 256

二十六、信托纠纷 ……………………………………………… **259**

NO.314　民事信托纠纷 ………………………………………… 260
NO.315　营业信托纠纷 ………………………………………… 267

NO.316　公益信托纠纷 ·· 267

二十七、保险纠纷·· **269**

NO.317　财产保险合同纠纷 ·· 270
NO.318　人身保险合同纠纷 ·· 271
NO.319　再保险合同纠纷 ·· 274
NO.320　保险经纪合同纠纷 ·· 275
NO.321　保险代理合同纠纷 ·· 276
NO.322　进出口信用保险合同纠纷 ······························ 276
NO.323　保险费纠纷 ·· 280

二十八、票据纠纷·· **281**

NO.324　票据付款请求权纠纷 ······································ 282
NO.325　票据追索权纠纷 ·· 293
NO.326　票据交付请求权纠纷 ······································ 295
NO.327　票据返还请求权纠纷 ······································ 295
NO.328　票据损害责任纠纷 ·· 297
NO.329　票据利益返还请求权纠纷 ······························ 298
NO.330　汇票回单签发请求权纠纷 ······························ 298
NO.331　票据保证纠纷 ·· 299
NO.332　确认票据无效纠纷 ·· 300
NO.333　票据代理纠纷 ·· 300
NO.334　票据回购纠纷 ·· 301

二十九、信用证纠纷·· **305**

NO.335　委托开立信用证纠纷 ······································ 306
NO.336　信用证开证纠纷 ·· 308
NO.337　信用证议付纠纷 ·· 308
NO.338　信用证欺诈纠纷 ·· 308
NO.339　信用证融资纠纷 ·· 309
NO.340　信用证转让纠纷 ·· 309

第九部分　侵权责任纠纷

三十、侵权责任纠纷 ······ **312**

- NO.341　监护人责任纠纷 ······ 314
- NO.342　用人单位责任纠纷 ······ 314
- NO.343　劳务派遣工作人员侵权责任纠纷 ······ 320
- NO.344　提供劳务者致害责任纠纷 ······ 321
- NO.345　提供劳务者受害责任纠纷 ······ 322
- NO.346　网络侵权责任纠纷 ······ 323
- NO.347　违反安全保障义务责任纠纷 ······ 323
- NO.348　教育机构责任纠纷 ······ 324
- NO.349　产品责任纠纷 ······ 326
- NO.350　机动车交通事故责任纠纷 ······ 335
- NO.351　医疗损害责任纠纷 ······ 344
- NO.352　环境污染责任纠纷 ······ 362
- NO.353　高度危险责任纠纷 ······ 366
- NO.354　饲养动物损害责任纠纷 ······ 368
- NO.355　物件损害责任纠纷 ······ 369
- NO.356　触电人身损害责任纠纷 ······ 370
- NO.357　义务帮工人受害责任纠纷 ······ 377
- NO.358　见义勇为人受害责任纠纷 ······ 377
- NO.359　公证损害责任纠纷 ······ 378
- NO.360　防卫过当损害责任纠纷 ······ 378
- NO.361　紧急避险损害责任纠纷 ······ 379
- NO.362　驻香港、澳门特别行政区军人执行职务侵权责任纠纷 ······ 379
- NO.363　铁路运输损害责任纠纷 ······ 380
- NO.364　水上运输损害责任纠纷 ······ 384
- NO.365　航空运输损害责任纠纷 ······ 384

NO.366 因申请诉前财产保全损害责任纠纷 …………………………… 388
NO.367 因申请诉前证据保全损害责任纠纷 …………………………… 390
NO.368 因申请诉中财产保全损害责任纠纷 …………………………… 390
NO.369 因申请诉中证据保全损害责任纠纷 …………………………… 391
NO.370 因申请先予执行损害责任纠纷 ……………………………… 391

第十部分　适用特殊程序案件案由

三十一、选民资格案件 …………………………………………… **394**
NO.371 申请确定选民资格 ……………………………………… 395

三十二、宣告失踪、宣告死亡案件 …………………………………… **396**
NO.372 申请宣告公民失踪 ……………………………………… 397
NO.373 申请撤销宣告失踪 ……………………………………… 400
NO.374 申请为失踪人财产指定、变更代管人 ……………………… 401
NO.375 失踪人债务支付纠纷 ……………………………………… 402
NO.376 申请宣告公民死亡 ……………………………………… 402
NO.377 申请撤销宣告公民死亡 …………………………………… 405
NO.378 被撤销死亡宣告人请求返还财产纠纷 ……………………… 406

三十三、认定公民无民事行为能力、限制民事行为能力案件 …………… **408**
NO.379 申请宣告公民无民事行为能力 …………………………… 409
NO.380 申请宣告公民限制民事行为能力 ………………………… 411
NO.381 申请宣告公民恢复限制民事行为能力 …………………… 411
NO.382 申请宣告公民恢复完全民事行为能力 …………………… 412

三十四、认定财产无主案件 …………………………………………… **413**
NO.383 申请认定财产无主 ……………………………………… 414
NO.384 申请撤销认定财产无主 ………………………………… 415

三十五、监护权特别程序案件 ………………………………………… **416**
NO.385 申请确定监护人 ………………………………………… 417

NO.386　申请变更监护人 …………………………………………… 420
NO.387　申请撤销监护人资格 ………………………………………… 420

三十六、督促程序案件 ……………………………………………… 423
NO.388　申请支付令 …………………………………………………… 424

三十七、公示催告程序案件 ………………………………………… 429
NO.389　申请公示催告 ………………………………………………… 430

三十八、申请诉前停止侵害知识产权案件 ………………………… 436
NO.390　申请诉前停止侵害专利权 …………………………………… 437
NO.391　申请诉前停止侵害注册商标专用权 ………………………… 441
NO.392　申请诉前停止侵害著作权 …………………………………… 444
NO.393　申请诉前停止侵害植物新品种权 …………………………… 445

三十九、申请保全案件 ……………………………………………… 446
NO.394　申请诉前财产保全 …………………………………………… 447
NO.395　申请诉中财产保全 …………………………………………… 449
NO.396　申请诉前证据保全 …………………………………………… 451
NO.397　申请诉中证据保全 …………………………………………… 454
NO.398　仲裁程序中的财产保全 ……………………………………… 454
NO.399　仲裁程序中的证据保全 ……………………………………… 455
NO.400　申请中止支付信用证项下款项 ……………………………… 456
NO.401　申请中止支付保函项下款项 ………………………………… 457

四十、仲裁程序案件 ………………………………………………… 458
NO.402　申请确认仲裁协议效力 ……………………………………… 459
NO.403　申请撤销仲裁裁决 …………………………………………… 462

四十一、海事诉讼特别程序案件 …………………………………… 465
NO.404　申请海事请求保全 …………………………………………… 466
NO.405　申请海事支付令 ……………………………………………… 470
NO.406　申请海事强制令 ……………………………………………… 474

NO.407	申请海事证据保全	475
NO.408	申请设立海事赔偿责任限制基金	477
NO.409	申请船舶优先权催告	478
NO.410	申请海事债权登记与受偿	479

四十二、申请承认与执行法院判决、仲裁裁决案件 481

NO.411	申请执行海事仲裁裁决	483
NO.412	申请执行知识产权仲裁裁决	483
NO.413	申请执行涉外仲裁裁决	483
NO.414	申请认可和执行香港特别行政区法院民事判决	484
NO.415	申请认可和执行香港特别行政区仲裁裁决	488
NO.416	申请认可和执行澳门特别行政区法院民事判决	490
NO.417	申请认可和执行澳门特别行政区仲裁裁决	494
NO.418	申请认可和执行台湾地区法院民事判决	497
NO.419	申请认可和执行台湾地区仲裁裁决	501
NO.420	申请承认和执行外国法院民事判决、裁定	502
NO.421	申请承认和执行外国仲裁裁决	502

四十三、执行异议之诉 503

NO.422	案外人执行异议之诉	504
NO.423	申请执行人执行异议之诉	505
NO.424	执行分配方案异议之诉	506

第六部分　劳动争议、人事争议

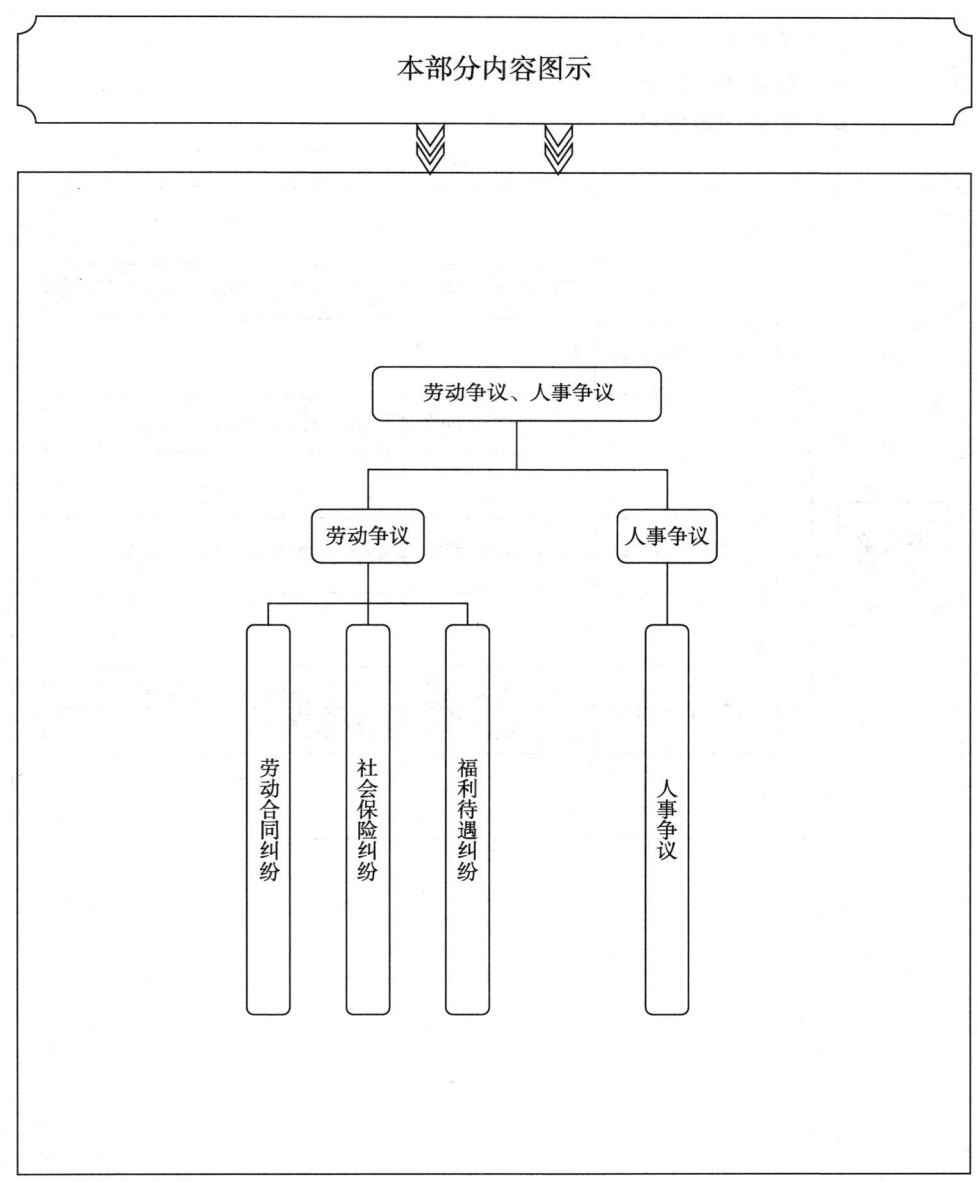

十七、劳动争议

- ➢ 劳动合同纠纷
- ➢ 社会保险纠纷
- ➢ 福利待遇纠纷

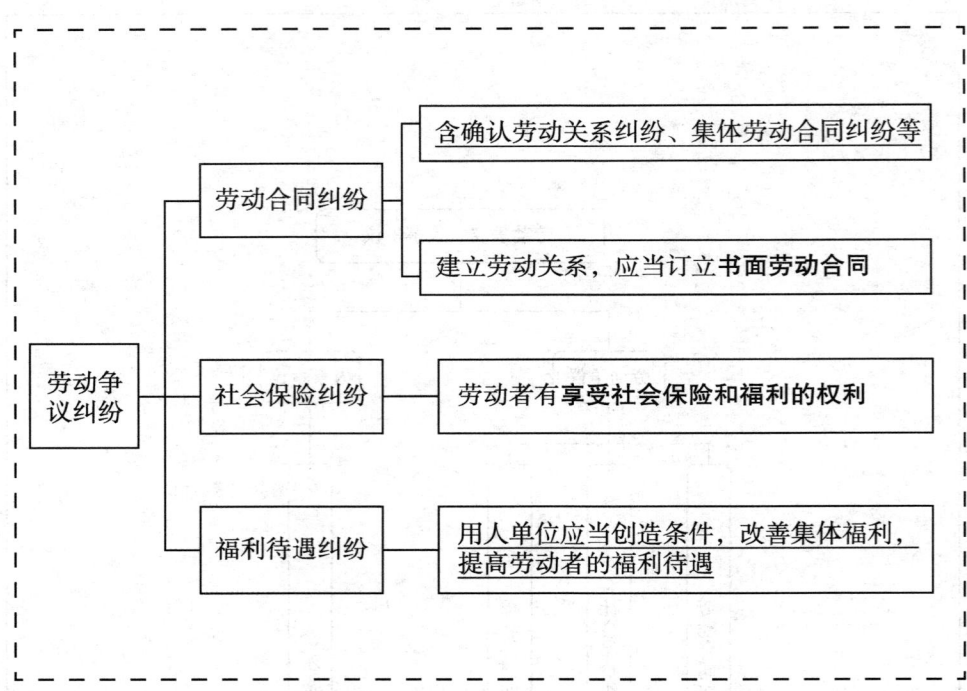

NO.169 劳动合同纠纷

条文要旨重点提示	对应条文序号
劳动合同法的基本原则	《中华人民共和国劳动合同法》第3条
劳动关系的确定 ——劳动关系建立时间的确定、劳动合同的订立、劳动合同的生效与保存、劳动合同的条款	《中华人民共和国劳动合同法》第7条、第10条、第16条、第17条
未订立劳动合同时劳动报酬的确定	《中华人民共和国劳动合同法》第11条
劳动合同报酬和条件有争议	《中华人民共和国劳动合同法》第18条
劳动合同的试用期	《中华人民共和国劳动合同法》第19条
竞业禁止	《中华人民共和国劳动合同法》第24条
劳动合同无效的情形、劳动合同无效的情况下劳动报酬的确定、劳动合同无效情况下的损害赔偿	《中华人民共和国劳动合同法》第26条、第28条、第86条
及时给付劳动报酬	《中华人民共和国劳动合同法》第30条
加班的情形及加班费	《中华人民共和国劳动合同法》第31条
劳动者违反劳动合同的例外	《中华人民共和国劳动合同法》第32条
用人单位发生变更情况下的劳动合同关系	《中华人民共和国劳动合同法》第33条、第34条
劳动合同内容的变更	《中华人民共和国劳动合同法》第35条
劳动合同的解除（包括双方协商、用人单位提出、劳动者提出）	《中华人民共和国劳动合同法》第36—42条
劳动合同的终止	《中华人民共和国劳动合同法》第44条
用人单位给劳动者支付补偿金的情形	《中华人民共和国劳动合同法》第46条
用人单位违法解除劳动合同的处理、用人单位违法解除、终止劳动合同的赔偿金	《中华人民共和国劳动合同法》第48条、第87条
集体劳动合同的订立及相关规定	《中华人民共和国劳动合同法》第51条、第55条、第56条
劳务派遣合同的订立及相关规定	《中华人民共和国劳动合同法》第58条、第62条、第63条、第65条
非全日制用工合同的订立及相关规定	《中华人民共和国劳动合同法》第68—72条

续表

条文要旨重点提示	对应条文序号
用人单位不与劳动者签订书面劳动合同	《中华人民共和国劳动合同法》第82条
劳动者追索劳动报酬	《中华人民共和国劳动合同法》第85条
劳动者违反本法给用人单位造成损失的赔偿责任	《中华人民共和国劳动合同法》第90条
先予执行的案件（包括追索劳动报酬）	《中华人民共和国民事诉讼法》第97条
劳动争议仲裁法的适用范围（包括劳动关系争议的适用）	《中华人民共和国劳动争议调解仲裁法》第2条
劳动者的经济补偿金及各种不同情形下的劳动补偿金	劳动部办公厅《关于对解除劳动合同经济补偿问题的复函》
关于审理劳动争议案件适用法律若干问题的司法解释	最高人民法院《关于审理劳动争议案件适用法律若干问题的解释》第13—16条、第20条 最高人民法院《关于审理劳动争议案件适用法律若干问题的解释（二）》第1—4条、第7条、第17条 最高人民法院《关于审理劳动争议案件适用法律若干问题的解释（三）》第3条、第10条

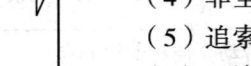

劳动合同纠纷包括的内容：
（1）确认劳动关系纠纷
（2）集体合同纠纷
（3）劳动派遣合同纠纷
（4）非全日制用工纠纷
（5）追索劳动报酬纠纷
（6）经济补偿金纠纷
（7）竞业限制纠纷

相关法规

中华人民共和国劳动合同法（节录）

（2012年12月28日　主席令第73号）

第三条【劳动合同法的基本原则】 订立劳动合同，应当遵循合法、公平、平等自愿、协商一致、诚实信用的原则。

依法订立的劳动合同具有约束力，用人单位与劳动者应当履行劳动合同约定的义务。

第七条【劳动关系建立时间的确定】 用人单位自用工之日起即与劳动者建立劳动关系。用人单位应当建立职工名册备查。

第十条【劳动合同的订立】 建立劳动关系，应当订立书面劳动合同。

已建立劳动关系，未同时订立书面劳动合同的，应当自用工之日起一个月内订立书面劳动合同。

用人单位与劳动者在用工前订立劳动合同的，劳动关系自用工之日起建立。

第十一条【未订立劳动合同时劳动报酬的确定】 用人单位未在用工的同时订立书面劳动合同，与劳动者约定的劳动报酬不明确的，新招用的劳动者的劳动报酬按照集体合同规定的标准执行；没有集体合同或者集体合同未规定的，实行同工同酬。

第十六条【劳动合同的生效与保存】 劳动合同由用人单位与劳动者协商一致，并经用人单位与劳动者在劳动合同文本上签字或者盖章生效。

劳动合同文本由用人单位和劳动者各执一份。

第十七条【劳动合同的条款】 劳动合同应当具备以下条款：

（一）用人单位的名称、住所和法定代表人或者主要负责人；

（二）劳动者的姓名、住址和居民身份证或者其他有效身份证件号码；

（三）劳动合同期限；

（四）工作内容和工作地点；

（五）工作时间和休息休假；

（六）劳动报酬；

（七）社会保险；

（八）劳动保护、劳动条件和职业危害防护；

（九）法律、法规规定应当纳入劳动合同的其他事项。

劳动合同除前款规定的必备条款外，用人单位与劳动者可以约定试用期、培训、保守秘密、补充保险和福利待遇等其他事项。

第十八条【劳动合同报酬和条件有争议】 劳动合同对劳动报酬和劳动条件等标准约定不明确，引发争议的，用人单位与劳动者可以重新协商；协商不成的，适用集体合同规定；没有集体合同或者集体合同未规定劳动报酬的，实行同工同酬；没有集体合同或者集体合同未规定劳动条件等标准的，适用国家有关规定。

第十九条【劳动合同的试用期】 劳动合同期限三个月以上不满一年

的，试用期不得超过一个月；劳动合同期限一年以上不满三年的，试用期不得超过二个月；三年以上固定期限和无固定期限的劳动合同，试用期不得超过六个月。

同一用人单位与同一劳动者只能约定一次试用期。

以完成一定工作任务为期限的劳动合同或者劳动合同期限不满三个月的，不得约定试用期。

试用期包含在劳动合同期限内。劳动合同仅约定试用期的，试用期不成立，该期限为劳动合同期限。

第二十四条【竞业禁止】 竞业限制的人员限于用人单位的高级管理人员、高级技术人员和其他负有保密义务的人员。竞业限制的范围、地域、期限由用人单位与劳动者约定，竞业限制的约定不得违反法律、法规的规定。

在解除或者终止劳动合同后，前款规定的人员到与本单位生产或者经营同类产品、从事同类业务的有竞争关系的其他用人单位，或者自己开业生产或者经营同类产品、从事同类业务的竞业限制期限，不得超过二年。

第二十六条【劳动合同无效的情形】 下列劳动合同无效或者部分无效：

（一）以欺诈、胁迫的手段或者乘人之危，使对方在违背真实意思的情况下订立或者变更劳动合同的；

（二）用人单位免除自己的法定责任、排除劳动者权利的；

（三）违反法律、行政法规强制性规定的。

对劳动合同的无效或者部分无效有争议的，由劳动争议仲裁机构或者人民法院确认。

第二十八条【劳动合同无效的情况下劳动报酬的确定】 劳动合同被确认无效，劳动者已付出劳动的，用人单位应当向劳动者支付劳动报酬。劳动报酬的数额，参照本单位相同或者相近岗位劳动者的劳动报酬确定。

第三十条【及时给付劳动报酬】 用人单位应当按照劳动合同约定和国家规定，向劳动者及时足额支付劳动报酬。

用人单位拖欠或者未足额支付劳动报酬的，劳动者可以依法向当地人民法院申请支付令，人民法院应当依法发出支付令。

第三十一条【加班的情形及加班费】 用人单位应当严格执行劳动定额标准，不得强迫或者变相强迫劳动者加班。用人单位安排加班的，应当按照国家有关规定向劳动者支付加班费。

第三十二条【劳动者违反劳动合同的例外】 劳动者拒绝用人单位管理人员违章指挥、强令冒险作业的，不视为违反劳动合同。

劳动者对危害生命安全和身体健康的劳动条件，有权对用人单位提出批评、检举和控告。

第三十三条【用人单位变更名称、法定代表人、主要负责人或者投资人等事项不影响劳动合同的履行】 用人单位变更名称、法定代表人、主要负责人或者投资人等事项，不影响劳动合同的履行。

第三十四条【用人单位发生合并或者分立等情况不影响劳动合同的履行】 用人单位发生合并或者分立等情况，原劳动合同继续有效，劳动合同由承继其权利和义务的用人单位继续履行。

第三十五条【劳动合同内容的变更】 用人单位与劳动者协商一致，可以变更劳动合同约定的内容。变更劳动合同，应当采用书面形式。

变更后的劳动合同文本由用人单位和劳动者各执一份。

第三十六条【劳动合同的协商解除】 用人单位与劳动者协商一致，可以解除劳动合同。

第三十七条【劳动者提出解除劳动合同的情形】 劳动者提前三十日以书面形式通知用人单位，可以解除劳动合同。劳动者在试用期内提前三日通知用人单位，可以解除劳动合同。

第三十八条【劳动者因用人单位具有特殊问题而提出解除劳动合同的情形】 用人单位有下列情形之一的，劳动者可以解除劳动合同：

（一）未按照劳动合同约定提供劳动保护或者劳动条件的；

（二）未及时足额支付劳动报酬的；

（三）未依法为劳动者缴纳社会保险费的；

（四）用人单位的规章制度违反法律、法规的规定，损害劳动者权益的；

（五）因本法第二十六条第一款规定的情形致使劳动合同无效的；

（六）法律、行政法规规定劳动者可以解除劳动合同的其他情形。

用人单位以暴力、威胁或者非法限制人身自由的手段强迫劳动者劳动的，或者用人单位违章指挥、强令冒险作业危及劳动者人身安全的，劳动者可以立即解除劳动合同，不需事先告知用人单位。

第三十九条【用人单位可以提出解除劳动合同的情形】 劳动者有下列情形之一的，用人单位可以解除劳动合同：

（一）在试用期间被证明不符合录用条件的；

（二）严重违反用人单位的规章制度的；

（三）严重失职，营私舞弊，给用人单位造成重大损害的；

（四）劳动者同时与其他用人单位建立劳动关系，对完成本单位的工作任务造成严重影响，或者经用人单位提出，拒不改正的；

（五）因本法第二十六条第一款第一项规定的情形致使劳动合同无效的；

（六）被依法追究刑事责任的。

第四十条【用人单位在特殊情况下解除劳动合同】 有下列情形之一的，用人单位提前三十日以书面形式通知劳动者本人或者额外支付劳动者一个月工资后，可以解除劳动合同：

（一）劳动者患病或者非因工负伤，在规定的医疗期满后不能从事原工作，也不能从事由用人单位另行安排的工作的；

（二）劳动者不能胜任工作，经过培训或者调整工作岗位，仍不能胜任工作的；

（三）劳动合同订立时所依据的客观情况发生重大变化，致使劳动合同无法履行，经用人单位与劳动者协商，未能就变更劳动合同内容达成协议的。

第四十一条【用人单位裁员】 有下列情形之一，需要裁减人员二十人以上或者裁减不足二十人但占企业职工总数百分之十以上的，用人单位提前三十日向工会或者全体职工说明情况，听取工会或者职工的意见后，裁减人员方案经向劳动行政部门报告，可以裁减人员：

（一）依照企业破产法规定进行重整的；

（二）生产经营发生严重困难的；

（三）企业转产、重大技术革新或者经营方式调整，经变更劳动合同后，仍需裁减人员的；

（四）其他因劳动合同订立时所依据的客观经济情况发生重大变化，致使劳动合同无法履行的。

裁减人员时，应当优先留用下列人员：

（一）与本单位订立较长期限的固定期限劳动合同的；

（二）与本单位订立无固定期限劳动合同的；

（三）家庭无其他就业人员，有需要扶养的老人或者未成年人的。

用人单位依照本条第一款规定裁减人员，在六个月内重新招用人员的，应当通知被裁减的人员，并在同等条件下优先招用被裁减的人员。

第四十二条【用人单位不得解除劳动合同的特殊情形】 劳动者有下列

情形之一的，用人单位不得依照本法第四十条、第四十一条的规定解除劳动合同：

（一）从事接触职业病危害作业的劳动者未进行离岗前职业健康检查，或者疑似职业病病人在诊断或者医学观察期间的；

（二）在本单位患职业病或者因工负伤并被确认丧失或者部分丧失劳动能力的；

（三）患病或者非因工负伤，在规定的医疗期内的；

（四）女职工在孕期、产期、哺乳期的；

（五）在本单位连续工作满十五年，且距法定退休年龄不足五年的；

（六）法律、行政法规规定的其他情形。

第四十四条【劳动合同的终止】 有下列情形之一的，劳动合同终止：

（一）劳动合同期满的；

（二）劳动者开始依法享受基本养老保险待遇的；

（三）劳动者死亡，或者被人民法院宣告死亡或者宣告失踪的；

（四）用人单位被依法宣告破产的；

（五）用人单位被吊销营业执照、责令关闭、撤销或者用人单位决定提前解散的；

（六）法律、行政法规规定的其他情形。

第四十六条【用人单位给劳动者支付补偿金的情形】 有下列情形之一的，用人单位应当向劳动者支付经济补偿：

（一）劳动者依照本法第三十八条规定解除劳动合同的；

（二）用人单位依照本法第三十六条规定向劳动者提出解除劳动合同并与劳动者协商一致解除劳动合同的；

（三）用人单位依照本法第四十条规定解除劳动合同的；

（四）用人单位依照本法第四十一条第一款规定解除劳动合同的；

（五）除用人单位维持或者提高劳动合同约定条件续订劳动合同，劳动者不同意续订的情形外，依照本法第四十四条第一项规定终止固定期限劳动合同的；

（六）依照本法第四十四条第四项、第五项规定终止劳动合同的；

（七）法律、行政法规规定的其他情形。

第四十八条【用人单位违法解除劳动合同的处理】 用人单位违反本法规定解除或者终止劳动合同，劳动者要求继续履行劳动合同的，用人单位应当继续履行；劳动者不要求继续履行劳动合同或者劳动合同已经不能继续履行的，用人单位应当依照本法第八十七条规定支付赔偿金。

第五十一条【集体劳动合同的订立】 企业职工一方与用人单位通过平等协商，可以就劳动报酬、工作时间、休息休假、劳动安全卫生、保险福利等事项订立集体合同。集体合同草案应当提交职工代表大会或者全体职工讨论通过。

集体合同由工会代表企业职工一方与用人单位订立；尚未建立工会的用人单位，由上级工会指导劳动者推举的代表与用人单位订立。

第五十五条【集体劳动合同中的报酬标准】 集体合同中劳动报酬和劳动条件等标准不得低于当地人民政府规定的最低标准；用人单位与劳动者订立的劳动合同中劳动报酬和劳动条件等标准不得低于集体合同规定的标准。

第五十六条【用人单位违反集体合同的后果】 用人单位违反集体合同，侵犯职工劳动权益的，工会可以依法要求用人单位承担责任；因履行集体合同发生争议，经协商解决不成的，工会可以依法申请仲裁、提起诉讼。

第五十八条【劳务派遣合同的订立】 劳务派遣单位是本法所称用人单位，应当履行用人单位对劳动者的义务。劳务派遣单位与被派遣劳动者订立的劳动合同，除应当载明本法第十七条规定的事项外，还应当载明被派遣劳动者的用工单位以及派遣期限、工作岗位等情况。

劳务派遣单位应当与被派遣劳动者订立二年以上的固定期限劳动合同，按月支付劳动报酬；被派遣劳动者在无工作期间，劳务派遣单位应当按照所在地人民政府规定的最低工资标准，向其按月支付报酬。

第六十二条【劳务派遣中用工单位应当履行的下列义务】 用工单位应当履行下列义务：

（一）执行国家劳动标准，提供相应的劳动条件和劳动保护；

（二）告知被派遣劳动者的工作要求和劳动报酬；

（三）支付加班费、绩效奖金，提供与工作岗位相关的福利待遇；

（四）对在岗被派遣劳动者进行工作岗位所必需的培训；

（五）连续用工的，实行正常的工资调整机制。

用工单位不得将被派遣劳动者再派遣到其他用人单位。

第六十三条【劳务派遣人员的薪酬】 被派遣劳动者享有与用工单位被派遣劳动者享有与用工单位的劳动者同工同酬的权利。用工单位应当按照同工同酬原则，对被派遣劳动者与本单位同类岗位的劳动者实行相同的劳动报酬分配办法。用工单位无同类岗位劳动者的，参照用工单位所在地相同或者相近岗位劳动者的劳动报酬确定。

劳务派遣单位与被派遣劳动者订立的劳动合同和与用工单位订立的劳务派遣协议，载明或者约定的向被派遣劳动者支付的劳动报酬应当符合前款规定。

第六十五条【劳务派遣人员解除合同的情形】 被派遣劳动者可以依照本法第三十六条、第三十八条的规定与劳务派遣单位解除劳动合同。

被派遣劳动者有本法第三十九条和第四十条第一项、第二项规定情形的，用工单位可以将劳动者退回劳务派遣单位，劳务派遣单位依照本法有关规定，可以与劳动者解除劳动合同。

第六十八条【非全日制用工】 非全日制用工，是指以小时计酬为主，劳动者在同一用人单位一般平均每日工作时间不超过四小时，每周工作时间累计不超过二十四小时的用工形式。

第六十九条【非全日制用工的协议】 非全日制用工双方当事人可以订立口头协议。

从事非全日制用工的劳动者可以与一个或者一个以上用人单位订立劳动合同；但是，后订立的劳动合同不得影响先订立的劳动合同的履行。

第七十条【非全日制用工的不得约定试用期】 非全日制用工双方当事人不得约定试用期。

第七十一条【非全日制用工的协议的随时解除】 非全日制用工双方当事人任何一方都可以随时通知对方终止用工。终止用工，用人单位不向劳动者支付经济补偿。

第七十二条【非全日制用工的薪酬标准】 非全日制用工小时计酬标准不得低于用人单位所在地人民政府规定的最低小时工资标准。

非全日制用工劳动报酬结算支付周期最长不得超过十五日。

第八十二条【用人单位不与劳动者签订书面劳动合同】 用人单位自用工之日起超过一个月不满一年未与劳动者订立书面劳动合同的，应当向劳动者每月支付二倍的工资。

用人单位违反本法规定不与劳动者订立无固定期限劳动合同的，自应当订立无固定期限劳动合同之日起向劳动者每月支付二倍的工资。

第八十五条【劳动者追索劳动报酬】 用人单位有下列情形之一的，由劳动行政部门责令限期支付劳动报酬、加班费或者经济补偿；劳动报酬低于当地最低工资标准的，应当支付其差额部分；逾期不支付的，责令用人单位按应付金额百分之五十以上百分之一百以下的标准向劳动者加付赔偿金：

（一）未按照劳动合同的约定或者国家规定及时足额支付劳动者劳动报酬的；

（二）低于当地最低工资标准支付劳动者工资的；

（三）安排加班不支付加班费的；

（四）解除或者终止劳动合同，未依照本法规定向劳动者支付经济补偿的。

第八十六条【劳动合同无效情况下的损害赔偿】 劳动合同依照本法第二十六条规定被确认无效，给对方造成损害的，有过错的一方应当承担赔偿责任。

第八十七条【用人单位违法解除、终止劳动合同的赔偿金】 用人单位违反本法规定解除或者终止劳动合同的，应当依照本法第四十七条规定的经济补偿标准的二倍向劳动者支付赔偿金。

第九十条【劳动者违反本法给用人单位造成损失的赔偿责任】 劳动者违反本法规定解除劳动合同，或者违反劳动合同中约定的保密义务或者竞业限制，给用人单位造成损失的，应当承担赔偿责任。

中华人民共和国民事诉讼法（节录）
（2012年8月31日 主席令第59号）

第九十七条【先予执行的案件】 人民法院对下列案件，根据当事人的申请，可以裁定先予执行：

（一）追索赡养费、扶养费、抚育费、抚恤金、医疗费用的；

（二）追索劳动报酬的；

（三）因情况紧急需要先予执行的。

中华人民共和国劳动争议调解仲裁法（节录）
（2007年12月29日 主席令第80号）

第二条【劳动争议仲裁法的适用范围】 中华人民共和国境内的用人单位与劳动者发生的下列劳动争议，适用本法：

（一）因确认劳动关系发生的争议；

（二）因订立、履行、变更、解除和终止劳动合同发生的争议；

（三）因除名、辞退和辞职、离职发生的争议；
（四）因工作时间、休息休假、社会保险、福利、培训以及劳动保护发生的争议；
（五）因劳动报酬、工伤医疗费、经济补偿或者赔偿金等发生的争议；
（六）法律、法规规定的其他劳动争议。

劳动部关于违反和解除劳动合同的经济补偿办法（节录）
（1994年12月3日　劳部发〔1994〕481号）

第二条【劳动者的经济补偿金】　对劳动者的经济补偿金，由用人单位一次性发给。

第三条【用人单位克扣、无故拖欠工资的、拒不支付劳动者延长工作时间工资报酬的补偿金】　用人单位克扣或者无故拖欠劳动者工资的，以及拒不支付劳动者延长工作时间工资报酬的，除在规定的时间内全额支付劳动者工资报酬外，还需加发相当于工资报酬百分之二十五的经济补偿金。

第四条【用人单位支付劳动者的工资报酬低于当地最低工资标准时应提供的补偿金】　用人单位支付劳动者的工资报酬低于当地最低工资标准的，要在补足低于标准部分的同时，另外支付相当于低于部百分之二十五的经济补偿金。

第五条【用人单位与劳动者解除合同时的补偿金】　经劳动合同当事人协商一致，由用人单位解除劳动合同的，用人单位应根据劳动者在本单位工作年限，每满一年发给相当于一个月工资的经济补偿金，最多不超过十二个月。工作时间不满一年的按一年的标准发给经济补偿金。

第六条【劳动者患病、非因工负伤需解除合同时的补偿金】　劳动者患病或者非因工负伤，经劳动鉴定委员会确认不能从事原工作、也不能从事用人单位另行安排的工作而解除劳动合同的，用人单位应按其在本单位的工作年限，每满一年发给相当于一个月工资的经济补偿金，同时还应发给不低于六个月工资的医疗补费。患重病和绝症的还应增加医疗补助费，患重病的增加部分不低于医疗补助费的百分之五十，患绝症的增加部分不低于医疗补助费的百分之百。

第七条【劳动者不能胜任工作时的补偿金】　劳动者不能胜任工作，经过培训或者调整工作岗位仍不能胜任工作，由用人单位解除劳动合同的，用人单位应按其在本单位工作的年限，工作时间满一年，发给相当于一个月工资的经济补偿金，最多不超过十二个月。

第八条【劳动合同因客观情况无法履行时的补偿金】 劳动合同订立时所依据的客观情况发生重大变化，致使原劳动合同无法履行，经当事人协商不能就变更劳动合同达成协议，由用人单位解除劳动合同的，用人单位按劳动者在本单位工作的年限，工作时间每满一年发给相当于一个月工资的经济补偿金。

第九条【用人单位裁员时应支付的补偿金】 用人单位濒临破产进行法定整顿期间或者生产经营状况发生严重困难，必须裁减人员的，用人单位按被裁减人员在本单位工作的年限支付经济补偿金。在本单位工作的时间每满一年，发给相当于一个月工资的经济补偿金。

第十条【解除劳动合同未给予补偿金的情形】 用人单位解除劳动合同后，未按规定给予劳动者经济补偿的，除全额发给经济补偿金外，还须按该经济补偿金数额的百分之五十支付额外经济补偿金。

劳动部办公厅关于对解除劳动合同经济补偿问题的复函
（1997年10月10日　劳办发〔1997〕98号）

广州市劳动局：

你局《关于解除劳动合同经济补偿问题的请示》（穗劳函字〔1997〕193号）收悉。经研究，现答复如下：

一、关于对《违反和解除劳动合同的经济补偿办法》（劳部发〔1994〕481号）第五条中的"工作时间不满一年的按一年的标准发给经济补偿金"的理解问题。这里的**"工作时间不满一年"**是指两种情形，第一种是指职工在本单位的工作时间不满一年的；第二种是指职工在本单位的工作时间超过一年但余下的工作时间不满一年的。计发经济补偿金时对上述不满一年的工作时间都按工作一年的标准计算。

二、《违反和解除劳动合同的经济补偿办法》第五条关于"工作时间不满一年的按一年的标准发给经济补偿金"的规定，适用于该办法中的第六条、第七条、第八条和第九条。

最高人民法院关于审理劳动争议案件适用法律若干问题的解释
（节录）

（2001年4月16日　法释〔2001〕14号）

第十三条　因用人单位作出的开除、除名、辞退、解除劳动合同、减少劳动报酬、计算劳动者工作年限等决定而发生的劳动争议，用人单位负举证责任。

第十四条　劳动合同被确认为无效后，用人单位对劳动者付出的劳动，一般可参照本单位同期、同工种、同岗位的工资标准支付劳动报酬。

根据《劳动法》第九十七条之规定，由于用人单位的原因订立的无效合同，给劳动者造成损害的，应当比照违反和解除劳动合同经济补偿金的支付标准，赔偿劳动者因合同无效所造成的经济损失。

第十五条　用人单位有下列情形之一，迫使劳动者提出解除劳动合同的，用人单位应当支付劳动者的劳动报酬和经济补偿，并可支付赔偿金：

（一）以暴力、威胁或者非法限制人身自由的手段强迫劳动的；
（二）未按照劳动合同约定支付劳动报酬或者提供劳动条件的；
（三）克扣或者无故拖欠劳动者工资的；
（四）拒不支付劳动者延长工作时间工资报酬的；
（五）低于当地最低工资标准支付劳动者工资的。

第十六条　劳动合同期满后，劳动者仍在原用人单位工作，原用人单位未表示异议的，视为双方同意以原条件继续履行劳动合同。一方提出终止劳动关系的，人民法院应当支持。

根据《劳动法》第二十条之规定，用人单位应当与劳动者签订无固定期限劳动合同而未签订的，人民法院可以视为双方之间存在无固定期限劳动合同关系，并以原劳动合同确定双方的权利义务关系。

第二十条　用人单位对劳动者作出的开除、除名、辞退等处理，或者因其他原因解除劳动合同确有错误的，人民法院可以依法判决予以撤销。

对于追索劳动报酬、养老金、医疗费以及工伤保险待遇、经济补偿金、培训费及其他相关费用等案件，给付数额不当的，人民法院可以予以变更。

最高人民法院关于审理劳动争议案件适用法律若干问题的解释（二）（节录）

（2006年8月14日　法释〔2006〕6号）

第一条　人民法院审理劳动争议案件，对下列情形，视为劳动法第八十二条规定的"劳动争议发生之日"：

（一）在劳动关系存续期间产生的支付工资争议，用人单位能够证明已经书面通知劳动者拒付工资的，书面通知送达之日为劳动争议发生之日。用人单位不能证明的，劳动者主张权利之日为劳动争议发生之日。

（二）因解除或者终止劳动关系产生的争议，用人单位不能证明劳动者收到解除或者终止劳动关系书面通知时间的，劳动者主张权利之日为劳动争议发生之日。

（三）劳动关系解除或者终止后产生的支付工资、经济补偿金、福利待遇等争议，劳动者能够证明用人单位承诺支付的时间为解除或者终止劳动关系后的具体日期的，用人单位承诺支付之日为劳动争议发生之日。劳动者不能证明的，解除或者终止劳动关系之日为劳动争议发生之日。

第二条　拖欠工资争议，劳动者申请仲裁时劳动关系仍然存续，用人单位以劳动者申请仲裁超过六十日为由主张不再支付的，人民法院不予支持。但用人单位能够证明劳动者已经收到拒付工资的书面通知的除外。

第三条　劳动者以用人单位的工资欠条为证据直接向人民法院起诉，诉讼请求不涉及劳动关系其他争议的，视为拖欠劳动报酬争议，按照普通民事纠纷受理。

第四条　用人单位和劳动者因劳动关系是否已经解除或者终止，以及应否支付解除或终止劳动关系经济补偿金产生的争议，经劳动争议仲裁委员会仲裁后，当事人依法起诉的，人民法院应予受理。

第七条　下列纠纷不属于劳动争议：

（一）劳动者请求社会保险经办机构发放社会保险金的纠纷；

（二）劳动者与用人单位因住房制度改革产生的公有住房转让纠纷；

（三）劳动者对劳动能力鉴定委员会的伤残等级鉴定结论或者对职业病诊断鉴定委员会的职业病诊断鉴定结论的异议纠纷；

（四）家庭或者个人与家政服务人员之间的纠纷；

（五）个体工匠与帮工、学徒之间的纠纷；

（六）农村承包经营户与受雇人之间的纠纷。

第十七条　当事人在劳动争议调解委员会主持下达成的具有劳动权利

义务内容的调解协议，具有劳动合同的约束力，可以作为人民法院裁判的根据。

当事人在劳动争议调解委员会主持下仅就劳动报酬争议达成调解协议，用人单位不履行调解协议确定的给付义务，劳动者直接向人民法院起诉的，人民法院可以按照普通民事纠纷受理。

最高人民法院关于审理劳动争议案件适用法律若干问题的解释（三）
（节录）
（2010年9月13日　法释〔2010〕12号）

第三条　劳动者依据劳动合同法第八十五条规定，向人民法院提起诉讼，要求用人单位支付加付赔偿金的，人民法院应予受理。

第十条　劳动者与用人单位就解除或者终止劳动合同办理相关手续、支付工资报酬、加班费、经济补偿或者赔偿金等达成的协议，不违反法律、行政法规的强制性规定，且不存在欺诈、胁迫或者乘人之危情形的，应当认定有效。

前款协议存在重大误解或者显失公平情形，当事人请求撤销的，人民法院应予支持。

NO.170 ▷	社会保险纠纷

条文要旨重点提示	对应条文序号
社保纠纷一般规定——《劳动合同法》基本规定——用人单位建立劳动规章制度（包括社会保险制度）；劳动合同应当具备的条款（包括社会保险条款）；劳动者解除劳动合同的情形（包括未给劳动者缴纳社会保险的情形）；劳动合同解除时社会保险关系的转移	《中华人民共和国劳动合同法》第4条、第17条、第38条、第50条
社保纠纷一般规定——《劳动法》基本规定——劳动者享有的各项权利（包括享受社会保险的权利）；劳动者享受社会保险的情形；用人单位无故不缴纳社会保险的后果	《中华人民共和国劳动法》第3条、第73条、第100条

续表

条文要旨重点提示	对应条文序号
社保纠纷一般规定 ——劳动部相关意见有关社会保险的内容	劳动部《关于贯彻执行〈中华人民共和国劳动法〉若干问题的意见》第五部分（社会保险的内容）
社保纠纷一般规定 ——关于审理劳动争议案件适用法律若干问题的司法解释	最高人民法院《关于审理劳动争议案件适用法律若干问题的解释（三）》第1条、第7条
养老保险待遇纠纷的司法解释	最高人民法院《关于企业离退休人员的养老保险统筹金应当列入破产财产分配方案问题的批复》
工伤保险待遇纠纷——《工伤保险条例》规定 ——用人单位缴纳工伤保险；工伤保险基金；用人单位应当按时、按照确定数额缴纳工伤保险；工伤职工停止享受工伤待遇的情形；用人单位变动的情况下，工伤保险的承担；职工被派遣出境情形下的工伤保险；单位或个人挪用工伤保险基金的责任；骗取工伤保险待遇及基金的情况	《工伤保险条例》第2条、第7条，第10条、第42—44条、第56条、第60条
工伤保险待遇纠纷	劳动和社会保障部《关于实施〈工伤保险条例〉若干问题的意见》
失业保险待遇纠纷——《失业保险条例》规定 ——失业保险的缴纳；主管失业保险的部门；可以领取失业保险的人员；失业保险金的停止领取；失业人员领取失业保险金的期限；失业人员在领取失业保险金期间患病就医的情形；失业保险关系的转移；骗取失业保险待遇的情形；社会保险经办机构工作人员违反规定向失业人员开具领取失业保险金或者享受其他失业保险待遇单证，致使失业保险基金损失的情形；劳动保障行政部门和社会保险经办机构的工作人员滥用职权、徇私舞弊、玩忽职守，造成失业保险基金损失的情形；挪用失业保险基金的法律责任	《失业保险条例》第2条、第3条、第14条、第15条、第17条、第19条、第22条、第28—31条

相关法规

中华人民共和国劳动合同法（节录）

（2012年12月28日　主席令第73号）

第四条【用人单位建立劳动规章制度】　用人单位应当依法建立和完善劳动规章制度，保障劳动者享有劳动权利、履行劳动义务。

用人单位在制定、修改或者决定有关劳动报酬、工作时间、休息休假、劳动安全卫生、保险福利、职工培训、劳动纪律以及劳动定额管理等直接涉及劳动者切身利益的规章制度或者重大事项时，应当经职工代表大会或者全体职工讨论，提出方案和意见，与工会或者职工代表平等协商确定。

在规章制度和重大事项决定实施过程中，工会或者职工认为不适当的，有权向用人单位提出，通过协商予以修改完善。

用人单位应当将直接涉及劳动者切身利益的规章制度和重大事项决定公示，或者告知劳动者。

第十七条【劳动合同应当具备的条款】 劳动合同应当具备以下条款：

（一）用人单位的名称、住所和法定代表人或者主要负责人；

（二）劳动者的姓名、住址和居民身份证或者其他有效身份证件号码；

（三）劳动合同期限；

（四）工作内容和工作地点；

（五）工作时间和休息休假；

（六）劳动报酬；

（七）社会保险；

（八）劳动保护、劳动条件和职业危害防护；

（九）法律、法规规定应当纳入劳动合同的其他事项。

劳动合同除前款规定的必备条款外，用人单位与劳动者可以约定试用期、培训、保守秘密、补充保险和福利待遇等其他事项。

第三十八条【劳动者解除劳动合同的情形】 用人单位有下列情形之一的，劳动者可以解除劳动合同：

（一）未按照劳动合同约定提供劳动保护或者劳动条件的；

（二）未及时足额支付劳动报酬的；

（三）未依法为劳动者缴纳社会保险费的；

（四）用人单位的规章制度违反法律、法规的规定，损害劳动者权益的；

（五）因本法第二十六条第一款规定的情形致使劳动合同无效的；

（六）法律、行政法规规定劳动者可以解除劳动合同的其他情形。

用人单位以暴力、威胁或者非法限制人身自由的手段强迫劳动者劳动的，或者用人单位违章指挥、强令冒险作业危及劳动者人身安全的，劳动者可以立即解除劳动合同，不需事先告知用人单位。

第五十条【劳动合同解除时社会保险关系的转移】 用人单位应当在解

除或者终止劳动合同时出具解除或者终止劳动合同的证明，并在十五日内为劳动者办理档案和社会保险关系转移手续。

劳动者应当按照双方约定，办理工作交接。用人单位依照本法有关规定应当向劳动者支付经济补偿的，在办结工作交接时支付。

用人单位对已经解除或者终止的劳动合同的文本，至少保存二年备查。

中华人民共和国劳动法（节录）
（2009年8月27日修正）

第三条【劳动者享有的各项权利】 劳动者享有平等就业和选择职业的权利、取得劳动报酬的权利、休息休假的权利、获得劳动安全卫生保护的权利、接受职业技能培训的权利、**享受社会保险和福利的权利**、提请劳动争议处理的权利以及法律规定的其他劳动权利。

劳动者应当完成劳动任务，提高职业技能，执行劳动安全卫生规程，遵守劳动纪律和职业道德。

第七十三条【劳动者享受社会保险】 劳动者在下列情形下，依法享受社会保险待遇：

（一）退休；

（二）患病、负伤；

（三）因工伤残或者患职业病；

（四）失业；

（五）生育。

劳动者死亡后，其遗属依法享受遗属津贴。

劳动者享受社会保险待遇的条件和标准由法律、法规规定。

劳动者享受的社会保险金必须按时足额支付。

第一百条【用人单位无故不缴纳社会保险的后果】 用人单位无故不缴纳社会保险费的，由劳动行政部门责令其限期缴纳，逾期不缴的，可以加收滞纳金。

劳动部关于贯彻执行《中华人民共和国劳动法》若干问题的意见（节录）

（1995年8月4日　劳部发〔1995〕309号）

五、社会保险

73．**企业实施破产时，按照国家有关企业破产的规定，从其财产清产和土地转让所得中按实际需要划拨出社会保险费用和职工再就业的安置费。** 其划拨的养老保险费和失业保险费由当地社会保险基金经办机构和劳动部门就业服务机构接收，并负责支付离退休人员的养老保险费用和支付失业人员应享受的失业保险待遇。

74．**企业富余职工、请长假人员、请长病假人员、外借人员和带薪上学人员，其社会保险费仍按规定由原单位和个人继续缴纳**，缴纳保险费期间计算为缴费年限。

75．**用人单位全部职工实行劳动合同制度后，职工在用人单位内由转制前的原工人岗位转为原干部（技术）岗位或由原干部（技术）岗位转为原工人岗位，其退休年龄和条件，按现岗位国家规定执行。**

76．依据劳动部《企业职工患病或非因工负伤医疗期的规定》（劳部发〔1994〕479号）和劳动部《关于贯彻〈企业职工患病或非因工负伤医疗期的规定〉的通知》（劳部发〔1995〕236号），**职工患病或非因工负伤，根据本人实际参加工作的年限和本企业工作年限长短，享受3—24个月的医疗期。对于某些患特殊疾病（如癌症、精神病、瘫痪等）的职工，在24个月内尚不能痊愈的，经企业和当地劳动部门批准，可以适当延长医疗期。**

77．劳动者的工伤待遇在国家尚未颁布新的工伤保险法律、行政法规之前，各类企业仍要执行《劳动保险条例》及相关的政策规定，如果当地政府已实行工伤保险制度改革的，应执行当地的新规定；个体经济组织的劳动者的工伤保险参照企业职工的规定执行；国家机关、事业组织、社会团体的劳动者的工伤保险，如果包括在地方人民政府的工伤改革规定范围内的，按地方政府的规定执行。

78．劳动者患职业病按照1987年由卫生部等部门发布的《职业病范围和职业病患者处理办法的规定》和所附的"职业病名单"（〔87〕卫防第60号）处理，经职业病诊断机构确诊并发给《职业病诊断证明书》，劳动行政部门据此确认工伤，并通知用人单位或者社会保险基金经办机构发给有关工伤保险待遇；劳动者因工负伤的，劳动行政部门根据企业的工伤事故报告和工伤者本人的申请，作出工伤认定，由社会保险基金经办机构或用人单位，发给有关工伤保险待遇。患职业病或工伤致残的，由当地劳动鉴定委员会按照劳动部《职工工伤和职业病致残程度鉴定标准》（劳险字〔1992〕6号）评定伤残等级和护理依赖程度。劳动鉴定委员会的伤残等级和护理依赖程度的结论，以医学检查、诊断结果为技术依据。

79．劳动者因工负伤或患职业病，用人单位应按国家和地方政府的规定进行工伤事故报告，或者经职业病诊断机构确诊进行职业病报告。用人单位和劳动者有权按规定向当地劳动行政部门报告。如果用人单位瞒报、漏报工伤或职业病，工会、劳动者可以向劳动行政部门报告。经劳动行政部门确认后，用人单位或社会保险基金经办机构应补发工伤保险待遇。

80．劳动者对劳动行政部门作出的工伤或职业病的确认意见不服，可依法提起行政复议或行政诉讼。

81．劳动者被认定患职业病或因工负伤后，对劳动鉴定委员会作出的伤残等级和护理依赖程度鉴定结论不服，可依法提起行政复议或行政诉讼。对劳动能力鉴定结论所依据的医学检查、诊断结果有异议的，可以要求复查诊断，复查诊断按各省、自治区和直辖市劳动鉴定委员会规定的程序进行。

司法解释

最高人民法院关于审理劳动争议案件适用法律若干问题的解释
（三）（节录）

（2010年9月13日　法释〔2010〕12号）

第一条　劳动者以用人单位未为其办理社会保险手续，且社会保险经办机构不能补办导致其无法享受社会保险待遇为由，要求用人单位赔偿损失而发生争议的，人民法院应予受理。

第七条　用人单位与其招用的已经依法享受养老保险待遇或领取退休金的人员发生用工争议，向人民法院提起诉讼的，人民法院应当按劳务关系处理。

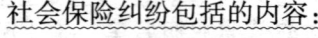

社会保险纠纷包括的内容：
（1）养老保险待遇纠纷
（2）工伤保险待遇纠纷

工伤保险条例（节录）

（2010年12月20日　国务院令第586号）

第二条【用人单位缴纳工伤保险】 中华人民共和国境内的企业、事业单位、社会团体、民办非企业单位、基金会、律师事务所、会计师事务所等组织和有雇工的个体工商户（以下称用人单位）应当依照本条例规定参加工伤保险，为本单位全部职工或者雇工（以下称职工）缴纳工伤保险费。

中华人民共和国境内的企业、事业单位、社会团体、民办非企业单位、基金会、律师事务所、会计师事务所等组织的职工和个体工商户的雇工，均有依照本条例的规定享受工伤保险待遇的权利。

第七条【工伤保险基金】 工伤保险基金由用人单位缴纳的工伤保险费、工伤保险基金的利息和依法纳入工伤保险基金的其他资金构成。

第十条【用人单位应当按时、按照确定数额缴纳工伤保险】 用人单位应当按时缴纳工伤保险费。职工个人不缴纳工伤保险费。

用人单位缴纳工伤保险费的数额为本单位职工工资总额乘以单位缴费费率之积。

对难以按照工资总额缴纳工伤保险费的行业，其缴纳工伤保险费的具体方式，由国务院社会保险行政部门规定。

第四十二条【工伤职工停止享受工伤待遇的情形】 工伤职工有下列情形之一的，停止享受工伤保险待遇：

（一）丧失享受待遇条件的；

（二）拒不接受劳动能力鉴定的；

（三）拒绝治疗的。

第四十三条【用人单位变动的情况下，工伤保险的承担】 用人单位分立、合并、转让的，承继单位应当承担原用人单位的工伤保险责任；原用人单位已经参加工伤保险的，承继单位应当到当地经办机构办理工伤保险变更登记。

用人单位实行承包经营的，工伤保险责任由职工劳动关系所在单位承担。

职工被借调期间受到工伤事故伤害的，由原用人单位承担工伤保险责任，但原用人单位与借调单位可以约定补偿办法。

企业破产的，在破产清算时依法拨付应当由单位支付的工伤保险待遇费用。

第四十四条【职工被派遣出境情形下的工伤保险】 职工被派遣出境工作，依据前往国家或者地区的法律应当参加当地工伤保险的，参加当地工伤保险，其国内工伤保险关系中止；不能参加当地工伤保险的，其国内工伤保险关系不中止。

第五十六条【单位或个人挪用工伤保险基金的责任】 单位或者个人违反本条例第十二条规定挪用工伤保险基金，构成犯罪的，依法追究刑事责任；尚不构成犯罪的，依法给予处分或者纪律处分。被挪用的基金由社会保险行政部门追回，并入工伤保险基金；没收的违法所得依法上缴国库。

第六十条【骗取工伤保险待遇及基金的情况】 用人单位、工伤职工或者其近亲属骗取工伤保险待遇，医疗机构、辅助器具配置机构骗取工伤保险基金支出的，由社会保险行政部门责令退还，处骗取金额2倍以上5倍以下的罚款；情节严重，构成犯罪的，依法追究刑事责任。

劳动和社会保障部关于实施《工伤保险条例》若干问题的意见

（2004年11月1日 劳社部函〔2004〕256号）

各省、自治区、直辖市劳动和社会保障厅（局）：

《工伤保险条例》（以下简称条例）已于二〇〇四年一月一日起施行，现就条例实施中的有关问题提出如下意见。

一、**职工在两个或两个以上用人单位同时就业的，各用人单位应当分别为职工缴纳工伤保险费**。职工发生工伤，由职工受到伤害时其工作的单位依法承担工伤保险责任。

二、条例第十四条规定"上下班途中，受到机动车事故伤害的，应当认定为工伤"。这里**"上下班途中"既包括职工正常工作的上下班途中，也包括职工加班加点的上下班途中**。"受到机动车事故伤害的"既可以是职工驾驶或乘坐的机动车发生事故造成的，也可以是职工因其他机动车事故造成的。

三、条例第十五条规定"职工在工作时间和工作岗位，突发疾病死亡或者在48小时之内经抢救无效死亡的，视同工伤"。这里**"突发疾病"包括各类疾病**。"48小时"的起算时间，以医疗机构的初次诊断时间作为突发疾病的起算时间。

四、条例第十七条第二款规定的有权申请工伤认定的**"工会组织"**包括职工所在用人单位的工会组织以及符合《中华人民共和国工会法》规定的各级工会组织。

五、用人单位未按规定为职工提出工伤认定申请,受到事故伤害或者患职业病的职工或者其直系亲属、工会组织提出工伤认定申请,职工所在单位是否同意(签字、盖章),不是必经程序。

六、条例第十七条第四款规定"用人单位未在本条第一款规定的时限内提交工伤认定申请的,在此期间发生符合本条例规定的工伤待遇等有关费用由该用人单位负担"。这里<u>用人单位承担工伤待遇等有关费用的期间</u>是指从事故伤害发生之日或职业病确诊之日起到劳动保障行政部门受理工伤认定申请之日止。

七、条例第三十六条规定的工伤职工旧伤复发,是否需要治疗应由治疗工伤职工的协议医疗机构提出意见,有争议的由劳动能力鉴定委员会确认。

八、职工因工死亡,其供养亲属享受抚恤金待遇的资格,按职工因工死亡时的条件核定。

社会保险纠纷包括的内容:
(3)失业保险待遇纠纷
(4)生育保险待遇纠纷
(5)失业保险待遇纠纷

相关法规

失业保险条例(节录)
(1999年1月22日　国务院令第258号)

第二条【失业保险的缴纳】　城镇企业事业单位、城镇企业事业单位职工依照本条例的规定,缴纳失业保险费。

城镇企业事业单位失业人员依照本条例的规定,享受失业保险待遇。

本条所称城镇企业,是指国有企业、城镇集体企业、外商投资企业、城镇私营企业以及其他城镇企业。

第三条【主管失业保险的部门】　<u>国务院劳动保障行政部门主管全国的失业保险工作。</u>县级以上地方各级人民政府劳动保障行政部门主管本行政区域内的失业保险工作。劳动保障行政部门按照国务院规定设立的经办失业保险业务的社会保险经办机构依照本条例的规定，具体承办失业保险工作。

第十四条【可以领取失业保险的人员】 具备下列条件的失业人员，可以领取失业保险金：

（一）按照规定参加失业保险，所在单位和本人已按照规定履行缴费义务满1年的；

（二）非因本人意愿中断就业的；

（三）已办理失业登记，并有求职要求的。

失业人员在领取失业保险金期间，按照规定同时享受其他失业保险待遇。

第十五条【失业保险金的停止领取】 失业人员在领取失业保险金期间有下列情形之一的，停止领取失业保险金，并同时停止享受其他失业保险待遇：

（一）重新就业的；

（二）应征服兵役的；

（三）移居境外的；

（四）享受基本养老保险待遇的；

（五）被判刑收监执行或者被劳动教养的；

（六）无正当理由，拒不接受当地人民政府指定的部门或者机构介绍的工作的；

（七）有法律、行政法规规定的其他情形。

第十七条【失业人员领取失业保险金的期限】 失业人员失业前所在单位和本人按照规定累计缴费时间满1年不足5年的，领取失业保险金的期限最长为12个月；累计缴费时间满5年不足10年的，领取失业保险金的期限最长为18个月；累计缴费时间10年以上的，领取失业保险金的期限最长为24个月。重新就业后，再次失业的，缴费时间重新计算。再次失业领取失业保险金的期限可以与前次失业应领取而尚未领取的失业保险金的期限合并计算，但是最长不得超过24个月。

第十九条【失业人员在领取失业保险金期间患病就医的情形】 失业人员在领取失业保险金期间患病就医的，可以按照规定向社会保险经办机构申请领取医疗补助金。医疗补助金的标准由省、自治区、直辖市人民政府规定。

第二十二条【失业保险关系的转移】 城镇企业事业单位成建制跨统筹地区转移，失业人员跨统筹地区流动的，失业保险关系随之转迁。

第二十八条【骗取失业保险待遇的情形】 不符合享受失业保险待遇条件，骗取失业保险金和其他失业保险待遇的，由社会保险经办机构责令退还；情节严重的，由劳动保障行政部门处骗取金额1倍以上3倍以下的罚款。

第二十九条【社会保险经办机构工作人员违反规定向失业人员开具领取失业保险金或者享受其他失业保险待遇单证，致使失业保险基金损失的情形】 社会保险经办机构工作人员违反规定向失业人员开具领取失业保险金或者享受其他失业保险待遇单证，致使失业保险基金损失的，由劳动保障行政部门责令追回；情节严重的，依法给予行政处分。

第三十条【劳动保障行政部门和社会保险经办机构的工作人员滥用职权、徇私舞弊、玩忽职守，造成失业保险基金损失的情形】 劳动保障行政部门和社会保险经办机构的工作人员滥用职权、徇私舞弊、玩忽职守，造成失业保险基金损失的，由劳动保障行政部门追回损失的失业保险基金；构成犯罪的，依法追究刑事责任；尚不构成犯罪的，依法给予行政处分。

第三十一条【挪用失业保险基金的法律责任】 任何单位、个人挪用失业保险基金的，追回挪用的失业保险基金；有违法所得的，没收违法所得，并入失业保险基金；构成犯罪的，依法追究刑事责任；尚不构成犯罪的，对直接负责的主管人员和其他直接责任人员依法给予行政处分。

NO.171　福利待遇纠纷

条文要旨重点提示	对应条文序号
妇女平等享有福利待遇	《中华人民共和国妇女权益保障法》第24条
劳动合同的条款（包括可以约定福利待遇的内容）	《中华人民共和国劳动合同法》第17条
企业职工与用人单位订立集体合同（包括有关福利待遇的约定）	《中华人民共和国劳动合同法》第51条
用人单位应当履行的义务（包括提供与工作岗位相关的福利待遇）	《中华人民共和国劳动合同法》第62条
用人单位提供福利的义务	《中华人民共和国劳动法》第76条第2款
关于审理劳动争议案件中有关福利纠纷的司法解释	最高人民法院《关于审理劳动争议案件适用法律若干问题的解释（二）》第1条第3款

中华人民共和国妇女权益保障法（节录）
（2005年8月28日 主席令第40号）

第二十四条【妇女平等享有福利待遇】 实行男女同工同酬。妇女在享受福利待遇方面享有与男子平等的权利。

中华人民共和国劳动合同法（节录）
（2012年12月28日 主席令第73号）

第十七条【劳动合同的条款】 劳动合同应当具备以下条款：

（一）用人单位的名称、住所和法定代表人或者主要负责人；

（二）劳动者的姓名、住址和居民身份证或者其他有效身份证件号码；

（三）劳动合同期限；

（四）工作内容和工作地点；

（五）工作时间和休息休假；

（六）劳动报酬；

（七）社会保险；

（八）劳动保护、劳动条件和职业危害防护；

（九）法律、法规规定应当纳入劳动合同的其他事项。

劳动合同除前款规定的必备条款外，用人单位与劳动者可以约定试用期、培训、保守秘密、补充保险和福利待遇等其他事项。

第五十一条【企业职工与用人单位订立集体合同】 企业职工一方与用人单位通过平等协商，可以就劳动报酬、工作时间、休息休假、劳动安全卫生、保险福利等事项订立集体合同。集体合同草案应当提交职工代表大会或者全体职工讨论通过。

集体合同由工会代表企业职工一方与用人单位订立；尚未建立工会的用人单位，由上级工会指导劳动者推举的代表与用人单位订立。

第六十二条【用人单位应当履行的义务】 用工单位应当履行下列义务：

（一）执行国家劳动标准，提供相应的劳动条件和劳动保护；

（二）告知被派遣劳动者的工作要求和劳动报酬；
<u>（三）支付加班费、绩效奖金，提供与工作岗位相关的福利待遇；</u>
（四）对在岗被派遣劳动者进行工作岗位所必需的培训；
（五）连续用工的，实行正常的工资调整机制。
用工单位不得将被派遣劳动者再派遣到其他用人单位。

中华人民共和国劳动法（节录）
（2009年8月27日修正）

第七十六条第二款【用人单位提供福利的义务】 用人单位应当创造条件，改善集体福利，提高劳动者的福利待遇。

最高人民法院关于审理劳动争议案件适用法律若干问题的解释（二）（节录）
（2006年8月14日 法释〔2006〕6号）

> 司法解释

第一条 人民法院审理劳动争议案件，对下列情形，视为劳动法第八十二条规定的"劳动争议发生之日"：

……

（三）劳动关系解除或者终止后产生的<u>支付工资、经济补偿金、福利待遇等争议</u>，劳动者能够证明用人单位承诺支付的时间为解除<u>或者终止劳动关系后的具体日期的，用人单位承诺支付之日为劳动争议发生之日</u>。劳动者不能证明的，解除或者终止劳动关系之日为劳动争议发生之日。

十八、人事争议

> ➢ 人事争议

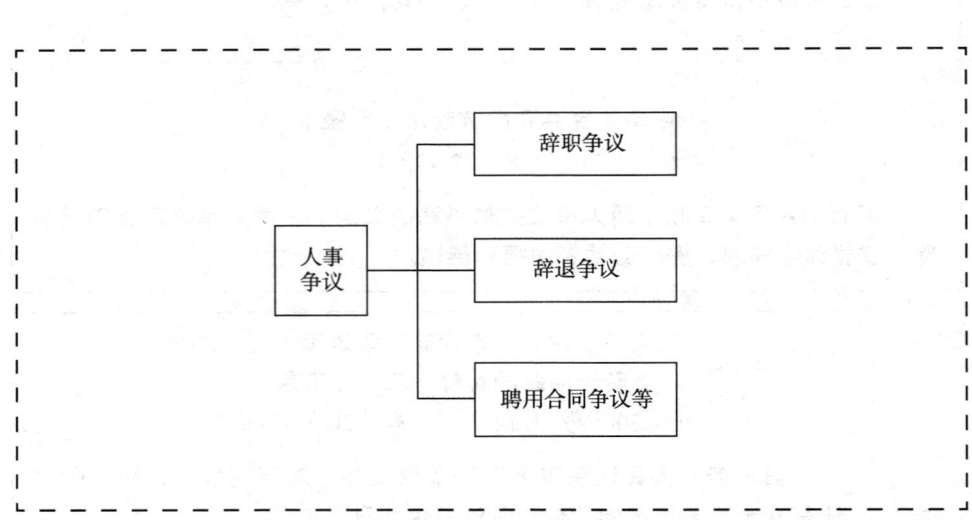

第六部分　劳动争议、人事争议　31

NO.172 ➡ 人事争议

条文要旨重点提示	对应条文序号
人事争议仲裁制度	《中华人民共和国公务员法》第100条
解放军文职人员因聘用合同发生争议	《中国人民解放军文职人员条例》第34条
人事争议处理规定的适用	《人事争议处理规定》第2条
人事争议发生后的解决方式	《人事争议处理规定》第3条
当事人对人事争议的仲裁裁决不服时可提起诉讼	《人事争议处理规定》第32条
因考核、职务任免、职称评审等发生的人事争议的处理办法	《人事争议处理规定》第36条
关于人民法院审理事业单位人事争议案件的司法解释	最高人民法院《关于人民法院审理事业单位人事争议案件若干问题的规定》第1—3条
关于事业单位人事争议案件适用法律等问题的司法解释	最高人民法院《关于事业单位人事争议案件适用法律等问题的答复》第一部分、第二部分

人事争议包括的内容：
（1）辞职争议
（2）辞退争议
（3）聘用合同争议

相关法规

中华人民共和国公务员法（节录）
（2005年4月7日　主席令第35号）

第一百条【人事争议仲裁制度】　国家建立人事争议仲裁制度。

人事争议仲裁应当根据合法、公正、及时处理的原则，依法维护争议双方的合法权益。

人事争议仲裁委员会根据需要设立。人事争议仲裁委员会由公务员主管部门的代表、聘用机关的代表、聘任制公务员的代表以及法律专家组成。

聘任制公务员与所在机关之间因履行聘任合同发生争议的，可以自争议发生之日起六十日内向人事争议仲裁委员会申请仲裁。当事人对仲裁裁决不服的，可以自接到仲裁裁决书之日起十五日内向人民法院提起诉讼。仲裁裁决生效后，一方当事人不履行的，另一方当事人可以申请人民法院执行。

中国人民解放军文职人员条例（节录）

（2005年6月30日　国务院、中央军事委员会令第438号）

第三十四条【解放军文职人员因聘用合同发生争议】　聘用单位与文职人员因履行聘用合同发生争议的，双方可以协商解决；不愿意协商或者协商不成的，当事人可以向聘用单位的上一级单位申请调解。不愿意调解或者调解不成的，当事人可以向聘用单位所在地的人事争议仲裁机构申请仲裁；对仲裁裁决不服的，当事人可以依法向人民法院提起诉讼。

人事争议处理规定（节录）

（2011年8月15日修正）

第二条【人事争议处理规定的适用范围】　本规定适用于下列人事争议：

（一）实施公务员法的机关与聘任制公务员之间、参照《中华人民共和国公务员法》管理的机关（单位）与聘任工作人员之间因履行聘任合同发生的争议。

（二）事业单位与工作人员之间因解除人事关系、履行聘用合同发生的争议。

（三）社团组织与工作人员之间因解除人事关系、履行聘用合同发生的争议。

（四）军队聘用单位与文职人员之间因履行聘用合同发生的争议。

（五）依照法律、法规规定可以仲裁的其他人事争议。

第三条【人事争议发生后的解决方式】　人事争议发生后，当事人可以协商解决；不愿协商或者协商不成的，可以向主管部门申请调解，其中军队聘用单位与文职人员的人事争议，可以向聘用单位的上一级单位申请调解；不愿调解或调解不成的，可以向人事争议仲裁委员会申请仲裁。当事人也可以直接向人事争议仲裁委员会申请仲裁。当事人对仲裁裁决不服的，可以向人民法院提起诉讼。

第三十二条【当事人对人事争议的仲裁裁决不服时可提起诉讼】 当事人对仲裁裁决不服的，可以按照《中华人民共和国公务员法》、《中国人民解放军文职人员条例》以及最高人民法院相关司法解释的规定，自收到裁决书之日起15日内向人民法院提起诉讼；逾期不起诉的，裁决书即发生法律效力。

第三十六条【因考核、职务任免、职称评审等发生的人事争议的处理办法】 因考核、职务任免、职称评审等发生的人事争议，按照有关规定处理。

第七部分 海事海商纠纷

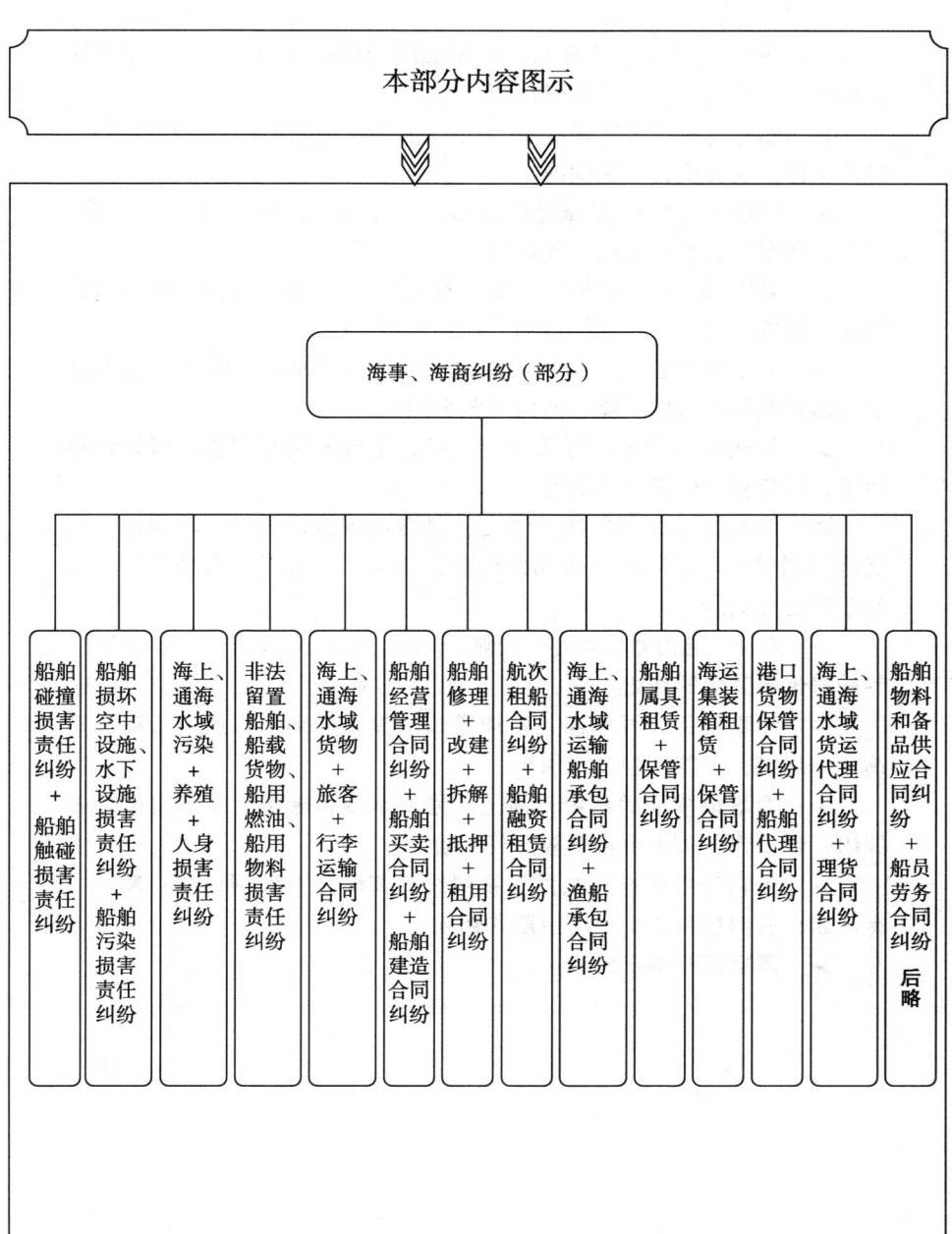

十九、海事海商纠纷

- 船舶碰撞损害责任纠纷；船舶触碰损害责任纠纷；船舶损坏空中设施、水下设施损害责任纠纷
- 船舶污染损害责任纠纷；海上、通海水域污染损害、养殖损害、财产损害、人身损害责任纠纷
- 非法留置船舶、船载货物、船用燃油、船用物料损害责任纠纷；海上、通海水域货物运输合同纠纷
- 海上、通海水域旅客、行李运输合同纠纷；船舶经营管理、买卖、建造、修理、改建、拆解、抵押、租用合同纠纷
- 航次租船合同纠纷；船舶融资租赁合同纠纷；海上、通海水域运输船舶承包合同纠纷；渔船承包合同纠纷
- 船舶属具租赁、保管合同纠纷；海运集装箱租赁、保管合同纠纷；港口货物保管合同纠纷
- 船舶代理合同纠纷；海上、通海水域货运代理合同纠纷；理货合同纠纷；船舶物料和备品供应合同纠纷；船员劳务合同纠纷；海难救助合同纠纷
- 海上、通海水域打捞、拖航、保险、保赔、运输联营合同纠纷；船舶营运借款合同纠纷
- 海事担保合同纠纷；航道港口疏浚合同纠纷；船坞、码头建造合同纠纷；船舶检验合同纠纷
- 海事请求担保纠纷；海上、通海水域运输重大责任事故责任纠纷；港口作业重大责任事故责任纠纷
- 港口作业纠纷；共同海损纠纷；海洋开发利用纠纷；船舶共有纠纷；船舶权属纠纷；海运欺诈纠纷
- 海事债权确权纠纷

第七部分 海事海商纠纷

海事海商纠纷（部分）

- **船舶碰撞损害责任纠纷**：船舶发生碰撞，碰撞的船舶互有过失的，各船按照过失程度的比例负赔偿责任；过失程度相当或者过失程度的比例无法判定的，平均负赔偿责任

- **船舶触碰损害责任纠纷**：船舶碰撞或者触碰造成第三人财产损失的，应予赔偿

- **船舶污染损害责任纠纷**：违反国家保护环境防止污染的规定，污染环境造成他人损害的，应当依法承担民事责任

- **海上、通海水域污染损害、养殖损害、财产损害、人身损害责任纠纷**：需负赔偿责任

- **海上、通海水域货物、旅客、行李运输合同纠纷**：海商法所称<u>海上运输</u>，是指<u>海上货物运输和海上旅客运输</u>，包括<u>海江之间、江海之间的直达运输</u>

- **航次租船合同纠纷**：航次租船合同，是指船舶出租人向承租人提供船舶或者船舶的部分舱位，装运约定的货物，从一港运至另一港，由承租人支付约定运费的合同

- **船舶租用合同纠纷**：包括定期租船合同纠纷、光船租赁合同纠纷

- **船舶融资租赁合同纠纷**：订有租购条款的光船租赁合同，承租人按照合同约定向出租人付清租购费时，船舶所有权即归于承租人

- **海事担保合同纠纷**：海事担保包括本法规定的海事请求保全、海事强制令、海事证据保全等程序中所涉及的担保

- **共同海损纠纷**：共同海损，是指在同一海上航程中，船舶、货物和其他财产遭遇共同危险，为了共同安全，有意地合理地采取措施所直接造成的特殊牺牲、支付的特殊费用

- **海洋开发利用纠纷**：在中国管辖海域内从事航行、勘探、开发、生产、旅游、科学研究及其他活动，或在沿海陆域内从事影响海洋环境活动的任何单位和个人，必须遵守中国的法律

NO.173 船舶碰撞损害责任纠纷

条文要旨重点提示	对应条文序号
船舶碰撞的概念	《中华人民共和国海商法》第165条
船舶碰撞互不赔偿的情形	《中华人民共和国海商法》第167条
船舶碰撞的过失原则	《中华人民共和国海商法》第168条
船舶碰撞中互有过失的赔偿责任	《中华人民共和国海商法》第169条
不当损害赔偿	《中华人民共和国海商法》第170条
船舶碰撞触碰案件中财产损害赔偿请求人可以请求赔偿的范围	最高人民法院《关于审理船舶碰撞和触碰案件财产损害赔偿的规定》第一部分
船舶损害赔偿的不同情形：全损赔偿和部分损害赔偿	最高人民法院《关于审理船舶碰撞和触碰案件财产损害赔偿的规定》第三部分
船舶碰撞或者触碰造成第三人财产损失的，应予赔偿	最高人民法院《关于审理船舶碰撞和触碰案件财产损害赔偿的规定》第六部分
船舶碰撞中船上财产损失的计算	最高人民法院《关于审理船舶碰撞和触碰案件财产损害赔偿的规定》第九部分
海事法院受理案件范围，包括船舶碰撞损害赔偿案件	最高人民法院《关于海事法院受理案件范围的若干规定》第1条

相关法规

中华人民共和国海商法（节录）

（1992年11月7日　主席令第64号）

第一百六十五条【船舶碰撞的概念】 船舶碰撞，是指船舶在海上或者与海相通的可航水域发生接触造成损害的事故。

前款所称船舶，包括与本法第三条所指船舶碰撞的任何其他非用于军事的或者政府公务的船艇。

第一百六十七条【船舶碰撞互不赔偿的情形】 船舶发生碰撞，是由于不可抗力或者其他不能归责于任何一方的原因或者无法查明的原因造成的，碰撞各方互相不负赔偿责任。

第一百六十八条【船舶碰撞中的过失原则】 船舶发生碰撞，是由于一船的过失造成的，由有过失的船舶负赔偿责任。

第一百六十九条【船舶碰撞中的互有过失的赔偿】 船舶发生碰撞，碰撞的船舶互有过失的，各船按照过失程度的比例负赔偿责任；过失程度相当或者过失程度的比例无法判定的，平均负赔偿责任。

互有过失的船舶，对碰撞造成的船舶以及船上货物和其他财产的损失，依照前款规定的比例负赔偿责任。碰撞造成第三人财产损失的，各船的赔偿责任均不超过其应当承担的比例。

互有过失的船舶，对造成的第三人的人身伤亡，负连带赔偿责任。一船连带支付的赔偿超过本条第一款规定的比例的，有权向其他有过失的船舶追偿。

第一百七十条【船舶碰撞中的不当损害赔偿】 船舶因操纵不当或者不遵守航行规章，虽然实际上没有同其他船舶发生碰撞，但是使其他船舶以及船上的人员、货物或者其他财产遭受损失的，适用本章的规定。

司法解释

最高人民法院关于审理船舶碰撞和触碰案件财产损害赔偿的规定
（节录）
（1995年8月18日　法发〔1995〕17号）

一、请求人可以**请求赔偿**对船舶碰撞或者触碰所造成的**财产损失**，船舶碰撞或者触碰后相继发生的**有关费用和损失**，为避免或者减少损害而产生的合理费用和损失，以及预期可得利益的损失。

因请求人的过错造成的损失或者使损失扩大的部分，不予赔偿。

三、船舶损害赔偿分为全损赔偿和部分损害赔偿。

（一）船舶全损的赔偿包括：

船舶价值损失：未包括在船舶价值内的船舶上的燃料、物料、备件、供应品，渔船上的捕捞设备、网具、渔具等损失；

船员工资、遣返费及其他合理费用。

（二）船舶部分损害的赔偿包括：

合理的船舶临时修理费、永久修理费及辅助费用、维持费用，但应满足下列条件：

船舶应就近修理，除非请求人能证明在其他地方修理更能减少损失和节省费用，或者有其他合理的理由。如果船舶经临时修理可继续营运，请求人有责任进行临时修理；

船舶碰撞部位的修理，同请求人为保证船舶适航，或者因另外事故所进行的修理，或者与船舶例行的检修一起进行时，赔偿仅限于修理本次船舶碰撞的受损部位所需的费用和损失。

（三）船舶损害赔偿还包括：

合理的救助费，沉船的勘查、打捞和清除费用，设置沉船标志费用；

拖航费用，本航次的租金或者运费损失，共同海损分摊；

合理的船期损失；

其他合理的费用。

六、船舶碰撞或者触碰造成第三人财产损失的，应予赔偿。

九、船上财产损失的计算：

（一）货物灭失的，按照货物的实际价值，即以货物装船时的价值加运费加请求人已支付的货物保险费计算，扣除可节省的费用；

（二）货物损坏的，以修复所需的费用，或者以货物的实际价值扣除残值和可节省的费用计算；

（三）由于船舶碰撞在约定的时间内迟延交付所产生的损失，按迟延交付货物的实际价值加预期可得利润与到岸时的市价的差价计算，但预期可得利润不得超过货物实际价值的10%；

（四）船上捕捞的鱼货，以实际的鱼货价值计算。鱼货价值参照海事发生时当地市价，扣除可节省的费用；

（五）船上渔具、网具的种类和数量，以本次出海捕捞作业所需量扣减现存量计算，但所需量超过渔政部门规定或者许可的种类和数量的，不予认定；渔具、网具的价值，按原购置价或者原造价扣除折旧费用和残值计算；

（六）旅客行李、物品（包括自带行李）的损失，属本船旅客的损失，依照海商法的规定处理；属他船旅客的损失，可参照旅客运输合同中有关旅客行李灭失或者损坏的赔偿规定处理；

（七）船员个人生活必需品的损失，按实际损失适当予以赔偿；

（八）承运人与旅客书面约定由承运人保管的货币、金银、珠宝、有价证券或者其他贵重物品的损失，依海商法的规定处理；船员、旅客、其他人员个人携带的货币、金银、珠宝、有价证券或者其他贵重物品的损失，不予认定；

（九）船上其他财产的损失，按其实际价值计算。

最高人民法院关于海事法院受理案件范围的若干规定（节录）

（2001年9月11日　法释〔2001〕27号）

1. 船舶碰撞损害赔偿案件，包括浪损等间接碰撞的损害赔偿纠纷案件。

NO.174 ▷ 船舶触碰损害责任纠纷

条文要旨重点提示	对应条文序号
侵害财产权的民事责任——船舶触碰损害责任的民法基础	《中华人民共和国民法通则》第117条第2款
船舶碰撞触碰案件中财产损害赔偿请求人可以请求赔偿的范围	最高人民法院《关于审理船舶碰撞和触碰案件财产损害赔偿的规定》第一部分
船舶触碰造成设施损害的赔偿范围	最高人民法院《关于审理船舶碰撞和触碰案件财产损害赔偿的规定》第五部分
船舶碰撞或者触碰造成第三人财产损失的，应予赔偿	最高人民法院《关于审理船舶碰撞和触碰案件财产损害赔偿的规定》第六部分
海事法院受理案件范围，包括船舶触碰损害赔偿案件	最高人民法院《关于海事法院受理案件范围的若干规定》第2条

中华人民共和国民法通则（节录）

（2009年8月27日修正）

第一百一十七条第二款【侵害财产权的民事责任】　损坏国家的、集体的财产或者他人财产的，应当恢复原状或者折价赔偿。

（民法通则）

最高人民法院关于审理船舶碰撞和触碰案件财产损害赔偿的规定（节录）

（1995年8月18日　法发〔1995〕17号）

一、请求人可以请求赔偿对船舶碰撞或者触碰所造成的财产损失，船舶碰撞或者触碰后相继发生的有关费用和损失，为避免或者减少损害而产生的合理费用和损失，以及预期可得利益的损失。

因请求人的过错造成的损失或者使损失扩大的部分，不予赔偿。

五、船舶触碰造成设施损害的赔偿包括：

设施的全损或者部分损坏修复费用；

设施修复前不能正常使用所产生的合理的收益损失。

六、船舶碰撞或者触碰造成第三人财产损失的，应予赔偿。

司法解释

最高人民法院关于海事法院受理案件范围的若干规定（节录）

（2001年9月11日　法释〔2001〕27号）

2. 船舶触碰海上、通海水域、港口及其岸上的设施或者其他财产的损害赔偿纠纷案件，其中包括船舶触碰码头、防波堤、栈桥、船闸、桥梁以及触碰航标等助航设施和其他海上设施的损害赔偿纠纷案件。

NO.175　船舶损坏空中设施、水下设施损害责任纠纷

条文要旨重点提示	对应条文序号
侵害财产权的民事责任	《中华人民共和国民法通则》第117条第2款
船舶损坏设施类案件中损害赔偿的计算方法	最高人民法院《关于审理船舶碰撞和触碰案件财产损害赔偿的规定》第十二部分
海事法院受理案件范围，包括船舶损坏空中设施、水下设施损害纠纷类案件	最高人民法院《关于海事法院受理案件范围的若干规定》第3条

民法通则 →

中华人民共和国民法通则（节录）
（2009年8月27日修正）

第一百一十七条第二款【侵害财产权的民事责任】 损坏国家的、集体的财产或者他人财产的，应当恢复原状或者折价赔偿。

司法解释 →

最高人民法院关于审理船舶碰撞和触碰案件财产损害赔偿的规定（节录）
（1995年8月18日 法发〔1995〕17号）

十二、设施损害赔偿的计算：
期限：以实际停止使用期间扣除常规检修的期间为限；

设施部分损坏或者全损，分别以合理的修复费用或者重新建造的费用，扣除已使用年限的折旧费计算；设施使用的收益损失，以实际减少的净收益，即按停止使用前三个月的平均净盈利计算；部分使用并有收益的，应当扣减。

最高人民法院关于海事法院受理案件范围的若干规定（节录）
（2001年9月11日 法释〔2001〕27号）

3. 船舶损坏在空中架设或者在海底、通海水域水下敷设的设施或者其他财产的损害赔偿纠纷案件。

NO.176 ▶ 船舶污染损害责任纠纷

条文要旨重点提示	对应条文序号
环境侵权的责任 ——船舶污染损害责任的《民法》基础	《中华人民共和国民法通则》第124条
造成环境污染的法律责任 ——船舶污染损害责任的《环境保护法》基础	《中华人民共和国环境保护法》第64条 《中华人民共和国侵权责任法》第八章
造成海洋环境污染损害的责任者的排除危害和赔偿损失的责任 ——船舶污染损害责任《海洋环境保护法》基础	《中华人民共和国海洋环境保护法》第90条

民法通则

中华人民共和国民法通则（节录）
（2009年8月27日修正）

第一百二十四条【环境侵权的责任】 违反国家保护环境防止污染的规定，污染环境造成他人损害的，<u>应当依法承担民事责任</u>。

相关法规

中华人民共和国环境保护法（节录）
（2014年4月24日 主席令第9号）

第六十四条 因污染环境和破坏生态造成损害的，应当依照《中华人民共和国侵权责任法》的有关规定承担侵权责任。

中华人民共和国侵权责任法（节录）
（2009年12月26日 主席令第21号）

第八章 环境污染责任

第六十五条 因污染环境造成损害的，污染者应当承担侵权责任。

第六十六条 因污染环境发生纠纷，污染者应当就法律规定的不承担责任或者减轻责任的情形及其行为与损害之间不存在因果关系承担举证责任。

第六十七条 两个以上污染者污染环境，污染者承担责任的大小，根据污染物的种类、排放量等因素确定。

第六十八条 因第三人的过错污染环境造成损害的，被侵权人可以向污染者请求赔偿，也可以向第三人请求赔偿。污染者赔偿后，有权向第三人追偿。

中华人民共和国海洋环境保护法（节录）
（2013年12月28日修正）

第九十条【造成海洋环境污染损害的责任者的排除危害和赔偿

第七部分 海事海商纠纷 45

损失的责任】 造成海洋环境污染损害的责任者,应当排除危害,并赔偿损失;完全由于第三者的故意或者过失,造成海洋环境污染损害的,由第三者排除危害,并承担赔偿责任。

对破坏海洋生态、海洋水产资源、海洋保护区,给国家造成重大损失的,由依照本法规定行使海洋环境监督管理权的部门代表国家对责任者提出损害赔偿要求。

NO.177 　　　　　　　**海上、通海水域污染损害责任纠纷**

条文要旨重点提示	对应条文序号
环境污染致损害的责任	《中华人民共和国侵权责任法》第65条
共同污染者的责任承担	《中华人民共和国侵权责任法》第67条
第三人污染致害的责任承担	《中华人民共和国侵权责任法》第68条
造成环境污染的法律责任 ——海上、通海水域损害责任的《环境保护法》基础	《中华人民共和国环境保护法》第64条
海事法院受理案件范围,包括海上、通海水域损害责任纠纷案件	最高人民法院《关于海事法院受理案件范围的若干规定》第5条

相关法规

中华人民共和国侵权责任法(节录)
(2009年12月26日　主席令第21号)
(略,参见"NO.176船舶污染损害责任纠纷")

中华人民共和国环境保护法(节录)
(2014年4月24日　主席令第9号)
(略,参见"NO.176船舶污染损害责任纠纷")

司法解释：

最高人民法院关于海事法院受理案件范围的若干规定（节录）
（2001年9月11日　法释〔2001〕27号）

5．海上或者通海水域的航运、生产、作业或者船舶建造、修理、拆解或者港口作业、建设，造成水域污染、滩涂污染或者他船、货物及其他财产损失的损害赔偿纠纷案件。

NO.178 ▶ 海上、通海水域养殖损害责任纠纷

条文要旨重点提示	对应条文序号
海域使用权受法律保护	《中华人民共和国物权法》第122条
使用水域、滩涂从事养殖、捕捞的权利受法律保护	《中华人民共和国物权法》第123条
海事法院受理案件范围，包括海上、通海水域养殖损害责任纠纷案件	最高人民法院《关于海事法院受理案件范围的若干规定》第一部分第6条

相关法规：

中华人民共和国物权法（节录）
（2007年3月16日　主席令第62号）

第一百二十二条【海域使用权受法律保护】　依法取得的海域使用权受法律保护。

第一百二十三条【探矿权、采矿权、取水权和使用水域、滩涂从事养殖、捕捞的权利受法律保护】　依法取得的探矿权、采矿权、取水权和使用水域、滩涂从事养殖、捕捞的权利受法律保护。

司法解释：

最高人民法院关于海事法院受理案件范围的若干规定（节录）
（2001年9月11日　法释〔2001〕27号）

6．船舶的航行或者作业损害捕捞、养殖设施、水产养殖物的赔偿纠纷案件。

NO.179 海上、通海水域财产损害责任纠纷

条文要旨重点提示	对应条文序号
民事责任的归属原则、侵害财产权的民事责任 ——海上、通海水域财产损害责任的民法基础	《中华人民共和国民法通则》第106条第2款 《中华人民共和国民法通则》第117条
海事法院受理案件范围，包括海上、通海水域财产损害责任纠纷案件	最高人民法院《关于海事法院受理案件范围的若干规定》第7条

民法通则

中华人民共和国民法通则（节录）
（2009年8月27日修正）

第一百零六条第二款【民事责任的归属原则】 公民、法人由于过错侵害国家的、集体的财产，侵害他人财产、人身的，应当承担民事责任。

第一百一十七条【侵害财产权的民事责任】 侵占国家的、集体的财产或者他人财产的，应当返还财产，不能返还财产的，应当折价赔偿。

损坏国家的、集体的财产或者他人财产的，应当恢复原状或者折价赔偿。

受害人因此遭受其他重大损失的，侵害人并应当赔偿损失。

司法解释

最高人民法院关于海事法院受理案件范围的若干规定（节录）
（2001年9月11日 法释〔2001〕27号）

7. 航道中的沉船沉物及其残骸、废弃物，海上或者通海水域的临时或者永久性设施、装置不当，影响船舶航行，造成船舶、货物及其他财产损失的损害赔偿纠纷案件。

NO.180 海上、通海水域人身损害责任纠纷

条文要旨重点提示	对应条文序号
侵害生命健康权的民事责任 ——海上、通海水域人身损害责任纠纷的民法基础	《中华人民共和国民法通则》第119条
承运人的赔偿责、互有过失的赔偿 ——海上、通海水域人身损害责任纠纷的海商法基础	《中华人民共和国海商法》第114条、第169条
海事法院受理案件范围，包括海上、通海水域人身损害责任纠纷案件	最高人民法院《关于海事法院受理案件范围的若干规定》第8条

民法通则

中华人民共和国民法通则（节录）
（2009年8月27日修正）

第一百一十九条【侵害生命健康权的民事责任】 侵害公民身体造成伤害的，应当赔偿医疗费、因误工减少的收入、残废者生活补助费等费用；造成死亡的，并应当支付丧葬费、死者生前扶养的人必要的生活费等费用。

相关法规

中华人民共和国海商法（节录）
（1992年11月7日 主席令第64号）

第一百一十四条【承运人的赔偿责任】 第一款在本法第一百一十一条规定的旅客及其行李的运送期间，因承运人或者承运人的受雇人、代理人在受雇或者受委托的范围内过失引起事故，造成旅客人身伤亡或者行李灭失、损坏的，承运人应当负赔偿责任。

第一百六十九条【互有过失的赔偿】 互有过失的船舶，对造成的第三人的人身伤亡，负连带赔偿责任。一船连带支付的赔偿超过本条第一款规定的比例的，有权向其他有过失的船舶追偿。

第七部分　海事海商纠纷

司法解释

最高人民法院关于海事法院受理案件范围的若干规定（节录）
（2001年9月11日　法释〔2001〕27号）

8．船舶在海上或者通海水域进行航运、作业，或者港口作业过程中的人身伤亡事故引起的损害赔偿纠纷案件。

NO.181　非法留置船舶、船载货物、船用燃油、船用物料损害责任纠纷

条文要旨重点提示	对应条文序号
留置权的概念、出租人的留置权、承租人的留置权 ——非法留置船舶、船载货物、船用燃油、船用物料损害责任纠纷的《海商法》参照	《中华人民共和国海商法》第87条 《中华人民共和国海商法》第141条 《中华人民共和国海商法》第161条
保管合同、运输合同、加工承揽合同的债权人的留置权 ——非法留置船舶、船载货物、船用燃油、船用物料损害责任纠纷的《担保法》参照	《中华人民共和国担保法》第84条

相关法规

中华人民共和国海商法（节录）
（1992年11月7日　主席令第64号）

第八十七条【留置权的概念】　应当向承运人支付的运费、共同海损分摊、滞期费和承运人为货物垫付的必要费用以及应当向承运人支付的其他费用没有付清，又没有提供适当担保的，承运人可以在合理的限度内留置其货物。

第一百四十一条【出租人的留置权】　承租人未向出租人支付租金或者合同约定的其他款项的，出租人对船上属于承租人的货物和财产以及转租船舶的收入有留置权。

第一百六十一条【承托人的留置权】　被拖方未按照约定支付拖航费和其他合理费用的，承拖方对被拖物有留置权。

中华人民共和国担保法（节录）
（1995年6月30日　主席令第50号）

第八十四条【保管合同、运输合同、加工承揽合同的债权人的留置权】
因保管合同、运输合同、加工承揽合同发生的债权，债务人不履行债务的，债权人有留置权。

法律规定可以留置的其他合同，适用前款规定。

当事人可以在合同中约定不得留置的物。

NO.182 海上、通海水域货物运输合同纠纷

条文要旨重点提示	对应条文序号
运输过程中货物的毁损、灭失的责任承担 ——海上、通海水域货物运输合同纠纷的《合同法》基础	《中华人民共和国合同法》第311条
海上货物运输合同的概念	《中华人民共和国海商法》第41条
视为海上货物运输合同履行的情形	《中华人民共和国海商法》第91条

相关法规

中华人民共和国合同法（节录）
（1999年3月15日　主席令第15号）

第三百一十一条【运输过程中货物的毁损、灭失的责任承担】
承运人对运输过程中货物的毁损、灭失承担损害赔偿责任，但承运人证明货物的毁损、灭失是因不可抗力、货物本身的自然性质或者合理损耗以及托运人、收货人的过错造成的，不承担损害赔偿责任。

中华人民共和国海商法（节录）
（1992年11月7日　主席令第64号）

第四十一条【海上货物运输合同的概念】 海上货物运输合同，<u>是指承运人收取运费，负责将托运人托运的货物经海路由一港运至另一港的合同。</u>

第九十一条【视为海上货物运输合同履行的情形】 因不可抗力或者其<u>他不能归责于承运人和托运人的原因致使船舶不能在合同约定的目的港卸货的，除合同另有约定外，船长有权将货物在目的港邻近的安全港口或者地点卸载，视为已经履行合同。</u>

船长决定将货物卸载的，应当及时通知托运人或者收货人，并考虑托运人或者收货人的利益。

NO.183　　海上、通海水域旅客运输合同纠纷

相关法规

中华人民共和国海商法（节录）
（1992年11月7日　主席令第64号）

第一百零七条【海商旅客运输合同概念】 海上旅客运输合同，<u>是指承运人以适合运送旅客的船舶经海路将旅客及其行李从一港运送至另一港，由旅客支付票款的合同。</u>

第一百零八条【法定概念】 本章下列用语的含义：

（一）"承运人"，<u>是指本人或者委托他人以本人名义与旅客订立海上旅客运输合同的人。</u>

（二）"实际承运人"，<u>是指接受承运人委托，从事旅客运送或者部分运送的人，包括接受转委托从事此项运送的其他人。</u>

（三）"旅客"，<u>是指根据海上旅客运输合同运送的人；经承运人同意，根据海上货物运输合同，随船护送货物的人，视为旅客。</u>

（四）"行李"，<u>是指根据海上旅客运输合同由承运人载运的任何物品和车辆，但是活动物除外。</u>

（五）"自带行李"，<u>是指旅客自行携带、保管或者放置在客舱中的行李。</u>

第一百一十条【海上客运合同的成立】 <u>旅客客票是海上旅客</u>

运输合同成立的凭证。

第一百一十一条【承运人运送责任期间】 海上旅客运输的运送期间，自旅客登船时起至旅客离船时止，客票票价含接送费用的，运送期间并包括承运人经水路将旅客从岸上接到船上和从船上送到岸上的时间，但是不包括旅客在港站内、码头上或者在港口其他设施内的时间。

旅客的自带行李，运送期间同前款规定，旅客自带行李以外的其他行李，运送期间自旅客将行李交付承运人或者承运人的受雇人、代理人时起至承运人或者承运人的受雇人、代理人交还旅客时止。

第一百二十六条【海上旅客运输合同中的无效条款】 海上旅客运输合同中含有下列内容之一的条款无效：

（一）免除承运人对旅客应当承担的法定责任；
（二）降低本章规定的承运人责任限额；
（三）对本章规定的举证责任作出相反的约定；
（四）限制旅客提出赔偿请求的权利。

前款规定的合同条款的无效，不影响合同其他条款的效力。

NO.184 海上、通海水域行李运输合同纠纷

（略，参见"NO.183 海上、通海水域旅客运输合同纠纷"）

NO.185 船舶经营管理合同纠纷

条文要旨重点提示	对应条文序号
业务专属 ——船舶经营管理的《海商法》基础	《中华人民共和国海商法》第4条
海上运输经营活动的基本原则 ——船舶经营管理的《海运条例》基础	《中华人民共和国国际海运条例》第3条
海事法院受理案件范围，包括船舶经营管理合同纠纷案件	最高人民法院《关于海事法院受理案件范围的若干规定》第13条

第七部分 海事海商纠纷

相关法规

中华人民共和国海商法（节录）
（1992年11月7日 主席令第64号）

第四条【业务专属】 中华人民共和国港口之间的海上运输和拖航，由悬挂中华人民共和国国旗的船舶经营。但是，法律、行政法规另有规定的除外。

非经国务院交通主管部门批准，外国籍船舶不得经营中华人民共和国港口之间的海上运输和拖航。

中华人民共和国国际海运条例（节录）
（2013年7月18日修正）

第三条【海上运输经营活动的基本原则】 从事国际海上运输经营活动以及与国际海上运输相关的辅助性经营活动，应当遵循诚实信用的原则，依法经营，公平竞争。

司法解释

最高人民法院关于海事法院受理案件范围的若干规定（节录）
（2001年9月11日 法释〔2001〕27号）

13．船舶经营管理合同纠纷案件。

NO.186 ▷ 船舶买卖合同纠纷

条文要旨重点提示	对应条文序号
合同履行的原则、承担违约责任的方式 ——船舶买卖合同纠纷的《合同法》基础	《中华人民共和国合同法》第60条、第107条
船舶所有权登记 ——船舶买卖合同的《海商法》基础	《中华人民共和国海商法》第9条

> **中华人民共和国合同法（节录）**
> （1999年3月15日 主席令第15号）
>
> **第六十条【合同履行的原则】** <u>当事人应当按照约定全面履行自己的义务。</u>
> 当事人应当遵循诚实信用原则，根据合同的性质、目的和交易习惯履行通知、协助、保密等义务。
>
> **第一百零七条【承担违约责任的方式】** <u>当事人一方不履行合同义务或者履行合同义务不符合约定的，应当承担继续履行、采取补救措施或者赔偿损失等违约责任。</u>

相关法规

> **中华人民共和国海商法（节录）**
> （1992年11月7日 主席令第64号）
>
> **第九条【船舶所有权登记】** 船舶所有权的取得、转让和消灭，应当向船舶登记机关登记；未经登记的，不得对抗第三人。
> 船舶所有权的转让，应当签订书面合同。

NO.187 ▷ 船舶建造合同纠纷

条文要旨重点提示	对应条文序号
船舶建造合同纠纷的《合同法》参照	《中华人民共和国合同法》第251条、第252条、第263—265条、第268条
在建船舶抵押	《中华人民共和国海商法》第14条
海事法院受理案件范围，包括船舶建造合同纠纷案件	最高人民法院《关于海事法院受理案件范围的若干规定》第14条

——船舶建造合同纠纷的《合同法》参照

中华人民共和国合同法（节录）
（1999年3月15日　主席令第15号）

相关法规

第二百五十一条【承揽合同的概念】　承揽合同<u>是承揽人按照定作人的要求完成工作，交付工作成果，定作人给付报酬的合同。</u>

承揽包括加工、定作、修理、复制、测试、检验等工作。

第二百五十二条【承揽合同的内容】　承揽合同的内容<u>包括承揽的标的、数量、质量、报酬、承揽方式、材料的提供、履行期限、验收标准和方法等条款。</u>

第二百六十三条【承揽合同报酬的支付】　<u>定作人应当按照约定的期限支付报酬。</u>对支付报酬的期限没有约定或者约定不明确，依照本法第六十一条的规定仍不能确定的，定作人应当在承揽人交付工作成果时支付；工作成果部分交付的，定作人应当相应支付。

第二百六十四条【承揽人的留置权】　<u>定作人未向承揽人支付报酬或者材料费等价款的，承揽人对完成的工作成果享有留置权，但当事人另有约定的除外。</u>

第二百六十五条【承揽人的损害赔偿责任】　<u>承揽人应当妥善保管定作人提供的材料以及完成的工作成果，因保管不善造成毁损、灭失的，应当承担损害赔偿责任。</u>

第二百六十八条【定作人的合同解除权】　<u>定作人可以随时解除承揽合同，造成承揽人损失的，应当赔偿损失。</u>

中华人民共和国海商法（节录）
（1992年11月7日　主席令第64号）

第十四条【在建船舶抵押】　<u>建造中的船舶可以设定船舶抵押权。</u>

建造中的船舶办理抵押权登记，还应当向船舶登记机关提交船舶建造合同。

司法解释

> **最高人民法院关于海事法院受理案件范围的若干规定（节录）**
> （2001年9月11日　法释〔2001〕27号）
> 14. 船舶的建造、买卖、修理、改建和拆解合同纠纷案件。

NO.188 ▶ 船舶修理合同纠纷

▶ （略，参见"NO.187 船舶建造合同纠纷"）

NO.189 ▶ 船舶改建合同纠纷

▶ （略，参见"NO.187 船舶建造合同纠纷"）

NO.190 ▶ 船舶拆解合同纠纷

▶ （略，参见"NO.187 船舶建造合同纠纷"）

NO.191 ▶ 船舶抵押合同纠纷

相关法规

> **中华人民共和国海商法（节录）**
> （1992年11月7日　主席令第64号）
> 第十一条【船舶抵押权】　船舶抵押权，是指抵押人对于抵押权人提供的作为债务担保的船舶，在抵押人不履行债务时，可以依法拍卖，从卖得的价款中优先受偿的权利。

第十二条【抵押权设定】 船舶所有人或者船舶所有人授权的人可以设定船舶抵押权。

船舶抵押权的设定，应当签订书面合同。

第十四条【在建船舶抵押】 建造中的船舶可以设定船舶抵押权。

建造中的船舶办理抵押权登记，还应当向船舶登记机关提交船舶建造合同。

NO.192 ➡ 航次租船合同纠纷

相关法规

中华人民共和国海商法（节录）

（1992年11月7日 主席令第64号）

第九十二条【航次租船合同】 航次租船合同，是指船舶出租人向承租人提供船舶或者船舶的部分舱位，装运约定的货物，从一港运至另一港，由承租人支付约定运费的合同。

第九十六条【出租人提供船舶的义务】 出租人应当提供约定的船舶；经承租人同意，可以更换船舶。但是，提供的船舶或者更换的船舶不符合合同约定的，承租人有权拒绝或者解除合同。

因出租人过失未提供约定的船舶致使承租人遭受损失的，出租人应当负赔偿责任。

第九十七条【合同解除权】 出租人在约定的受载期限内未能提供船舶的，承租人有权解除合同。但是，出租人将船舶延误情况和船舶预期抵达装货港的日期通知承租人的，承租人应当自收到通知时起四十八小时内，将是否解除合同的决定通知出租人。

因出租人过失延误提供船舶致使承租人遭受损失的，出租人应当负赔偿责任。

第九十八条【滞期费和速遣费的约定】 航次租船合同的装货、卸货期限及其计算办法，超过装货、卸货期限后的滞期费和提前完成装货、卸货的速遣费，由双方约定。

第九十九条【承租人的转租权】 承租人可以将其租用的船舶转租；转租后，原合同约定的权利和义务不受影响。

第一百条【提供约定货物的义务】 承租人应当提供约定的货物;经出租人同意,可以更换货物,但是,更换的货物对出租人不利的,出租人有权拒绝或者解除合同。

因未提供约定的货物致使出租人遭受损失的,承租人应当负赔偿责任。

第一百零一条【卸货港】 出租人应当在合同约定的卸货港卸货。合同订有承租人选择卸货港条款的,在承租人未按合同约定及时通知确定的卸货港时,船长可以从约定的选卸港中自行选定一港卸货。承租人未按照合同约定及时通知确定的卸货港,致使出租人遭受损失的,应当负赔偿责任。出租人未按照合同约定,擅自选定港口卸货致使承租人遭受损失的,应当负赔偿责任。

NO.193 船舶租用合同纠纷

船舶租用合同纠纷包括的内容:
(1)定期租船合同纠纷
(2)光船租赁合同纠纷

相关法规

中华人民共和国海商法(节录)
(1992年11月7日 主席令第64号)

第一百二十八条【船舶租用合同的形式】 船舶租用合同,<u>包括定期租船合同和光船租赁合同,均应当书面订立。</u>

第一百二十九条【定期租船合同的概念】 定期租船合同,是<u>指船舶出租人向承租人提供约定的由出租人配备船员的船舶,由承租人在约定的期间内按照约定的用途使用,并支付租金的合同。</u>

第一百三十条【定期租船合同的内容】 <u>定期租船合同的内容,主要包括出租人和承租人的名称、船名、船籍、船级、吨位、容积、船速、燃料消耗、航区、用途、租船期间、交船和还船的时间和地点以及条件、租金及其支付,以及其他有关事项。</u>

第一百三十一条【提供船舶的义务】 <u>出租人应当按照合同约定的时间交付船舶。</u>

出租人违反前款规定的，承租人有权解除合同，出租人将船舶延误情况和船舶预期抵达交船港的日期通知承租人的，承租人应当自接到通知时起四十八小时内，将解除合同或者继续租用船舶的决定通知出租人。

因出租人过失延误提供船舶致使承租人遭受损失的，出租人应当负赔偿责任。

第一百三十二条【适当履行义务】 出租人交付船舶时，应当做到谨慎处理，使船舶适航。交付的船舶应当适于约定的用途。

出租人违反前款规定的，承租人有权解除合同，并有权要求赔偿因此遭受的损失。

第一百三十三条【不符合约定的责任】 船舶在租期内不符合约定的适航状态或者其他状态，出租人应当采取可能采取的合理措施，使之尽快恢复。

船舶不符合约定的适航状态或者其他状态而不能正常营运连续满二十四小时的，对因此而损失的营运时间，承租人不付租金，但是上述状态是由承租人造成的除外。

第一百三十四条【按约定使用船舶的义务】 承租人应当保证船舶在约定航区内的安全港口或者地点之间从事约定的海上运输。

承租人违反前款规定的，出租人有权解除合同，并有权要求赔偿因此遭受的损失。

第一百三十五条【合法运输义务】 承租人应当保证船舶用于运输约定的合法的货物。

承租人将船舶用于运输活动物或者危险货物的，应当事先征得出租人的同意。

承租人违反本条第一款或者第二款的规定致使出租人遭受损失的，应当负赔偿责任。

第一百三十六条【承租人的指示权】 承租人有权就船舶的营运向船长发出指示，但是不得违反定期租船合同的约定。

第一百三十七条【船舶转租权】 承租人可以将租用的船舶转租，但是应当将转租的情况及时通知出租人。租用的船舶转租后，原租船合同约定的权利和义务不受影响。

第一百三十八条【已租船舶所有权的转让】 船舶所有人转让以及租出的船舶的所有权，定期租船合同约定的当事人的权利和义务不受影响，但是应当及时通知承租人。船舶所有权转让后，原租船合同由受让人和承租人继续履行。

第一百三十九条【海难救助款项的分享】 在合同期间，船舶进行海难救助的，承租人有权获得扣除救助费用、损失赔偿、船员应得部分以及其他费用后的救助款项的一半。

第一百四十条【租金的支付】 承租人应当按照合同约定支付租金。承租人未按照合同约定支付租金的，出租人有权解除合同，并有权要求赔偿因此遭受的损失。

第十百四十一条【出租人的留置权】 承租人未向出租人支付租金或者合同约定的其他款项的，出租人对船上属于承租人的货物和财产以及转租船舶的收入有留置权。

第一百四十二条【船舶交还】 承租人向出租人交还船舶时，该传船舶当具有与出租人交船时相同的良好状态，但是船舶本身的自然磨损除外。

船舶未能保持与交船时相同的良好状态的，承租人应当负责修复或者给予赔偿。

第一百四十三条【还船日期】 经合理计算，完成最后航次的日期约为合同约定的还船日期，但可能超过合同约定的还船日期的，承租人有权超期用船以完成该航次。超期期间，承租人应当按照合同约定的租金率支付租金；市场的租金率高于合同约定的租金率的，承租人应当按照市场租金率支付租金。

第一百四十四条【光船租赁合同的概念】 光船租赁合同，是指船舶出租人向承租人提供不配备船员的船舶，在约定的期间内由承租人占有、使用和营运，并向出租人支付租金的合同。

第一百四十五条【光船租赁合同的内容】 光船租赁合同的内容，主要包括出租人和承租人的名称、船名、船籍、船级、吨位、容积、航区、用途、租船期间、交船和还船的时间和地点以及条件、船舶检验、船舶的保养维修、租金及其支付、船舶保险、合同解除的时间和条件，以及其他有关事项。

第一百四十六条【船舶交付】 出租人应当在合同约定的港口或者地点，按照合同约定的时间，向承租人交付船舶以及船舶证书。交船时，出租人应当做到谨慎处理，使船舶适航。交付的船舶应当适于合同约定的用途。

出租人违反前款规定的，承租人有权解除合同，并有权要求赔偿因此遭受的损失。

第一百四十七条【保养、维修的义务】 在光船租赁期间，承租人负责船舶的保养、维修。

第一百四十八条【船舶保险】 在光船租赁期间，承租人应当按照合同约定的船舶价值，以出租人同意的保险方式为船舶进行保险，并负担保险费用。

第一百四十九条【出租人和承租人的赔偿责任】 在光船租赁期间，因承租人对船舶占有、使用和营运的原因使出租人的利益受到影响或者遭受损失的，承租人应当负责消除影响或者赔偿损失。

因船舶所有权争议或者出租人所负的债务致使船舶被扣押的，出租人应当保证承租人的利益不受影响；致使承租人遭受损失的，出租人应当负赔偿责任。

第一百五十条【船舶转租的限制】 在光船租赁期间，未经出租人书面同意，承租人不得转让合同的权利和义务或者以光船租赁的方式将船舶进行转租。

第一百五十一条【抵押权设定的限制】 未经承租人事先书面同意，出租人不得在光船租赁期间对船舶设定抵押权。

出租人违反前款规定，致使承租人遭受损失的，应当负赔偿责任。

第一百五十二条【租金支付】 承租人应当按照合同约定支付租金。承租人未按照合同约定的时间支付租金连续超过七日的，出租人有权解除合同，并有权要求赔偿因此遭受的损失。

船舶发生灭失或者失踪的，租金应当自船舶灭失或者得知其最后消息之日起停止支付，预付租金应当按照比例退还。

第一百五十三条【其他条款的适用】 本法第一百三十四条、第一百三十五条、第一百四十二条和第一百四十三条的规定，适用于光船租赁合同。

第一百五十四条【光船租赁合同在附有租购条款时的所有权归属】 订有租购条款的光船租赁合同，承租人按照合同约定向出租人付清租购费时，船舶所有权即归于承租人。

NO.194 船舶融资租赁合同纠纷

条文要旨重点提示	对应条文序号
融资租赁合同的概念、内容形式、双方的权利义务，可以约定的事项、租赁物的交付与占有使用，租金的交付与返还 ——船舶融资租赁合同的《合同法》参照	《中华人民共和国合同法》第十四章
光船租赁合同在附有租购条款时的所有权归属 ——光船租赁合同在附有租购条款时具有船舶融资租赁合同的性质	《中华人民共和国海商法》第154条

相关法规

中华人民共和国合同法（节录）

（1999年3月15日 主席令第15号）

第十四章 融资租赁合同

第二百三十七条【融资租赁合同的概念】 融资租赁合同<u>是出租人根据承租人对出卖人、租赁物的选择，向出卖人购买租赁物，提供给承租人使用，承租人支付租金的合同。</u>

第二百三十八条【融资租赁合同的内容和形式】 融资租赁合同的内容<u>包括租赁物名称、数量、规格、技术性能、检验方法、租赁期限、租金构成及其支付期限和方式、币种、租赁期间届满租赁物的归属等条款。</u>

融资租赁合同应当采用书面形式。

第二百三十九条【融资租赁合同双方的权利义务】 <u>出租人根据承租人对出卖人、租赁物的选择订立的买卖合同，出卖人应当按照约定向承租人交付标的物，承租人享有与受领标的物有关的买受人的权利。</u>

第二百四十条【融资租赁合同中双方可以约定的内容】 <u>出租人、出卖人、承租人可以约定，出卖人不履行买卖合同义务的，由承租人行使索赔的权利。承租人行使索赔权利的，出租人应当协助。</u>

第二百四十一条【融资租赁合同中出租人所负义务】 <u>出租人</u>

根据承租人对出卖人、租赁物的选择订立的买卖合同，未经承租人同意，出租人不得变更与承租人有关的合同内容。

第二百四十二条【租赁物的归属与性质】 出租人享有租赁物的所有权。承租人破产的，租赁物不属于破产财产。

第二百四十三条【融资租赁合同租金的确定】 融资租赁合同的租金，除当事人另有约定的以外，应当根据购买租赁物的大部分或者全部成本以及出租人的合理利润确定。

第二百四十四条【租赁物不符合约定或者不符合使用目的的责任承担】 租赁物不符合约定或者不符合使用目的的，出租人不承担责任，但承租人依赖出租人的技能确定租赁物或者出租人干预选择租赁物的除外。

第二百四十五条【租赁物的占有和使用】 出租人应当保证承租人对租赁物的占有和使用。

第二百四十六条【租赁物造成第三人人身伤害或财产损害的责任承担】 承租人占有租赁物期间，租赁物造成第三人的人身伤害或者财产损害的，出租人不承担责任。

第二百四十七条【租赁物的保管、使用与维修】 承租人应当妥善保管、使用租赁物。

承租人应当履行占有租赁物期间的维修义务。

第二百四十八条【租金的支付】 承租人应当按照约定支付租金。承租人经催告后在合理期限内仍不支付租金的，出租人可以要求支付全部租金；也可以解除合同，收回租赁物。

第二百四十九条【租金的返还】 当事人约定租赁期间届满租赁物归承租人所有，承租人已经支付大部分租金，但无力支付剩余租金，出租人因此解除合同收回租赁物的，收回的租赁物的价值超过承租人欠付的租金以及其他费用的，承租人可以要求部分返还。

第二百五十条【租赁物的归属】 出租人和承租人可以约定租赁期间届满租赁物的归属。对租赁物的归属没有约定或者约定不明确，依照本法第六十一条的规定仍不能确定的，租赁物的所有权归出租人。

中华人民共和国海商法（节录）
（1992年11月7日　主席令第64号）

　　第一百五十四条【光船租赁合同在附有租购条款时的所有权归属】　订有**租购条款**的光船租赁合同，承租人按照合同约定向出租人付清租购费时，船舶所有权即归于承租人。

NO.195　海上、通海水域运输船舶承包合同纠纷

相关法规

——海上、通海水域运输船舶承包合同纠纷的《合同法》参照

中华人民共和国合同法（节录）
（1999年3月15日　主席令第15号）

　　第一百零七条【承担违约责任的方式】　当事人一方不履行合同义务或者履行合同义务不符合约定的，应当承担继续履行、采取补救措施或者赔偿损失等违约责任。

　　第一百二十四条【无名合同的法律适用】　本法分则或者其他法律没有明文规定的合同，适用本法总则的规定，并可以参照本法分则或者其他法律最相类似的规定。

NO.196　渔船承包合同纠纷

（略，参见"NO.195 海上、通海水域运输船舶承包合同纠纷"）

NO.197 船舶属具租赁合同纠纷

相关法规

——船舶属具租赁合同纠纷的《合同法》参照

中华人民共和国合同法（节录）
（1999年3月15日　主席令第15号）

第二百一十二条【租赁合同的概念】 租赁合同是<u>出租人将租赁物交付承租人使用、收益，承租人支付租金的合同</u>。

第二百一十三条【租赁合同的内容】 租赁合同的内容<u>包括租赁物的名称、数量、用途、租赁期限、租金及其支付期限和方式、租赁物维修等条款</u>。

第二百一十四条【租赁期限】 租赁期限不得超过二十年。超过二十年的，超过部分无效。

租赁期间届满，当事人可以续订租赁合同，但约定的租赁期限自续订之日起不得超过二十年。

第二百一十五条【租赁合同的形式要求】 租赁期限六个月以上的，应当采用书面形式。当事人未采用书面形式的，视为不定期租赁。

第二百一十六条【租赁物的交付】 出租人应当<u>按照约定将租赁物交付承租人，并在租赁期间保持租赁物符合约定的用途</u>。

第二百一十七条【承租人正当使用义务】 承租人应当按照约定的方法使用租赁物。对租赁物的使用方法没有约定或者约定不明确，依照本法第六十一条的规定仍不能确定的，应当按照租赁物的性质使用。

第二百一十八条【按约定使用租赁物】 承租人按照约定的方法或者租赁物的性质使用租赁物，致使租赁物受到损耗的，不承担损害赔偿责任。

第二百一十九条【未按约定使用租赁物及损害赔偿】 承租人未按照约定的方法或者租赁物的性质使用租赁物，致使租赁物受到损失的，出租人可以解除合同并要求赔偿损失。

第二百二十条【租赁物的维修义务】 <u>出租人应当履行租赁物的维修义务，但当事人另有约定的除外</u>。

第二百二十一条【承租人维修的情形及费用的负担】 承租人在租赁物需要维修时可以要求出租人在合理期限内维修。

出租人未履行维修义务的，承租人可以自行维修，维修费用由出租人负担。因维修租赁物影响承租人使用的，应当相应减少租金或者延长租期。

第二百二十二条【租赁物的保管】 承租人应当妥善保管租赁物，因保管不善造成租赁物毁损、灭失的，应当承担损害赔偿责任。

第二百二十三条【租赁物的改造】 承租人经出租人同意，可以对租赁物进行改善或者增设他物。

承租人未经出租人同意，对租赁物进行改善或者增设他物的，出租人可以要求承租人恢复原状或者赔偿损失。

第二百二十四条【转租】 承租人经出租人同意，可以将租赁物转租给第三人。承租人转租的，承租人与出租人之间的租赁合同继续有效，第三人对租赁物造成损失的，承租人应当赔偿损失。

承租人未经出租人同意转租的，出租人可以解除合同。

第二百二十五条【租赁物收益的归属】 在租赁期间因占有、使用租赁物获得的收益，归承租人所有，但当事人另有约定的除外。

第二百二十六条【租金的支付】 承租人应当按照约定的期限支付租金。对支付期限没有约定或者约定不明确，依照本法第六十一条的规定仍不能确定，租赁期间不满一年的，应当在租赁期间届满时支付；租赁期间一年以上的，应当在每届满一年时支付，剩余期间不满一年的，应当在租赁期间届满时支付。

第二百二十七条【未支付或者延迟支付租金的法律后果】 承租人无正当理由未支付或者迟延支付租金的，出租人可以要求承租人在合理期限内支付。承租人逾期不支付的，出租人可以解除合同。

第二百二十八条【第三人对租赁物主张权利的法律后果】 因第三人主张权利，致使承租人不能对租赁物使用、收益的，承租人可以要求减少租金或者不支付租金。

第三人主张权利的，承租人应当及时通知出租人。

第二百二十九条【买卖不破除租赁】 租赁物在租赁期间发生所有权变动的，不影响租赁合同的效力。

第二百三十条【承租人的优先购买权】 出租人出卖租赁房屋的，应当在出卖之前的合理期限内通知承租人，承租人享有以同等条件优先购买的权利。

第七部分　海事海商纠纷

第二百三十一条【租赁物的风险负担】　因不可归责于承租人的事由，致使租赁物部分或者全部毁损、灭失的，承租人可以要求减少租金或者不支付租金；因租赁物部分或者全部毁损、灭失，致使不能实现合同目的的，承租人可以解除合同。

第二百三十二条【不定期租赁合同的解除】　当事人对租赁期限没有约定或者约定不明确，依照本法第六十一条的规定仍不能确定的，视为不定期租赁。当事人可以随时解除合同，但出租人解除合同应当在合理期限之前通知承租人。

第二百三十三条【承租人解除合同的情形】　租赁物危及承租人的安全或者健康的，即使承租人订立合同时明知该租赁物质量不合格，承租人仍然可以随时解除合同。

第二百三十四条【共同居住人的继承租赁权】　承租人在房屋租赁期间死亡的，与其生前共同居住的人可以按照原租赁合同租赁该房屋。

第二百三十五条【租赁物的返还】　租赁期间届满，承租人应当返还租赁物。返还的租赁物应当符合按照约定或者租赁物的性质使用后的状态。

第二百三十六条【租赁合同终止后的继续效力】　租赁期间届满，承租人继续使用租赁物，出租人没有提出异议的，原租赁合同继续有效，但租赁期限为不定期。

NO.198　船舶属具保管合同纠纷

【相关法规】

——船舶属具保管合同纠纷的《合同法》参照

中华人民共和国合同法（节录）

（1999年3月15日　主席令第15号）

第三百六十五条【保管合同的定义】　保管合同是保管人保管寄存人交付的保管物，并返还该物的合同。

第三百六十六条【保管费的支付】　寄存人应当按照约定向保管人支付保管费。

当事人对保管费没有约定或者约定不明确，依照本法第六十一条的规定仍不能确定的，保管是无偿的。

第三百六十七条【保管合同的成立时间】 保管合同自保管物交付时成立，但当事人另有约定的除外。

第三百六十八条【保管人的义务】 寄存人向保管人交付保管物的，保管人应当给付保管凭证，但另有交易习惯的除外。

第三百六十九条【保管人妥善保护义务】 保管人应当妥善保管保管物。

当事人可以约定保管场所或者方法。除紧急情况或者为了维护寄存人利益的以外，不得擅自改变保管场所或者方法。

第三百七十条【寄存人告知义务与损害赔偿责任】 寄存人交付的保管物有瑕疵或者按照保管物的性质需要采取特殊保管措施的，寄存人应当将有关情况告知保管人。寄存人未告知，致使保管物受损失的，保管人不承担损害赔偿责任；保管人因此受损失的，除保管人知道或者应当知道并且未采取补救措施的以外，寄存人应当承担损害赔偿责任。

第三百七十一条【保管人的损害赔偿义务】 保管人不得将保管物转交第三人保管，但当事人另有约定的除外。

保管人违反前款规定，将保管物转交第三人保管，对保管物造成损失的，应当承担损害赔偿责任。

第三百七十二条【禁止使用保管物的义务】 保管人不得使用或者许可第三人使用保管物，但当事人另有约定的除外。

第三百七十三条【保管人的返还与通知义务】 第三人对保管物主张权利的，除依法对保管物采取保全或者执行的以外，保管人应当履行向寄存人返还保管物的义务。

第三人对保管人提起诉讼或者对保管物申请扣押的，保管人应当及时通知寄存人。

第三百七十四条【保管物毁损、灭失的责任承担】 保管期间，因保管人保管不善造成保管物毁损、灭失的，保管人应当承担损害赔偿责任，但保管是无偿的，保管人证明自己没有重大过失的，不承担损害赔偿责任。

第三百七十五条【寄存人声明义务】 寄存人寄存货币、有价证券或者其他贵重物品的，应当向保管人声明，由保管人验收或者封存。寄存人未声明的，该物品毁损、灭失后，保管人可以按照一般物品予以赔偿。

第三百七十六条【保管物的领取】 寄存人可以随时领取保管物。

当事人对保管期间没有约定或者约定不明确的，保管人可以随时要求寄存人领取保管物；约定保管期间的，保管人无特别事由，不得要求寄存人提前领取保管物。

第三百七十七条【寄存物及其孳息的返还】 保管期间届满或者寄存人提前领取保管物的，保管人应当将原物及其孳息归还寄存人。

第三百七十八条【寄存可替代物的返还】 保管人保管货币的，可以返还相同种类、数量的货币。保管其他可替代物的，可以按照约定返还相同种类、品质、数量的物品。

第三百七十九条【保管费的支付】 有偿的保管合同，寄存人应当按照约定的期限向保管人支付保管费。

当事人对支付期限没有约定或者约定不明确，依照本法第六十一条的规定仍不能确定的，应当在领取保管物的同时支付。

第三百八十条【保管人的留置权】 寄存人未按照约定支付保管费以及其他费用的，保管人对保管物享有留置权，但当事人另有约定的除外。

NO.199 ▷ 海运集装箱租赁合同纠纷

▷ （略，参见"NO.197 船舶属具租赁合同纠纷"）

NO.200 ▷ 海运集装箱保管合同纠纷

▷ （略，参见"NO.198 船舶属具保管合同纠纷"）

NO.201 ▷ 港口货物保管合同纠纷

▷ （略，参见"NO.198 船舶属具保管合同纠纷"）

NO.202 船舶代理合同纠纷

相关法规

——船舶代理合同纠纷的《合同法》参照内容

中华人民共和国合同法（节录）
（1999年3月15日 主席令第15号）

第三百九十六条【委托合同的定义】 委托合同是委托人和受托人约定，由受托人处理委托人事务的合同。

第三百九十七条【特别委托与概括委托】 委托人可以特别委托受托人处理一项或者数项事务，也可以概括委托受托人处理一切事务。

第三百九十八条【委托费用的预付】 委托人应当预付处理委托事务的费用。受托人为处理委托事务垫付的必要费用，委托人应当偿还该费用及其利息。

第三百九十九条【受托人按照指示处理事务的义务】 受托人应当按照委托人的指示处理委托事务。需要变更委托人指示的，应当经委托人同意；因情况紧急，难以和委托人取得联系的，受托人应当妥善处理委托事务，但事后应当将该情况及时报告委托人。

第四百条【转委托】 受托人应当亲自处理委托事务。经委托人同意，受托人可以转委托。转委托经同意的，委托人可以就委托事务直接指示转委托的第三人，受托人仅就第三人的选任及其对第三人的指示承担责任。转委托未经同意的，受托人应当对转委托的第三人的行为承担责任，但在紧急情况下受托人为维护委托人的利益需要转委托的除外。

第四百零一条【受托人报告义务】 受托人应当按照委托人的要求，报告委托事务的处理情况。委托合同终止时，受托人应当报告委托事务的结果。

第四百零二条【显名间接代理】 受托人以自己的名义，在委托人的授权范围内与第三人订立的合同，第三人在订立合同时知道受托人与委托人之间的代理关系的，该合同直接约束委托人和第三人，但有确切证据证明该合同只约束受托人和第三人的除外。

第四百零三条【隐名代理】 受托人以自己的名义与第三人订

立合同时，第三人不知道受托人与委托人之间的代理关系的，受托人因第三人的原因对委托人不履行义务，受托人应当向委托人披露第三人，委托人因此可以行使受托人对第三人的权利，但第三人与受托人订立合同时如果知道该委托人就不会订立合同的除外。

受托人因委托人的原因对第三人不履行义务，受托人应当向第三人披露委托人，第三人因此可以选择受托人或者委托人作为相对人主张其权利，但第三人不得变更选定的相对人。

委托人行使受托人对第三人的权利的，第三人可以向委托人主张其对受托人的抗辩。第三人选定委托人作为其相对人的，委托人可以向第三人主张其对受托人的抗辩以及受托人对第三人的抗辩。

第四百零四条【受托人的义务】 受托人处理委托事务取得的财产，应当转交给委托人。

第四百零五条【委托人的支付义务】 受托人完成委托事务的，委托人应当向其支付报酬。因不可归责于受托人的事由，委托合同解除或者委托事务不能完成的，委托人应当向受托人支付相应的报酬。当事人另有约定的，按照其约定。

第四百零六条【委托人损失的责任承担】 有偿的委托合同，因受托人的过错给委托人造成损失的，委托人可以要求赔偿损失。无偿的委托合同，因受托人的故意或者重大过失给委托人造成损失的，委托人可以要求赔偿损失。

受托人超越权限给委托人造成损失的，应当赔偿损失。

第四百零七条【受托人处理事务时的损害赔偿】 受托人处理委托事务时，因不可归责于自己的事由受到损失的，可以向委托人要求赔偿损失。

第四百零八条【委托人转托事务时，受托人损失的赔偿】 委托人经受托人同意，可以在受托人之外委托第三人处理委托事务。因此给受托人造成损失的，受托人可以向委托人要求赔偿损失。

第四百零九条【受托人的连带责任】 两个以上的受托人共同处理委托事务的，对委托人承担连带责任。

第四百一十条【委托合同的任意解除权】 委托人或者受托人可以随时解除委托合同。因解除合同给对方造成损失的，除不可归责于该当事人的事由以外，应当赔偿损失。

第四百一十一条【委托人或者受托人死亡、丧失民事行为能力或者破产的，致委托合同终止的情况】 委托人或者受托人死亡、丧失民事行为能力或者破产的，委托合同终止，但当事人另有约定或者根据委托事务的性质不宜终止的除外。

　　第四百一十二条【因委托人死亡、丧失民事行为能力或者破产，致使委托合同终止的情况】　因委托人死亡、丧失民事行为能力或者破产，致使委托合同终止将损害委托人利益的，在委托人的继承人、法定代理人或者清算组织承受委托事务之前，受托人应当继续处理委托事务。

　　第四百一十三条【因受托人死亡、丧失民事行为能力或者破产，致委托合同终止的情况】　因受托人死亡、丧失民事行为能力或者破产，致使委托合同终止的，受托人的继承人、法定代理人或者清算组织应当及时通知委托人。因委托合同终止将损害委托人利益的，在委托人作出善后处理之前，受托人的继承人、法定代理人或者清算组织应当采取必要措施。

NO.203 　海上、通海水域货运代理合同纠纷

（略，参见"NO.202 船舶代理合同纠纷"）

NO.204 　理货合同纠纷

（略，参见"NO.195 海上、通海水域运输船舶承包合同纠纷"）

NO.205 　船舶物料和备品供应合同纠纷

条文要旨重点提示	对应条文序号
船舶物料和备品供应合同的民法基础 ——买卖合同的概念	《中华人民共和国民法通则》第130条
关于海事法院受理案件范围的司法解释（受理案件范围中包括船舶物料、备品供应合同纠纷案件）	最高人民法院《关于海事法院受理案件范围的若干规定》第24条

相关法规	**中华人民共和国合同法（节录）** （1999年3月15日　主席令第15号） **第一百三十条【买卖合同的概念】** 买卖合同是出卖人转移标的物的所有权于买受人，买受人支付价款的合同。

司法解释	**最高人民法院关于海事法院受理案件范围的若干规定（节录）** （2001年9月11日　法释〔2001〕27号） 24．船舶物料、备品供应合同纠纷案件。

NO.206　船员劳务合同纠纷

条文要旨重点提示	对应条文序号
合同法的适用范围	《中华人民共和国劳动合同法》第2条第2款
船舶优先权	《中华人民共和国海商法》第22条

相关法规	**中华人民共和国劳动合同法（节录）** （2012年12月28日　主席令第73号） **第二条第二款【合同法的适用范围】** 中华人民共和国境内的企业、个体经济组织、民办非企业单位等组织（以下称用人单位）与劳动者建立劳动关系，订立、履行、变更、解除或者终止劳动合同，适用本法。

中华人民共和国海商法（节录）
（1992年11月7日　主席令第64号）

第二十二条【船舶优先权】 下列各项海事请求具有船舶优先权：

（一）船长、船员和在船上工作的其他在编人员根据劳动法律、行政法规或者劳动合同所产生的工资、其他劳动报酬、船员遣返费用和社会保险费用的给付请求；

第三十四条 船员的任用和劳动方面的权利、义务，本法没有规定的，适用有关法律、行政法规的规定。

NO.207　海难救助合同纠纷

相关法规

中华人民共和国海商法（节录）
（1992年11月7日　主席令第64号）

第一百七十五条【救助合同的订立】 救助方与被救助方就海难救助达成协议，救助合同成立。

遇险船舶的船长有权代表船舶所有人订立救助合同。遇险船舶的船长或者船舶所有人有权代表船上财产所有人订立救助合同。

第一百七十六条【救助合同中显失公平条款的变更】 有下列情形之一，经一方当事人起诉或者双方当事人协议仲裁的，受理争议的法院或者仲裁机构可以判决或者裁决变更救助合同：

（一）合同在不正当的或者危险情况的影响下订立，合同条款显失公平的；

（二）根据合同支付的救助款项明显过高或者过低于实际提供的救助服务的。

第一百七十七条【救助方的义务】 在救助作业过程中，救助方对被救助方负有下列义务：

（一）以应有的谨慎进行救助；

（二）以应有的谨慎防止或者减少环境污染损害；

（三）在合理需要的情况下，寻求其他救助方援助；

（四）当被救助方合理地要求其他救助方参与救助作业

时，接受此种要求，但是要求不合理的，原救助方的救助报酬金额不受影响。

第一百七十八条【被救助方的义务】 在救助作业过程中，被救助方对救助方负有下列义务：

（一）与救助方通力合作；

（二）以应有的谨慎防止或者减少环境污染损害；

（三）当获救的船舶或者其他财产已经被送至安全地点时，及时接受救助方提出的合理的移交要求。

第一百七十九条【救助报酬】 救助方对遇险的船舶和其他财产的救助，取得效果的，有权获得救助报酬；救助未取得效果的，除本法第一百八十二条或者其他法律另有规定或者合同另有约定外，无权获得救助款项。

第一百八十条【救助报酬的确定】 救助报酬，应当体现对救助作业的鼓励，并综合考虑下列各项因素：

（一）船舶和其他财产的获救的价值；

（二）救助方在防止或者减少环境污染损害方面的技能和努力；

（三）救助方的救助成效；

（四）危险的性质和程度；

（五）救助方在救助船舶、其他财产和人命方面的技能和努力；

（六）救助方所用的时间、支出的费用和遭受的损失；

（七）救助方或者救助设备所冒的责任风险和其他风险；

（八）救助方提供救助服务的及时性；

（九）用于救助作业的船舶和其他设备的可用性和使用情况；

（十）救助设备的备用状况、效能和设备的价值。

救助报酬不得超过船舶和其他财产的获救价值。

第一百八十一条【获救价值的确定】 船舶和其他财产的获救价值，是指船舶和其他财产获救后的估计价值或者实际出卖的收入，扣除有关税款和海关、检疫、检验费用以及进行卸载、保管、估价、出卖而产生的费用后的价值。

前款规定的价值不包括船员的获救的私人物品和旅客的获救的自带行李的价值。

第一百八十二条【对构成环境污染损害危险的船舶的救助报酬】 对构成环境污染损害危险的船舶或者船上货物进行的救助，救助方依照本法第一百八十条规定获得的救助报酬,少于依照本条规定可以得到的特别补偿的,救助方有权依照本条规定,从船舶所有人处获得相当于救助费用的特别补偿。

救助人进行前款规定的救助作业,取得防止或者减少环境污染损害效果的,船舶所有人依照前款规定应当向救助方支付的特别补偿可以另行增加,增加的数额可以达到救助费用的百分之三十。受理争议的法院或者仲裁机构认为适当,并且考虑到本法第一百八十条第一款的规定,可以判决或者裁决进一步增加特别补偿数额;但是,在任何情况下,增加部分不得超过救助费用的百分之一百。

本条所称**救助费用**,是指救助方在救助作业中直接支付的合理费用以及实际适用救助设备、投入救助人员的合理费用。确定救助费用应当考虑本法第一百八十条第一款第(八)、(九)、(十)项的规定。

在任何情况下,本条规定的全部特别补偿,只有在超过救助方依照本法第一百八十条规定能够获得的救助报酬时,方可支付,支付金额为特别补偿超过救助报酬的差额部分。

由于救助方的过失未能防止或者减少环境污染损害的,可以全部或者部分地剥夺救助方获得特别补偿的权利。

本条规定不影响船舶所有人对其他被救助方的追偿权。

第一百八十三条【救助报酬的分担】 救助报酬的金额,应当由获救的船舶和其他财产的各所有人,按照船舶和其他各项财产各自的获救价值占全部获救价值的比例承担。

第一百八十四条【救助报酬有争议的解决】 参加同一救助作业的各救助方的救助报酬,应当根据本法第一百八十条规定的标准,由各方协商确定;协商不成的,可以提请受理争议的法院判决或者经各方协议提请仲裁机构裁决。

第一百八十五条【救助人命的救助方的报酬】 在救助作业中救助人命的救助方,对获救人员不得请求酬金,但是有权从救助船舶或者其他财产、防止或者减少环境污染损害的救助方获得的救助款项中,获得合理份额。

第一百八十六条【无权获得救助报酬的情形】 下列救助行为无权获得救助款项:

(一)正常履行拖航合同或者其他服务合同的义务进行救助的,但是提供不属于履行上述义务的特殊劳务除外;

(二)不顾遇险的船舶的船长、船舶所有人或者其他财产所有人明确的和合理的拒绝，仍然进行救助的。

第一百八十七条【救助报酬的取消或减少】 由于救助方的过失致使救助作业成为必需或者更加困难的，或者救助方有欺诈或者其他不诚实行为的，应当取消或者减少向救助方支付的救助款项。

第一百八十八条【被救助方的担保】 被救助方在救助作业结束后，应当根据救助方的要求，对救助款项提供满意的担保。

在不影响前款规定的情况下，获救船舶的船舶所有人应当在获救的货物交还前，尽力使货物的所有人对其应当承担的救助款项提供满意的担保。

在未根据救助人的要求对获救的船舶或者其他财产提供满意的担保以前，未经救助方同意，不得将获救的船舶和其他财产从救助作业完成后最初到达的港口或者地点移走。

第一百八十九条【先行支付的裁定】 受理救助款项请求的法院或者仲裁机构，根据具体情况，在合理的条件下，可以裁定或者裁决被救助方向救助方先行支付适当的金额。

被救助方根据前款规定先行支付金额后，其根据本法第一百八十八条规定提供的担保金额应当相应扣减。

第一百九十条【强制拍卖的申请及实施】 对于获救满九十日的船舶和其他财产，如果被救助方不支付救助款项也不提供满意的担保，救助方可以申请法院裁定强制拍卖；对于无法保管、不易保管或者保管费用可能超过其价值的获救的船舶和其他财产，可以申请提前拍卖。

拍卖所得价款，在扣除保管和拍卖过程中的一切费用后，依照本法规定支付救助款项；剩余的金额，退还被救助方；无法退还、自拍卖之日起满一年又无人认领的，上缴国库；不足的金额，救助方有权向被救助方追偿。

第一百九十一条【同一所有权人的船舶之间的救助】 同一船舶所有人的船舶之间进行的救助，救助方获得救助款项的权利适用本章规定。

第一百九十二条【国家主管机关的救助作业】 国家有关主管机关从事或者控制的救助作业，救助方有权享受本章规定的关于救助作业的权利和补偿。

NO.208 海上、通海水域打捞合同纠纷

相关法规

国务院关于外商参与打捞中国沿海水域沉船沉物管理办法(节录)
（2011年1月8日修正）

第六条【外商参与打捞中国沿海水域沉船沉物的方式】 外商参与打捞中国沿海水域沉船沉物，可以采取下列方式：

（一）与中方打捞人签订共同打捞合同，依照合同规定的双方权利和义务，实施打捞活动；

（二）与中方打捞人成立中外合作打捞企业，实施打捞活动。

NO.209 海上、通海水域拖航合同纠纷

相关法规

中华人民共和国海商法（节录）
（1992年11月7日 主席令第64号）

第一百五十五条【海上拖航合同】 海上拖航合同，是指承拖方用拖轮将被拖物经海路从一地拖至另一地，而由被拖方支付拖航费的合同。

本章规定不适用于在港区内对船舶提供的拖轮服务。

第一百五十六条【海上拖航合同的订立】 海上拖航合同应当书面订立。海上拖航合同的内容，主要包括承拖方和被拖方的名称和住所、拖轮和被拖物的名称和主要尺度、拖轮马力、起拖地和目的地、起拖日期、拖航费及其支付方式，以及其他有关事项。

第一百五十七条【承拖方的适航义务】 承拖方在起拖前和起拖当时，应当谨慎处理，使拖轮处于适航、适拖状态，妥善配备船员，配置拖航索具和配备供应品以及该航次必备的其他装置、设备。

被拖方在起拖前和起拖当时，应当做好被拖物的拖航准备，谨

慎处理，使被拖物处于适拖状态，并向承拖方如实说明被拖物的情况，提供有关检验机构签发的被拖物适合拖航的证书和有关文件。

第一百五十八条【起拖前合同的解除】 起拖前，因不可抗力或者其他不能归责于双方的原因致使合同不能履行的，双方均可以解除合同，并互相不负赔偿责任。除合同另有约定外，拖航费已经支付的，承拖方应当退还给被拖方。

第一百五十九条【起拖后合同的解除】 起拖后，因不可抗力或者其他不能归责于双方的原因致使合同不能继续履行的，双方均可以解除合同，并互相不负赔偿责任。

第一百六十条【合同被视为履行的情况】 因不可抗力或者其他不能归责于双方的原因致使被拖物不能拖至目的地的，除合同另有约定外，承拖方可以在目的地的邻近地点或者拖轮船长选定的安全的港口或者锚泊地，将被拖物移交给被拖方或者其代理人，视为已经履行合同。

第一百六十一条【被拖方未按照约定支付费用的责任】 被拖方未按照约定支付拖航费和其他合理费用的，<u>承拖方对被拖物有留置权</u>。

第一百六十二条【海上拖航过程中双方的过失责任】 <u>在海上拖航过程中，承拖方或者被拖方遭受的损失，由一方的过失造成的，有过失的一方应当负赔偿责任；由双方过失造成的，各方按照过失程度的比例负赔偿责任。</u>

虽有前款规定，**经承拖方证明，被拖方的损失是由于下列原因之一造成的，承拖方不负赔偿责任：**

（一）拖轮船长、船员、引航员或者承拖方的其他受雇人、代理人在驾驶拖轮或者管理拖轮中的过失；

（二）拖轮在海上救助或者企图救助人命或者财产时的过失。

本条规定仅在海上拖航合同没有约定或者没有不同约定时适用。

第一百六十三条【造成第三人损害的责任】 在海上拖航过程中，由于承拖方或者被拖方的过失，造成第三人人身伤亡或者财产损失的，承拖方和被拖方对第三人负连带赔偿责任。除合同另有约定外，一方连带支付的赔偿超过其应当承担的比例的，对另一方有追偿权。

NO.210 　　　　　　　　海上、通海水域保险合同纠纷

相关法规

中华人民共和国海商法（节录）

（1992年11月7日　主席令第64号）

第十二章　海上保险公司

第一节　一般规定

第二百一十六条【海上保险合同的概念】 海上保险合同，是指保险人按照约定，对被保险人遭受保险事故造成保险标的的损失和产生的责任负责赔偿，而由被保险人支付保险费的合同。

前款所称**保险事故**，是指保险人与被保险人约定的任何海上事故，包括与海上航行有关的发生于内河或者陆上的事故。

第二百一十七条【海上保险合同的内容】 海上保险合同的内容，主要包括下列各项：

（一）保险人名称；

（二）被保险人名称；

（三）保险标的；

（四）保险价值；

（五）保险金额；

（六）保险责任和除外责任；

（七）保险期间；

（八）保险费。

第二百一十八条【保险标的】 下列各项可以作为保险标的：

（一）船舶；

（二）货物；

（三）船舶营运收入，包括运费、租金、旅客票款；

（四）货物预期利润；

（五）船员工资和其他报酬；

（六）对第三人的责任；

（七）由于发生保险事故可能受到损失的其他财产和产生的责任、费用。

保险人可以将对前款保险标的的保险进行再保险。除合同另有

约定外，原被保险人不得享有再保险的利益。

第二百一十九条【保险价值】 保险标的的保险价值由保险人与被保险人约定。

保险人与被保险人未约定保险价值的，保险价值依照下列规定计算：

（一）船舶的保险价值，是保险责任开始时船舶的价值，包括船壳、机器、设备的价值，以及船上燃料、物料、索具、给养、淡水的价值和保险费的总和；

（二）货物的保险价值，是保险责任开始时货物在起运地的发票价格或者非贸易商品在起运地的实际价值以及运费和保险费的总和；

（三）运费的保险价值，是保险责任开始时承运人应收运费总额和保险费的总和；

（四）其他保险标的的保险价值，是保险责任开始时保险标的的实际价值和报名费的总和。

第二百二十条【保险金额】 保险金额由保险人与被保险人约定。保险金额不得超过保险价值；超过保险价值的，超过部分无效。

第二节 合同的订立、解除和转让

第二百二十一条【海商保险合同的订立】 被保险人提出保险要求，经保险人同意承保，并就海上保险合同的条款达成协议后，合同成立。保险人应当及时向被保险人签发保险单或者其他保险单证，并在保险单或者其他单证中载明当事人双方约定的合同内容。

第二百二十二条【合同订立前被保险人的告知义务】 合同订立前，被保险人应当将其知道的或者在通常业务中应当知道的有关影响保险人据以确定保险费率或者确定是否同意承担的重要情况，如实告知保险人。

保险人知道或者在通常业务中应当知道的情况，保险人没有询问的，被保险人无需告知。

第二百二十三条【未告知责任】 由于被保险人的故意，未将本法第二百二十二条第一款规定的重要情况如实告知保险人的，保险人有权解除合同，并不退还保险费。合同解除前发生保险事故造成损失的，保险人不负赔偿责任。

不是由于被保险人的故意，未将本法第二百二十二条第一款规定的重要情况如实告知保险人的，保险人有权解除合同或者要求相应增加保险费。保险人解除合同的，对于合同解除前发生保险事故造成的损失，保险人应当负赔偿责任；但是，未告知或者错误告知的重要情况对保险事故的发生有影响的除外。

第二百二十四条【标的物先于合同损失的责任】 订立合同时，被保险人已经知道或者应当知道保险标的已经因发生保险事故而遭受损失的，保险人不负赔偿责任，但是有权收取保险费；保险人已经知道或者应当知道保险标的已经不可能因发生保险事故而遭受损失的，被保险人有权收回已经支付的保险单。

第二百二十五条【重复保险】 被保险人对同一保险标的就同一保险事故向几个保险人重复订立合同，而使该保险标的的保险金额总和超过保险标的的价值的，除合同另有约定外，被保险人可以向任何保险人提出赔偿请求。被保险人获得的赔偿金额总和不得超过保险标的的受损价值。各保险人按照其承保的保险金额同保险金额总和的比例承担赔偿责任，任何一个保险人支付的赔偿金额超过其应当承担的赔偿责任的，有权向未按照其应当承担赔偿责任支付赔偿金额的保险人追偿。

第二百二十六条【责任开始前的合同解除权】 保险责任开始前，被保险人可以要求解除合同。但是应当向保险人支付手续费，保险人应当退还保险费。

第二百二十七条【责任开始后的合同解除】 除合同另有约定外，保险责任开始后，被保险人和保险人均不得解除合同。

根据合同约定在保险责任开始后可以解除合同的，被保险人要求解除合同，保险人有权收取自保险责任开始之日起至合同解除之日止的保险费，剩余部分予以退还；保险人要求解除合同，应当将自合同解除之日起至保险期间届满之日止的保险费退还被保险人。

第二百二十八条【禁止解除合同的情形】 虽有本法第二百二十七条规定，货物运输和船舶的航次保险，保险责任开始后，被保险人不得要求解除合同。

第二百二十九条【保险合同转让】 海上货物运输保险合同可以由被保险人背书或者以其他方式转让，合同的权利、义务随之转移。合同转让时尚未支付保险费的，被保险人和合同受让人负连带支付责任。

第二百三十条【船舶保险合同转让】 因船舶转让而转让船舶保险合同的，应当取得保险人同意。未经保险人同意，船舶保险合同从船舶转让时起解除；船舶转让发生在航次之中的，船舶保险合同至航次终了时解除。

合同解除后，保险人应当将自合同解除之日起至保险期间届满之日止的保险费退还被保险人。

第二百三十一条【预约保险合同】 被保险人在一定期间分批装运或者接受货物的,可以与保险人订立预约保险合同。预约保险合同应当由保险人签发预约保险单证加以确认。

第二百三十二条【保险单证的分别签发】 应被保险人要求,保险人应当对依据预约保险合同分批装运的货物分别签发保险单证。

保险人分别签发的保险单证的内容与预约保险单证的内容不一致的,以分别签发的保险单证为准。

第二百三十三条【货物装运和到达时,被保险人的通知义务】 被保险人知道经预约保险合同保险的货物已经装运或者到达的情况时,应当立即通知保险人。通知的内容包括装运货物的船名、航线、货物价值和保险金额。

第三节 被保险人的义务

第二百三十四条【保险费支付】 除合同另有约定外,被保险人应当在合同订立后立即支付保险费;被保险人支付保险费前,保险人可以拒绝签发保险单证。

第二百三十五条【违反保证条款时的义务】 被保险人违反合同约定的保证条款时,应当立即书面通知保险人。保险人收到通知后,可以解除合同,也可以要求修改承保条件、增加保险费。

第二百三十六条【保险事故发生时,被保险人的通知义务】 一旦保险事故发生,被保险人应当立即通知保险人,并采取必要的合理措施,防止或者减少损失。被保险人收到保险人发出的有关采取防止或者减少损失的合理措施的特别通知的,应当按照保险人通知的要求处理。

对于被保险人违反前款规定所造成的扩大的损失,保险人不负赔偿责任。

第四节 保险人的责任

第二百三十七条【保险赔偿的支付】 发生保险事故造成损失后,保险人应当及时向被保险人支付保险赔偿。

第二百三十八条【保险赔偿金确定】 保险人赔偿保险事故造成的损失,以保险金额为限。保险金额低于保险价值的,在保险标的发生部分损失时,保险人按照保险金额与保险价值的比例负赔偿责任。

第二百三十九条【多次损失赔偿】 保险标的在保险期间发生几次保险事故所造成的损失,即使损失金额的总和超过保险金额,保险人也应当赔偿。但是,对发生部分损失后未经修复又发生全部损失的,保险人按照全部损失赔偿。

第二百四十条【另行支付费用】 被保险人为防止或者减少根据合同可以得到赔偿的损失而支出的必要的合理费用，为确定保险事故的性质、程度而支出的检验、估价的合理费用，以及为执行保险人的特别通知而支出的费用，应当由保险人在保险标的损失赔偿之外另行支付。

保险人对前款规定的费用的支付，以相当于保险金额的数额为限。

保险金额低于保险价值的，除合同另有约定外，保险人应当按照保险金额与保险价值的比例，支付本条规定的费用。

第二百四十一条【按比例赔偿原则】 保险金额低于共同海损分摊价值的，保险人按照保险金额同分摊价值的比例赔偿共同海损分摊。

第二百四十二条【故意造成的损失不赔】 对于被保险人故意造成的损失，保险人不负赔偿责任。

第二百四十三条【保险人对货物损失不负责任的情形】 除合同另有约定外，因下列原因之一造成货物损失的，保险人不负赔偿责任：

（一）航行迟延、交货迟延或者行市变化；

（二）货物的自然损耗、本身的缺陷和自然特性；

（三）包装不当。

第二百四十四条【保险人对船舶损失不负责任的情况】 除合同另有约定外，因下列原因之一造成保险船舶损失的，保险人不负赔偿责任：

（一）船舶开航时不适航，但是在船舶定期保险中被保险人不知道的除外；

（二）船舶自然磨损或者锈蚀。

运费保险比照适用本条的规定。

第五节 保险标的的损失和委付

第二百四十五条【实际全损】 保险标的发生保险事故后灭失，或者受到严重损坏完全失去原有形体、效用，或者不能再归保险人所拥有的，为**实际全损**。

第二百四十六条【推定全损】 船舶发生保险事故后，认为实际全损已经不可避免，或者为避免发生实际全损所需支付的费用超过保险价值的，为**推定全损**。

货物发生保险事故后，认为实际全损已经不可避免，或者为避免发生实际全损所需支付的费用与继续将货物运抵目的地的费用之和超过保险价值的，为推定全损。

第二百四十七条【部分损失】 不属于实际全损和推定全损的损失，为部分损失。

第二百四十八条【视为全损】 船舶在合理时间内未从被获知最后消息的地点抵达目的地，除合同另有约定外，满两个月后仍没有获知其消息的，为船舶失踪。船舶失踪视为实际全损。

第二百四十九条【委付】 保险标的发生推定全损，被保险人要求保险人按照全部损失赔偿的，应当向保险人委付保险标的。保险人可以接受委付，也可以不接受委付，但是应当在合理的时间内将接受委付或者不接受委付的决定通知被保险人。

委付不得附带任何条件。委付一经保险人接受，不得撤回。

第二百五十条【接受委付的效力】 保险人接受委付的，被保险人对委付财产的全部权利和义务转移给保险人。

第六节 保险赔偿的支付

第二百五十一条【提供证明和材料的义务】 保险事故发生后，保险人向被保险人支付保险赔偿前，可以要求被保险人提供与确认保险事故性质和损失程度有关的证明和资料。

第二百五十二条【索赔权转移】 保险标的发生保险责任范围内的损失是由第三人造成的，被保险人向第三人要求赔偿的权利，自保险人支付赔偿之日起，相应转移给保险人。

被保险人应当向保险人提供必要的文件和其所需要知道的情况，并尽力协助保险人向第三人追偿。

第二百五十三条【保险赔偿的扣减】 被保险人未经保险人同意放弃向第三人要求赔偿的权利，或者由于过失致使保险人不能行使追偿权利的，保险人可以相应扣减保险赔偿。

第二百五十四条【扣减或退还】 保险人支付保险赔偿时，可以从应支付的赔偿额中相应扣减被保险人已经从第三人取得的赔偿。

保险人从第三人取得的赔偿，超过其支付的保险赔偿的，超过部分应当退还给被保险人。

第二百五十五条【权利的放弃】 发生保险事故后，保险人有权放弃对保险标的的权利，全额支付合同约定的保险赔偿，以解除对保险标的的义务。

保险人行使前款规定的权利，应当自收到被保险人有关赔偿损失的通知之日起的七日内通知被保险人；被保险人在收到通知前，为避免或者减少损失而支付的必要的合理费用，仍然应当由保险人偿还。

第二百五十六条【保险人对保险标的的权利】 除本法第二百五十五条的规定外,保险标的发生全损,保险人支付全部保险金额的,取得对保险标的的全部权利;但是,在不足额保险的情况下,保险人按照保险金额与保险价值的比例取得对保险标的的部分权利。

NO.211 海上、通海水域保赔合同纠纷

(略,参见"NO.210 海上、通海水域保险合同纠纷")

NO.212 海上、通海水域运输联营合同纠纷

条文要旨重点提示	对应条文序号
海上、通海水域运输联营合同纠纷的合同法基础——法人型联营	《中华人民共和国民法通则》第51条
海上、通海水域运输联营合同纠纷的合同法基础——合伙型联营	《中华人民共和国民法通则》第52条
海上、通海水域运输联营合同纠纷的合同法基础——合同型联营	《中华人民共和国民法通则》第53条
关于联营合同纠纷案件的受理问题的解释	《最高人民法院关于审理联营合同纠纷案件若干问题的解答》第一部分(关于联营合同纠纷案件的受理问题的解释)

民法通则

中华人民共和国民法通则(节录)
(2009年8月27日修正)

第五十一条【法人型联营】 企业之间或者企业、事业单位之间<u>联营,组成新的经济实体,</u>独立承担民事责任、具备法人条件的,经主管机关核准登记,取得<u>法人</u>资格。

第七部分 海事海商纠纷

第五十二条【合伙型联营】 企业之间或者企业、事业单位之间联营，共同经营、不具备法人条件的，由联营各方按照出资比例或者协议的约定，以各自所有的或者经营管理的财产承担民事责任。依照法律的规定或者协议的约定负连带责任的，承担连带责任。

第五十三条【合同型联营】 企业之间或者企业、事业单位之间联营，按照合同的约定各自独立经营的，它的权利和义务由合同约定，各自承担民事责任。

司法解释

最高人民法院关于审理联营合同纠纷案件若干问题的解答
（1990年11月12日　法（经）发〔1990〕27号）

一、关于联营合同纠纷案件的受理问题
（一）联营各方因联营合同的履行、变更、解除所发生的经济纠纷，如联营投资、盈余分配、违约责任、债务承担、资产清退等纠纷向人民法院起诉的，凡符合民事诉讼法（试行）第八十一条规定的起诉条件的，人民法院应予受理。
（二）联营各方因联营体内部机构设置、人员组成等管理方面的问题发生纠纷向人民法院起诉的，人民法院不予受理。

NO.213　船舶营运借款合同纠纷

相关法规

中华人民共和国合同法（节录）
（1999年3月15日　主席令第15号）

第一百九十六条【借款合同】 借款合同是借款人向贷款人借款，到期返还借款并支付利息的合同。

第二百零一条【贷款人违约的赔偿责任】 贷款人未按照约定的日期、数额提供借款，造成借款人损失的，应当赔偿损失。

借款人未按照约定的日期、数额收取借款的，应当按照约定的日期、数额支付利息。

NO.214 海事担保合同纠纷

条文要旨重点提示	对应条文序号
海事担保	《中华人民共和国海事诉讼特别程序法》第73条
海事担保的提交	《中华人民共和国海事诉讼特别程序法》第74条
海事担保的方式、数额	《中华人民共和国海事诉讼特别程序法》第75条
海事担保数额的限额	《中华人民共和国海事诉讼特别程序法》第76条
海事担保的减少、变更、取消	《中华人民共和国海事诉讼特别程序法》第77条
担保金额过高，造成被请求人损失的赔偿责任	《中华人民共和国海事诉讼特别程序法》第78条
海事赔偿责任限制基金和先予执行等程序所涉及的担保适用的法律	《中华人民共和国海事诉讼特别程序法》第79条
关于《海事诉讼特别程序法》第77条中正当理由的司法解释	最高人民法院《关于适用〈中华人民共和国海事诉讼特别程序法〉若干问题的解释》第52条

相关法规

中华人民共和国海事诉讼特别程序法（节录）
（1999年12月25日　主席令第28号）

第七十三条【海事担保】 海事担保包括本法规定的海事请求保全、海事强制令、海事证据保全等程序中所涉及的担保。

担保的方式为提供现金或者保证、设置抵押或者质押。

第七十四条【海事担保的提交】 海事请求人的担保应当提交给海事法院；被请求人的担保可以提交给海事法院，也可以提供给海事请求人。

第七十五条【海事担保的方式、数额】 海事请求人提供的担保，其方式、数额由海事法院决定。被请求人提供的担保，其方式、数额由海事请求人和被请求人协商；协商不成的，由海事法院决定。

第七十六条【海事担保数额的限制】 海事请求人要求被请求

人就海事请求保全提供担保的数额,应当与其债权数额相当,但不得超过被保全的财产价值。

海事请求人提供担保的数额,应当相当于因其申请可能给被请求人造成的损失。具体数额由海事法院决定。

第七十七条【海事担保的减少、变更、取消】 担保提供后,提供担保的人有正当理由的,可以向海事法院申请减少、变更或者取消该担保。

第七十八条【担保金额过高,造成被请求人损失的赔偿责任】 海事请求人请求担保的数额过高,造成被请求人损失的,应当承担赔偿责任。

第七十九条【海事赔偿责任限制基金和先予执行等程序所涉及的担保适用的法律】 设立海事赔偿责任限制基金和先予执行等程序所涉及的担保,可以参照本章规定。

最高人民法院关于适用《中华人民共和国海事诉讼特别程序法》若干问题的解释(节录)

(2008年12月16日修正)

第五十二条 海事诉讼特别程序法第七十七条规定的正当理由指:

(1)海事请求人请求担保的数额过高;

(2)被请求人已采取其他有效的担保方式;

(3)海事请求人的请求权消灭。

NO.215 航道、港口疏浚合同纠纷

(略,参见"NO.195 海上、通海水域运输船舶承包合同纠纷")

NO.216 船坞、码头建造合同纠纷

相关法规

中华人民共和国合同法（节录）
（1999年3月15日　主席令第15号）

第二百六十九条【建设工程合同】　建设工程合同是承包人进行工程建设，发包人支付价款的合同。
建设工程合同包括工程勘察、设计、施工合同。

NO.217 船舶检验合同纠纷

条文要旨重点提示	对应条文序号
船舶检验合同纠纷的合同法基础 ——技术服务合同的委托人的义务	《中华人民共和国合同法》第360条
船舶检验合同纠纷的合同法基础 ——技术服务合同的受委托人的义务	《中华人民共和国合同法》第361条
船舶检验机构	《中华人民共和国船舶和海上设施检验条例》第6条
检验有异议的情形	《中华人民共和国船舶和海上设施检验条例》第23条
涂改检验证书、擅自更改船舶载重线或者以欺骗行为获取检验证书行为的处理	《中华人民共和国船舶和海上设施检验条例》第26条
船舶检验机构的检验人员有滥用职权、徇私舞弊、玩忽职守、严重失职的行为	《中华人民共和国船舶和海上设施检验条例》第28条

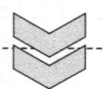

中华人民共和国合同法（节录）
（1999年3月15日　主席令第15号）

第三百六十条【技术服务合同的委托人的义务】 技术服务合同的委托人应当按照约定提供工作条件，完成配合事项；接受工作成果并支付报酬。

第三百六十一条【技术服务合同的受委托人的义务】 技术服务合同的受托人应当按照约定完成服务项目，解决技术问题，保证工作质量，并传授解决技术问题的知识。

中华人民共和国船舶和海上设施检验条例
（1993年2月14日　国务院令第109号）

第六条【船舶检验机构】 船舶检验分别由下列机构实施：

（一）船检局设置的船舶检验机构；

（二）省、自治区、直辖市人民政府交通主管部门设置的地方船舶检验机构；

（三）船检局委托、指定或者认可的检验机构。

前款所列机构，以下统称船舶检验机构。

第二十三条【检验有异议的情形】 当事人对船舶检验机构的检验结论有异议的，可以向上一级检验机构申请复验；对复验结论仍有异议的，可以向船检局提出再复验，由船检局组织技术专家组进行检验、评议，作出最终结论。

第二十六条【涂改检验证书、擅自更改船舶载重线或者以欺骗行为获取检验证书行为的处理】 涂改检验证书、擅自更改船舶载重线或者以欺骗行为获取检验证书的，船检局或者其委托的检验机构有权撤销已签发的相应证书，并可以责令改正或者补办有关手续。

第二十八条【船舶检验机构的检验人员有滥用职权、徇私舞弊、玩忽职守、严重失职的行为】 船舶检验机构的检验人员滥用职权、徇私舞弊、玩忽职守、严重失职的，由所在单位或者上级机关给予行政处分或者撤销其检验资格；情节严重，构成犯罪的，由司法机关依法追究刑事责任。

> 相关法规

NO.218 海事请求担保纠纷

相关法规

中华人民共和国海事诉讼特别程序法（节录）
（1999年12月25日 主席令第28号）

第七十五条【海事请求担保的方式、数额】 海事请求人提供的担保，其方式、数额由海事法院决定。被请求人提供的担保，其方式、数额由海事请求人和被请求人协商；协商不成的，由海事法院决定。

第七十八条【请求担保的数额过高造成被请求人损失的赔偿责任】 海事请求人请求担保的数额过高，造成被请求人损失的，应当承担赔偿责任。

NO.219 海上、通海水域运输重大责任事故责任纠纷

相关法规

中华人民共和国海商法（节录）
（1992年11月7日 主席令第64号）

第二百零四条【限制赔偿责任的适用】 船舶所有人、救助人，对本法第二百零七条所列海事赔偿请求，可以依照本章规定限制赔偿责任。

前款所称的船舶所有人，包括船舶承租人和船舶经营人。

第二百零五条【其他人员的援引权】 本法第二百零七条所列海事赔偿请求，不是向船舶所有人、救助人本人提出，而是向他们对其行为、过失负有责任的人员提出的，这些人员可以依照本章规定限制赔偿责任。

第二百零七条【责任人的援引权】 下列海事赔偿请求，除本法第二百零八条和第二百零九条另有规定外，无论赔偿责任的基础有何不同，责任人均可以依照本章规定限制赔偿责任：

（一）在船上发生的或者与船舶营运、救助作业直接相关的人身伤亡或者财产的灭失、损坏，包括对港口工程、港池、航道和助

航设施造成的损坏,以及由此引起的相应损失的赔偿请求;

(二)海上货物运输因迟延交付或者旅客及其行李运输因迟延到达造成损失的赔偿请求;

(三)与船舶营运或者救助作业直接相关的,侵犯非合同权利的行为造成其他损失的赔偿请求;

(四)责任人以外的其他人,为避免或者减少责任人依照本章规定可以限制赔偿责任的损失而采取措施的赔偿请求,以及因此项措施造成进一步损失的赔偿请求。

前款所列赔偿请求,无论提出的方式有何不同,均可以限制赔偿责任。但是,第(四)项涉及责任人以合同约定支付的报酬,责任人的支付责任不得援用本条赔偿责任限制的规定。

第二百零九条【援引禁止】 经证明,引起赔偿请求的损失是由于责任人的故意或者明知可能造成损失而轻率地作为或者不作为造成的,责任人无权依照本章规定限制赔偿责任。

第二百一十五条【反请求】 享受本章规定的责任限制的人,就同一事故向请求人提出反请求的,双方的请求金额应当相互抵销,本章规定的赔偿限额仅适用于两个请求金额之间的差额。

NO.220 港口作业重大责任事故责任纠纷

(略,参见"NO.219 海上、通海水域运输重大责任事故责任纠纷")

NO.221 港口作业纠纷

(略,参见"NO.195 海上、通海水域运输船舶承包合同纠纷")

NO.222 共同海损纠纷

中华人民共和国海商法（节录）
（1992年11月7日 主席令第64号）

第十章 共同海损

第一百九十三条【共同海损的界定】 共同海损，是指在同一海上航程中，船舶、货物和其他财产遭遇共同危险，为了共同安全，有意地合理地采取措施所直接造成的特殊牺牲、支付的特殊费用。

无论在航程中或者在航程结束后发生的船舶或者货物因迟延所造成的损失，包括船期损失和行市损失以及其他间接损失，均不得列入共同海损。

第一百九十四条【列入共同海损的费用】 船舶因发生意外、牺牲或者其他特殊情况而损坏时，为了安全完成本航程，驶入避难港口、避难地点或者驶回装货港口、装货地点进行必要的修理，在该港口或者地点额外停留期间所支付的港口费，船员工资、给养，船舶所消耗的燃料、物料，为修理而卸载、贮存、重装或者搬移船上货物、燃料、物料以及其他财产所造成的损失、支付的费用，应当列入共同海损。

第一百九十五条【代替费用】 为代替可以列为共同海损的特殊费用而支付的额外费用，可以作为代替费用列入共同海损；但是，列入共同海损的代替费用的金额，不得超过被代替的共同海损的特殊费用。

第一百九十六条【举证责任负担】 提出共同海损分摊请求的一方应当负举证责任，证明其损失应当列入共同海损。

第一百九十七条【过失方的分摊权】 引起共同海损特殊牺牲、特殊费用的事故，可能是由航程中一方的过失造成的，不影响该方要求分摊共同海损的权利；但是，非过失方或者过失方可以就此项过失提出赔偿请求或者进行抗辩。

第一百九十八条【共同海损金额的确定】 船舶、货物和运费的共同海损牺牲的金额，依照下列规定确定：

（一）船舶共同海损牺牲的金额，按照实际支付的修理费，减

（相关法规）

除合理的以新换旧的扣减额计算。船舶尚未修理的，按照牺牲造成的合理贬值计算，但是不得超过估计的修理费。

船舶发生实际全损或者修理费用超过修复后的船舶价值的，共同海损牺牲金额按照该船舶在完好状态下的估计价值，减除不属于共同海损损坏的估计的修理费和该船舶受损后的价值余额计算。

（二）货物共同海损牺牲的金额，货物灭失的，按照货物在装船时的价值加保险费加运费，减除由于牺牲无需支付的运费计算。货物损坏，在就损坏程度达成协议前售出的，按照货物在装船时的价值加保险费加运费，与出售货物净得的差额计算。

（三）运费共同海损牺牲的金额，按照货物遭受牺牲造成的运费的损失金额，减除为取得这笔运费本应支付，但是由于牺牲无需支付的营运费用计算。

第一百九十九条【共同海损的分摊】 共同海损应当由受益方按照各自的分摊价值的比例分摊。

船舶、货物和运费的共同海损分摊价值，分别依照下列规定确定：

（一）船舶共同海损分摊价值，按照船舶在航程终止是的完好价值，减除不属于共同海损的损失金额计算，或者按照船舶在航程终止时的实际价值，加上共同海损牺牲的金额计算。

（二）货物共同海损分摊价值，按照货物在装船时的价值加保险费加运费，减除不属于共同海损的损失金额和承运人承担风险的运费计算。货物在抵达目的港以前售出的，按照出售净得金额，加上共同海损牺牲的金额计算。

旅客的行李和私人物品，不分摊共同海损。

（三）运费分摊价值，按照承运人承担风险并于航程终止时有权收取的运费，减除为取得该项运费而在共同海损事故发生后，为完成本航程所支付的营运费用，加上共同海损牺牲的金额计算。

第二百条【未报、谎报或低价申报货物的处理】 未申报的货物或者谎报的货物，应当参加共同海损分摊；其遭受的特殊牺牲，不得列入共同海损。

不正当地以低于货物实际价值作为申报价值的，按照实际价值分摊共同海损；在发生共同海损牺牲时，按照申报价值计算牺牲金额。

第二百零一条【共同海损费用的利息和手续费】 对共同海损特殊牺牲和垫付的共同海损特殊费用，应当计算利息。对垫付的共同海损特殊费用，除船员工资、给养和船舶消耗的燃料、物料外，应当计算手续费。

第二百零二条【共同海损担保的提供】 经利益关系人要求，各分摊方应当提供共同海损担保。

以提供保证金方式进行共同海损担保的，保证金应当交由海损理算师以保管人名义存入银行。

保证金的提供、使用或者退还，不影响各方最终的分摊责任。

第二百零三条【共同海损理算】 共同海损理算，适用合同约定的理算规则；合同未约定的，适用本章的规定。

NO.223 海洋开发利用纠纷

条文要旨重点提示	对应条文序号
领海主权 ——海洋开发利用的主权基础	《中华人民共和国领海及毗连区法》第5条
海洋环境保护法的适用范围 ——海洋开发利用需要遵守海洋环境保护法	《中华人民共和国海洋环境保护法》第2条
与参加合作开采海洋石油资源外国企业发生纠纷的情形	《中华人民共和国对外合作开采海洋石油资源条例》第4条

相关法规

中华人民共和国领海及毗连区法（节录）
（1992年2月25日　主席令第55号）

第五条【领海主权】 中华人民共和国对领海的主权及于领海上空、领海的海床及底土。

中华人民共和国海洋环境保护法（节录）
（1999年12月25日　主席令第26号修订）

第二条【海洋环境保护法的适用范围】 本法适用于中华人民共和国内水、领海、毗连区、专属经济区、大陆架以及中华人民共和国管辖的其他海域。

在中华人民共和国管辖海域内从事航行、勘探、开发、生产、旅游、科学研究及其他活动，或者在沿海陆域内从事影响海洋环境活动的任何单位和个人，都必须遵守本法。

在中华人民共和国管辖海域以外，造成中华人民共和国管辖海域污染的，也适用本法。

中华人民共和国对外合作开采海洋石油资源条例（节录）

（2013年12月28日修正）

第四条【参加合作开采海洋石油资源外国企业投资与收益的免征收与例外】 国家对参加合作开采海洋石油资源的外国企业的投资和收益不实行征收。在特殊情况下，根据社会公共利益的需要，可以对外国企业在合作开采中应得石油的一部分或者全部，依照法律程序实行征收，并给予相应的补偿。

NO.224　船舶共有纠纷

条文要旨重点提示	对应条文序号
共有的概念 ——船舶共有的物权法基础	《中华人民共和国物权法》第93条
共有物管理费用的负担 ——船舶共有的物权法基础	《中华人民共和国物权法》第98条
船舶共有的登记	《中华人民共和国海商法》第10条

相关法规

中华人民共和国物权法（节录）

（2007年3月16日　主席令第62号）

第九十三条【共有的概念】 不动产或者动产可以由两个以上单位、个人共有。共有包括按份共有和共同共有。

第九十八条【共有物管理费用的负担】 对共有物的管理费用以及其他负担，有约定的，按照约定；没有约定或者约定不明确的，按份共有人按照其份额负担，共同共有人共同负担。

中华人民共和国海商法(节录)

(1992年11月7日 主席令第64号)

第十条【船舶共有的登记】 船舶由两个以上的法人或者个人共有的,应当向船舶登记机关登记;未经登记的,不得对抗第三人。

NO.225 船舶权属纠纷

条文要旨重点提示	对应条文序号
物权法、物、物权的概念 ——船舶权利纠纷的物权法基础	《中华人民共和国物权法》第2条
船舶共有登记	《中华人民共和国海商法》第10条
船舶抵押权登记	《中华人民共和国海商法》第13条
船舶优先权的概念	《中华人民共和国海商法》第21条
留置权、抵押权、优先权的受偿顺序	《中华人民共和国海商法》第25条

相关法规

中华人民共和国物权法(节录)

(2007年3月16日 主席令第62号)

第二条【物权法、物、物权的概念】 因物的归属和利用而产生的民事关系,适用本法。

法所称**物**,包括不动产和动产。法律规定权利作为物权客体的,依照其规定。

本法所称**物权**,是指权利人依法对特定的物享有直接支配和排他的权利,包括所有权、用益物权和担保物权。

中华人民共和国海商法（节录）
（1992年11月7日　主席令第64号）

第十条【船舶共有登记】　船舶由两个以上的法人或者个人共有的，应当向船舶登记机关登记；未经登记的，不得对抗第三人。

第十三条【船舶抵押权登记】　设定船舶抵押权，由抵押权人和抵押人共同向船舶登记机关办理抵押权登记；未经登记的，不得对抗第三人。

第二十一条【船舶优先权的概念】　船舶优先权，是指海事请求人依照本法第二十二条的规定，向船舶所有人、光船承租人、船舶经营人提出海事请求，对产生该海事请求的船舶具有优先受偿的权利。

第二十五条【留置权、抵押权、优先权的受偿顺序】　船舶优先权先于船舶留置权受偿，船舶抵押权后于船舶留置权受偿。

　　　　　　　　　　海运欺诈纠纷

相关法规

中华人民共和国合同法（节录）
（1999年3月15日　主席令第15号）

第五十二条【无效合同】　有下列情形之一的，合同无效：
（一）一方以欺诈、胁迫的手段订立合同，损害国家利益；
（二）在订立合同时显失公平的。

第五十四条第二款【可变更、可撤销合同】　一方以欺诈、胁迫的手段或者乘人之危，使对方在违背真实意思的情况下订立的合同，受损害方有权请求人民法院或者仲裁机构变更或者撤销。

当事人请求变更的，人民法院或者仲裁机构不得撤销。

NO.227　海事债权确权纠纷

相关法规

中华人民共和国海事诉讼特别程序法（节录）
（1999年12月25日　主席令第28号）

第一百一十一条【债权申请登记（发布强制拍卖船舶的公告时）】　海事法院裁定强制拍卖船舶的公告发布后，债权人应当在公告期间，就与被拍卖船舶有关的债权申请登记。公告期间届满不登记的，视为放弃在本次拍卖船舶价款中受偿的权利。

第一百一十二条【债权申请登记（受理设立海事赔偿责任限制基金的公告发布时）】　海事法院受理设立海事赔偿责任限制基金的公告发布后，债权人应当在公告期间就与特定场合发生的海事事故有关的债权申请登记。公告期间届满不登记的，视为放弃债权。

第一百一十三条【申请登记债权的材料】　债权人向海事法院申请登记债权的，应当提交书面申请，并提供有关债权证据。

债权证据，包括证明债权的具有法律效力的判决书、裁定书、调解书、仲裁裁决书和公证债权文书，以及其他证明具有海事请求的证据材料。

第一百一十四条【债权人申请的批准与驳回】　海事法院应当对债权人的申请进行审查，对提供债权证据的，裁定准予登记；对不提供债权证据的，裁定驳回申请。

第一百一十五条【债权文书的确认】　债权人提供证明债权的判决书、裁定书、调解书、仲裁裁决书或者公证债权文书的，海事法院经审查认定上述文书真实合法的，裁定予以确认。

第一百一十六条【债权人其他海事请求处理】　债权人提供其他海事请求证据的，应当在办理债权登记以后，在受理债权登记的海事法院提起确权诉讼。当事人之间有仲裁协议的，应当及时申请仲裁。

海事法院对确权诉讼作出的判决、裁定具有法律效力，当事人不得提起上诉。

第八部分 与公司、证券、保险、票据等有关的民事纠纷

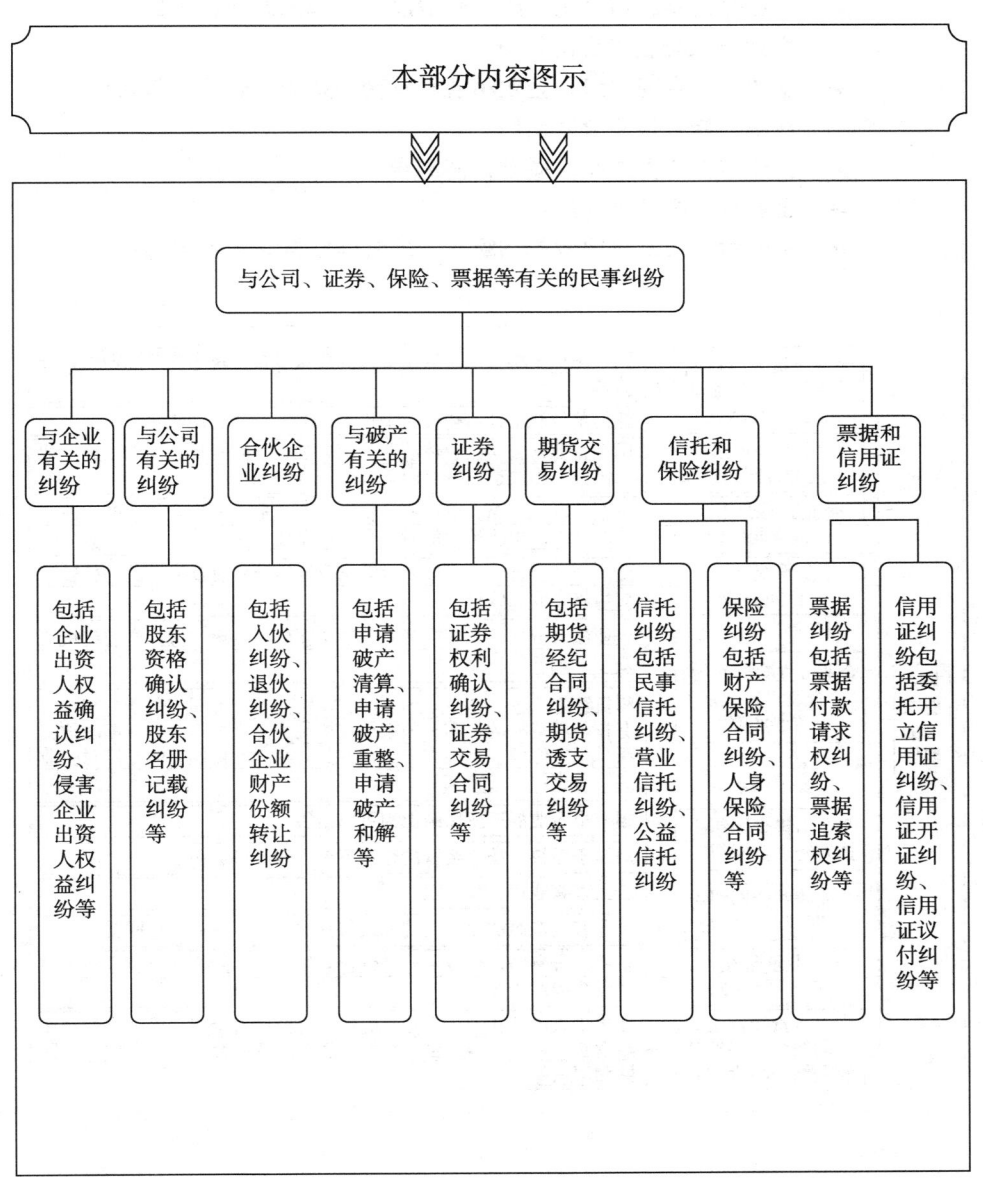

二十、与企业有关的纠纷

- ➢ 企业出资人权益确认纠纷；侵害企业出资人权益纠纷
- ➢ 企业公司制改造合同纠纷；企业股份合作制改造合同纠纷；企业债权转股权合同纠纷
- ➢ 企业分立合同纠纷；企业租赁经营合同纠纷；企业出售合同纠纷；挂靠经营合同纠纷
- ➢ 企业兼并合同纠纷；联营合同纠纷
- ➢ 企业承包经营合同纠纷
- ➢ 中外合资经营企业合同纠纷；中外合作经营企业合同纠纷

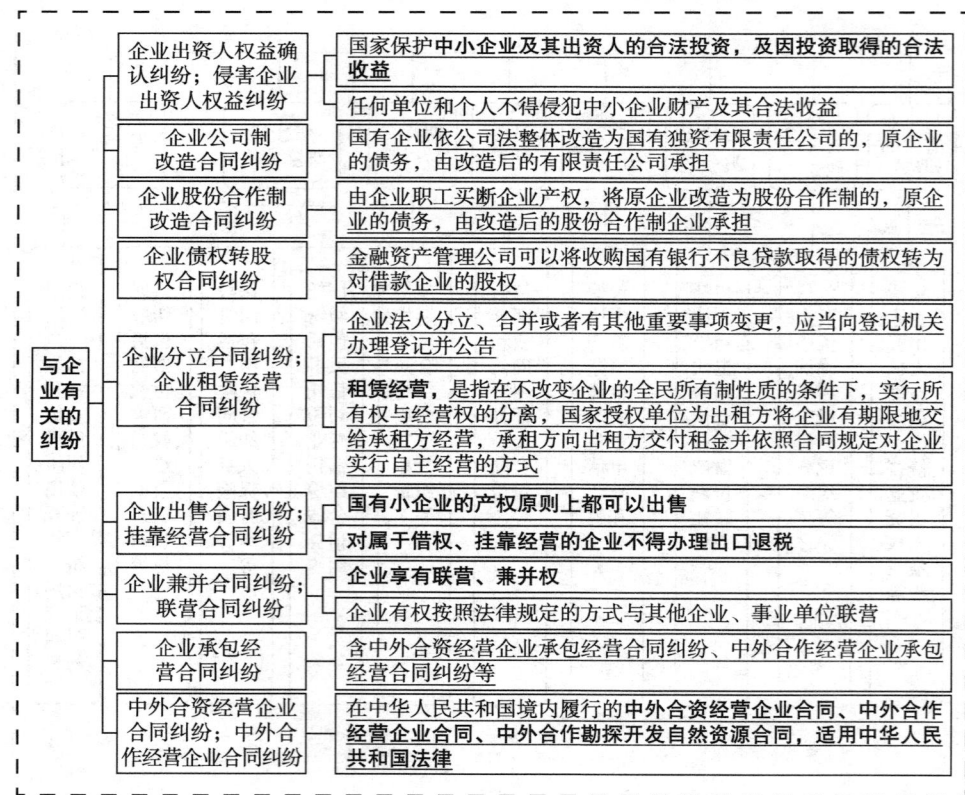

与企业有关的纠纷	企业出资人权益确认纠纷；侵害企业出资人权益纠纷	国家保护中小企业及其出资人的合法投资，及因投资取得的合法收益
		任何单位和个人不得侵犯中小企业财产及其合法收益
	企业公司制改造合同纠纷	国有企业依公司法整体改造为国有独资有限责任公司的，原企业的债务，由改造后的有限责任公司承担
	企业股份合作制改造合同纠纷	由企业职工买断企业产权，将原企业改造为股份合作制的，原企业的债务，由改造后的股份合作制企业承担
	企业债权转股权合同纠纷	金融资产管理公司可以将收购国有银行不良贷款取得的债权转为对借款企业的股权
	企业分立合同纠纷；企业租赁经营合同纠纷	企业法人分立、合并或者有其他重要事项变更，应当向登记机关办理登记并公告
		租赁经营，是指在不改变企业的全民所有制性质的条件下，实行所有权与经营权的分离，国家授权单位为出租方将企业有期限地交给承租方经营，承租方向出租方交付租金并依照合同规定对企业实行自主经营的方式
	企业出售合同纠纷；挂靠经营合同纠纷	国有小企业的产权原则上都可以出售
		对属于借权、挂靠经营的企业不得办理出口退税
	企业兼并合同纠纷；联营合同纠纷	企业享有联营、兼并权
		企业有权按照法律规定的方式与其他企业、事业单位联营
	企业承包经营合同纠纷	含中外合资经营企业承包经营合同纠纷、中外合作经营企业承包经营合同纠纷等
	中外合资经营企业合同纠纷；中外合作经营企业合同纠纷	在中华人民共和国境内履行的**中外合资经营企业合同、中外合作经营企业合同、中外合作勘探开发自然资源合同，适用中华人民共和国法律**

NO.228　企业出资人权益确认纠纷

条文要旨重点提示	对应条文序号
与国家出资有关的内容：国家出资的企业、国有独资公司的概念、国务院出资的情况、国有股权的转让	《中华人民共和国物权法》第55条 《中华人民共和国公司法》第64条 《企业国有资产监督管理暂行条例》第5条、第23条
公司财产权与股东权	《中华人民共和国物权法》第67条
转投资及其限制	《中华人民共和国公司法》第15条
中小企业及其出资人的合法投资	《中华人民共和国中小企业促进法》第6条

相关法规

中华人民共和国物权法（节录）
（2007年3月16日　主席令第62号）

第五十五条【国家出资的企业】　国家出资的企业，由国务院、地方人民政府依照法律、行政法规规定分别代表国家履行出资人职责，享有出资人权益。

第六十七条【公司财产权与股东权】　国家、集体和私人依法可以出资设立有限责任公司、股份有限公司或者其他企业。国家、集体和私人所有的不动产或者动产，投到企业的，由出资人按照约定或者出资比例享有资产收益、重大决策以及选择经营管理者等权利并履行义务。

中华人民共和国公司法
（2013年12月28日修正）

第十五条【转投资及其限制】　公司可以向其他企业投资；但是，除法律另有规定外，不得成为对其所投资企业的债务承担连带责任的出资人。

第六十四条【国有独资公司的概念】 国有独资公司的设立和组织机构,使用本节规定;本节没有规定的,适用本章第一节、第二节的规定。

本法所称**国有独资公司,是指国家单独出资、由国务院或者地方人民政府授权本级人民政府国有资产监督管理机构履行出资人职责的有限责任公司。**

中华人民共和国中小企业促进法(节录)
(2002年6月29日　主席令第69号)

第六条【中小企业及其出资人的合法投资】 国家保护中小企业及其出资人的合法投资,及因投资取得的合法收益。任何单位和个人不得侵犯中小企业财产及其合法收益。

任何单位不得违反法律、法规向中小企业收费和罚款,不得向中小企业摊派财物。中小企业对违反上述规定的行为有权拒绝和有权举报、控告。

企业国有资产监督管理暂行条例(节录)
(2011年1月8日修正)

第五条【国务院出资的情况】 国务院代表国家对关系国民经济命脉和国家安全的大型国有及国有控股、国有参股企业,重要基础设施和重要自然资源等领域的国有及国有控股、国有参股企业,履行出资人职责。国务院履行出资人职责的企业,由国务院确定、公布。

省、自治区、直辖市人民政府和设区的市、自治州级人民政府分别代表国家对由国务院履行出资人职责以外的国有及国有控股、国有参股企业,履行出资人职责。其中,省、自治区、直辖市人民政府履行出资人职责的国有及国有控股、国有参股企业,由省、自治区、直辖市人民政府确定、公布,并报国务院国有资产监督管理机构备案;其他由设区的市、自治州级人民政府履行出资人职责的国有及国有控股、国有参股企业,由设区的市、自治州级人民政府确定、公布,并报省、自治区、直辖市人民政府国有资产监督管理机构备案。

国务院,省、自治区、直辖市人民政府,设区的市、自治州级人民政府履行出资人职责的企业,以下统称所出资企业。

第二十三条【国有股权的转让】 国有资产监督管理机构决定其所出资

> **企业的国有股权转让**。其中，转让全部国有股权或者转让部分国有股权致使国家不再拥有控股地位的，报本级人民政府批准。

NO.229 侵害企业出资人权益纠纷

相关法规

中华人民共和国中小企业促进法（节录）
（2002年6月29日　主席令第69号）

第六条【中小企业及其出资人的合法投资】 国家保护中小企业及其出资人的合法投资，及因投资取得的合法收益。<u>任何单位和个人不得侵犯中小企业财产及其合法收益。</u>

<u>任何单位不得违反法律、法规向中小企业收费和罚款，不得向中小企业摊派财物。中小企业对违反上述规定的行为有权拒绝和有权举报、控告。</u>

中华人民共和国物权法（节录）
（2007年3月16日　主席令第62号）

（略，参见"NO.228企业出资人权益确认纠纷"）

NO.230 企业公司制改造合同纠纷

条文要旨重点提示	对应条文序号
全民所有制工业企业的概念以及该类企业转换经营机制的目标	《中华人民共和国全民所有制工业企业法》第2条 《全民所有制工业企业转换经营机制条例》第2条
关于审理与企业改制相关的民事纠纷的司法解释	最高人民法院《关于审理与企业改制相关的民事纠纷案件若干问题的规定》第4—6条

相关法规

中华人民共和国全民所有制工业企业法（节录）
（2009年8月27日修正）

第二条【全民所有制工业企业的概念】 全民所有制工业企业（以下简称企业）是依法自主经营、自负盈亏、独立核算的社会主义商品生产的经营单位。

企业的财产属于全民所有，国家依照所有权和经营权分离的原则授予企业经营管理。企业对国家授予其经营管理的财产享有占有、使用和依法处分的权利。

企业依法取得法人资格，以国家授予其经营管理的财产承担民事责任。

全民所有制工业企业转换经营机制条例（节录）
（2011年1月8日修正）

第二条【企业转换经营机制的目标】 企业转换经营机制的目标是：使企业适应市场的要求，成为依法自主经营、自负盈亏、自我发展、自我约束的商品生产和经营单位，成为独立享有民事权利和承担民事义务的企业法人。

司法解释

最高人民法院关于审理与企业改制相关的民事纠纷案件若干问题的规定（节录）
（2003年1月3日 法释〔2003〕1号）

第四条 国有企业依公司法整体改造为国有独资有限责任公司的，原企业的债务，由改造后的有限责任公司承担。

第五条 企业通过增资扩股或者转让部分产权，实现他人对企业的参股，将企业整体改造为有限责任公司或者股份有限公司的，原企业债务由改造后的新设公司承担。

第六条 企业以其部分财产和相应债务与他人组建新公司，对所转移的债务债权人认可的，由新组建的公司承担民事责任；对所转移的债务未通知债权人或者虽通知债权人,而债权人不予认可的,由原企业承担民事责任。原企业无力偿还债务,债权人就此向新设公司主张债权的,新设公司在所接收的财产范围内与原企业承担连带民事责任。

第七条 企业以其优质财产与他人组建新公司,而将债务留在原企业,债权人以新设公司和原企业作为共同被告提起诉讼主张债权的,新设公司应当在所接收的财产范围内与原企业共同承担连带责任。

NO.231 企业股份合作制改造合同纠纷

条文要旨重点提示	对应条文序号
股份合作制的概念	《轻工集体企业股份合作制试行办法》第2条
股份合作制企业的概念	《轻工集体企业股份合作制试行办法》第3条
农民股份合作企业的概念	《农民股份合作企业暂行规定》第2条
股份合作制企业	国家体改委《关于发展城市股份合作制企业的指导意见》第4条
职工投资入股	国家体改委《关于发展城市股份合作制企业的指导意见》第5条
审理与企业改制相关的司法解释	最高人民法院《关于审理与企业改制相关的民事纠纷案件若干问题的规定》第8—11条

相关法规

轻工集体企业股份合作制试行办法(节录)

(1993年3月1日)

第二条【股份合作制的概念】 股份合作制是按照合作制原则,吸收股份制形式,兼有劳动联合和资金联合的一种企业经营组织形式。

第三条【股份合作制企业的概念】 股份合作制企业(以下简称企业)是劳动群众自愿组合,自筹资金,并以股份形式投入,财产属于举办该企业的劳动群众集体所有与按股所有相结合，实行集体占有，共同劳动，民主管理，按劳分配，按股分红的社会主义集体所有制经济组织。

农民股份合作企业暂行规定（节录）
（1997年12月25日　农业部令第39号）

第二条【农民股份合作企业的概念】　本暂行规定所称农民股份合作企业是指，由三户以上劳动农民，按照协议，以资金、实物、技术、劳力等作为股份，自愿组织起来从事生产经营活动，接受国家计划指导，实行民主管理，以按劳分配为主，又有一定比例的股金分红，有公共积累，能独立承担民事责任，经依法批准建立的经济组织。

国家体改委关于发展城市股份合作制企业的指导意见（节录）
（1997年8月7日）

四、【股份合作制企业】　股份合作制企业是独立法人，以企业全部资产承担民事责任，主要由本企业职工个人出资，出资人以出资额为限对企业的债务承担责任。

五、【职工投资入股】　职工投资入股。在自愿的基础上，鼓励企业职工人人投资入股，也允许少数职工暂时不入股。未投资入股的职工可以在企业增资扩股时投资入股。职工之间的持股数可以有差距，但不宜过分悬殊。不吸收本企业以外的个人入股。职工离开企业时其股份不能带走，必须在企业内部转让，其他职工有优先受让权。

最高人民法院关于审理与企业改制相关的民事纠纷案件若干问题的规定（节录）
（2003年1月3日　法释〔2003〕1号）

（司法解释）

第八条　由企业职工买断企业产权，将原企业改造为股份合作制的，原企业的债务，由改造后的股份合作制企业承担。

第九条　企业向其职工转让部分产权，由企业与职工共同组建股份合作制企业的，原企业的债务由改造后的股份合作制企业承担。

第十条 企业通过其职工投资增资扩股，将原企业改造为**股份合作制企业的**，原企业的债务由改造后的股份合作制企业承担。

第十一条 企业在进行**股份合作制改造时**，参照公司法的有关规定，公告通知了债权人。企业股份合作制改造后，债权人就原企业资产管理人（出资人）隐瞒或者遗漏的债务起诉股份合作制企业的，如债权人在公告期内申报过该债权，股份合作制企业在承担民事责任后，可再向原企业资产管理人（出资人）追偿。如债权人在公告期内未申报过该债权，则股份合作制企业不承担民事责任，人民法院可告知债权人另行起诉原企业资产管理人（出资人）。

NO.232　企业债权转股权合同纠纷

条文要旨重点提示	对应条文序号
债权转为对借款企业的股权	《金融资产管理公司条例》第16条
实施债权转股权的企业	《金融资产管理公司条例》第19条
债权转股权股东权利行使	《金融资产管理公司条例》第20条
金融资产管理公司持有的企业股权的转让和回购	《金融资产管理公司条例》第21条
金融资产管理公司与企业的关系（包括债权转股权的内容）	《国家经贸委、中国人民银行关于实施债权转股权若干问题的意见》第四部分
资产公司处置资产的方式、资产处置过程中的评估方式（涉及债权转股权的内容）	《金融资产管理公司资产处置管理办法》第16条、第18条
有关企业债权转股权的司法解释	最高人民法院《关于审理与企业改制相关的民事纠纷案件若干问题的规定》第14—16条

> **金融资产管理公司条例（节录）**
> （2000年11月10日　国务院令第297号）
>
> 　　**第十六条【债权转为对借款企业的股权】**　金融资产管理公司可以将收购国有银行不良贷款取得的债权转为对借款企业的股权。
> 　　金融资产管理公司持有的股权，不受本公司净资产额或者注册资本的比例限制。
> 　　**第十九条【实施债权转股权的企业】**　实施债权转股权的企业，应当按照现代企业制度的要求，转换经营机制，建立规范的公司法人治理结构，加强企业管理。有关地方人民政府应当帮助企业减员增效、下岗分流，分离企业办社会的职能。
> 　　**第二十条【债权转股权股东权利行使】**　金融资产管理公司的债权转股权后，作为企业的股东，可以派员参加企业董事会、监事会，依法行使股东权利。
> 　　**第二十一条【金融资产管理公司持有的企业股权的转让和回购】**　金融资产管理公司持有的企业股权，可以按照国家有关规定向境内外投资者转让，也可以由债权转股权企业依法回购。

⇨ 相关法规

> **国家经贸委、中国人民银行关于实施债权转股权若干问题的意见（节录）**
> （1999年7月30日　国经贸委产业〔1999〕727号）
>
> 　　四、**【金融资产管理公司与企业的关系】**　金融资产管理公司与企业的关系
> 　　1.**金融资产管理公司在债权转股权后，即成为企业的股东**，对企业持股或控股，派员参加企业董事会、监事会，参与企业重大决策，但不参与企业的日常生产经营活动。
> 　　2.**企业按照《中华人民共和国公司法》规定进行改制，并认真建立规范的法人治理结构，重新进行工商注册登记。**
> 　　3.**金融资产管理公司持有的股权，可按有关规定向境内外投资者转让，也可由债权转股权企业依法回购；符合上市条件的企业，可以上市。**关系国计民生且国家必须控股的企业，在转让或上市时，要保证国家控股。

金融资产管理公司资产处置管理办法（节录）

（2008年7月9日　财金〔2008〕85号）

第十六条【资产公司处置资产的方式】　资产公司可通过追偿债务、租赁、转让、重组、资产置换、委托处置、债权转股权、资产证券化等多种方式处置资产。资产公司应在金融监管部门批准的业务许可范围内，探索处置方式，以实现处置收益最大化的目标。

第十八条【资产处置过程中的评估方式】　资产公司在资产处置过程中，根据每一个资产处置项目的具体情况，按照公正合理原则、成本效益原则和效率原则确定是否评估和具体评估方式。

资产公司对债权资产进行处置时，可由外部独立评估机构进行偿债能力分析，或采取尽职调查、内部估值方式确定资产价值，不需向财政部办理资产评估的备案手续。

资产公司以债转股、出售股权资产（含国务院批准的债转股项目股权资产，下同）或出售不动产的方式处置资产时，除上市公司可流通股权资产外，均应由外部独立评估机构对资产进行评估。国务院批准的债转股项目股权资产，按照国家国有资产评估项目管理的有关规定进行备案；其他股权资产和不动产处置项目不需报财政部备案，由资产公司办理内部备案手续。

资产公司应参照评估价值或内部估值确定拟处置资产的折股价或底价。

最高人民法院关于审理与企业改制相关的民事纠纷案件若干问题的规定（节录）

（2003年1月3日　法释〔2003〕1号）

> 司法解释

第十四条　债权人与债务人自愿达成债权转股权协议，且不违反法律和行政法规强制性规定的，人民法院在审理相关的民事纠纷案件中，应当确认债权转股权协议有效。

政策性债权转股权，按照国务院有关部门的规定处理。

第十五条　债务人以隐瞒企业资产或者虚列企业资产为手段，骗取债权人与其签订债权转股权协议，债权人在法定期间内行使撤销权的，人民法院应当予以支持。

债权转股权协议被撤销后，债权人有权要求债务人清偿债务。

第十六条　部分债权人进行债权转股权的行为，不影响其他债权人向债务人主张债权。

NO.233 企业分立合同纠纷

条文要旨重点提示	对应条文序号
企业法人的变更（包括企业的分立）	《中华人民共和国民法通则》第44条
履行困难（涉及债权人的分立）	《中华人民共和国合同法》第70条
合同的概括承受（涉及合同分立情况下的债务承担）	《中华人民共和国合同法》第90条
企业进行产品结构和组织结构调整的方式（涉及企业分立）	《全民所有制工业企业转换经营机制条例》第31条
企业分立及协议的签订	《全民所有制工业企业转换经营机制条例》第35条
有关企业分立的司法解释	最高人民法院《关于审理与企业改制相关的民事纠纷案件若干问题的规定》第12条、第13条

民法通则

中华人民共和国民法通则（节录）
（2009年8月27日修正）

第四十四条【企业法人的变更】 企业法人分立、合并或者有其他重要事项变更，应当向登记机关办理登记并公告。

企业法人分立、合并，它的权利和义务由变更后的法人享有和承担。

条文详析：

企业分立相关规定
- 企业法人分立、合并或者有其他重要事项变更，应当办理登记并公告。
- 企业法人分立、合并，它的权利和义务由变更后的法人享有和承担。

中华人民共和国合同法（节录）
（1999年3月15日　主席令第15号）

第七十条【履行困难】 债权人分立、合并或者变更住所没有通知债务人，致使履行债务发生困难的，债务人可以中止履行或者将标的物提存。

第九十条【合同的概括承受】 当事人订立合同后合并的，由合并后的法人或者其他组织行使合同权利，履行合同义务。<u>当事人订立合同后分立的，除债权人和债务人另有约定的以外，由分立的法人或者其他组织对合同的权利和义务享有连带债权，承担连带债务。</u>

> 相关法规

中华人民共和国全民所有制工业企业法（节录）
（2009年8月27日修正）

第十八条【企业合并或者分立应当遵守的规定和程序】 <u>企业合并或者分立，依照法律、行政法规的规定，由政府或者政府主管部门批准。</u>

全民所有制工业企业转换经营机制条例（节录）
（2011年1月8日修正）

第三十一条【企业进行产品结构和组织结构调整的方式】 <u>企业可以通过转产、停产整顿、合并、分立、解散、破产等方式，进行产品结构和组织结构调整，实现资源合理配置和企业的优胜劣汰。</u>

第三十五条【企业分立及协议的签订】 <u>经政府批准，企业可以分立。</u>企业分立时，应当由分立各方签订分立协议，明确划分分立各方的财产和债权债务等。

> **最高人民法院关于审理与企业改制相关的民事纠纷案件若干问题的规定（节录）**
>
> （2003年1月3日 法释〔2003〕1号）
>
> **第十二条** 债权人向分立后的企业主张债权，企业分立时对原企业的债务承担有约定，并经债权人认可的，按照当事人的约定处理；企业分立时对原企业债务承担没有约定或者约定不明，或者虽然有约定但债权人不予认可的，分立后的企业应当承担连带责任。
>
> **第十三条** 分立的企业在承担连带责任后，各分立的企业间对原企业债务承担有约定的，照约定处理；没有约定或者约定不明的，根据企业分立时的资产比例分担。

（司法解释）

NO.234　企业租赁经营合同纠纷

条文要旨重点提示	对应条文序号
企业租赁经营合同纠纷的合同法参照： 合同的生效、附条件合同、附期限合同	《中华人民共和国合同法》第44—46条
租赁经营的概念	《全民所有制小型工业企业租赁经营暂行条例》第3条
租赁合同的订立 租赁合同的内容	《全民所有制小型工业企业租赁经营暂行条例》第17条、第18条
禁止随意变更、解除合同	《全民所有制小型工业企业租赁经营暂行条例》第19条
可以变更和解除合同的情况	《全民所有制小型工业企业租赁经营暂行条例》第20条
变更、解除合同的通知	《全民所有制小型工业企业租赁经营暂行条例》第21条
纠纷的解决方式	《全民所有制小型工业企业租赁经营暂行条例》第22条
出租方的权利 出租方的义务	《全民所有制小型工业企业租赁经营暂行条例》第23条、第24条
承租方的权利 承租方的义务	《全民所有制小型工业企业租赁经营暂行条例》第25条、第26条

续表

条文要旨重点提示	对应条文序号
承租经营者及合伙承租成员的收入分配	《全民所有制小型工业企业租赁经营暂行条例》第32条
租赁合同解除时的审查	《全民所有制小型工业企业租赁经营暂行条例》第35条

相关法规

中华人民共和国合同法（节录）
（1999年3月15日　主席令第15号）

第四十四条【合同的生效】 依法成立的合同，自成立时生效。

法律、行政法规规定应当办理批准、登记等手续生效的，依照其规定。

第四十五条【附条件合同】 当事人对合同的效力可以约定附条件。附生效条件的合同，自条件成就时生效。附解除条件的合同，自条件成就时失效。

当事人为自己的利益不正当地阻止条件成就的，视为条件已成就；不正当地促成条件成就的，视为条件不成就。

第四十六条【附期限合同】 当事人对合同的效力可以约定附期限。附生效期限的合同，自期限届至时生效。附终止期限的合同，自期限届满时失效。

全民所有制小型工业企业租赁经营暂行条例（节录）
（1990年2月24日　国务院令第50号）

第三条【租赁经营的概念】 本条例所称租赁经营，是指在不改变企业的全民所有制性质的条件下，实行所有权与经营权的分离，国家授权单位为出租方将企业有期限地交给承租方经营，承租方向出租方交付租金并依照合同规定对企业实行自主经营的方式。

第十七条【租赁合同的订立】 租赁经营合同应当采用书面形式。订立租赁经营合同的双方必须坚持自愿、平等、协商的原则。

租赁经营合同依照本条例订立，即具有法律约束力。

第十八条【租赁合同的内容】 租赁经营合同应当具备下列条款：

（一）标的；

（二）租赁经营合同的生效条件和有效期限；

（三）租赁期内经营总目标及年度经营目标；

（四）租金数额、交付期限及计算办法；

（五）承租方的收益及企业各项基金的分配比例；

（六）企业租赁前债权债务及遗留亏损的处理；

（七）租赁双方的权利和义务；

（八）担保的形式和要求；

（九）合同的变更、解除及合同纠纷处理办法；

（十）违约责任；

（十一）租赁期满后资产返还和验收；

（十二）租赁双方约定的其他条款。

第十九条【禁止随意变更、解除合同】 未经协商同意，任何一方不得擅自变更、解除租赁经营合同。

第二十条【可以变更和解除合同的情况】 有下列情况之一，使租赁经营合同无法履行时，允许变更或者解除合同：

（一）由于不可抗力，或者由于一方当事人虽无过失但无法防止的外因；

（二）由于承租方经营管理不善达不到合同规定的年度经营目标；

（三）由于一方违约；

（四）由于合同规定的其他变更或者解除合同的条件出现。

第二十一条【变更、解除合同的通知】 租赁经营合同一方要求变更或者解除合同时，应当及时以书面形式通知对方，双方未达成书面协议以前，原合同仍然有效。

租赁经营合同一方接到另一方要求变更或者解除合同的书面通知后，应当自收到书面通知之日起15日内作出书面答复，逾期未作出答复的，即视为默认。

第二十二条【纠纷的解决方式】 租赁经营合同双方发生纠纷，应当协商解决。协商不成的，可以根据合同规定向工商行政管理机关申请调解或者仲裁。租赁经营合同任何一方对仲裁机关的仲裁决定不服的，可以在接到仲裁决定书之日起10日内向上一级仲裁机关申请复议。上一级仲裁机关作出的决定，即为终局裁决。逾期未申请复议，发生法律效力的仲裁决定，即为终局裁决。

租赁经营合同任何一方可以根据租赁经营合同规定直接向人民法院起诉。

租赁经营合同未规定纠纷处理办法，但当事人在合同订立后或发生纠纷时达成申请工商行政管理机关仲裁的书面协议的，由工商行政管理机关依法受理该仲裁案件。

当事人一方在规定期限内不执行已经发生法律效力的调解书、裁决书的，另一方可以申请人民法院强制执行。

第二十三条【出租方的权利】 出租方的权利：

（一）监督承租方遵守国家方针政策、法律法规，完成国家下达的计划；

（二）监督租赁企业的财产不受损害；

（三）收取承租方按照合同规定交付的租金。

第二十四条【出租方的义务】 出租方的义务：

（一）按照合同规定保障承租方的经营自主权，依法维护企业租赁前享有的各项优惠待遇；

（二）为租赁企业的生产发展提供必要的服务；

（三）根据承租方的要求，会同有关部门协助租赁企业解决经营活动中的困难。

第二十五条【承租方的权利】 承租方的权利：

（一）享有国家规定的厂长权利；

（二）任免厂级行政副职，并报有关部门备案；

（三）决定企业脱产人员编制；

（四）根据市场需求，调整企业的经营方向，并按照国家有关规定办理变更登记手续。

第二十六条【承租方的义务】 承租方的义务：

（一）履行国家规定的厂长职责；

（二）执行价格政策，维护用户和消费者的利益；

（三）维护职工的合法权益；

（四）维护租赁经营企业资产，保证设备完好，办理企业财产保险；

（五）按期交付租金。

第三十二条【承租经营者及合伙承租成员的收入分配】 自租赁经营合同生效之日起，停发承租经营者及合伙承租成员的工资、奖金，预支生活费。承租经营者及合伙承租成员的收入可以按照本条例第三十三条的现定分年度结算或者租赁期满一次结算。

承租经营者及合伙承租成员的原工资和租赁期间按照国家规定应当调整的工资,计入档案,作为承租期满后恢复工资的依据。

全员承租的承租成员的工资收入,企业承租的收入,由租赁双方协商确定。

第三十五条【租赁合同解除时的审查】 租赁经营合同解除时,出租方应当会同有关部门对承租方经营成果进行审查。凡达到租赁经营合同现定的经营总目标并按照租赁经营合同规定交付租金的,出租方应当根据企业的经营情况,商得职工代表大会(职工大会)的同意,从企业的风险保证金中按照承租方担保现金数额的一至五倍支付给承租方。承租方在租赁期内达不到租赁经营合同规定的经营总目标或者欠交租金时,应当以企业的风险保证金、预支的生活费(或承租成员的年度收入)抵补,不足部分,由承租方、保证人提供的担保财产抵补。保证人以其保证财产抵补后,有权向承租方追偿。

NO.235　企业出售合同纠纷

条文要旨重点提示	对应条文序号
出售国有企业产权的管理部门、国有小企业的产权的出售	国家经济体制改革委员会、财政部、国家国有资产管理局《关于出售国有小型企业产权的暂行办法》第二部分、第四部分
关于企业出售问题的司法解释(其中涉及企业出售合同的内容)	最高人民法院《关于人民法院在审理企业破产和改制案件中切实防止债务人逃废债务的紧急通知》第七部分、第八部分 最高人民法院《关于审理与改制相关的民事纠纷案件若干问题的规定》第17—29条

国家经济体制改革委员会、财政部、国家国有资产管理局
关于出售国有小型企业产权的暂行办法（节录）
（1989年2月19日）

相关法规

二、【出售国有企业产权的管理部门】出售国有企业产权，应由各级政府的国有资产管理部门负责。在目前尚未建立国有资产管理部门的地方，哪些小企业产权需要出售，应按照企业隶属关系，由财政部门会同企业主管部门报同级政府作出决定。事先应征求企业经营者和职工代表大会的意见，做好职工的思想工作，减少不必要的震荡和损失。

四、【国有小企业的产权的出售】国有小企业的产权原则上都可以出售。当前，出售的重点是下列三种类型的企业产权：

1. 资不抵债和接近破产的企业；
2. 长期经营不善，连续多年亏损或微利的企业；
3. 为了优化结构，当地政府认为需要出售产权的企业。

已经实行承包或租赁的企业，一般应在承包或租赁期满后再行出售产权。对经营不善或确有必要出售的承包或租赁企业，应按法律程序，先中止承包或租赁合同，再进行出售。

最高人民法院关于人民法院在审理企业破产和改制案件中切实防止债务人逃废债务的紧急通知（节录）
（2001年8月10日 法〔2001〕105号）

司法解释

七、人民法院审理涉及企业公司制改造、股份合作制改造、债权转股权、**国有小型企业出售**、企业兼并及分立等国有企业改制的纠纷案件，应当严格适用法律与国家改制政策。有关法律、行政法规无明文规定的，可适用改制行为发生时国务院有关主管部门的规范性文件；违反法律、行政法规和国务院规定的政策的有关地方性改制文件，不能作为办案依据。

八、人民法院审理国有企业改制案件，凡是改制行为发生时国务院有关主管部门的规范性文件明确规定须履行审批手续，对未履行审批手续，且事后又未补办审批手续的，或者当事人双方恶意串通，损害国家或债权人利益的，应当依法确认有关协议无效；**在小型企业出售中，出售方借出售企业逃废债务，受让人知情的，对债权人撤销企业出售合同的主张，应当依法予以支持。**

最高人民法院关于审理与改制相关的民事纠纷案件若干问题的规定（节录）

（2003年1月3日　法释〔2003〕1号）

第十七条　以协议转让形式出售企业，企业出售合同未经有审批权的地方人民政府或其授权的职能部门审批的，人民法院在审理相关的民事纠纷案件时，应当确认该企业出售合同不生效。

第十八条　企业出售中，当事人双方恶意串通，损害国家利益的，人民法院在审理相关的民事纠纷案件时，应当确认该企业出售行为无效。

第十九条　企业出售中，出卖人实施的行为具有合同法第五十四条规定的情形，买受人在法定期限内行使撤销权的，人民法院应当予以支持。

第二十条　企业出售合同约定的履行期限届满，一方当事人拒不履行合同，或者未完全履行合同义务，致使合同目的不能实现，对方当事人要求解除合同并要求赔偿损失的，人民法院应当予以支持。

第二十一条　企业出售合同约定的履行期限届满，一方当事人未完全履行合同义务，对方当事人要求继续履行合同并要求赔偿损失的，人民法院应当予以支持。双方当事人均未完全履行合同义务的，应当根据当事人的过错，确定各自应当承担的民事责任。

第二十二条　企业出售时，出卖人对所售企业的资产负债状况、损益状况等重大事项未履行如实告知义务，影响企业出售价格，买受人就此向人民法院起诉主张补偿的，人民法院应当予以支持。

第二十三条　企业出售合同被确认无效或者被撤销的，企业售出后买受人经营企业期间发生的经营盈亏，由买受人享有或者承担。

第二十四条　企业售出后，买受人将所购企业资产纳入本企业或者将所购企业变更为所属分支机构的，所购企业的债务，由买受人承担。但买卖双方另有约定，并经债权人认可的除外。

第二十五条　企业售出后，买受人将所购企业资产作价入股与他人重新组建新公司，所购企业法人予以注销的，对所购企业出售前的债务，买受人应当以其所有财产，包括在新组建公司中的股权承担民事责任。

第二十六条　企业售出后，买受人将所购企业重新注册为新的企业法人，所购企业法人被注销的，所购企业出售前的债务，应当由新注册的企业法人承担。但买卖双方另有约定，并经债权人认可的除外。

第二十七条　企业售出后，应当办理而未办理企业法人注销登记，债权人起诉该企业的，人民法院应当根据企业资产转让后的具体情况，告知债权

第八部分　与公司、证券、保险、票据等有关的民事纠纷

人追加责任主体，并判令责任主体承担民事责任。

第二十八条　出售企业时，参照公司法的有关规定，出卖人公告通知债权人。企业售出后，债权人就出卖人隐瞒或者遗漏的原企业债务起诉买受人的，如债权人在公告期内申报过该债权，买受人在承担民事责任后，可再行向出卖人追偿。如债权人在公告期内未申报过该债权，则买受人不承担民事责任。人民法院可告知债权人另行起诉出卖人。

第二十九条　出售企业的行为具有合同法第七十四条规定的情形，债权人在法定期限内行使撤销权的，人民法院应当予以支持。

NO.236　挂靠经营合同纠纷

条文要旨重点提示	对应条文序号
关于企业挂靠经营的文件	国家药品监督管理局《关于取缔以挂靠形式开办药品经营企业的批复》 对外贸易经济合作部、国家税务总局《关于重申规范进出口企业经营行为严禁各种借权经营和挂靠经营的通知》
关于挂靠经营的司法解释	最高人民法院《关于原北京市北协建设工程公司第三工程处起诉北京市北协建设工程公司解除挂靠经营纠纷是否受理问题的复函》

相关法规

国家药品监督管理局关于取缔以挂靠形式开办药品经营企业的批复
（节录）

（1999年10月15日　国药管市〔1999〕325号）

辽宁省医药管理局：

　　你局"关于解除挂靠企业问题的请示"（辽药〔1999〕102号）收悉。文中所述，你局一些直属企业"通过挂靠形式，使一些不具备医药批发资格的单位和个人开办了药品批发企业"的行为，违反了《中华人民共和国药品管理法》及"国务院关于进一步加强药品管理工作的紧急通知"（国发〔1994〕53号）的有关规定。对上述

挂靠单位和个人，不存在股份制合作和股份制改造的问题，更不允许其保留医药批发资格，必须坚决依法予以取缔。

此复。

对外贸易经济合作部、国家税务总局关于重申规范进出口企业经营行为严禁各种借权经营和挂靠经营的通知（节录）

（2000年9月7日　〔2000〕外经贸发展发第450号）

一、**各类进出口企业不得让其他企业以进出口企业名义对外签订进出口合同或以挂靠经营的方式从事进出口业务，对已经挂靠的企业要立即解除挂靠关系，不得继续经营。**

二、各级外经贸主管部门要加强对各类进出口企业的政策宣传和法制教育，要求企业自觉遵守国家的法律、法规，牢固树立守法经营的观念。对存在借权经营和挂靠经营问题的企业，要采取有效措施，坚决制止，责令其进行整顿并立即终止借权经营和挂靠经营。

三、各级税务部门要严格执行《财政部、国家税务总局关于出口货物税收若干问题的补充通知》（财税字〔1997〕14号）的有关规定，并严格审查办理的出口退税是否符合规定，**对属于借权、挂靠经营的企业不得办理出口退税。**

四、从事进出口代理业务的企业要严格执行《对外贸易经济合作部、海关总署、国家外汇管理局关于印发〈规范进出口代理业务的若干规定〉的通知》（〔1998〕外经贸政发第725号）的有关规定，切实履行进出口业务代理人的职责，坚决杜绝以"四自三不见"的方式从事借权经营和挂靠经营。

【司法解释】

最高人民法院关于原北京市北协建设工程公司第三工程处起诉北京市北协建设工程公司解除挂靠经营纠纷是否受理问题的复函

（2003年8月28日　〔2003〕民立他字第3条）

北京市高级人民法院：

你院京高法〔2002〕306号《关于原北京市北协建设工程公司第三工程处起诉北京市北协建设工程公司解除挂靠经营纠纷是否受理问题的请示》收悉。经研究认为，原北京市北协建设工程公司第三工程处符合最高人民法院《关于适用〈中华人民共和国民事诉讼法〉若干问题的意见》第四十条第（9）项规定的"其他组织"的条件，其作为原告起诉北京市北协建设工程公司解除挂靠经营关系，人民法院应予受理。

NO.237 企业兼并合同纠纷

条文要旨重点提示	对应条文序号
企业的联营、兼并权	《全民所有制工业企业转换经营机制条例》第16条
企业兼并的原则	国家经济贸易委员会、中国人民银行《关于试行国有企业兼并破产中若干问题的通知》第六部分
关于企业兼并的司法解释（包括企业兼并合同的内容）	最高人民法院《关于审理与企业改制相关的民事纠纷案件若干问题的规定》第30—35条

相关法规

全民所有制工业企业转换经营机制条例（节录）
（2011年1月8日修正）

第十六条【企业的联营、兼并权】 企业享有联营、兼并权。
企业有权按照下列方式与其他企业、事业单位联营：
（一）与其他企业、事业单位组成新的经济实体，独立承担民事责任、具备法人条件的，经政府有关部门核准登记，取得法人资格；
（二）与其他企业、事业单位共同经营，联营各方按照出资比例或者协议的约定，承担民事责任；
（三）与其他企业、事业单位订立联营合同，确立各方的权利和义务。联营各方各自独立经营、各自承担民事责任。
企业按照自愿、有偿的原则，可以兼并其他企业，报政府主管部门备案。

国家经济贸易委员会、中国人民银行关于试行国有企业兼并破产中若干问题的通知（节录）

（1996年7月25日　国经贸企〔1996〕492号）

六、【企业兼并的原则】企业兼并要本着自愿有偿的原则，严禁"拉郎配"。凡已清产核资的企业进行兼并，不再进行资产评估。兼并中的土地增值税按照财政部、国家税务总局《关于土地增值税一些具体问题规定的通知》（财税字〔1995〕48号）的规定免收。不改变土地使用用途的，土地出让金原则上暂不征收。

最高人民法院关于审理与企业改制相关的民事纠纷案件若干问题的规定（节录）

（2003年1月3日　法释〔2003〕1号）

> 司法解释

第三十条　企业兼并协议自当事人签字盖章之日起生效。需经政府主管部门批准的，兼并协议自批准之日起生效；未经批准的，企业兼并协议不生效。但当事人在一审法庭辩论终结前补办报批手续的，人民法院应当确认该兼并协议有效。

第三十一条　<u>企业吸收合并后，被兼并企业的债务应当由兼并方承担。</u>

第三十二条　<u>企业进行吸收合并时，参照公司法的有关规定，公告通知债权人。</u>企业吸收合并后，债权人就被兼并企业原资产管理人（出资人）隐瞒或者遗漏的企业债务起诉兼并方的，如债权人在公告期内申报过该笔债权，兼并方在承担民事责任后，可再行向被兼并企业原资产管理人（出资人）追偿。如债权人在公告期内未申报过该笔债权，则兼并方不承担民事责任。人民法院可告知债权人另行起诉被兼并企业原资产管理人（出资人）。

第三十三条　<u>企业新设合并后，被兼并企业的债务由新设合并后的企业法人承担。</u>

第三十四条　<u>企业吸收合并或新设合并后，被兼并企业应当办理而未办理工商注销登记，债权人起诉被兼并企业的，人民法院应当根据企业兼并后的具体情况，告知债权人追加责任主体，并判令责任主体承担民事责任。</u>

第三十五条　<u>以收购方式实现对企业控股的，被控股企业的债

务，仍由其自行承担。 但因控股企业抽逃资金、逃避债务，致被控股企业无力偿还债务的，被控股企业的债务则由控股企业承担。

NO.238　　　　　　　　　　联营合同纠纷

条文要旨重点提示	对应条文序号
法人型联营	《中华人民共和国民法通则》第51条
合伙型联营	《中华人民共和国民法通则》第52条
合同型联营	《中华人民共和国民法通则》第53条
企业享有联营、兼并权	《全民所有制工业企业转换经营机制条例》第16条
有关联营企业纠纷的司法解释	最高人民法院《关于审理联营合同纠纷案件若干问题的解答》

中华人民共和国民法通则（节录）
（2009年8月27日修正）

民法通则

　　第五十一条【法人型联营】　企业之间或者企业、事业单位之间**联营**，组成新的经济实体，独立承担民事责任、具备法人条件的，经主管机关核准登记，取得法人资格。

　　第五十二条【合伙型联营】　企业之间或者企业、事业单位之间**联营**，共同经营、不具备法人条件的，由联营各方按照出资比例或者协议的约定，以各自所有的或者经营管理的财产承担民事责任。依照法律的规定或者协议的约定负连带责任的，承担连带责任。

　　第五十三条【合同型联营】　企业之间或者企业、事业单位之间**联营**，按照合同的约定各自独立经营的，它的权利和义务由合同约定，各自承担民事责任。

全民所有制工业企业转换经营机制条例（节录）
（2011年1月8日修正）

第十六条【企业享有联营、兼并权】 企业享有联营、兼并权。
企业有权按照下列方式与其他企业、事业单位联营：

（一）与其他企业、事业单位组成新的经济实体，独立承担民事责任、具备法人条件的，经政府有关部门核准登记，取得法人资格；

（二）与其他企业、事业单位共同经营，联营各方按照出资比例或者协议的约定，承担民事责任；

（三）与其他企业、事业单位订立联营合同，确立各方的权利和义务。联营各方各自独立经营、各自承担民事责任。

企业按照自愿、有偿的原则，可以兼并其他企业，报政府主管部门备案。

最高人民法院关于审理联营合同纠纷案件若干问题的解答
［1990年11月12日 法（经）发〔1990〕27号］

根据《中华人民共和国民法通则》和其他有关法律、法规，现就人民法院在审理联营合同纠纷案件中提出的一些问题，解答如下：

一、关于联营合同纠纷案件的受理问题

（一）联营各方因联营合同的履行、变更、解除所发生的经济纠纷，如联营投资、盈余分配、违约责任、债务承担、资产清退等纠纷向人民法院起诉的，凡符合民事诉讼法（试行）第八十一条规定的起诉条件的，人民法院应予受理。

（二）联营各方因联营体内部机构设置、人员组成等管理方面的问题发生纠纷向人民法院起诉的，人民法院不予受理。

二、关于联营合同纠纷案件的管辖问题

（一）联营合同纠纷案件的地域管辖，因不同的联营形式而有所区别：

1. 法人型联营合同纠纷案件，由法人型联营体的主要办事机构所在地人民法院管辖。

2. 合伙型联营合同纠纷案件，由合伙型联营体注册登记地人民

法院管辖。

3. 协作型联营合同纠纷案件，由被告所在地人民法院管辖。

（二）由联营体主要办事机构所在地或联营体注册登记地人民法院管辖确有困难的，如法人型联营体已经办理了注销手续，合伙型联营体应经工商部门注册登记而未办理注册登记，或者联营期限届满已经解体的，可由被告所在地人民法院管辖。

三、关于联营合同的主体资格认定问题

（一）联营合同的主体应当是实行独立核算，能够独立承担民事责任的企业法人和事业法人。

个体工商户、农村承包经营户、个人合伙，以及不具备法人资格的私营企业和其他经济组织与企业法人或者事业法人联营的，也可以成为联营合同的主体。

（二）企业法人、事业法人的分支机构不具备法人条件的，未经法人授权，不得以自己的名义对外签订联营合同；擅自以自己名义对外签订联营合同且未经法人追认的，应当确认无效。

党政机关和隶属党政机关编制序列的事业单位、军事机关、工会、共青团、妇联、文联、科协和各种协会、学会及民主党派等，不能成为联营合同的主体。

四、关于联营合同中的保底条款问题

（一）联营合同中的保底条款，通常是指联营一方虽向联营体投资，并参与共同经营，分享联营的盈利，但不承担联营的亏损责任，在联营体亏损时，仍要收回其出资和收取固定利润的条款。保底条款违背了联营活动中应当遵循的共负盈亏、共担风险的原则，损害了其他联营方和联营体的债权人的合法权益，因此，应当确认无效。联营企业发生亏损的，联营一方依保底条款收取的固定利润，应当如数退出，用于补偿联营的亏损，如无亏损，或补偿后仍有剩余的，剩余部分可作为联营的盈余，由双方重新商定合理分配或按联营各方的投资比例重新分配。

（二）企业法人、事业法人作为联营一方向联营体投资，但不参加共同经营，也不承担联营的风险责任，不论盈亏均按期收回本息，或者按期收取固定利润的，是明为联营，实为借贷，违反了有关金融法规，应当确认合同无效。除本金可以返还外，对出资方已经取得或者约定取得的利息应予收缴，对另一方则应处以相当于银行利息的罚款。

（三）金融信托投资机构作为联营一方依法向联营体投资的，可以按照合同约定分享固定利润，但亦应承担联营的亏损责任。

五、关于在联营期间退出联营的处理问题

（一）<u>组成法人型联营体或者合伙型联营体的一方或者数方在联营期间中途退出联营的</u>，如果联营体并不因此解散，<u>应当清退退出方作为出资投入的财产</u>。原物存在的，返还原物；原物已不存在或者返还确有困难的，折价偿还。退出方对于退出前联营所得的盈利和发生的债务，应当按照联营合同的约定或者出资比例分享和分担。合伙型联营体的退出方还应对退出前联营的全部债务承担连带清偿责任。如果联营体因联营一方或者数方中途退出联营而无法继续存在的，可以解除联营合同，并对联营的财产和债务作出处理。

（二）<u>不符合法律规定或合同约定的条件而中途退出联营的，退出方应当赔偿由此给联营体造成的实际经济损失。</u>但如联营其他方对此也有过错的，则应按联营各方的过错大小，各自承担相应的经济责任。

六、关于联营合同的违约金、赔偿金的计算问题

根据民法通则第一百一十二条第二款规定，联营合同订明违约金数额或比例的，按照合同的约定处理。约定的违约金数额或比例过高的，人民法院可根据实际经济损失酌减；约定的违约金不足补偿实际经济损失的，可由赔偿金补足。联营合同订明赔偿金计算方法的，按照约定的计算方法及实际情况计算过错方应支付的赔偿金。联营合同既未订明违约金数额或比例，又未订明赔偿金计算方法的，应由过错方赔偿实际经济损失。

七、关于联营合同解除后的财产处理问题

（一）<u>联营体为企业法人的，联营体因联营合同的解除而终止</u>。联营的财产经过清算清偿债务有剩余的，按照约定或联营各方的出资比例进行分配。

联营体为合伙经营组织的，联营合同解除后，联营的财产经清偿债务有剩余的，按照联营合同约定的盈余分配比例，清退投资，分配利润。联营合同未约定，联营各方又协商不成的，按照出资比例进行分配。

（二）在清退联营投资时，联营各方原投入的设备、房屋等固定资产，原物存在的，返还原物；原物已不存在或者返还原物确有困难的，作价还款。

（三）联营体在联营期间购置的房屋、设备等固定资产不能分割的，可以作价变卖后进行分配。变卖时，联营各方有优先购买权。

（四）联营体在联营期间取得的商标权、专利权，解除联营合同后的归属及归属后的经济补偿，应当根据《中华人民共和国商标法》、《中华人民共和国专利法》的有关规定处理。商标权应当归联营一方享有。专利权可以归联营一方享有，也可以归联营各方共同享有。联营一方单独享有商标权、专利权的，应当给予其他联营方适当的经济补偿。

八、关于无效联营收益的处理问题

联营合同被确认无效后，联营体在联营合同履行期间的收益，应先用于清偿联营的债务及补偿无过错方因合同无效所遭受的经济损失。

当事人恶意串通，损害国家利益、集体或第三人的合法利益，或者因合同内容违反国家利益或社会公共利益而导致联营合同无效的，根据民法通则第六十一条第二款和第一百三十四条第三款规定，对联营体在联营合同履行期间的收益，应当作为非法所得予以收缴，收归国家、集体所有或者返还第三人。对联营各方还可并处罚款；构成犯罪的，移送公安、检察机关查处。

九、关于联营各方对联营债务的承担问题

（一）联营各方对联营债务的责任应依联营的不同形式区别对待：

1. 联营体是企业法人的，以联营体的全部财产对外承担民事责任。联营各方对联营体的责任则以各自认缴的出资额为限。对抽逃认缴资金以逃避债务的，人民法院除应责令抽逃者如数缴回外，还可对责任人员处以罚款。

2. 联营体是合伙经营组织的，可先以联营体的财产清偿联营债务。联营体的财产不足以抵债的，由联营各方按照联营合同约定的债务承担比例，以各自所有或经营管理的财产承担民事责任；合同未约定债务承担比例，联营各方又协商不成的，按照出资比例或盈余分配比例确认联营各方应承担的责任。

合伙型联营各方应当依照有关法律、法规的规定或者合同的约定对联营债务负连带清偿责任。

3. 联营是协作型的，联营各方按照合同的约定，分别以各自所有或经营管理的财产承担民事责任。

（二）农业集体经济组织以提供自己所有的土地使用权参加合伙型联营的，应当按照联营合同的约定承担联营债务，如合同未约定债务承担比例的，可参照出资比例或者盈余分配比例承担。

（三）以提供技术使用权作为合伙型联营投资的联营一方，应当按照联营合同的约定承担联营债务，如其自己所有的或者经营管理的财产不足清偿联营债务的，可以一定期限的技术使用权折价抵偿债务。

NO.239 企业承包经营合同纠纷

条文要旨重点提示	对应条文序号
中外合资经营企业承包经营的定义和承包合同	对外经济贸易部、国家工商行政管理局《关于承包经营中外合资经营企业的规定》第一部分、第五部分
有关中外合作经营企业承包经营合同纠纷适用法律的司法解释	最高人民法院《关于审理涉外民事或商事合同纠纷案件法律适用若干问题的规定》第7条

 企业承包经营合同纠纷包括的内容：
（1）中外合资经营企业承包经营合同纠纷

对外经济贸易部、国家工商行政管理局关于承包经营中外合资经营企业的规定（节录）

（1990年9月13日　外经贸法发〔1990〕第22号）

一、**承包经营的定义**

本规定内所述**承包经营**是指合营企业与承包者通过订立承包经营合同，将合营企业的全部或部分经营管理权在一定期限内交给承包者，由承包者对合营企业进行经营管理。承包经营只是解决部分合营企业经营管理不善、严重亏损的补充措施。在承包经营期内，由承包者承担经营风险并获取部分合营企业的收益。

五、**承包合同**

1. **承包经营合营企业，必须由合营企业与承包者签订承包经营合同**。不允许合营企业投资各方之间签订承包利润的合同。

2. 承包合同应依照中国的有关法律订立，并应符合原合营企业合同的宗旨和原则，不得修改合营企业合同中与承包经营无关的条款。

3. 承包经营合同中必须包括载有承包经营期限，承包者的权利和权限、义务和责任，承包经营的方式和内容，承包经营收益的分配方式，承包经营风险保证金、保函或风险抵押金，违约罚则，承包经营合同争议的解决方式，对承包经营前合营企业的亏损和／或债务的责任，清产核资的原则和移交程序、计价办法，承包的生产指标和利润额，技术更新指标，企业债务安全线，承包后对合营企业原有人员的安排、劳动管理、工资、福利、保险，以及在承包经营期内因执行承包合同而同其他公司、企业、个人等引起的纠纷由谁负责处理和承担责任等内容。

4．承包期间，承包者严重违反合同的，合营企业的董事会有权解除合同并要求承包者给以相应的经济补偿。

5．承包经营合同及其变更、延期、中止、终止均须经合营企业原审批机关批准。

企业承包经营合同纠纷包括的内容：
（2）中外合作经营企业承包经营合同纠纷
（3）外商独资企业承包经营合同纠纷
（4）乡镇企业承包经营合同纠纷

中华人民共和国涉外民事关系法律适用法（节录）

（2010年10月28日　主席令第36号）

第二条　涉外民事关系适用的法律，依照本法确定。其他法律对涉外民事关系法律适用另有特别规定的，依照其规定。

本法和其他法律对涉外民事关系法律适用没有规定的，适用与该涉外民事关系有最密切联系的法律。

第三条　当事人依照法律规定可以明示选择涉外民事关系适用的法律。

第四条　中华人民共和国法律对涉外民事关系有强制性规定的，直接适用该强制性规定。

第五条　外国法律的适用将损害中华人民共和国社会公共利益的，适用中华人民共和国法律。

第六条　涉外民事关系适用外国法律，该国不同区域实施不同法律的，适用与该涉外民事关系有最密切联系区域的法律。

第七条　诉讼时效，适用相关涉外民事关系应当适用的法律。

第八条　涉外民事关系的定性，适用法院地法律。

第九条　涉外民事关系适用的外国法律，不包括该国的法律适用法。

第十条 涉外民事关系适用的外国法律，由人民法院、仲裁机构或者行政机关查明。当事人选择适用外国法律的，应当提供该国法律。

不能查明外国法律或者该国法律没有规定的，适用中华人民共和国法律。

NO.240 中外合资经营企业合同纠纷

条文要旨重点提示	对应条文序号
涉外合同的法律适用（包括中外合资经营企业合同的法律适用）	《中华人民共和国合同法》第126条
外国合营者的利益受法律保护（涉及被批准的合营合同的相关内容）	《中华人民共和国中外合资经营企业法》第2条
合营各方签订的文件的审批（包括签订的合营合同的审批）	《中华人民共和国中外合资经营企业法》第3条
合营企业董事会的设立（涉及合营合同对董事会成员的确定）	《中华人民共和国中外合资经营企业法》第6条

相关法规

中华人民共和国合同法（节录）

（1999年3月15日　主席令第15号）

第一百二十六条【涉外合同的法律适用】 涉外合同的当事人可以选择处理合同争议所适用的法律，但法律另有规定的除外。涉外合同的当事人没有选择的，适用与合同有最密切联系的国家的法律。

在中华人民共和国境内履行的**中外合资经营企业合同、中外合作经营企业合同、中外合作勘探开发自然资源合同，适用中华人民共和国法律。**

中华人民共和国中外合资经营企业法（节录）

（2001年3月5日 主席令第48号）

第二条【外国合营者的利益受法律保护】 中国政府依法保护外国合营者按照经中国政府批准的协议、合同、章程在合营企业的投资、应分得的利润和其他合法权益。

合营企业的一切活动应遵守中华人民共和国法律、法规的规定。

国家对合营企业不实行国有化和征收；在特殊情况下，根据社会公共利益的需要，对合营企业可以依照法律程序实行征收，并给予相应的补偿。

第三条【合营各方签订的文件的审批】 合营各方签订的合营协议、合同、章程，应报国家对外经济贸易主管部门（以下称审查批准机关）审查批准。审查批准机关应在三个月内决定批准或不批准。合营企业经批准后，向国家工商行政管理主管部门登记，领取营业执照，开始营业。

第六条【合营企业董事会的设立】 合营企业设董事会，其人数组成由合营各方协商，在合同、章程中确定，并由合营各方委派和撤换。董事长和副董事长由合营各方协商确定或由董事会选举产生。中外合营者的一方担任董事长的，由他方担任副董事长。董事会根据平等互利的原则，决定合营企业的重大问题。

董事会的职权是按合营企业章程规定，讨论决定合营企业的一切重大问题：企业发展规划、生产经营活动方案、收支预算、利润分配、劳动工资计划、停业，以及总经理、副总经理、总工程师、总会计师、审计师的任命或聘请及其职权和待遇等。

正副总经理（或正副厂长）由合营各方分别担任。

合营企业职工的录用、辞退、报酬、福利、劳动保护、劳动保险等事项，应当依法通过订立合同加以规定。

NO.241 中外合作经营企业合同纠纷

条文要旨重点提示	对应条文序号
涉外合同的法律适用（包括中外合作经营企业合同的法律适用）	《中华人民共和国合同法》第126条
中外合作企业合同中约定的内容	《中华人民共和国中外合作经营企业法》第2条

续表

条文要旨重点提示	对应条文序号
中外合作者的义务（涉及中外合作企业合同）	《中华人民共和国中外合作经营企业法》第9条
合作企业的自主管理经营（涉及中外合作企业合同）	《中华人民共和国中外合作经营企业法》第11条
合作企业的董事会、管理机构的设立（涉及中外合作企业合同）	《中华人民共和国中外合作经营企业法》第12条
中外合作企业的风险收益承担（涉及中外合作企业合同）	《中华人民共和国中外合作经营企业法》第21条
企业的清算与企业财产的归属（涉及中外合作企业合同）	《中华人民共和国中外合作经营企业法》第23条
合作的期限（涉及中外合作企业合同）	《中华人民共和国中外合作经营企业法》第24条
履行中发生争议的解决（涉及中外合作企业合同）	《中华人民共和国中外合作经营企业法》第25条

相关法规

中华人民共和国合同法（节录）
（1999年3月15日　主席令第15号）

第一百二十六条【涉外合同的法律适用】 涉外合同的当事人可以选择处理合同争议所适用的法律，但法律另有规定的除外。涉外合同的当事人没有选择的，适用与合同有最密切联系的国家的法律。

在中华人民共和国境内履行的中外合资经营企业合同、**中外合作经营企业合同**、中外合作勘探开发自然资源合同，适用中华人民共和国法律。

中华人民共和国中外合作经营企业法（节录）
（2000年10月31日　主席令第40号）

第二条【中外合作企业合同中约定的内容】 中外合作者举办

合作企业，应当依照本法的规定，在合作企业合同中约定投资或者合作条件、收益或者产品的分配、风险和亏损的分担、经营管理的方式和合作企业终止时财产的归属等事项。

合作企业符合中国法律关于法人条件的规定的，依法取得中国法人资格。

第九条【中外合作者的义务】 中外合作者应当依照法律、法规的规定和合作企业合同的约定，如期履行缴足投资、提供合作条件的义务。逾期不履行的，由工商行政管理机关限期履行；限期届满仍未履行的，由审查批准机关和工商行政管理机关依照国家有关规定处理。

中外合作者的投资或者提供的合作条件，由中国注册会计师或者有关机构验证并出具证明。

第十一条【合作企业的自主管理经营】 合作企业依照经批准的合作企业合同、章程进行经营管理活动。合作企业的经营管理自主权不受干涉。

第十二条【合作企业的董事会、管理机构的设立】 合作企业应当设立董事会或者联合管理机构，依照合作企业合同或者章程的规定，决定合作企业的重大问题。中外合作者的一方担任董事会的董事长、联合管理机构的主任的，由他方担任副董事长、副主任。董事会或者联合管理机构可以决定任命或者聘请总经理负责合作企业的日常经营管理工作。总经理对董事会或者联合管理机构负责。

合作企业成立后改为委托中外合作者以外的他人经营管理的，必须经董事会或者联合管理机构一致同意，报审查批准机关批准，并向工商行政管理机关办理变更登记手续。

第二十一条【中外合作企业的风险收益承担】 中外合作者依照合作企业合同的约定，分配收益或者产品，承担风险和亏损。

中外合作者在合作企业合同中约定合作期满时合作企业的全部固定资产归中国合作者所有的，可以在合作企业合同中约定外国合作者在合作期限内先行回收投资的办法。合作企业合同约定外国合作者在缴纳所得税前回收投资的，必须向财政税务机关提出申请，由财政税务机关依照国家有关税收的规定审查批准。

依照前款规定外国合作者在合作期限内先行回收投资的，中外合作者应当依照有关法律的规定和合作企业合同的约定对合作企业的债务承担责任。

第二十三条【企业的清算与企业财产的归属】 合作企业期满或者提前终止时，应当依照法定程序对资产和债权、债务进行清算。中外合作者应当依照合作企业合同的约定确定合作企业财产的归属。
　　合作企业期满或者提前终止，应当向工商行政管理机关和税务机关办理注销登记手续。
　　第二十四条【合作的期限】　合作企业的合作期限由中外合作者协商并在合作企业合同中订明。中外合作者同意延长合作期限的，应当在距合作期满一百八十天前向审查批准机关提出申请。审查批准机关应当自接到申请之日起三十天内决定批准或者不批准。
　　第二十五条【履行中发生争议的解决】　中外合作者履行合作企业合同、章程发生争议时，应当通过协商或者调解解决。中外合作者不愿通过协商、调解解决的，或者协商、调解不成的，可以依照合作企业合同中的仲裁条款或者事后达成的书面仲裁协议，提交中国仲裁机构或者其他仲裁机构仲裁。
　　中外合作者没有在合作企业合同中订立仲裁条款，事后又没有达成书面仲裁协议的，可以向中国法院起诉。

二十一、与公司有关的纠纷

- ➢ 股东资格确认纠纷；股东名册记载纠纷；股东出资纠纷；股东知情权纠纷；股权转让纠纷
- ➢ 新增资本认购纠纷；请求公司收购股份纠纷；请求变更公司登记纠纷
- ➢ 公司决议纠纷；公司设立纠纷；公司证照返还纠纷；发起人责任纠纷；公司盈余分配纠纷
- ➢ 损害股东利益责任纠纷；损害公司利益责任纠纷；股东损害公司债权人利益责任纠纷
- ➢ 公司关联交易损害责任纠纷
- ➢ 公司合并纠纷；公司分立纠纷；公司减资纠纷；公司增资纠纷
- ➢ 公司解散纠纷；申请公司清算；清算责任纠纷
- ➢ 上市公司收购纠纷

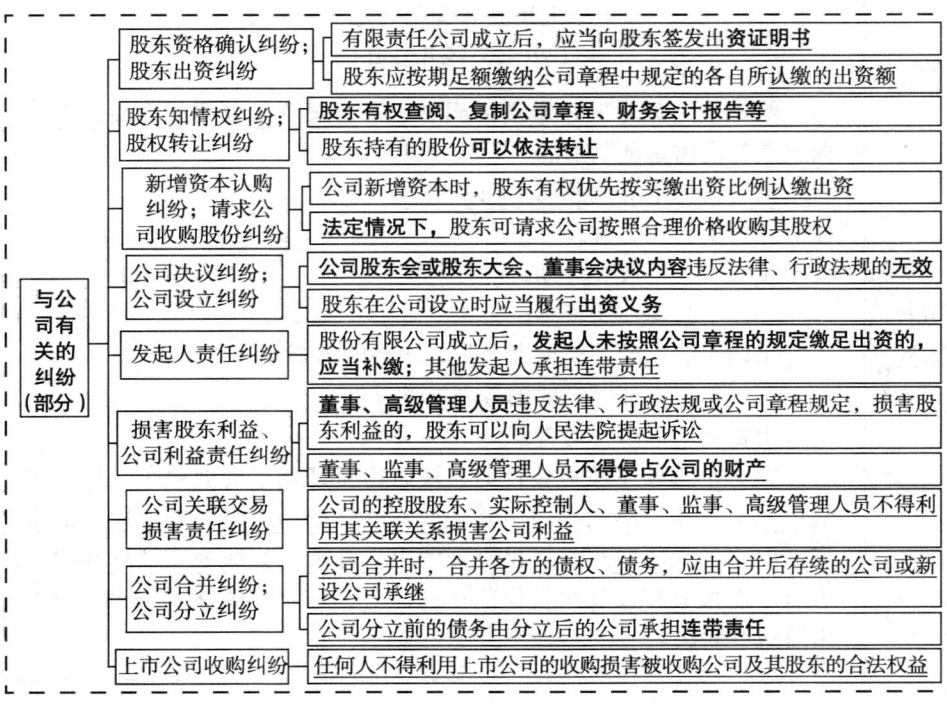

NO.242 股东资格确认纠纷

条文要旨重点提示	对应条文序号
股东出资证明书（涉及股东资格的确认）	《中华人民共和国公司法》第31条
股权转让时，股东出资证明书的变更（涉及股东资格的确认）	《中华人民共和国公司法》第73条
有限责任公司变更股东时申请变更登记及提供新股东资格证明（涉及股东资格的确认）	《中华人民共和国公司登记管理条例》第34条
有关股东资格确认的司法解释	最高人民法院《关于适用〈中华人民共和国公司法〉若干问题的规定（三）》第21—24条

相关法规

中华人民共和国公司法（节录）
（2013年12月28日修正）

第三十一条【股东出资证明书】 有限责任公司成立后，应当向股东签发出资证明书。

出资证明书应当载明下列事项：

（一）公司名称；

（二）公司成立日期；

（三）公司注册资本；

（四）股东的姓名或者名称、缴纳的出资额和出资日期；

（五）出资证明书的编号和核发日期。

出资证明书由公司盖章。

第七十三条【股权转让时，股东出资证明书的变更】 依照本法第七十一条、第七十二条转让股权后，公司应当注销原股东的出资证明书，向新股东签发出资证明书，并相应修改公司章程和股东名册中有关股东及其出资额的记载。对公司章程的该项修改不需再由股东会表决。

中华人民共和国公司登记管理条例（节录）

（2014年2月19日 国务院令第648号）

第三十四条【有限责任变更股东时申请变更登记及提供新股东资格证明】 有限责任公司变更股东的，应当自变更之日起30日内申请变更登记，并应当提交新股东的主体资格证明或者自然人身份证明。

有限责任公司的自然人股东死亡后，其合法继承人继承股东资格的，公司应当依照前款规定申请变更登记。

有限责任公司的股东或者股份有限公司的发起人改变姓名或者名称的，应当自改变姓名或者名称之日起30日内申请变更登记。

最高人民法院关于适用《中华人民共和国公司法》若干问题的规定（三）（节录）

（2014年2月20日修正）

〔司法解释〕

第二十一条　当事人向人民法院起诉请求确认其股东资格的，应当以公司为被告，与案件争议股权有利害关系的人作为第三人参加诉讼。

第二十二条　当事人之间对股权归属发生争议，一方请求人民法院确认其享有股权的，应当证明以下事实之一：

（一）已经依法向公司出资或者认缴出资，且不违反法律法规强制性规定；

（二）已经受让或者以其他形式继受公司股权，且不违反法律法规强制性规定。

第二十三条　当事人依法履行出资义务或者依法继受取得股权后，公司未根据公司法第三十一条、第三十二条的规定签发**出资证明书、记载于股东名册并办理公司登记机关登记**，当事人请求公司履行上述义务的，人民法院应予支持。

NO.243 股东名册记载纠纷

条文要旨重点提示	对应条文序号
股东名册及其内容	《中华人民共和国公司法》第32条
转让股权后，公司章程和股东名册的变更	《中华人民共和国公司法》第73条
涉及股东名册记载的司法解释	最高人民法院《关于适用〈中华人民共和国公司法〉若干问题的规定（三）》第23条

相关法规

中华人民共和国公司法（节录）
（2013年12月28日修正）

第三十二条【股东名册及其内容】 有限责任公司应当置备股东名册，记载下列事项：

（一）股东的姓名或者名称及住所；

（二）股东的出资额；

（三）出资证明书编号。

记载于股东名册的股东，可以依股东名册主张行使股东权利。

公司应当将股东的姓名或者名称向公司登记机关登记；登记事项发生变更的，应当办理变更登记。未经登记或者变更登记的，不得对抗第三人。

第七十三条【转让股权后，公司章程和股东名册的变更】 依照本法第七十一条、第七十二条转让股权后，公司应当注销原股东的出资证明书，向新股东签发出资证明书，并相应修改公司章程和股东名册中有关股东及其出资额的记载。对公司章程的该项修改不需再由股东会表决。

> **最高人民法院关于适用《中华人民共和国公司法》
> 若干问题的规定（三）（节录）**
>
> （2014年2月20日修正）
>
> **第二十四条** 当事人依法履行出资义务或者依法继受取得股权后，公司未根据公司法第三十二条、第三十三条的规定签发出资证明书、**记载于股东名册**并办理公司登记机关登记，当事人请求公司履行上述义务的，人民法院应予支持。

NO.244　　请求变更公司登记纠纷

> **最高人民法院关于适用《中华人民共和国公司法》
> 若干问题的规定（三）（节录）**
>
> （2014年2月20日修正）
>
> **第二十七条** 股权转让后尚未向公司登记机关办理变更登记，原股东将仍登记于其名下的股权转让、质押或者以其他方式处分，受让股东以其对于股权享有实际权利为由，请求认定处分股权行为无效的，人民法院可以参照物权法第一百零六条的规定处理。
>
> 原股东处分股权造成受让股东损失，受让股东请求原股东承担赔偿责任、对于未及时办理变更登记有过错的董事、高级管理人员或者实际控制人承担相应责任的，人民法院应予支持；受让股东对于未及时办理变更登记也有过错的，可以适当减轻上述董事、高级管理人员或者实际控制人的责任。
>
> **第二十八条** 冒用他人名义出资并将该他人作为股东在公司登记机关登记的，冒名登记行为人应当承担相应责任；公司、其他股东或者公司债权人以未履行出资义务为由，请求被冒名登记为股东的承担补足出资责任或者对公司债务不能清偿部分的赔偿责任的，人民法院不予支持。

NO.245　股东出资纠纷

条文要旨重点提示	对应条文序号
注册资本和股东的出资	《中华人民共和国公司法》第26条
股东的出资方式	《中华人民共和国公司法》第27条
出资义务及违约责任	《中华人民共和国公司法》第28条
设立登记	《中华人民共和国公司法》第29条
非货币财产出资不实的责任	《中华人民共和国公司法》第30条
股东的分红与优先认购权	《中华人民共和国公司法》第34条
禁止抽逃出资	《中华人民共和国公司法》第35条
注册资本与发起人的出资限额	《中华人民共和国公司法》第80条
发起人的出资方式	《中华人民共和国公司法》第82条
发起设立的程序	《中华人民共和国公司法》第83条
募集设立发起人的认购股份额	《中华人民共和国公司法》第84条
募集股份的公告和认股书	《中华人民共和国公司法》第85条
验资及股款的返还	《中华人民共和国公司法》第89条
股本抽回的限制	《中华人民共和国公司法》第91条
出资不实的责任	《中华人民共和国公司法》第93条
虚假出资的法律责任	《中华人民共和国公司法》第199条
抽逃出资的法律责任	《中华人民共和国公司法》第200条
涉及股东出资纠纷的司法解释	最高人民法院《关于适用〈中华人民共和国公司法〉若干问题的规定（三）》第7—10条

相关法规

中华人民共和国公司法（节录）
（2013年12月28日修正）

第二十六条【注册资本和股东的出资】 有限责任公司的注册资本为在公司登记机关登记的全体股东认缴的出资额。 公司全体股东的首次出资额不得低于注册资本的百分之二十，也不得低于法定的注册资本最低限额，其余部分由股东自公司成立之日起两年内缴足；其中，投资公司可以在五年内缴足。

有限责任公司注册资本的最低限额为人民币三万元。法律、行政法规对有限责任公司注册资本的最低限额有较高规定的，从其规定。

第二十七条【股东的出资方式】 股东可以用货币出资，也可以用实物、知识产权、土地使用权等可以用货币估价并可以依法转让的非货币财产作价出资；但是，法律、行政法规规定不得作为出资的财产除外。

对作为出资的非货币财产应当评估作价，核实财产，不得高估或者低估作价。法律、行政法规对评估作价有规定的，从其规定。

全体股东的货币出资金额不得低于有限责任公司注册资本的百分之三十。

第二十八条【出资义务及违约责任】 股东应当按期足额缴纳公司章程中规定的各自所认缴的出资额。 股东以货币出资的，应当将货币出资足额存入有限责任公司在银行开设的账户；以非货币财产出资的，应当依法办理其财产权的转移手续。

股东不按照前款规定缴纳出资的，除应当向公司足额缴纳外，还应当向已按期足额缴纳出资的股东承担违约责任。

第二十九条【设立登记】 股东认足公司章程规定的出资后，由全体股东指定的代表或者共同委托的代理人向公司登记机关报送公司登记申请书、公司章程等文件，申请设立登记。

第三十条【非货币财产出资不实的责任】 有限责任公司成立后，发现作为设立公司出资的非货币财产的实际价额显著低于公司章程所定价额的，应当由交付该出资的股东补足其差额；公司设立时的其他股东承担连带责任。

第三十四条【股东的分红与优先认购权】 股东按照实缴的出资比例分取红利；公司新增资本时，股东有权优先按照实缴的出资比例认缴出资。但是，全体股东约定不按照出资比例分取红利或者

不按照出资比例优先认缴出资的除外。

第三十五条【禁止抽逃出资】 公司成立后，股东不得抽逃出资。

第八十条【注册资本与发起人的出资限额】 股份有限公司采取发起设立方式设立的，注册资本为在公司登记机关登记的全体发起人认购的股本总额。在发起人认购的股份缴足前，不得向他人募集股份。

股份有限公司采取募集方式设立的，注册资本为在公司登记机关登记的实收股本总额。

法律、行政法规以及国务院决定对股份有限公司注册资本实缴、注册资本最低限额另有规定的，从其规定。

第八十二条【发起人的出资方式】 发起人的出资方式，适用本法第二十七条的规定。

第八十三条【发起设立的程序】 以发起设立方式设立股份有限公司的，发起人应当书面认足公司章程规定其认购的股份，并按照公司章程规定缴纳出资。以非货币财产出资的，应当依法办理其财产权的转移手续。

发起人不依照前款规定缴纳出资的，应当按照发起人协议承担违约责任。

发起人认足公司章程规定的出资后，应当选举董事会和监事会，由董事会向公司登记机关报送公司章程以及法律、行政法规规定的其他文件，申请设立登记。

第八十四条【募集设立发起人的认购股份额】 <u>以募集设立方式设立股份有限公司的，发起人认购的股份不得少于公司股份总数的百分之三十五；但是，法律、行政法规另有规定的，从其规定。</u>

第八十五条【募集股份的公告和认股书】 <u>发起人向社会公开募集股份，必须公告招股说明书，并制作认股书。</u>认股书应当载明本法第八十六条所列事项，由认股人填写认购股数、金额、住所，并签名、盖章。认股人按照所认购股数缴纳股款。

第八十九条【验资及股款的返还】 发行股份的股款缴足后，必须经依<u>法设立的验资机构验资并出具证明。</u>发起人应当自股款缴足之日起三十日内主持召开公司创立大会。创立大会由发起人、认股人组成。

发行的股份超过招股说明书规定的截止期限尚未募足的，或者发行股份的股款缴足后，发起人在三十日内未召开创立大会的，认股人可以按照所缴股款并加算银行同期存款利息，要求发起人返还。

第九十一条【股本抽回的限制】 <u>发起人、认股人缴纳股款或者交付抵</u>

作股款的出资后，除未按期募足股份、发起人未按期召开创立大会或者创立大会决议不设立公司的情形外，不得抽回其股本。

第九十三条【出资不实的责任】 股份有限公司成立后，**发起人未按照公司章程的规定缴足出资的，应当补缴；其他发起人承担连带责任。**

股份有限公司成立后，发现作为设立公司出资的非货币财产的实际价额显著低于公司章程所定价额的，应当由交付该出资的发起人补足其差额；其他发起人承担连带责任。

第一百九十九条【虚假出资的法律责任】 **公司的发起人、股东虚假出资，未交付或者未按期交付作为出资的货币或者非货币财产的，由公司登记机关责令改正，处以虚假出资金额百分之五以上百分之十五以下的罚款。**

第二百条【抽逃出资的法律责任】 **公司的发起人、股东在公司成立后，抽逃其出资的，由公司登记机关责令改正，处以所抽逃出资金额百分之五以上百分之十五以下的罚款。**

最高人民法院关于适用《中华人民共和国公司法》若干问题的规定（三）（节录）

（2014年2月20日修正）

第七条 出资人以不享有处分权的财产出资，当事人之间对于出资行为效力产生争议的，人民法院可以参照物权法第一百零六条的规定予以认定。

以贪污、受贿、侵占、挪用等违法犯罪所得的货币出资后取得股权的，对违法犯罪行为予以追究、处罚时，应当采取拍卖或者变卖的方式处置其股权。

第八条 出资人以划拨土地使用权出资，或者以设定权利负担的土地使用权出资，公司、其他股东或者公司债权人主张认定出资人未履行出资义务的，人民法院应当责令当事人在指定的合理期间内办理土地变更手续或者解除权利负担；逾期未办理或者未解除的，人民法院应当认定出资人未依法全面履行出资义务。

第九条 出资人以非货币财产出资，未依法评估作价，公司、其他股东或者公司债权人请求认定出资人未履行出资义务的，人民法院应当委托具有合法资格的评估机构对该财产评估作价。评估确定的价额显著低于公司章程所定价额的，人民法院应当认定出资人未依法全面履行出资义务。

　　第十条　出资人以房屋、土地使用权或者需要办理权属登记的知识产权等财产出资，已经交付公司使用但未办理权属变更手续，公司、其他股东或者公司债权人主张认定出资人未履行出资义务的，人民法院应当责令当事人在指定的合理期间内办理权属变更手续；在前述期间内办理了权属变更手续的，人民法院应当认定其已经履行了出资义务；出资人主张自其实际交付财产给公司使用时享有相应股东权利的，人民法院应予支持。

　　出资人以前款规定的财产出资，已经办理权属变更手续但未交付给公司使用，公司或者其他股东主张其向公司交付，并在实际交付之前不享有相应股东权利的，人民法院应予支持。

NO.246　新增资本认购纠纷

条文要旨重点提示	对应条文序号
股东的分红与新增资本时的优先认购权	《中华人民共和国公司法》第34条
关于新增资本认购纠纷的司法解释	最高人民法院《关于适用〈中华人民共和国公司法〉若干问题的规定（三）》第13条

相关法规

中华人民共和国公司法（节录）
（2013年12月28日修正）

　　第三十四条【股东的分红与新增资本时的优先认购权】　股东按照实缴的出资比例分取红利；公司新增资本时，股东有权优先按照实缴的出资比例认缴出资。但是，全体股东约定不按照出资比例分取红利或者不按照出资比例优先认缴出资的除外。

第八部分　与公司、证券、保险、票据等有关的民事纠纷　　147

最高人民法院关于适用《中华人民共和国公司法》
若干问题的规定（三）（节录）
（2014年2月20日修正）

> 司法解释

第十三条　股东未履行或者未全面履行出资义务，公司或者其他股东请求其向公司依法全面履行出资义务的，人民法院应予支持。

公司债权人请求未履行或者未全面履行出资义务的股东在未出资本息范围内对公司债务不能清偿的部分承担补充赔偿责任的，人民法院应予支持；未履行或者未全面履行出资义务的股东已经承担上述责任，其他债权人提出相同请求的，人民法院不予支持。

股东在公司设立时未履行或者未全面履行出资义务，依照本条第一款或者第二款提起诉讼的原告，请求公司的发起人与被告股东承担连带责任的，人民法院应予支持；公司的发起人承担责任后，可以向被告股东追偿。

股东在公司增资时未履行或者未全面履行出资义务，依照本条第一款或者第二款提起诉讼的原告，请求未尽公司法第一百四十七条第一款规定的义务而使出资未缴足的董事、高级管理人员承担相应责任的，人民法院应予支持；董事、高级管理人员承担责任后，可以向被告股东追偿。

NO.247 ▷　　　　　　　　股东知情权纠纷

中华人民共和国公司法（节录）
（2013年12月28日修正）

> 相关法规

第三十三条【股东的知情权】　股东有权查阅、复制公司章程、股东会会议记录、董事会会议决议、监事会会议决议和财务会计报告。

股东可以要求查阅公司会计账簿。股东要求查阅公司会计账簿的，应当向公司提出书面请求，说明目的。公司有合理根据认为股东查阅会计账簿有不正当目的，可能损害公司合法利益的，可以拒绝提供查阅，并应当自股东提出书面请求之日起十五日内书面答复股东并说明理由。公司拒绝提供查阅的，股东可以请求人民法院要求公司提供查阅。

　　第九十六条【重要资料的置备】　股份有限公司应当将公司章程、股东名册、公司债券存根、股东大会会议记录、董事会会议记录、监事会会议记录、财务会计报告置备于本公司。

　　第九十七条【股东查阅权与建议质询权】　股东有权查阅公司章程、股东名册、公司债券存根、股东大会会议记录、董事会会议决议、监事会会议决议、财务会计报告，对公司的经营提出建议或者质询。

　　第一百一十六条【报酬披露】　公司应当定期向股东披露董事、监事、高级管理人员从公司获得报酬的情况。

　　第一百六十五条【财务会计报告的公示】　有限责任公司应当依照公司章程规定的期限将财务会计报告送交各股东。

　　股份有限公司的财务会计报告应当在召开股东大会年会的二十日前置备于本公司，供股东查阅；公开发行股票的股份有限公司必须公告其财务会计报告。

NO.248　请求公司收购股份纠纷

相关法规：

中华人民共和国公司法（节录）
（2013年12月28日修正）

　　第七十四条【异议股东的股权收购请求权】　有下列情形之一的，对股东会该项决议投反对票的股东可以请求公司按照合理的价格收购其股权：

　　（一）公司连续五年不向股东分配利润，而公司该五年连续盈利，并且符合本法规定的分配利润条件的；

　　（二）公司合并、分立、转让主要财产的；

　　（三）公司章程规定的营业期限届满或者章程规定的其他解散事由出现，股东会会议通过决议修改章程使公司存续的。

自股东会会议决议通过之日起六十日内，股东与公司不能达成股权收购协议的，股东可以自股东会会议决议通过之日起九十日内向人民法院提起诉讼。

第一百四十二条【本公司股份的收购禁止及例外】 公司不得收购本公司股份。但是，有下列情形之一的除外：

（一）减少公司注册资本；

（二）与持有本公司股份的其他公司合并；

（三）将股份奖励给本公司职工；

（四）股东因对股东大会作出的公司合并、分立决议持异议，要求公司收购其股份的。

公司因前款第（一）项至第（三）项的原因收购本公司股份的，应当经股东大会决议。公司依照前款规定收购本公司股份后，属于第（一）项情形的，应当自收购之日起十日内注销；属于第（二）项、第（四）项情形的，应当在六个月内转让或者注销。

公司依照第一款第（三）项规定收购的本公司股份，不得超过本公司已发行股份总额的百分之五；用于收购的资金应当从公司的税后利润中支出；所收购的股份应当在一年内转让给职工。

公司不得接受本公司的股票作为质押权的标的。

NO.249　股权转让纠纷

相关法规

中华人民共和国公司法（节录）
（2013年12月28日修正）

第七十一条【股权转让的一般规定】 有限责任公司的股东之间可以相互转让其全部或者部分股权。

股东向股东以外的人转让股权，应当经其他股东过半数同意。股东应就其股权转让事项书面通知其他股东征求同意，其他股东自接到书面通知之日起满三十日未答复的，视为同意转让。其他股东半数以上不同意转让的，不同意的股东应当购买该转让的股权；不购买的，视为同意转让。

经股东同意转让的股权，在同等条件下，其他股东有优先购买权。两个以上股东主张行使优先购买权的，协商确定各自的购买比例；协商不成的，按照转让时各自的出资比例行使优先购买权。

公司章程对股权转让另有规定的，从其规定。

第七十二条【强制执行的股权转让】 <u>人民法院依照法律规定的强制执行程序转让股东的股权时，应当通知公司及全体股东，其他股东在同等条件下有优先购买权。</u>其他股东自人民法院通知之日起满二十日不行使优先购买权的，视为放弃优先购买权。

第一百三十七条【股份的自由转让】 股东持有的股份可以依法转让。

第一百三十八条【股份转让的场所】 股东转让其股份，应当在依法设立的证券交易场所进行或者按照国务院规定的其他方式进行。

第一百三十九条【记名股票的转让】 <u>记名股票，由股东以背书方式或者法律、行政法规规定的其他方式转让；转让后由公司将受让人的姓名或者名称及住所记载于股东名册。</u>

股东大会召开前二十日内或者公司决定分配股利的基准日前五日内，不得进行前款规定的股东名册的变更登记。但是，法律对上市公司股东名册变更登记另有规定的，从其规定。

第一百四十条【无记名股票的转让】 <u>无记名股票的转让，由股东将该股票交付给受让人后即发生转让的效力。</u>

第一百四十一条【特定持有人股份转让的限制】 发起人持有的本公司**股份，自公司成立之日起一年内不得转让**。公司公开发行股份前已发行的股份，自公司股票在证券交易所上市交易之日起一年内不得转让。

公司董事、监事、高级管理人员应当向公司申报所持有的本公司的股份及其变动情况，在任职期间每年转让的股份不得超过其所持有本公司股份总数的百分之二十五；所持本公司股份自公司股票上市交易之日起一年内不得转让。上述人员离职后半年内，不得转让其所持有的本公司股份。公司章程可以对公司董事、监事、高级管理人员转让其所持有的本公司股份作出其他限制性规定。

NO.250 公司决议纠纷

公司决议纠纷包括的内容：
(1) 公司决议效力确认纠纷
(2) 公司决议撤销纠纷

中华人民共和国公司法（节录）
（2013年12月28日修正）

相关法规

第二十二条【公司决议的无效或被撤销】 公司股东会或者股东大会、董事会的决议内容违反法律、行政法规的无效。

股东会或者股东大会、董事会的会议召集程序、表决方式违反法律、行政法规或者公司章程，或者决议内容违反公司章程的，股东可以自决议作出之日起六十日内，请求人民法院撤销。

股东依照前款规定提起诉讼的，人民法院可以应公司的请求，要求股东提供相应担保。

公司根据股东会或者股东大会、董事会决议已办理变更登记的，人民法院宣告该决议无效或者撤销该决议后，公司应当向公司登记机关申请撤销变更登记。

NO.251 公司设立纠纷

最高人民法院关于适用《中华人民共和国公司法》若干问题的规定（三）（节录）
（2014年2月20日修正）

司法解释

第十三条 股东未履行或者未全面履行出资义务，公司或者其他股东请求其向公司依法全面履行出资义务的，人民法院应予支持。

公司债权人请求未履行或者未全面履行出资义务的股东在未出资本息范围内对公司债务不能清偿的部分承担补充赔偿责任的，人民法院应予支持；未履行或者未全面履行出资义务的股东已经承担上述责任，其他债权人提出相同请求的，人民法院不予支持。

股东在公司设立时未履行或者未全面履行出资义务，依照本条第一款或者第二款提起诉讼的原告，请求公司的发起人与被告股东承担连带责任的，人民法院应予支持；公司的发起人承担责任后，可以向被告股东追偿。

股东在公司增资时未履行或者未全面履行出资义务，依照本条第一款或者第二款提起诉讼的原告，请求未尽公司法第一百四十七条第一款规定的义务而使出资未缴足的董事、高级管理人员承担相应责任的，人民法院应予支持；董事、高级管理人员承担责任后，可以向被告股东追偿。

NO.252 公司证照返还纠纷

相关法规 暂无相关条文

NO.253 发起人责任纠纷

相关法规

中华人民共和国公司法（节录）
（2013年12月28日修正）

第八十三条【发起设立的程序】 以发起设立方式设立股份有限公司的，发起人应当书面认足公司章程规定其认购的股份，并按照公司章程规定缴纳出资。以非货币财产出资的，应当依法办理其财产权的转移手续。

发起人不依照前款规定缴纳出资的，应当按照发起人协议承担违约责任。

发起人认足公司章程规定的出资后，应当选举董事会和监事会，由董事会向公司登记机关报送公司章程以及法律、行政法规规定的其他文件，申请设立登记。

第九十三条【出资不实的责任】 股份有限公司成立后，发起人未按照公司章程的规定缴足出资的，应当补缴；其他发起人承担连带责任。

股份有限公司成立后，发现作为设立公司出资的非货币财产的实际价额显著低于公司章程所定价额的，应当由交付该出资的发起人补足其差额；其他发起人承担连带责任。

第九十四条【公司设立中发起人的责任】 股份有限公司的发起人应当承担下列责任：

（一）公司不能成立时，对设立行为所产生的债务和费用负连带责任；

（二）公司不能成立时，对认股人已缴纳的股款，负返还股款并加算银行同期存款利息的连带责任；

（三）在公司设立过程中，由于发起人的过失致使公司利益受到损害的，应当对公司承担赔偿责任。

NO.254　　　　　公司盈余分配纠纷

中华人民共和国公司法（节录）
（2013年12月28日修正）

第四条【股东的权利】 公司股东依法享有资产收益、参与重大决策和选择管理者等权利。

第三十四条【股东的分红与优先认购权】 <u>股东按照实缴的出资比例分取红利；公司新增资本时，股东有权优先按照实缴的出资比例认缴出资</u>。但是，全体股东约定不按照出资比例分取红利或者不按照出资比例优先认缴出资的除外。

第一百六十六条【公积金的提取与税后利润的分配】 <u>公司分配当年税后利润</u>时，应当提取利润的百分之十列入公司法定公积金。公司法定公积金累计额为公司注册资本的百分之五十以上的，可以不再提取。

公司的法定公积金不足以弥补以前年度亏损的，在依照前款规定提取法定公积金之前，应当先用当年利润弥补亏损。

公司从税后利润中提取法定公积金后，经股东会或者股东大会决议，还可以从税后利润中提取任意公积金。

公司弥补亏损和提取公积金后所余税后利润，有限责任公司依照本法第三十四条的规定分配；股份有限公司按照股东持有的股份比例分配，但股份有限公司章程规定不按持股比例分配的除外。

股东会、股东大会或者董事会违反前款规定，在公司弥补亏损和提取法定公积金之前向股东分配利润的，股东必须将违反规定分配的利润退还公司。

公司持有的本公司股份不得分配利润。

NO.255 损害股东利益责任纠纷

相关法规

中华人民共和国公司法（节录）
（2013年12月28日修正）

第一百五十二条【股东的个人诉讼】 董事、高级管理人员违反法律、行政法规或者公司章程的规定，损害股东利益的，股东可以向人民法院提起诉讼。

NO.256 损害公司利益责任纠纷

相关法规

中华人民共和国公司法（节录）
（2013年12月28日修正）

第一百四十七条【高管人员的忠实和勤勉义务】 董事、监事、高级管理人员应当遵守法律、行政法规和公司章程，对公司**负有忠实义务和勤勉义务**。

董事、监事、高级管理人员不得利用职权收受贿赂或者其他非法收入，不得侵占公司的财产。

第一百四十八条【高管人员的禁止行为及违反规定收入的收归】 董事、高级管理人员不得有下列行为：

（一）挪用公司资金；
（二）将公司资金以其个人名义或者以其他个人名义开立账户存储；
（三）违反公司章程的规定，未经股东会、股东大会或者董事会同意，将公司资金借贷给他人或者以公司财产为他人提供担保；
（四）违反公司章程的规定或者未经股东会、股东大会同意，与本公司订立合同或者进行交易；
（五）未经股东会或者股东大会同意，利用职务便利为自己或者他人谋取属于公司的商业机会，自营或者为他人经营与所任职公司同类的业务；
（六）接受他人与公司交易的佣金归为己有；
（七）擅自披露公司秘密；
（八）违反对公司忠实义务的其他行为。
董事、高级管理人员违反前款规定所得的收入应当归公司所有。

第一百四十九条【高管人员的损害赔偿责任】 董事、监事、高级管理人员执行公司职务时违反法律、行政法规或者公司章程的规定，给公司造成损失的，应当承担赔偿责任。

第一百五十一条【股东的派生诉讼】 董事、高级管理人员有本法第一百四十九条规定的情形的，有限责任公司的股东、股份有限公司连续一百八十日以上单独或者合计持有公司百分之一以上股份的股东，可以书面请求监事会或者不设监事会的有限责任公司的监事向人民法院提起诉讼；监事有本法第一百四十九条规定的情形的，前述股东可以书面请求董事会或者不设董事会的有限责任公司的执行董事向人民法院提起诉讼。

监事会、不设监事会的有限责任公司的监事，或者董事会、执行董事收到前款规定的股东书面请求后拒绝提起诉讼，或者自收到请求之日起三十日内未提起诉讼，或者情况紧急、不立即提起诉讼将会使公司利益受到难以弥补的损害的，前款规定的股东有权为了公司的利益以自己的名义直接向人民法院提起诉讼。

他人侵犯公司合法权益，给公司造成损失的，本条第一款规定的股东可以依照前两款的规定向人民法院提起诉讼。

NO.257 股东损害公司债权人利益责任纠纷

相关法规

中华人民共和国公司法（节录）
（2013年12月28日修正）

第二十条【股东的义务与公司法人人格的否定】 公司股东应当遵守法律、行政法规和公司章程，依法行使股东权利，不得滥用股东权利损害公司或者其他股东的利益；不得滥用公司法人独立地位和股东有限责任损害公司债权人的利益。

公司股东滥用股东权利给公司或者其他股东造成损失的，应当依法承担赔偿责任。

公司股东滥用公司法人独立地位和股东有限责任，逃避债务，严重损害公司债权人利益的，应当对公司债务承担连带责任。

NO.258 公司关联交易损害责任纠纷

相关法规

中华人民共和国公司法（节录）
（2013年12月28日修正）

第二十一条【禁止关联行为】 公司的控股股东、实际控制人、董事、监事、高级管理人员不得利用其关联关系损害公司利益。

违反前款规定，给公司造成损失的，应当承担赔偿责任。

第二百一十六条【相关用语的含义】 本法下列用语的含义：

（一）高级管理人员，是指公司的经理、副经理、财务负责人，上市公司董事会秘书和公司章程规定的其他人员。

（二）控股股东，是指其出资额占有限责任公司资本总额百分之五十以上或者其持有的股份占股份有限公司股本总额百分之五十以上的股东；出资额或者持有股份的比例虽然不足百分之五十，但依其出资额或者持有的股份所享有的表决权已足以对股东会、股东大会的决议产生重大影响的股东。

（三）实际控制人，是指虽不是公司的股东，但通过投资关系、协议或者其他安排，能够实际支配公司行为的人。

（四）**关联关系**，<u>是指公司控股股东、实际控制人、董事、监事、高级管理人员与其直接或者间接控制的企业之间的关系，以及可能导致公司利益转移的其他关系。</u>但是，国家控股的企业之间不仅因为同受国家控股而具有关联关系。

NO.259　公司合并纠纷

条文要旨重点提示	对应条文序号
合并的程序	《中华人民共和国公司法》第173条
合并后债权债务的承继	《中华人民共和国公司法》第174条
关于企业合并的司法解释	最高人民法院《关于审理与企业改制相关的民事纠纷案件若干问题的规定》第31—34条

相关法规

中华人民共和国公司法（节录）
（2013年12月28日修正）

第一百七十三条【合并的程序】　公司合并，应当由合并各方签订合并协议，并编制资产负债表及财产清单。公司应当自作出合并决议之日起十日内通知债权人，并于三十日内在报纸上公告。债权人自接到通知书之日起三十日内，未接到通知书的自公告之日起四十五日内，可以要求公司清偿债务或者提供相应的担保。

第一百七十四条【合并后债权债务的承继】　公司合并时，合并各方的债权、债务，应当由合并后存续的公司或者新设的公司承继。

最高人民法院关于审理与企业改制相关的民事纠纷案件若干问题的规定（节录）

（2003年1月3日　法释〔2003〕1号）

司法解释

第三十一条　企业吸收合并后，被兼并企业的债务应当由兼并方承担。

第三十二条　<u>企业进行吸收合并时，参照公司法的有关规定，公告通知债权人</u>。企业吸收合并后，债权人就被兼并企业原资产管理人（出资人）隐瞒或者遗漏的企业债务起诉兼并方的，如债权人在公告期内申报过该笔债权，兼并方在承担民事责任后，可再行向被兼并企业原资产管理人（出资人）追偿。如债权人在公告期内未申报过该笔债权，则兼并方不承担民事责任。人民法院可告知债权人另行起诉被兼并企业原资产管理人（出资人）。

第三十三条　企业新设合并后，被兼并企业的债务由新设合并后的企业法人承担。

第三十四条　<u>企业吸收合并或新设合并后，被兼并企业应当办理而未办理工商注销登记，债权人起诉被兼并企业的，人民法院应当根据企业兼并后的具体情况，告知债权人追加责任主体，并判令责任主体承担民事责任。</u>

NO.260　公司分立纠纷

条文要旨重点提示	对应条文序号
公司的分立	《中华人民共和国公司法》第175条
分立后的债务承继	《中华人民共和国公司法》第176条
关于企业分立的司法解释	最高人民法院《关于审理与企业改制相关的民事纠纷案件若干问题的规定》第12条、第13条

中华人民共和国公司法（节录）

（2013年12月28日修正）

相关法规

第一百七十五条【公司的分立】 公司分立，其财产作相应的分割。

公司分立，应当编制资产负债表及财产清单。公司应当自作出分立决议之日起十日内通知债权人，并于三十日内在报纸上公告。

第一百七十六条【分立后的债务承继】 公司分立前的债务由分立后的公司承担连带责任。但是，公司在分立前与债权人就债务清偿达成的书面协议另有约定的除外。

最高人民法院关于审理与企业改制相关的民事纠纷案件若干问题的规定（节录）

（2003年1月3日 法释〔2003〕1号）

司法解释

第十二条 债权人向分立后的企业主张债权，<u>企业分立时对原企业的债务承担有约定，并经债权人认可的，按照当事人的约定处理；企业分立时对原企业债务承担没有约定或者约定不明，或者虽然有约定但债权人不予认可的</u>，分立后的企业应当承担连带责任。

第十三条 <u>分立的企业在承担连带责任后，各分立的企业间对原企业债务承担有约定的，按照约定处理；没有约定或者约定不明的，根据企业分立时的资产比例分担。</u>

NO.261 企业减资纠纷

中华人民共和国公司法（节录）

（2013年12月28日修正）

相关法规

第一百七十七条【公司减资的程序要求及限制】 公司需要减少注册资本时，必须编制资产负债表及财产清单。

公司应当自作出减少注册资本决议之日起十日内通知债权人，并于三十日内在报纸上公告。债权人自接到通知书之日起三十日内，未接到通知书的自公告之日起四十五日内，有权要求公司清偿债务或者提供相应的担保。

NO.262 公司增资纠纷

中华人民共和国公司法（节录）
（2013年12月28日修正）

相关法规

第三十四条【股东的分红与优先认购权】 股东按照实缴的出资比例分取红利；公司新增资本时，股东有权优先按照实缴的出资比例认缴出资。但是，全体股东约定不按照出资比例分取红利或者不按照出资比例优先认缴出资的除外。

第一百零三条【股东表决权与大会议事规则】 股东出席股东大会会议，所持每一股份有一表决权。但是，公司持有的本公司股份没有表决权。

股东大会作出决议，必须经出席会议的股东所持表决权过半数通过。但是，股东大会作出修改公司章程、增加或者减少注册资本的决议，以及公司合并、分立、解散或者变更公司形式的决议，必须经出席会议的股东所持表决权的三分之二以上通过。

第一百七十八条【公司增资】 有限责任公司增加注册资本时，股东认缴新增资本的出资，依照本法设立有限责任公司缴纳出资的有关规定执行。

股份有限公司为增加注册资本发行新股时，股东认购新股，依照本法设立股份有限公司缴纳股款的有关规定执行。

NO.263 公司解散纠纷

条文要旨重点提示	对应条文序号
公司解散的原因	《中华人民共和国公司法》第180条
股东的解散公司请求权	《中华人民共和国公司法》第182条
有关公司解散纠纷的司法解释	最高人民法院《关于适用条〈中华人民共和国公司法〉若干问题的规定（二）》第1—6条

相关法规

中华人民共和国公司法（节录）
（2013年12月28日修正）

第一百八十条【公司解散的原因】 公司因下列原因解散：

（一）公司章程规定的营业期限届满或者公司章程规定的其他解散事由出现；

（二）股东会或者股东大会决议解散；

（三）因公司合并或者分立需要解散；

（四）依法被吊销营业执照、责令关闭或者被撤销；

（五）人民法院依照本法第一百八十二条的规定予以解散。

第一百八十二条【股东的解散公司请求权】 公司经营管理发生严重困难，继续存续会使股东利益受到重大损失，通过其他途径不能解决的，持有公司全部股东表决权百分之十以上的股东，可以请求人民法院解散公司。

司法解释

最高人民法院关于适用《中华人民共和国公司法》若干问题的规定（二）（节录）
（2014年2月20日修正）

第一条 单独或者合计持有公司全部股东表决权百分之十以上的股东，以下列事由之一提起解散公司诉讼，并符合公司法第一百八十二条规定的，人民法院应予受理：

（一）公司持续两年以上无法召开股东会或者股东大会，公司经营管理发生严重困难的；

（二）股东表决时无法达到法定或者公司章程规定的比例，持续两年以上不能做出有效的股东会或者股东大会决议，公司经营管理发生严重困难的；

（三）公司董事长期冲突，且无法通过股东会或者股东大会解决，公司经营管理发生严重困难的；

（四）经营管理发生其他严重困难，公司继续存续会使股东利益受到重大损失的情形。

股东以知情权、利润分配请求权等权益受到损害，或者公司亏损、财产不足以偿还全部债务，以及公司被吊销企业法人营业执照未进行清算等为由，提起解散公司诉讼的，人民法院不予受理。

第二条 **股东提起解散公司诉讼，同时又申请人民法院对公司进行清算的，人民法院对其提出的清算申请不予受理。**人民法院可以告知原告，在人民法院判决解散公司后，依据公司法第一百八十三条和本规定第七条的规定，自行组织清算或者另行申请人民法院对公司进行清算。

第三条 **股东提起解散公司诉讼时，向人民法院申请财产保全或者证据保全的，在股东提供担保且不影响公司正常经营的情形下，人民法院可予以保全。**

第四条 **股东提起解散公司诉讼应当以公司为被告。**

原告以其他股东为被告一并提起诉讼的，人民法院应当告知原告将其他股东变更为第三人；原告坚持不予变更的，人民法院应当驳回原告对其他股东的起诉。

原告提起解散公司诉讼应当告知其他股东，或者由人民法院通知其参加诉讼。其他股东或者有关利害关系人申请以共同原告或者第三人身份参加诉讼的，人民法院应予准许。

第五条 **人民法院审理解散公司诉讼案件，应当注重调解。**当事人协商同意由公司或者股东收购股份，或者以减资等方式使公司存续，且不违反法律、行政法规强制性规定的，人民法院应予支持。当事人不能协商一致使公司存续的，人民法院应当及时判决。

经人民法院调解公司收购原告股份的，公司应当自调解书生效之日起六个月内将股份转让或者注销。股份转让或者注销之前，原告不得以公司收购其股份为由对抗公司债权人。

第六条 **人民法院关于解散公司诉讼作出的判决，对公司全体股东具有法律约束力。**

人民法院判决驳回解散公司诉讼请求后，提起该诉讼的股东或者其他股东又以同一事实和理由提起解散公司诉讼的，人民法院不予受理。

NO.264 申请公司清算

条文要旨重点提示	对应条文序号
公司解散的原因（申请清算的前提基础）	《中华人民共和国公司法》第180条
清算组的成立与组成	《中华人民共和国公司法》第183条
关于公司清算的司法解释	最高人民法院《关于适用条〈中华人民共和国公司法〉若干问题的规定（二）》第7—10条、第18—20条

相关法规

中华人民共和国公司法（节录）
（2013年12月28日修正）

第一百八十条【公司解散的原因】 公司因下列原因解散：

（一）公司章程规定的营业期限届满或者公司章程规定的其他解散事由出现；

（二）股东会或者股东大会决议解散；

（三）因公司合并或者分立需要解散；

（四）依法被吊销营业执照、责令关闭或者被撤销；

（五）人民法院依照本法第一百八十二条的规定予以解散。

第一百八十三条【清算组的成立与组成】 公司因本法第一百八十条第（一）项、第（二）项、第（四）项、第（五）项规定而解散的，应当在解散事由出现之日起十五日内成立清算组，开始清算。有限责任公司的清算组由股东组成，股份有限公司的清算组由董事或者股东大会确定的人员组成。逾期不成立清算组进行清算的，债权人可以申请人民法院指定有关人员组成清算组进行清算。人民法院应当受理该申请，并及时组织清算组进行清算。

最高人民法院关于适用《中华人民共和国公司法》若干问题的规定（二）（节录）

（2014年2月20日修正）

第七条 公司应当依照公司法第一百八十三条的规定，在解散事由出现之日起十五日内成立清算组，开始自行清算。

有下列情形之一，债权人申请人民法院指定清算组进行清算的，人民法院应予受理：

（一）公司解散逾期不成立清算组进行清算的；
（二）虽然成立清算组但故意拖延清算的；
（三）违法清算可能严重损害债权人或者股东利益的。

具有本条第二款所列情形，而债权人未提起清算申请，公司股东申请人民法院指定清算组对公司进行清算的，人民法院应予受理。

第八条 人民法院受理公司清算案件，应当及时指定有关人员组成清算组。

清算组成员可以从下列人员或者机构中产生：

（一）公司股东、董事、监事、高级管理人员；
（二）依法设立的律师事务所、会计师事务所、破产清算事务所等社会中介机构；
（三）依法设立的律师事务所、会计师事务所、破产清算事务所等社会中介机构中具备相关专业知识并取得执业资格的人员。

第九条 人民法院指定的清算组成员有下列情形之一的，人民法院可以根据债权人、股东的申请，或者依职权更换清算组成员：

（一）有违反法律或者行政法规的行为；
（二）丧失执业能力或者民事行为能力；
（三）有严重损害公司或者债权人利益的行为。

第十条 公司依法清算结束并办理注销登记前，有关公司的民事诉讼，应当以公司的名义进行。

公司成立清算组的，由清算组负责人代表公司参加诉讼；尚未成立清算组的，由原法定代表人代表公司参加诉讼。

第十八条 有限责任公司的股东、股份有限公司的董事和控股股东未在法定期限内成立清算组开始清算，导致公司财产贬值、流失、毁损或者灭失，债权人主张其在造成损失范围内对公司债务承

（司法解释）

担赔偿责任的，人民法院应依法予以支持。

有限责任公司的股东、股份有限公司的董事和控股股东因怠于履行义务，导致公司主要财产、帐册、重要文件等灭失，无法进行清算，债权人主张其对公司债务承担连带清偿责任的，人民法院应依法予以支持。

上述情形系实际控制人原因造成，债权人主张实际控制人对公司债务承担相应民事责任的，人民法院应依法予以支持。

第十九条 有限责任公司的股东、股份有限公司的董事和控股股东，以及公司的实际控制人在公司解散后，恶意处置公司财产给债权人造成损失，或者未经依法清算，以虚假的清算报告骗取公司登记机关办理法人注销登记，债权人主张其对公司债务承担相应赔偿责任的，人民法院应依法予以支持。

第二十条 公司解散应当在依法清算完毕后，申请办理注销登记。公司未经清算即办理注销登记，导致公司无法进行清算，债权人主张有限责任公司的股东、股份有限公司的董事和控股股东，以及公司的实际控制人对公司债务承担清偿责任的，人民法院应依法予以支持。

公司未经依法清算即办理注销登记，股东或者第三人在公司登记机关办理注销登记时承诺对公司债务承担责任，债权人主张其对公司债务承担相应民事责任的，人民法院应依法予以支持。

NO.265 ▶ **清算责任纠纷**

条文要旨重点提示	对应条文序号
清算组的职权	《中华人民共和国公司法》第184条
清算程序	《中华人民共和国公司法》第186条
清算组成员的义务与责任	《中华人民共和国公司法》第189条
有关公司清算责任的司法解释	最高人民法院《关于适用条〈中华人民共和国公司法〉若干问题的规定（二）》第11条、第14—17条、第23条

相关法规

中华人民共和国公司法（节录）
（2013年12月28日修正）

第一百八十四条【清算组的职权】 清算组在清算期间行使下列职权：

（一）清理公司财产，分别编制资产负债表和财产清单；

（二）通知、公告债权人；

（三）处理与清算有关的公司未了结的业务；

（四）清缴所欠税款以及清算过程中产生的税款；

（五）清理债权、债务；

（六）处理公司清偿债务后的剩余财产；

（七）代表公司参与民事诉讼活动。

第一百八十六条【清算程序】 清算组在清理公司财产、编制资产负债表和财产清单后，应当制定清算方案，并报股东会、股东大会或者人民法院确认。

公司财产在分别支付清算费用、职工的工资、社会保险费用和法定补偿金，缴纳所欠税款，清偿公司债务后的剩余财产，有限责任公司按照股东的出资比例分配，股份有限公司按照股东持有的股份比例分配。

清算期间，公司存续，但不得开展与清算无关的经营活动。公司财产在未依照前款规定清偿前，不得分配给股东。

第一百八十九条【清算组成员的义务与责任】 清算组成员应当忠于职守，依法履行清算义务。

清算组成员不得利用职权收受贿赂或者其他非法收入，不得侵占公司财产。

清算组成员因故意或者重大过失给公司或者债权人造成损失的，应当承担赔偿责任。

司法解释

最高人民法院关于适用《中华人民共和国公司法》若干问题的规定（二）（节录）
（2014年2月20日修正）

第十一条 公司清算时，清算组应当按照公司法第一百八十五条的规定，将公司解散清算事宜书面通知全体已知债权人，并根据公司规模和营业地域范围在全国或者公司注册登记地省级有影响的报纸上进行公告。

清算组未按照前款规定履行通知和公告义务，导致债权人未及时申报债权而未获清偿，债权人主张清算组成员对因此造成的损失承担赔偿责任的，人民法院应依法予以支持。

第十四条　债权人补充申报的债权，可以在公司尚未分配财产中依法清偿。公司尚未分配财产不能全额清偿，债权人主张股东以其在剩余财产分配中已经取得的财产予以清偿的，人民法院应予支持；但债权人因重大过错未在规定期限内申报债权的除外。

债权人或者清算组，以公司尚未分配财产和股东在剩余财产分配中已经取得的财产，不能全额清偿补充申报的债权为由，向人民法院提出破产清算申请的，人民法院不予受理。

第十五条　公司自行清算的，清算方案应当报股东会或者股东大会决议确认；人民法院组织清算的，清算方案应当报人民法院确认。**未经确认的清算方案，清算组不得执行。**

执行未经确认的清算方案给公司或者债权人造成损失，公司、股东或者债权人主张清算组成员承担赔偿责任的，人民法院应依法予以支持。

第十六条　**人民法院组织清算的，清算组应当自成立之日起六个月内清算完毕。**

因特殊情况无法在六个月内完成清算的，清算组应当向人民法院申请延长。

第十七条　人民法院指定的清算组在清理公司财产、编制资产负债表和财产清单时，发现公司财产不足清偿债务的，可以与债权人协商制作有关债务清偿方案。

债务清偿方案经全体债权人确认且不损害其他利害关系人利益的，人民法院可依清算组的申请裁定予以认可。清算组依据该清偿方案清偿债务后，应当向人民法院申请裁定终结清算程序。

债权人对债务清偿方案不予确认或者人民法院不予认可的，清算组应当依法向人民法院申请宣告破产。

第二十三条　**清算组成员从事清算事务时，违反法律、行政法规或者公司章程给公司或者债权人造成损失，公司或者债权人主张其承担赔偿责任的，人民法院应依法予以支持。**

有限责任公司的股东、股份有限公司连续一百八十日以上单独或者合计持有公司百分之一以上股份的股东，依据公司法第一百五十一条第三款的规定，以清算组成员有前款所述行为为由向人民法院提起诉讼的，人民法院应予受理。

公司已经清算完毕注销，上述股东参照公司法第一百五十一条第三款的规定，直接以清算组成员为被告、其他股东为第三人向人民法院提起诉讼的，人民法院应予受理。

NO.266 上市公司收购纠纷

条文要旨重点提示	对应条文序号
收购上市公司的要约	《中华人民共和国证券法》第88条
收购期限	《中华人民共和国证券法》第90条
承诺期内，不得撤销收购要约	《中华人民共和国证券法》第91条
要约的条件适用于所有股东	《中华人民共和国证券法》第92条
要约收购的，收购人不得交易被收购公司的股票	《中华人民共和国证券法》第93条
协议收购	《中华人民共和国证券法》第94条
协议收购时股票和资金的存放	《中华人民共和国证券法》第95条
协议收购达到一定程度时，需要发出收购要约	《中华人民共和国证券法》第96条
收购期限届满及收购行为的完成	《中华人民共和国证券法》第97条
收购行为完成后，收购人持有的股票的禁止转让	《中华人民共和国证券法》第98条
收购行为完成后，公司的合并与解散	《中华人民共和国证券法》第99条
禁止收购上市公司的行为	《上市公司收购管理办法》第6条
禁止滥用股东权利	《上市公司收购管理办法》第7条
被收购公司的高管的义务	《上市公司收购管理办法》第8条
要约收购	《上市公司收购管理办法》第23条

第八部分 与公司、证券、保险、票据等有关的民事纠纷

续表

条文要旨重点提示	对应条文序号
要约收购的基本限额	《上市公司收购管理办法》第24条
要约收购的平等对待	《上市公司收购管理办法》第26条
要约收购完成前，禁止随意处置公司财产等	《上市公司收购管理办法》第33条
要约收购的价格	《上市公司收购管理办法》第35条
要约收购的期限	《上市公司收购管理办法》第37条
要约的收购条件具有普遍适用性	《上市公司收购管理办法》第39条
协议收购	《上市公司收购管理办法》第47条
协议收购的过渡期	《上市公司收购管理办法》第52条
间接收购	《上市公司收购管理办法》第56条
信息义务披露人未尽到义务	《上市公司收购管理办法》第75条、第76条
被禁止的收购上市公司行为	《上市公司收购管理办法》第78条
上市公司控股股东和实际控制人未清偿债务、解除担保等情形的处理	《上市公司收购管理办法》第79条
上市公司董事未履行忠实义务和勤勉义务	《上市公司收购管理办法》第80条
为上市机构服务的证券服务机构或者证券公司及其专业人员，未依法履行职责的情形	《上市公司收购管理办法》第81条

【相关法规】

中华人民共和国证券法（节录）
（2014年8月31日修正）

第八十八条【收购上市公司的要约】 通过证券交易所的证券交易，投资者持有或者通过协议、其他安排与他人共同持有一个上市公司已发行的股份达到百分之三十时，继续进行收购的，应当依法向该上市公司所有股东发出收购上市公司全部或者部分股份的要约。

收购上市公司部分股份的收购要约应当约定，被收购公司股东承诺出售的股份数额超过预定收购的股份数额的，收购人按比例进

行收购。

第九十条【收购期限】 收购要约约定的收购期限不得少于三十日,并不得超过六十日。

第九十一条【承诺期内,不得撤销收购要约】 在收购要约确定的承诺期限内,收购人不得撤销其收购要约。收购人需要变更收购要约的,必须及时公告,载明具体事项。

第九十二条【要约的条件适用于所有股东】 收购要约提出的各项收购条件,适用于被收购公司的所有股东。

第九十三条【要约收购的,收购人不得交易被收购公司的股票】 采取要约收购方式的,收购人在收购期限内,不得卖出被收购公司的股票,也不得采取要约规定以外的形式和超出要约的条件买入被收购公司的股票。

第九十四条【协议收购】 采取协议收购方式的,收购人可以依照法律、行政法规的规定同被收购公司的股东以协议方式进行股份转让。

以协议方式收购上市公司时,达成协议后,收购人必须在三日内将该收购协议向国务院证券监督管理机构及证券交易所作出书面报告,并予公告。

在公告前不得履行收购协议。

第九十五条【协议收购时股票和资金的存放】 采取协议收购方式的,协议双方可以临时委托证券登记结算机构保管协议转让的股票,并将资金存放于指定的银行。

第九十六条【协议收购达到一定程度时,需要发出收购要约】 采取协议收购方式的,收购人收购或者通过协议、其他安排与他人共同收购一个上市公司已发行的股份达到百分之三十时,继续进行收购的,应当向该上市公司所有股东发出收购上市公司全部或者部分股份的要约。但是,经国务院证券监督管理机构免除发出要约的除外。

收购人依照前款规定以要约方式收购上市公司股份,应当遵守本法第八十九条至第九十三条的规定。

第九十七条【收购期限届满及收购行为的完成】 收购期限届满,被收购公司股权分布不符合上市条件的,该上市公司的股票应当由证券交易所依法终止上市交易;其余仍持有被收购公司股票的股东,有权向收购人以收购要约的同等条件出售其股票,收购人应当收购。

收购行为完成后,被收购公司不再具备股份有限公司条件的,应当依法变更企业形式。

第九十八条【收购行为完成后,收购人持有的股票的禁止转让】 在上市公司收购中,收购人持有的被收购的上市公司的股票,在收购行为完成后的十二个月内不得转让。

第九十九条【收购行为完成后,公司的合并与解散】 收购行为完成后,收购人与被收购公司合并,并将该公司解散的,被解散公司的原有股票由收购人依法更换。

上市公司收购管理办法(节录)
(2014年10月23日修正)

第六条【禁止收购上市公司的行为】 任何人不得利用上市公司的收购损害被收购公司及其股东的合法权益。

有下列情形之一的,不得收购上市公司:

(一)收购人负有数额较大债务,到期未清偿,且处于持续状态;
(二)收购人最近3年有重大违法行为或者涉嫌有重大违法行为;
(三)收购人最近3年有严重的证券市场失信行为;
(四)收购人为自然人的,存在《公司法》第一百四十六条规定情形;
(五)法律、行政法规规定以及中国证监会认定的不得收购上市公司的其他情形。

第七条【禁止滥用股东权利】 被收购公司的控股股东或者实际控制人不得滥用股东权利损害被收购公司或者其他股东的合法权益。

被收购公司的控股股东、实际控制人及其关联方有损害被收购公司及其他股东合法权益的,上述控股股东、实际控制人在转让被收购公司控制权之前,应当主动消除损害;未能消除损害的,应当就其出让相关股份所得收入用于消除全部损害做出安排,对不足以消除损害的部分应当提供充分有效的履约担保或安排,并依照公司章程取得被收购公司股东大会的批准。

第八条【被收购公司的高管的义务】 被收购公司的董事、监事、高级管理人员对公司负有忠实义务和勤勉义务,应当公平对待收购本公司的所有收购人。

被收购公司董事会针对收购所做出的决策及采取的措施,应当有利于维护公司及其股东的利益,不得滥用职权对收购设置不适当的障碍,不得利用公司资源向收购人提供任何形式的财务资助,不得损害公司及其股东的合法权益。

第二十三条【要约收购】 投资者自愿选择以要约方式收购上市公司股

份的，可以向被收购公司所有股东发出收购其所持有的全部股份的要约（以下简称全面要约），也可以向被收购公司所有股东发出收购其所持有的部分股份的要约（以下简称部分要约）。

第二十四条【要约收购的基本限额】 通过证券交易所的证券交易，收购人持有一个上市公司的股份达到该公司已发行股份的30%时，继续增持股份的，应当采取要约方式进行，发出全面要约或者部分要约。

第二十六条【要约收购的平等对待】 以要约方式进行上市公司收购的，收购人应当公平对待被收购公司的所有股东。持有同一种类股份的股东应当得到同等对待。

第三十三条【要约收购完成前，禁止随意处置公司财产等】 收购人作出提示性公告后至要约收购完成前，被收购公司除继续从事正常的经营活动或者执行股东大会已经作出的决议外，未经股东大会批准，被收购公司董事会不得通过处置公司资产、对外投资、调整公司主要业务、担保、贷款等方式，对公司的资产、负债、权益或者经营成果造成重大影响。

第三十五条【要约收购的价格】 收购人按照本办法规定进行要约收购的，对同一种类股票的要约价格，不得低于要约收购提示性公告日前6个月内收购人取得该种股票所支付的最高价格。

要约价格低于提示性公告日前30个交易日该种股票的每日加权平均价格的算术平均值的，收购人聘请的财务顾问应当就该种股票前6个月的交易情况进行分析，说明是否存在股价被操纵、收购人是否有未披露的一致行动人、收购人前6个月取得公司股份是否存在其他支付安排、要约价格的合理性等。

第三十七条【要约收购的期限】 收购要约约定的收购期限不得少于30日，并不得超过60日；但是出现竞争要约的除外。

在收购要约约定的承诺期限内，收购人不得撤销其收购要约。

第三十九条【要约的收购条件具有普遍适用性】 收购要约提出的各项收购条件，适用于被收购公司的所有股东。

收购人需要变更收购要约的，必须及时公告，载明具体事项，并通知被收购公司。

第四十七条【协议收购】 收购人通过协议方式在一个上市公司中拥有权益的股份达到或者超过该公司已发行股份的5%，但未超过30%的，按照本办法第二章的规定办理。

收购人拥有权益的股份达到该公司已发行股份的30%时，继续进行收购的，应当依法向该上市公司的股东发出全面要约或者部分要约。符合本办法第六章规定情形的，收购人可以向中国证监会申请免除发出要约。

收购人拟通过协议方式收购一个上市公司的股份超过30%的，超过30%的部分，应当改以要约方式进行；但符合本办法第六章规定情形的，收购人可以向中国证监会申请免除发出要约。收购人在取得中国证监会豁免后，履行其收购协议；未取得中国证监会豁免且拟继续履行其收购协议的，或者不申请豁免的，在履行其收购协议前，应当发出全面要约。

第五十二条【协议收购的过渡期】 以协议方式进行上市公司收购的，自签订收购协议起至相关股份完成过户的期间为上市公司收购过渡期（以下简称过渡期）。在过渡期内，收购人不得通过控股股东提议改选上市公司董事会，确有充分理由改选董事会的，来自收购人的董事不得超过董事会成员的1/3；被收购公司不得为收购人及其关联方提供担保；被收购公司不得公开发行股份募集资金，不得进行重大购买、出售资产及重大投资行为或者与收购人及其关联方进行其他关联交易，但收购人为挽救陷入危机或者面临严重财务困难的上市公司的情形除外。

第五十六条【间接收购】 收购人虽不是上市公司的股东，但通过投资关系、协议、其他安排导致其拥有权益的股份达到或者超过一个上市公司已发行股份的5%未超过30%的，应当按照本办法第二章的规定办理。

收购人拥有权益的股份超过该公司已发行股份的30%的，应当向该公司所有股东发出全面要约；收购人预计无法在事实发生之日起30日内发出全面要约的，应当在前述30日内促使其控制的股东将所持有的上市公司股份减持至30%或者30%以下，并自减持之日起2个工作日内予以公告；其后收购人或者其控制的股东拟继续增持的，应当采取要约方式；拟依据本办法第六章的规定申请豁免的，应当按照本办法第四十八条的规定办理。

第七十五条【信息义务披露人未尽到义务】 上市公司的收购及相关股份权益变动活动中的信息披露义务人，未按照本办法的规定履行报告、公告以及其他相关义务的，中国证监会责令改正，采取监管谈话、出具警示函、责令暂停或者停止收购等监管措施。在改正前，相关信息披露义务人不得对其持有或者实际支配的股份行使表决权。

第七十六条【信息义务披露人未尽到义务】 上市公司的收购及相关股份权益变动活动中的信息披露义务人在报告、公告等文件中有虚假记载、误导性陈述或者重大遗漏的，中国证监会责令改正，采取监管谈话、出具警示函、责令暂停或者停止收购等监管措施。在改正前，收购人对其持有或者实际支配的股份不得行使表决权。

第七十八条【被禁止的收购上市公司行为】 收购人未依照本办法的规定履行相关义务或者相应程序擅自实施要约收购的，中国证监会责令改正，采取监管谈话、出具警示函、责令暂停或者停止收购等监管措施；在改正前，收购人不得对其持有或者支配的股份行使表决权。

发出收购要约的收购人在收购要约期限届满，不按照约定支付收购价款或者购买预受股份的，自该事实发生之日起3年内不得收购上市公司，中国证监会不受理收购人及其关联方提交的申报文件。

存在前二款规定情形，收购人涉嫌虚假披露、操纵证券市场的，中国证监会对收购人进行立案稽查，依法追究其法律责任；收购人聘请的财务顾问没有充分证据表明其勤勉尽责的，自收购人违规事实发生之日起1年内，中国证监会不受理该财务顾问提交的上市公司并购重组申报文件，情节严重的，依法追究法律责任。

第七十九条【上市公司控股股东和实际控制人未清偿债务、解除担保等情形的处理】 上市公司控股股东和实际控制人在转让其对公司的控制权时，未清偿其对公司的负债，未解除公司为其提供的担保，或者未对其损害公司利益的其他情形作出纠正的，中国证监会责令改正、责令暂停或者停止收购活动。

被收购公司董事会未能依法采取有效措施促使公司控股股东、实际控制人予以纠正，或者在收购完成后未能促使收购人履行承诺、安排或者保证的，中国证监会可以认定相关董事为不适当人选。

第八十条【上市公司董事未履行忠实义务和勤勉义务】 上市公司董事未履行忠实义务和勤勉义务，利用收购谋取不当利益的，中国证监会采取监管谈话、出具警示函等监管措施，可以认定为不适当人选。

上市公司章程中涉及公司控制权的条款违反法律、行政法规和本办法规定的，中国证监会责令改正。

第八十一条【为上市机构服务的证券服务机构或者证券公司及其专业人员，未依法履行职责的情形】 为上市公司收购出具资产评估报告、审计报告、法律意见书和财务顾问报告的证券服务机构或者证券公司及其专业人员，未依法履行职责的，中国证监会责令改正，采取监管谈话、出具警示函等监管措施。

前款规定的证券服务机构及其从业人员被责令改正的，在改之前，不得接受新的上市公司并购重组业务。

二十二、合伙企业纠纷

> ➤ 入伙纠纷
> ➤ 退伙纠纷
> ➤ 合伙企业财产份额转让纠纷

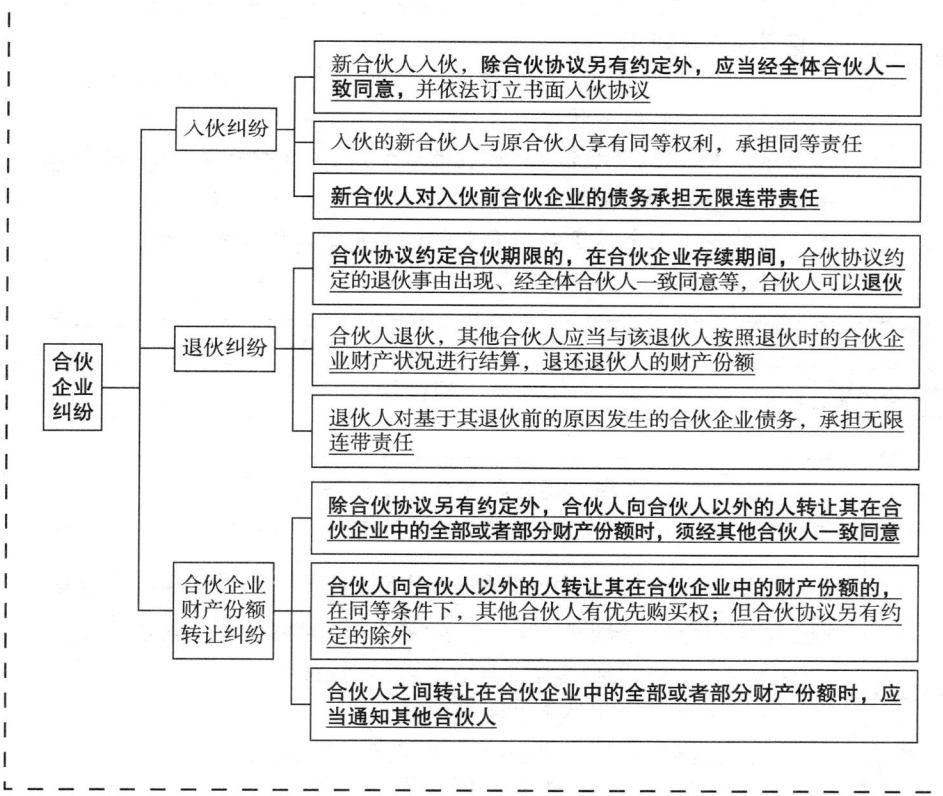

NO.267 入伙纠纷

相关法规

中华人民共和国合伙企业法（节录）
（2006年8月27日　主席令第55号）

第四十三条【入伙条件与原合伙人的告知义务】　新合伙人入伙，除合伙协议另有约定外，应当经全体合伙人一致同意，并依法订立书面入伙协议。

订立入伙协议时，原合伙人应当向新合伙人如实告知原合伙企业的经营状况和财务状况。

第四十四条【新合伙人的权利与义务】　入伙的新合伙人与原合伙人享有同等权利，承担同等责任。入伙协议另有约定的，从其约定。

新合伙人对入伙前合伙企业的债务承担无限连带责任。

NO.268 退伙纠纷

相关法规

中华人民共和国合伙企业法（节录）
（2006年8月27日　主席令第55号）

第四十五条【约定合伙期限内的法定退伙】　合伙协议约定合伙期限的，在合伙企业存续期间，有下列情形之一的，合伙人可以退伙：

（一）合伙协议约定的退伙事由出现；
（二）经全体合伙人一致同意；
（三）发生合伙人难以继续参加合伙的事由；
（四）其他合伙人严重违反合伙协议约定的义务。

第四十六条【未约定合伙期限的自由退伙】　合伙协议未约定合伙期限的，合伙人在不给合伙企业事务执行造成不利影响的情况下，可以退伙，但应当提前三十日通知其他合伙人。

第四十七条【违法退伙的法律责任】　合伙人违反本法第四十五条、第四十六条的规定退伙的，应当赔偿由此给合伙企业造成的损失。

第四十八条【当然退伙】 合伙人有下列情形之一的，当然退伙：

（一）作为合伙人的自然人死亡或者被依法宣告死亡；

（二）个人丧失偿债能力；

（三）作为合伙人的法人或者其他组织依法被吊销营业执照、责令关闭、撤销，或者被宣告破产；

（四）法律规定或者合伙协议约定合伙人必须具有相关资格而丧失该资格；

（五）合伙人在合伙企业中的全部财产份额被人民法院强制执行。

合伙人被依法认定为无民事行为能力人或者限制民事行为能力人的，经其他合伙人一致同意，可以依法转为有限合伙人，普通合伙企业依法转为有限合伙企业。其他合伙人未能一致同意的，该无民事行为能力或者限制民事行为能力的合伙人退伙。

退伙事由实际发生之日为退伙生效日。

第四十九条【除名退伙】 合伙人有下列情形之一的，经其他合伙人一致同意，可以决议将其除名：

（一）未履行出资义务；

（二）因故意或者重大过失给合伙企业造成损失；

（三）执行合伙事务时有不正当行为；

（四）发生合伙协议约定的事由。

对合伙人的除名决议应当书面通知被除名人。被除名人接到除名通知之日，除名生效，被除名人退伙。

被除名人对除名决议有异议的，可以自接到除名通知之日起三十日内，向人民法院起诉。

第五十条【合伙财产份额的继承】 合伙人死亡或者被依法宣告死亡的，对该合伙人在合伙企业中的财产份额享有合法继承权的继承人，按照合伙协议的约定或者经全体合伙人一致同意，从继承开始之日起，取得该合伙企业的合伙人资格。

有下列情形之一的，合伙企业应当向合伙人的继承人退还被继承合伙人的财产份额：

（一）继承人不愿意成为合伙人；

（二）法律规定或者合伙协议约定合伙人必须具有相关资格，而该继承人未取得该资格；

（三）合伙协议约定不能成为合伙人的其他情形。

合伙人的继承人为无民事行为能力人或者限制民事行为能力人的，经全体合伙人一致同意，可以依法成为有限合伙人，普通合伙企业依法转为有限合伙企业。全体合伙人未能一致同意的，合伙企业应当将被继承合伙人的财产份额退还该继承人。

第五十一条【退伙结算】 合伙人退伙，其他合伙人应当与该退伙人按照退伙时的合伙企业财产状况进行结算，退还退伙人的财产份额。退伙人对给合伙企业造成的损失负有赔偿责任的，相应扣减其应当赔偿的数额。

退伙时有未了结的合伙企业事务的，待该事务了结后进行结算。

第五十二条【财产份额的退还办法】 退伙人在合伙企业中财产份额的退还办法，由合伙协议约定或者由全体合伙人决定，可以退还货币，也可以退还实物。

第五十三条【退伙人对合伙企业债务的责任】 退伙人对基于其退伙前的原因发生的合伙企业债务，承担无限连带责任。

第五十四条【合伙人退伙时对合伙企业亏损的分担】 合伙人退伙时，合伙企业财产少于合伙企业债务的，退伙人应当依照本法第三十三条第一款的规定分担亏损。

NO.269 合伙企业财产份额转让纠纷

相关法规

中华人民共和国合伙企业法（节录）
（2006年8月27日 主席令第55号）

第二十二条【合伙人在合伙企业中财产份额的转让】 除合伙协议另有约定外，合伙人向合伙人以外的人转让其在合伙企业中的全部或者部分财产份额时，须经其他合伙人一致同意。

合伙人之间转让在合伙企业中的全部或者部分财产份额时，应当通知其他合伙人。

第二十三条【合伙人的优先购买权】 合伙人向合伙人以外的人转让其在合伙企业中的财产份额的，在同等条件下，其他合伙人有优先购买权；但是，合伙协议另有约定的除外。

第二十四条【受让人成为合伙人的条件】 合伙人以外的人依法受让合伙人在合伙企业中的财产份额的，经修改合伙协议即成为合伙企业的合伙人，依照本法和修改后的合伙协议享有权利，履行义务。

二十三、与破产有关的纠纷

> ➢ 申请破产清算；申请破产重整；申请破产和解
> ➢ 请求撤销个别清偿行为纠纷；请求确认债务人行为无效纠纷
> ➢ 对外追收债权纠纷
> ➢ 追收未缴出资纠纷；追收抽逃出资纠纷；追收非正常收入纠纷
> ➢ 破产债权确认纠纷；取回权纠纷
> ➢ 破产抵销权纠纷；别除权纠纷；破产撤销权纠纷
> ➢ 损害债务人利益赔偿纠纷
> ➢ 管理人责任纠纷

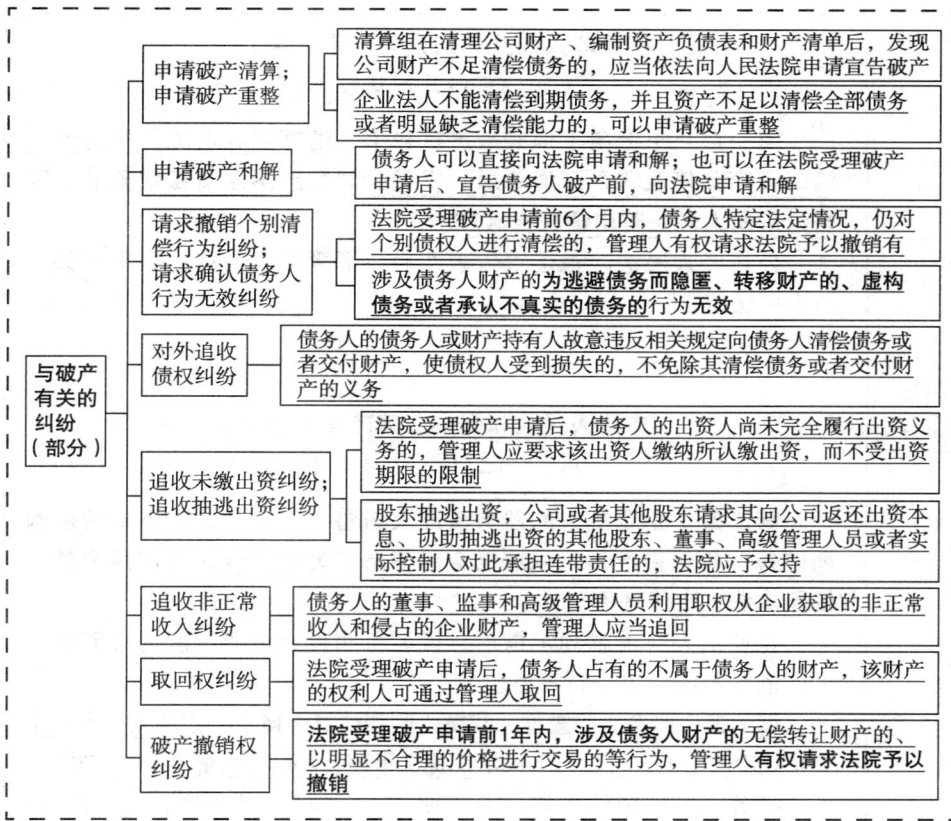

NO.270 申请破产清算

条文要旨重点提示	对应条文序号
申请破产宣告	《中华人民共和国公司法》第187条
企业法人的债务清理及重整	《中华人民共和国企业破产法》第2条
债务人的重整、和解、破产清算申请	《中华人民共和国企业破产法》第7条
破产申请的撤回	《中华人民共和国企业破产法》第9条

相关法规

中华人民共和国公司法（节录）
（2013年12月28日修正）

第一百八十七条【申请破产宣告】 清算组在清理公司财产、编制资产负债表和财产清单后，发现公司财产不足清偿债务的，应当依法向人民法院申请宣告破产。

公司经人民法院裁定宣告破产后，清算组应当将清算事务移交给人民法院。

中华人民共和国企业破产法（节录）
（2006年8月27日 主席令第54号）

第二条【企业法人的债务清理及重整】 企业法人不能清偿到期债务，并且资产不足以清偿全部债务或者明显缺乏清偿能力的，依照本法规定清理债务。

企业法人有前款规定情形，或者有明显丧失清偿能力可能的，可以依照本法规定进行重整。

第七条【债务人的重整、和解、破产清算申请】 债务人有本法第二条规定的情形，可以向人民法院提出重整、和解或者破产清算申请。

债务人不能清偿到期债务，债权人可以向人民法院提出对债务人进行重整或者破产清算的申请。

企业法人已解散但未清算或者未清算完毕，资产不足以清偿债务的，依法负有清算责任的人应当向人民法院申请破产清算。

　　第九条【破产申请的撤回】　人民法院受理破产申请前，申请人可以请求撤回申请。

NO.271　　　　　　　　　　申请破产重整

中华人民共和国企业破产法（节录）
（2006年8月27日　主席令第54号）

　　第七十条【重整申请】　债务人或者债权人可以依照本法规定，直接向人民法院申请对债务人进行重整。

　　债权人申请对债务人进行破产清算的，在人民法院受理破产申请后、宣告债务人破产前，债务人或者出资额占债务人注册资本十分之一以上的出资人，可以向人民法院申请重整。

　　第七十一条【裁定重整及公告】　人民法院经审查认为重整申请符合本法规定的，应当裁定债务人重整，并予以公告。

　　第七十二条【重整期间】　自人民法院裁定债务人重整之日起至重整程序终止，为重整期间。

　　第七十三条【重整期间的财产管理】　在重整期间，经债务人申请，人民法院批准，债务人可以在管理人的监督下自行管理财产和营业事务。

　　有前款规定情形的，依照本法规定已接管债务人财产和营业事务的管理人应当向债务人移交财产和营业事务，本法规定的管理人的职权由债务人行使。

　　第七十五条【重整期间，担保权的暂停行使】　在重整期间，对债务人的特定财产享有的担保权暂停行使。但是，担保物有损坏或者价值明显减少的可能，足以危害担保权人权利的，担保权人可以向人民法院请求恢复行使担保权。

　　在重整期间，债务人或者管理人为继续营业而借款的，可以为该借款设定担保。

相关法规

第七十六条【重整期间的取回权】 债务人合法占有的他人财产，该财产的权利人在重整期间要求取回的，应当符合事先约定的条件。

　　第七十七条【重整期间，投资收益分配的禁止】 在重整期间，债务人的出资人不得请求投资收益分配。

　　在重整期间，债务人的董事、监事、高级管理人员不得向第三人转让其持有的债务人的股权。但是，经人民法院同意的除外。

　　第七十八条【裁定中止重整程序】 在重整期间，有下列情形之一的，经管理人或者利害关系人请求，人民法院应当裁定终止重整程序，并宣告债务人破产：

　　（一）债务人的经营状况和财产状况继续恶化，缺乏挽救的可能性；

　　（二）债务人有欺诈、恶意减少债务人财产或者其他显著不利于债权人的行为；

　　（三）由于债务人的行为致使管理人无法执行职务。

NO.272 ▷ 申请破产和解

中华人民共和国企业破产法（节录）
（2006年8月27日　主席令第54号）

相关
法规 ▷

　　第九十五条【申请和解】 债务人可以依照本法规定，直接向人民法院申请和解；也可以在人民法院受理破产申请后、宣告债务人破产前，向人民法院申请和解。

　　债务人申请和解，应当提出和解协议草案。

　　第九十六条【裁定和解】 人民法院经审查认为和解申请符合本法规定的，应当裁定和解，予以公告，并召集债权人会议讨论和解协议草案。

　　对债务人的特定财产享有担保权的权利人，自人民法院裁定和解之日起可以行使权利。

　　第一百条【和解协议的效力】 经人民法院裁定认可的和解协议，对债务人和全体和解债权人均有约束力。

　　和解债权人是指人民法院受理破产申请时对债务人享有无财产担保债权的人。

和解债权人未依照本法规定申报债权的,在和解协议执行期间不得行使权利;在和解协议执行完毕后,可以按照和解协议规定的清偿条件行使权利。

第一百零二条【债务人的义务】 债务人应当按照和解协议规定的条件清偿债务。

第一百零三条【和解协议无效】 因债务人的欺诈或者其他违法行为而成立的和解协议,人民法院应当裁定无效,并宣告债务人破产。

有前款规定情形的,和解债权人因执行和解协议所受的清偿,在其他债权人所受清偿同等比例的范围内,不予返还。

第一百零四条【裁定终止和解协议的执行】 债务人不能执行或者不执行和解协议的,人民法院经和解债权人请求,应当裁定终止和解协议的执行,并宣告债务人破产。

人民法院裁定终止和解协议执行的,和解债权人在和解协议中作出的债权调整的承诺失去效力。和解债权人因执行和解协议所受的清偿仍然有效,和解债权未受清偿的部分作为破产债权。

前款规定的债权人,只有在其他债权人同自己所受的清偿达到同一比例时,才能继续接受分配。

有本条第一款规定情形的,为和解协议的执行提供的担保继续有效。

第一百零六条【和解协议减免的债务】 按照和解协议减免的债务,自和解协议执行完毕时起,债务人不再承担清偿责任。

NO.273 　　　　　　　　　请求撤销个别清偿行为纠纷

相关法规

中华人民共和国企业破产法(节录)
(2006年8月27日　主席令第54号)

第三十二条【对债务人个别清偿行为的撤销】 人民法院受理破产申请前六个月内,债务人有本法第二条第一款规定的情形,仍对个别债权人进行清偿的,管理人有权请求人民法院予以撤销。但是,个别清偿使债务人财产受益的除外。

第三十四条【债务人财产的追回】 因本法第三十一条、第三十二条或者第三十三条规定的行为而取得的债务人的财产,管理人有权追回。

NO.274 请求确认债务人行为无效纠纷

相关法规

——确认债务人行为无效的基础

中华人民共和国企业破产法（节录）

（2006年8月27日　主席令第54号）

第三十三条【债务人的无效行为】 涉及债务人财产的下列行为无效：

（一）为逃避债务而隐匿、转移财产的；

（二）虚构债务或者承认不真实的债务的。

NO.275 对外追收债权纠纷

相关法规

中华人民共和国企业破产法（节录）

（2006年8月27日　主席令第54号）

第十七条【破产申请后，债务的清偿】 人民法院受理破产申请后，债务人的债务人或者财产持有人应当向管理人清偿债务或者交付财产。

债务人的债务人或者财产持有人故意违反前款规定向债务人清偿债务或者交付财产，使债权人受到损失的，不免除其清偿债务或者交付财产的义务。

NO.276 追收未缴出资纠纷

条文要旨重点提示	对应条文序号
追收出资人的未缴出资	《中华人民共和国企业破产法》第35条
有关追收未交出资的司法解释	最高人民法院《关于适用〈中华人民共和国公司法〉若干问题的规定（三）》第13条、第27条

相关法规

中华人民共和国企业破产法（节录）

（2006年8月27日　主席令第54号）

第三十五条【追收出资人的未缴出资】 人民法院受理破产申请后，债务人的出资人尚未完全履行出资义务的，管理人应当要求该出资人缴纳所认缴的出资，而不受出资期限的限制。

司法解释

最高人民法院关于适用《中华人民共和国公司法》若干问题的规定（三）（节录）

（2014年2月20日修正）

第十三条 股东未履行或者未全面履行出资义务，公司或者其他股东请求其向公司依法全面履行出资义务的，人民法院应予支持。

公司债权人请求未履行或者未全面履行出资义务的股东在未出资本息范围内对公司债务不能清偿的部分承担补充赔偿责任的，人民法院应予支持；未履行或者未全面履行出资义务的股东已经承担上述责任，其他债权人提出相同请求的，人民法院不予支持。

股东在公司设立时未履行或者未全面履行出资义务，依照本条第一款或者第二款提起诉讼的原告，请求公司的发起人与被告股东承担连带责任的，人民法院应予支持；公司的发起人承担责任后，可以向被告股东追偿。

股东在公司增资时未履行或者未全面履行出资义务，依照本条第一款或者第二款提起诉讼的原告，请求未尽公司法第一百四十七条第一款规定的义务而使出资未缴足的董事、高级管理人员承担相应责任的，人民法院应予支持；董事、高级管理人员承担责任后，可以向被告股东追偿。

第二十六条 公司债权人以登记于公司登记机关的股东未履行出资义务为由，请求其对公司债务不能清偿的部分在未出资本息范围内承担补充赔偿责任，股东以其仅为名义股东而非实际出资人为由进行抗辩的，人民法院不予支持。

名义股东根据前款规定承担赔偿责任后，向实际出资人追偿的，人民法院应予支持。

NO.277 追收抽逃出资纠纷

司法解释

最高人民法院关于适用《中华人民共和国公司法》若干问题的规定（三）（节录）

（2014年2月20日修正）

第十二条 公司成立后，公司、股东或者公司债权人以相关股东的行为符合下列情形之一且损害公司权益为由，请求认定该股东抽逃出资的，人民法院应予支持：

（一）制作虚假财务会计报表虚增利润进行分配；
（二）通过虚构债权债务关系将其出资转出；
（三）利用关联交易将出资转出；
（四）其他未经法定程序将出资抽回的行为。

第十四条 **股东抽逃出资，公司或者其他股东请求其向公司返还出资本息、协助抽逃出资的其他股东、董事、高级管理人员或者实际控制人对此承担连带责任的，人民法院应予支持。**

公司债权人请求抽逃出资的股东在抽逃出资本息范围内对公司债务不能清偿的部分承担补充赔偿责任、协助抽逃出资的其他股东、董事、高级管理人员或者实际控制人对此承担连带责任的，人民法院应予支持；抽逃出资的股东已经承担上述责任，其他债权人提出相同请求的，人民法院不予支持。

NO.278 追收非正常收入纠纷

相关法规

中华人民共和国企业破产法（节录）

（2006年8月27日 主席令第54号）

第三十六条【非正常收入、被侵占的企业财产的追回】 债务人的董事、监事和高级管理人员利用职权从企业获取的非正常收入和侵占的企业财产，管理人应当追回。

第八部分 与公司、证券、保险、票据等有关的民事纠纷

NO.279 破产债权确认纠纷

条文要旨重点提示	对应条文序号
债权的申报	《中华人民共和国企业破产法》第48条
债权的补充申报	《中华人民共和国企业破产法》第56条
债权标与债权异议	《中华人民共和国企业破产法》第58条
破产财产的清偿顺序	《中华人民共和国企业破产法》第113条
对特定款项的参照处理	《中华人民共和国企业破产法》第132条
关于企业破产案件的司法解释	最高人民法院《关于〈中华人民共和国企业破产法〉施行时尚未审结的企业破产案件适用法律若干问题的规定》第10条、第14条、第15条

破产债权确认纠纷包括的内容：
（1）职工破产债权确认纠纷
（2）普通破产债权确认纠纷

相关法规

中华人民共和国企业破产法（节录）
（2006年8月27日 主席令第54号）

第四十八条【债权的申报】 债权人应当在人民法院确定的债权申报期限内向管理人申报债权。

债务人所欠职工的工资和医疗、伤残补助、抚恤费用，所欠的应当划入职工个人账户的基本养老保险、基本医疗保险费用，以及法律、行政法规规定应当支付给职工的补偿金，不必申报，由管理人调查后列出清单并予以公示。职工对清单记载有异议的，可以要求管理人更正；管理人不予更正的，职工可以向人民法院提起诉讼。

第五十六条【债权的补充申报】 在人民法院确定的债权申报期限内，债权人未申报债权的，可以在破产财产最后分配前补充申报；但是，此前已进行的分配，不再对其补充分配。为审查和确认

补充申报债权的费用，由补充申报人承担。

债权人未依照本法规定申报债权的，不得依照本法规定的程序行使权利。

第五十八条【债权标与债权异议】 依照本法第五十七条规定编制的债权表，应当提交第一次债权人会议核查。

债务人、债权人对债权表记载的债权无异议的，由人民法院裁定确认。

债务人、债权人对债权表记载的债权有异议的，可以向受理破产申请的人民法院提起诉讼。

第一百一十三条【破产财产的清偿顺序】 破产财产在优先清偿破产费用和共益债务后，依照下列顺序清偿：

（一）破产人所欠职工的工资和医疗、伤残补助、抚恤费用，所欠的应当划入职工个人账户的基本养老保险、基本医疗保险费用，以及法律、行政法规规定应当支付给职工的补偿金；

（二）破产人欠缴的除前项规定以外的社会保险费用和破产人所欠税款；

（三）普通破产债权。

破产财产不足以清偿同一顺序的清偿要求的，按照比例分配。

破产企业的董事、监事和高级管理人员的工资按照该企业职工的平均工资计算。

第一百三十二条【对特定款项的参照处理】 本法施行后，破产人在本法公布之日前所欠职工的工资和医疗、伤残补助、抚恤费用，所欠的应当划入职工个人账户的基本养老保险、基本医疗保险费用，以及法律、行政法规规定应当支付给职工的补偿金，依照本法第一百一十三条的规定清偿后不足以清偿的部分，以本法第一百零九条规定的特定财产优先于对该特定财产享有担保权的权利人受偿。

司法解释

最高人民法院关于《中华人民共和国企业破产法》施行时尚未审结的企业破产案件适用法律若干问题的规定（节录）

（2007年4月25日　法释〔2007〕10号）

第十条 债务人的职工就清单记载有异议，向受理破产申请的人民法院提起诉讼的，人民法院应当依据企业破产法第二十一条和第四十八条的规定予以受理。但人民法院对异议债权已经作出裁决的除外。

第八部分　与公司、证券、保险、票据等有关的民事纠纷

第十四条　企业破产法施行后，破产人的职工依据企业破产法第一百三十二条的规定主张权利的，人民法院应予支持。

第十五条　破产人所欠董事、监事和高级管理人员的工资，应当依据企业破产法第一百一十三条第三款的规定予以调整。

NO.280　取回权纠纷

取回权纠纷包括的内容：
（1）一般取回权纠纷
（2）出卖人取回权纠纷

相关法规

中华人民共和国企业破产法（节录）
（2006年8月27日　主席令第54号）

第三十八条【取回权的一般规定】　人民法院受理破产申请后，债务人占有的不属于债务人的财产，该财产的权利人可以通过管理人取回。但是，本法另有规定的除外。

第三十九条【出卖人的取回权】　人民法院受理破产申请时，出卖人已将买卖标的物向作为买受人的债务人发运，债务人尚未收到且未付清全部价款的，出卖人可以取回在运途中的标的物。但是，管理人可以支付全部价款，请求出卖人交付标的物。

第七十六条【重整期间的取回权】　债务人合法占有的他人财产，该财产的权利人在重整期间要求取回的，应当符合事先约定的条件。

NO.281　破产抵销权纠纷

相关法规

中华人民共和国企业破产法（节录）
（2006年8月27日　主席令第54号）

第四十条【破产抵销权】　债权人在破产申请受理前对债务人负有债务的，可以向管理人主张抵销。但是，有下列情形之一的，

不得抵销：
（一）债务人的债务人在破产申请受理后取得他人对债务人的债权的；
（二）债权人已知债务人有不能清偿到期债务或者破产申请的事实，对债务人负担债务的；但是，债权人因为法律规定或者有破产申请一年前所发生的原因而负担债务的除外；
（三）债务人的债务人已知债务人有不能清偿到期债务或者破产申请的事实，对债务人取得债权的；但是，债务人的债务人因为法律规定或者有破产申请一年前所发生的原因而取得债权的除外。

NO.282 别除权纠纷

相关法规：

中华人民共和国企业破产法（节录）
（2006年8月27日 主席令第54号）

第四十九条【申报债权的金额及担保情况】 债权人申报债权时，应当书面说明债权的数额和有无财产担保，并提交有关证据。申报的债权是连带债权的，应当说明。

第一百零九条【对特定财产有担保权的权利人的优先受偿权】 对破产人的特定财产享有担保权的权利人，对该特定财产享有优先受偿的权利

第一百一十条【优先受偿权的转化】 享有本法第一百零九条规定权利的债权人行使优先受偿权利未能完全受偿的，其未受偿的债权作为普通债权；放弃优先受偿权利的，其债权作为普通债权。

第一百三十二条【对特定款项的参照处理】 本法施行后，破产人在本法公布之日前所欠职工的工资和医疗、伤残补助、抚恤费用，所欠的应当划入职工个人账户的基本养老保险、基本医疗保险费用，以及法律、行政法规规定应当支付给职工的补偿金，依照本法第一百一十三条的规定清偿后不足以清偿的部分，以本法第一百零九条规定的特定财产优先于对该特定财产享有担保权的权利人受偿。

第八部分　与公司、证券、保险、票据等有关的民事纠纷

NO.283 ▷ 破产撤销权纠纷

相关法规 ▷

中华人民共和国企业破产法（节录）

（2006年8月27日　主席令第54号）

第三十一条【管理人的破产撤销权】　人民法院受理破产申请前一年内，涉及债务人财产的下列行为，管理人有权请求人民法院予以撤销：

（一）无偿转让财产的；
（二）以明显不合理的价格进行交易的；
（三）对没有财产担保的债务提供财产担保的；
（四）对未到期的债务提前清偿的；
（五）放弃债权的。

第三十四条【管理人的追回权】　因本法第三十一条、第三十二条或者第三十三条规定的行为而取得的债务人的财产，管理人有权追回。

NO.284 ▷ 损害债务人利益赔偿纠纷

相关法规 ▷

中华人民共和国企业破产法（节录）

（2006年8月27日　主席令第54号）

第三十一条【管理人的撤销权】　人民法院受理破产申请前一年内，涉及债务人财产的下列行为，管理人有权请求人民法院予以撤销：

（一）无偿转让财产的；
（二）以明显不合理的价格进行交易的；
（三）对没有财产担保的债务提供财产担保的；
（四）对未到期的债务提前清偿的；
（五）放弃债权的。

第三十二条【对个别清偿的撤销】　人民法院受理破产申请前

六个月内，债务人有本法第二条第一款规定的情形，仍对个别债权人进行清偿的，管理人有权请求人民法院予以撤销。但是，个别清偿使债务人财产受益的除外。

第三十三条【无效的行为】 涉及债务人财产的下列行为无效：
（一）为逃避债务而隐匿、转移财产的；
（二）虚构债务或者承认不真实的债务的。

第一百二十五条【违反忠实义务、勤勉义务的法律责任】 企业董事、监事或者高级管理人员违反忠实义务、勤勉义务，致使所在企业破产的，依法承担民事责任。

有前款规定情形的人员，自破产程序终结之日起三年内不得担任任何企业的董事、监事、高级管理人员。

第一百二十八条【损害债权人利益的赔偿责任】 债务人有本法第三十一条、第三十二条、第三十三条规定的行为，损害债权人利益的，债务人的法定代表人和其他直接责任人员依法承担赔偿责任。

NO.285 管理人责任纠纷

相关法规

中华人民共和国企业破产法（节录）
（2006年8月27日 主席令第54号）

第二十五条【管理人的职责】 管理人履行下列职责：
（一）接管债务人的财产、印章和账簿、文书等资料；
（二）调查债务人财产状况，制作财产状况报告；
（三）决定债务人的内部管理事务；
（四）决定债务人的日常开支和其他必要开支；
（五）在第一次债权人会议召开之前，决定继续或者停止债务人的营业；
（六）管理和处分债务人的财产；
（七）代表债务人参加诉讼、仲裁或者其他法律程序；
（八）提议召开债权人会议；
（九）人民法院认为管理人应当履行的其他职责。
本法对管理人的职责另有规定的，适用其规定。

第六十九条【管理人的报告义务】 管理人实施下列行为,应当及时报告债权人委员会:

（一）涉及土地、房屋等不动产权益的转让;
（二）探矿权、采矿权、知识产权等财产权的转让;
（三）全部库存或者营业的转让;
（四）借款;
（五）设定财产担保;
（六）债权和有价证券的转让;
（七）履行债务人和对方当事人均未履行完毕的合同;
（八）放弃权利;
（九）担保物的取回;
（十）对债权人利益有重大影响的其他财产处分行为。

未设立债权人委员会的,管理人实施前款规定的行为应当及时报告人民法院。

第一百三十条【管理人未能履行职责的处罚】 管理人未依照本法规定勤勉尽责,忠实执行职务的,人民法院可以依法处以罚款;给债权人、债务人或者第三人造成损失的,依法承担赔偿责任。

二十四、证券纠纷

> - 证券权利确认纠纷；证券交易合同纠纷；金融衍生品种交易纠纷
> - 证券承销合同纠纷；证券投资咨询纠纷；证券资信评级服务合同纠纷
> - 证券回购合同纠纷；证券上市合同纠纷；证券交易代理合同纠纷
> - 证券上市保荐合同纠纷；证券发行纠纷
> - 证券返还纠纷；证券欺诈责任纠纷
> - 证券托管纠纷；证券登记、存管、结算纠纷
> - 融资融券交易纠纷；客户交易结算资金纠纷

证券纠纷（部分）		
	证券权利确认纠纷；证券交易合同纠纷	股份有限公司成立后，即向股东正式交付股票
		股票、公债券和国务院依法认定的其他证券的发行和交易，适用证券法
	金融衍生品种交易纠纷	证券衍生品种发行、交易的管理办法，由国务院依照证券法的原则规定
	证券承销合同纠纷；证券投资咨询纠纷	**发起人向社会公开募集股份，应由依法设立的证券公司承销，签订承销协议**
		投资咨询机构、财务顾问机构、会计师事务所等从事证券服务业务，必须经国务院证券监督管理机构和有关主管部门批准
	证券资信评级服务合同纠纷	从事证券服务业务的投资咨询机构和资信评级机构，应当按照国务院有关主管部门规定的标准或者收费办法收取服务费用
	证券回购合同纠纷；证券上市合同纠纷	**证券回购业务**是指债券持有人在卖出一笔债券的同时，与买方签订协议，约定一定期限和价格，买回同一笔债券的融资活动
		申请证券上市交易，应当向证券交易所提出申请，**由证券交易所依法审核同意**，并由双方签订上市协议
	证券返还纠纷；证券欺诈责任纠纷	禁止法人非法利用他人账户从事证券交易；禁止法人出借自己或他人的证券账户
		证券交易中禁止欺诈、内幕交易和操纵证券市场的行为
	证券托管纠纷；证券登记、存管、结算纠纷	证券公司应采取有效措施，保证其托管证券的安全，**禁止挪用、盗卖**
		证券持有人持有的证券，在上市交易时，应全部存管在证券登记结算机构
	融资融券交易纠纷	**融资融券业务**，是指向客户出借资金供其买入上市证券或者出借上市证券供其卖出，并收取担保物的经营活动

NO.286 　证券权利确认纠纷

证券权利确认纠纷包括的内容：
（1）股票权利确认纠纷
（2）公司债券权利确认纠纷
（3）国债权利确认纠纷
（4）证券投资基金权利确认纠纷

相关法规

中华人民共和国公司法（节录）
（2013年12月28日修正）

第一百二十九条【股票种类】　公司发行的股票，可以为记名股票，也可以为无记名股票。

公司向发起人、法人发行的股票，应当为记名股票，并应当记载该发起人、法人的名称或者姓名，不得另立户名或者以代表人姓名记名。

第一百三十条【股东名册】　公司发行记名股票的，应当置备股东名册，记载下列事项：

（一）股东的姓名或者名称及住所；
（二）各股东所持股份数；
（三）各股东所持股票的编号；
（四）各股东取得股份的日期。

发行无记名股票的，公司应当记载其股票数量、编号及发行日期。

第一百三十二条【股票的交付时间】　股份有限公司成立后，即向股东正式交付股票。公司成立前不得向股东交付股票。

第一百五十七条【公司债券存根簿】　公司发行公司债券应当置备公司债券存根簿。

发行记名公司债券的，应当在公司债券存根簿上载明下列事项：

（一）债券持有人的姓名或者名称及住所；
（二）债券持有人取得债券的日期及债券的编号；
（三）债券总额，债券的票面金额、利率、还本付息的期限和方式；

（四）债券的发行日期。

发行无记名公司债券的，应当在公司债券存根簿上载明债券总额、利率、偿还期限和方式、发行日期及债券的编号。

第一百六十二条【可转换公司债券的转换】 发行可转换为股票的公司债券的，公司<u>应当按照其转换办法向债券持有人换发股票，但债券持有人对转换股票或者不转换股票有选择权</u>。

NO.287　证券交易合同纠纷

条文要旨重点提示	对应条文序号
股份的自由转让	《中华人民共和国公司法》第137条
股份转让的场所	《中华人民共和国公司法》第138条
记名股票的转让	《中华人民共和国公司法》第139条
无记名股票的转让	《中华人民共和国公司法》第140条
证券投资基金的法律适用	《中华人民共和国证券投资基金法》第2条
基金合同	《中华人民共和国证券投资基金法》第3条
证券交易的法律适用	《中华人民共和国证券法》第2条
交易标的物为依法发行的证券	《中华人民共和国证券法》第37条
证券在限定期限内的禁止买卖	《中华人民共和国证券法》第38条
证券在交易所交易和转让	《中华人民共和国证券法》第39条
证券交易的方式	《中华人民共和国证券法》第42条
证券交易机构的保密义务	《中华人民共和国证券法》第44条
证券服务机构及其人员购买股票的限制	《中华人民共和国证券法》第45条
证券交易的收费	《中华人民共和国证券法》第46条
高管人员交易股票的限制	《中华人民共和国证券法》第47条
股票交易在交易所进行	《股票发行与交易管理暂行条例》第29条

条文要旨重点提示	对应条文序号
证券经营机构的同等对待义务	《股票发行与交易管理暂行条例》第37条
证券从业人员、管理人员禁止买卖股票	《股票发行与交易管理暂行条例》第39条
有关专业人员购买股票的限制	《股票发行与交易管理暂行条例》第40条
股份有限公司的禁止回购股票	《股票发行与交易管理暂行条例》第41条
证券经营机构不得将客户股票出借或作担保	《股票发行与交易管理暂行条例》第44条

证券交易合同纠纷包括的内容：
（1）股票交易纠纷
（2）公司债券交易纠纷
（3）国债交易纠纷
（4）证券投资基金交易纠纷

中华人民共和国公司法（节录）
（2013年12月28日修正）

相关法规

第一百三十七条【股份的自由转让】 股东持有的股份可以依法转让。

第一百三十八条【股份转让的场所】 股东转让其股份，应当在依法设立的证券交易场所进行或者按照国务院规定的其他方式进行。

第一百三十九条【记名股票的转让】 记名股票，由股东以背书方式或者法律、行政法规规定的其他方式转让；转让后由公司将受让人的姓名或者名称及住所记载于股东名册。

股东大会召开前二十日内或者公司决定分配股利的基准日前五日内，不得进行前款规定的股东名册的变更登记。但是，法律对上市公司股东名册变更登记另有规定的，从其规定。

第一百四十条【无记名股票的转让】 无记名股票的转让，由股东将该股票交付给受让人后即发生转让的效力。

中华人民共和国证券投资基金法（节录）
（2012年12月28日 主席令第71号）

第二条【证券投资基金的法律适用】 在中华人民共和国境内，公开或者非公开募集资金设立证券投资基金（以下简称基金），由基金管理人管理，基金托管人托管，为基金份额持有人的利益，进行证券投资活动，适用本法；本法未规定的，适用《中华人民共和国信托法》、《中华人民共和国证券法》和其他有关法律、行政法规的规定。

第三条【基金合同】 基金管理人、基金托管人和基金份额持有人的权利、义务，依照本法在基金合同中约定。

基金管理人、基金托管人依照本法和基金合同的约定，履行受托职责。

通过公开募集方式设立的基金（以下简称公开募集基金）的基金份额持有人按其所持基金份额享受收益和承担风险，通过非公开募集方式设立的基金（以下简称非公开募集基金）的收益分配和风险承担由基金合同约定。

中华人民共和国证券法（节录）
（2014年8月31日修正）

第二条【证券交易的法律适用】 在中华人民共和国境内，股票、公司债券和国务院依法认定的其他证券的发行和交易，适用本法；本法未规定的，适用《中华人民共和国公司法》和其他法律、行政法规的规定。

政府债券、证券投资基金份额的上市交易，适用本法；其他法律、行政法规另有规定的，适用其规定。

证券衍生品种发行、交易的管理办法，由国务院依照本法的原则规定。

第三十七条【交易标的物为依法发行的证券】 证券交易当事人依法买卖的证券，必须是依法发行并交付的证券。

非依法发行的证券，不得买卖。

第三十八条【证券在限定期限内的禁止买卖】 依法发行的股票、公司债券及其他证券，法律对其转让期限有限制性规定的，在限定的期限内不得买卖。

第三十九条【证券在交易所交易和转让】 依法公开发行的股票、公司债券及其他证券，应当在依法设立的证券交易所上市交易或者在国务院批准的其他证券交易场所转让。

第四十二条【证券交易的方式】 证券交易以现货和国务院规定的其他方式进行交易。

第四十四条【证券交易机构的保密义务】 证券交易所、证券公司、证券登记结算机构必须依法为客户开立的账户保密。

第四十五条【证券服务机构及其人员购买股票的限制】 为股票发行出具审计报告、资产评估报告或者法律意见书等文件的证券服务机构和人员，在该股票承销期内和期满后六个月内，不得买卖该种股票。

除前款规定外，为上市公司出具审计报告、资产评估报告或者法律意见书等文件的证券服务机构和人员，自接受上市公司委托之日起至上述文件公开后五日内，不得买卖该种股票。

第四十六条【证券交易的收费】 证券交易的收费必须合理，并公开收费项目、收费标准和收费办法。

证券交易的收费项目、收费标准和管理办法由国务院有关主管部门统一规定。

第四十七条【高管人员交易股票的限制】 上市公司董事、监事、高级管理人员、持有上市公司股份百分之五以上的股东，将其持有的该公司的股票在买入后六个月内卖出，或者在卖出后六个月内又买入，由此所得收益归该公司所有，公司董事会应当收回其所得收益。但是，证券公司因包销购入售后剩余股票而持有百分之五以上股份的，卖出该股票不受六个月时间限制。

公司董事会不按照前款规定执行的，股东有权要求董事会在三十日内执行。公司董事会未在上述期限内执行的，股东有权为了公司的利益以自己的名义直接向人民法院提起诉讼。

公司董事会不按照第一款的规定执行的，负有责任的董事依法承担连带责任。

股票发行与交易管理暂行条例（节录）
（1993年4月22日　国务院令第112号）

第二十九条【股票交易在交易所进行】 股票交易必须在经证券委批准可以进行股票交易的证券交易场所进行。

第三十七条【证券经营机构的同等对待义务】 证券交易场所、证券保管、清算、过户、登记机构和证券经营机构，应当保证外地委托人与本地委托人享有同等待遇，不得歧视或者限制外地委托人。

第三十九条【证券从业人员、管理人员禁止买卖股票】 证券业从业人员、证券业管理人员和国家规定禁止买卖股票的其他人员，不得直接或者间接持有、买卖股票，但是买卖经批准发行的投资基金证券除外。

第四十条【有关专业人员购买股票的限制】 为股票发行出具审计报告、资产评估报告、法律意见书等文件的有关专业人员，在该股票承销期内和期满后六个月内，不得购买或者持有该股票。

为上市公司出具审计报告、资产评估报告、法律意见书等文件的有关专业人员，在其审计报告、资产评估报告、法律意见书等文件成为公开信息前，不得购买或者持有该公司的股票；成为公开信息后的五个工作日内，也不得购买该公司的股票。

第四十一条【股份有限公司的禁止回购股票】 未依照国家有关规定经过批准，股份有限公司不得购回其发行在外的股票。

第四十四条【证券经营机构不得将客户股票出借或作担保】 证券经营机构不得将客户的股票借与他人或者作为担保物。

NO.288　金融衍生品种交易纠纷

条文要旨重点提示	对应条文序号
证券衍生品交易适用的法律	《中华人民共和国证券法》第2条第3款
衍生产品的概念	《银行业金融机构衍生产品交易业务管理暂行办法》第3条
银行业金融机构衍生产品交易业务的概念与分类	《银行业金融机构衍生产品交易业务管理暂行办法》第4条
银行业金融机构的客观陈述义务	《银行业金融机构衍生产品交易业务管理暂行办法》第49条
银行业金融机构应当尊重客户的独立自主决策	《银行业金融机构衍生产品交易业务管理暂行办法》第50条
银行业金融机构应当及时向客户提供市场信息	《银行业金融机构衍生产品交易业务管理暂行办法》第53条

中华人民共和国证券法（节录）
（2014年8月31日修正）

第二条第三款【证券衍生品交易适用的法律】 证券衍生品种发行、交易的管理办法，由国务院依照本法的原则规定。

银行业金融机构衍生产品交易业务暂行管理办法（节录）
（2011年1月5日 银监会令2011年第1号）

第三条【衍生产品的概念】 本办法所称衍生产品是一种金融合约，其价值取决于一种或多种基础资产或指数，合约的基本种类包括远期、期货、掉期（互换）和期权。衍生产品还包括具有远期、期货、掉期（互换）和期权中一种或多种特征的混合金融工具。

第四条【银行业金融机构衍生产品交易业务的概念与分类】 本办法所称银行业金融机构衍生产品交易业务按照交易目的分为两类：

（一）套期保值类衍生产品交易。即银行业金融机构主动发起，为规避自有资产、负债的信用风险、市场风险或流动性风险而进行的衍生产品交易。此类交易需符合套期会计规定，并划入银行账户管理。

（二）非套期保值类衍生产品交易。即除套期保值类以外的衍生产品交易。包括由客户发起，银行业金融机构为满足客户需求提供的代客交易和银行业金融机构为对冲前述交易相关风险而进行的交易；银行业金融机构为承担做市义务持续提供市场买、卖双边价格，并按其报价与其他市场参与者进行的做市交易；以及银行业金融机构主动发起，运用自有资金，根据对市场走势的判断，以获利为目的进行的自营交易。此类交易划入交易账户管理。

第四十九条【银行业金融机构的客观陈述义务】 在衍生产品销售过程中，银行业金融机构应当客观公允地陈述所售衍生产品的收益与风险，不得误导客户对市场的看法，不得夸大产品的优点或缩小产品的风险，不得以任何方式向客户承诺收益。

第五十条【银行业金融机构应当尊重客户的独立自主决策】 银行业金融机构应当充分尊重客户的独立自主决策，不得将交易衍生产品作为与客户开展其他业务的附加条件。

第五十三条【银行业金融机构应当及时向客户提供市场信息】 银行业金融机构应当及时向客户提供已交易的衍生产品的市场信息，定期将与客户交易的衍生产品的市值重估结果以评估报告、风险提示函等形式，通过信件、电子邮件、传真等可记录的方式向客户书面提供，并确保相关材料及时送达客户。当市场出现较大波动时，应当适当提高市值重估频率，并及时向客户书面提供市值重估结果。银行业金融机构应当至少每年对上述市值重估的频率和质量进行评估。

NO.289 ➡ **证券承销合同纠纷**

条文要旨重点提示	对应条文序号
股票的承销和承销协议的签订	《中华人民共和国公司法》第87条
证券的承销和协议的签订	《中华人民共和国证券法》第28条
代销、包销协议的内容	《中华人民共和国证券法》第30条
证券代销的期限	《中华人民共和国证券法》第33条
证券公司承销或者代理买卖未经核准擅自公开发行的证券的法律责任	《中华人民共和国证券法》第190条
证券公司承销证券时的禁止行为	《中华人民共和国证券法》第191条
股票的承销以及承销协议	《股票发行与交易管理暂行条例》第20条
各种用语的解释	《股票发行与交易管理暂行条例》第81条
证券的承销	《证券发行与承销管理办法》第2条
承销协议	《证券发行与承销管理办法》第21条

证券承销合同纠纷包括的内容：
（1）证券代销合同纠纷
（2）证券包销合同纠纷

中华人民共和国公司法（节录）
（2012年12月28日修正）

第八十七条【股票的承销和承销协议的签订】 发起人向社会公开募集股份，应当由依法设立的证券公司承销，签订承销协议。

中华人民共和国证券法（节录）
（2014年8月31日修正）

第二十八条【证券的承销和协议的签订】 发行人向不特定对象发行的证券，法律、行政法规规定应当由证券公司承销的，发行人应当同证券公司签订承销协议。证券承销业务采取代销或者包销方式。

证券代销是指证券公司代发行人发售证券，在承销期结束时，将未售出的证券全部退还给发行人的承销方式。

证券包销是指证券公司将发行人的证券按照协议全部购入或者在承销期结束时将售后剩余证券全部自行购入的承销方式。

第三十条【代销、包销协议的内容】 证券公司承销证券，应当同发行人签订代销或者包销协议，载明下列事项：
（一）当事人的名称、住所及法定代表人姓名；
（二）代销、包销证券的种类、数量、金额及发行价格；
（三）代销、包销的期限及起止日期；
（四）代销、包销的付款方式及日期；
（五）代销、包销的费用和结算办法；
（六）违约责任；
（七）国务院证券监督管理机构规定的其他事项。

第三十三条【证券代销的期限】 证券的代销、包销期限最长不得超过九十日。

证券公司在代销、包销期内，对所代销、包销的证券应当保证先行出售给认购人，证券公司不得为本公司预留所代销的证券和预先购入并留存所包销的证券。

第一百九十条【证券公司承销或者代理买卖未经核准擅自公开发行的证券的法律责任】 证券公司承销或者代理买卖未经核准擅自公开发行的证券的，责令停止承销或者代理买卖，没收违法所得，并处以违法所得一倍以上五倍以下的罚款；没有违法所得或者违法所得不足三十万元的，处以三十万元以上六十万元以下的罚款。给投资者造成损失的，应当与发行人承担连带赔偿责任。对直接负责的主管人员和其他直接责任人员给予警告，撤销任职资格或者证券从业资格，并处以三万元以上三十万元以下的罚款。

第一百九十一条【证券公司承销证券时的禁止行为】 证券公司承销证券，有下列行为之一的，责令改正，给予警告，没收违法所得，可以并处三十万元以上六十万元以下的罚款；情节严重的，暂停或者撤销相关业务许可。给其他证券承销机构或者投资者造成损失的，依法承担赔偿责任。对直接负责的主管人员和其他直接责任人员给予警告，可以并处三万元以上三十万元以下的罚款；情节严重的，撤销任职资格或者证券从业资格：

（一）进行虚假的或者误导投资者的广告或者其他宣传推介活动；
（二）以不正当竞争手段招揽承销业务；
（三）其他违反证券承销业务规定的行为。

股票发行与交易管理暂行条例（节录）
（1993年4月22日　国务院令第112号）

第二十条【股票的承销以及承销协议】 公开发行的股票应当由证券经营机构承销。承销包括包销和代销两种方式。

发行人应当与证券经营机构签署承销协议。承销协议应当载明下列事项：

（一）当事人的名称、住所及法定代表人的姓名；
（二）承销方式；
（三）承销股票的种类、数量、金额及发行价格；
（四）承销期及起止日期；
（五）承销付款的日期及方式；
（六）承销费用的计算、支付方式和日期；

（七）违约责任；

（八）其他需要约定的事项。

证券经营机构收取承销费用的原则，由证监会确定。

第八十一条【各种用语的解释】 本条例下列用语的含义：

（一）"股票"是指股份有限公司发行的、表示其股东按其持有的股份享受权益和承担义务的可转让的书面凭证。

"簿记券式股票"是指发行人按照证监会规定的统一格式制作的、记载股东权益的书面名册。

"实物券式股票"是指发行人在证监会指定的印制机构统一印制的书面股票。

（二）"发行在外的普通股"是指公司库存以外的普通股。

（三）"公开发行"是指发行人通过证券经营机构向发行人以外的社会公众就发行人的股票作出的要约邀请、要约或者销售行为。

（四）"承销"是指证券经营机构依照协议包销或者代销发行人所发行股票的行为。

（五）"承销机构"是指以包销或者代句方式为发行人销售股票的证券经营机构。

（六）"包销"是指承销机构在发行期结束后将未售出的股票全部买下的承销方式。

（七）"代销"是指承销机构代理发售股票，在发行期结束后，将未售出的股票全部退还给发行人或者包销人的承销方式。

证券发行与承销管理办法（节录）

（2014年3月21日修正）

第二条【证券的承销】 发行人在境内发行股票或者可转换公司债券（以下统称证券）、证券公司在境内承销证券以及投资者认购境内发行的证券，适用本办法。

首次公开发行股票时公司股东公开发售其所持股份（以下简称老股转让）的，还应当符合中国证券监督管理委员会（以下简称中国证监会）的相关规定。

第二十一条【承销协议】 发行人和主承销商应当签订承销协议，在承销协议中界定双方的权利义务关系，约定明确的承销基数。采用包销方式的，应当明确包销责任；采用代销方式的，应当约定发行失败后的处理措施。

证券发行依照法律、行政法规的规定应由承销团承销的，组成承销团的承销商应当签订承销团协议，由主承销商负责组织承销工作。证券发行由两家以上证券公司联合主承销的，所有担任主承销商的证券公司应当共同承担主承销责任，履行相关义务。承销团由3家以上承销商组成的，可以设副主承销商，协助主承销商组织承销活动。

承销团成员应当按照承销团协议及承销协议的规定进行承销活动，不得进行虚假承销。

NO.290　证券投资咨询纠纷

条文要旨重点提示	对应条文序号
证券投资咨询机构的禁止行为	《中华人民共和国证券法》第171条
证券、期货投资咨询的概念	《证券、期货投资咨询管理暂行办法》第2条
证券、期货投资咨询机构的服务要求	《证券、期货投资咨询管理暂行办法》第19条、第20条
证券、期货投资咨询机构的诚信义务和说明义务	《证券、期货投资咨询管理暂行办法》第21条、第22条
证券、期货投资咨询机构人员禁止的行为	《证券、期货投资咨询管理暂行办法》第24条
证券、期货投资咨询机构人员提供的意见一致性	《证券、期货投资咨询管理暂行办法》第25条
证券、期货投资咨询机构人员内部信息的使用	《证券、期货投资咨询管理暂行办法》第26条
证券、期货投资咨询机构禁止从事的行为	《证券、期货投资咨询管理暂行办法》第33条

中华人民共和国证券法（节录）
（2014年8月31日修正）

第一百七十一条【证券投资咨询机构的禁止行为】 投资咨询机构及其从业人员从事证券服务业务不得有下列行为：

<u>（一）代理委托人从事证券投资；</u>

<u>（二）与委托人约定分享证券投资收益或者分担证券投资损失；</u>

<u>（三）买卖本咨询机构提供服务的上市公司股票；</u>

<u>（四）利用传播媒介或者通过其他方式提供、传播虚假或者误导投资者的信息；</u>

<u>（五）法律、行政法规禁止的其他行为。</u>

有前款所列行为之一，给投资者造成损失的，依法承担赔偿责任。

证券、期货投资咨询管理暂行办法（节录）
（1997年12月25日　证委发〔1997〕96号）

第二条【证券、期货投资咨询的概念】 在中华人民共和国境内从事证券、期货投资咨询业务，必须遵守本办法。

本办法所称**证券、期货投资咨询**，是指从事证券、期货投资咨询业务的机构及其投资咨询人员以下列形式为证券、期货投资人或者客户提供证券、期货投资分析、预测或者建议等直接或者间接有偿咨询服务的活动：

（一）接受投资人或者客户委托，提供证券、期货投资咨询服务；

（二）举办有关证券、期货投资咨询的讲座、报告会、分析会等；

（三）在报刊上发表证券、期货投资咨询的文章、评论、报告，以及通过电台、电视台等公众传播媒体提供证券、期货投资咨询服务；

（四）通过电话、传真、电脑网络等电信设备系统，提供证券、期货投资咨询服务；

（五）中国证券监督管理委员会（以下简称中国证监会）认定的其他形式。

第十九条【证券、期货投资咨询机构的服务要求】 证券、期货投资咨询机构及其投资咨询人员，应当以行业公认的谨慎、诚实和勤勉尽责的态度，为投资人或者客户提供证券、期货投资咨询服务。

第二十条【证券、期货投资咨询机构的服务要求】 证券、期货投资咨询机构及其投资咨询人员，应当完整、客观、准确地运用有关信息、资料向投资人或者客户提供投资分析、预测和建议，不得断章取义地引用或者篡改有关信息、资料；引用有关信息、资料时，应当注明出处和著作权人。

第二十一条【证券、期货投资咨询机构的诚信义务】 证券、期货投资咨询机构及其投资咨询人员，不得以虚假信息、市场传言或者内幕信息为依据向投资人或者客户提供投资分析、预测或建议。

第二十二条【证券、期货投资咨询机构的诚信义务和说明义务】 证券、期货投资咨询人员在报刊、电台、电视台或者其他传播媒体上发表投资咨询文章、报告或者意见时，必须注明所在证券、期货投资咨询机构的名称和个人真实姓名，并对投资风险作充分说明。证券、期货投资咨询机构向投资人或者客户提供的证券、期货投资咨询传真件必须注明机构名称、地址、联系电话和联系人姓名。

第二十四条【证券、期货投资咨询机构人员禁止的行为】 证券、期货投资咨询机构及其投资咨询人员，不得从事下列活动：

（一）代理投资人从事证券、期货买卖；
（二）向投资人承诺证券、期货投资收益；
（三）与投资人约定分享投资收益或者分担投资损失；
（四）为自己买卖股票及具有股票性质、功能的证券以及期货；
（五）利用咨询服务与他人合谋操纵市场或者进行内幕交易；
（六）法律、法规、规章所禁止的其他证券、期货欺诈行为。

第二十五条【证券、期货投资咨询机构人员提供的意见一致性】 证券、期货投资咨询机构就同一问题向不同客户提供的投资分析、预测或者建议应当一致。

具有自营业务的证券经营机构在从事超出本机构范围的证券投资咨询业务时，就同一问题向社会公众和其自营部门提供的咨询意见应当一致，不得为自营业务获利的需要误导社会公众。

第二十六条【证券、期货投资咨询机构人员内部信息的使用】 证券经营机构、期货经纪机构编发的供本机构内部使用的证券、期货信息简报、快讯、动态以及信息系统等，只能限于本机构范围内使用，不得通过任何途径向社会公众提供。

经中国证监会批准的公开发行股票的公司的承销商或者上市推荐人及其所属证券投资咨询机构，不得在公众传播媒体上刊登其为客户撰写的投资价值分析报告。

第三十三条【证券、期货投资咨询机构禁止从事的行为】 证券、期货投资咨询机构有下列行为之一的，由地方证管办（证监会）处一万元以上，五万元以下的罚款；情节严重的，地方证管办（证监会）应当向中国证监会报告，由中国证监会作出暂停或者撤销其业务资格的处罚：

（一）向证券监管部门报送的文件、资料有虚假陈述或者重大遗漏的；
（二）未按照本办法规定履行报告和年检义务的；
（三）未按照本办法规定履行对本机构有关情况发生变化的变更手续的；
（四）本机构证券、期货投资咨询人员违反本办法规定，受到证券监管部门行政处罚的；
（五）干扰、阻碍地方证管办（证监会）检查、调查，或者隐瞒、销毁证据的。

NO.291　　证券资信评级服务合同纠纷

相关法规

中华人民共和国证券法（节录）
（2014年8月31日修正）

第一百七十二条【证券资信评级服务的收费标准】 从事证券服务业务的投资咨询机构和资信评级机构，应当按照国务院有关主管部门规定的标准或者收费办法收取服务费用。

第一百七十三条【证券服务机构的勤勉、真实义务】 证券服务机构为证券的发行、上市、交易等证券业务活动制作、出具审计报告、资产评估报告、财务顾问报告、资信评级报告或者法律意见书等文件，应当勤勉尽责，对所依据的文件资料内容的真实性、准确性、完整性进行核查和验证。其制作、出具的文件有虚假记载、误导性陈述或者重大遗漏，给他人造成损失的，应当与发行人、上市公司承担连带赔偿责任，但是能够证明自己没有过错的除外。

> **第二百二十六条【擅自证券登记结算机构、从事证券服务业务的法律责任】** 未经国务院证券监督管理机构批准，擅自设立证券登记结算机构的，由证券监督管理机构予以取缔，没收违法所得，并处以违法所得一倍以上五倍以下的罚款。
>
> 投资咨询机构、财务顾问机构、**资信评级机构**、资产评估机构、会计师事务所未经批准，擅自从事证券服务业务的，责令改正，没收违法所得，并处以违法所得一倍以上五倍以下的罚款。
>
> 证券登记结算机构、证券服务机构违反本法规定或者依法制定的业务规则的，由证券监督管理机构责令改正，没收违法所得，并处以违法所得一倍以上五倍以下的罚款；没有违法所得或者违法所得不足十万元的，处以十万元以上三十万元以下的罚款；情节严重的，责令关闭或者撤销证券服务业务许可。

NO.292 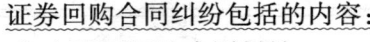 证券回购合同纠纷

> 证券回购合同纠纷包括的内容：
> （1）股票回购合同纠纷
> （2）国债回购合同纠纷
> （3）公司债券回购合同纠纷
> （4）证券投资基金回购合同纠纷

相关法规

> **全国银行间债券市场债券交易管理办法（节录）**
> （2000年4月30日 中国人民银行令〔2000〕第2号）
>
> **第三条【证券交易的品种】** 债券交易品种包括回购和现券买卖两种。
>
> **回购**是交易双方进行的以债券为权利质押的一种短期资金融通业务，指资金融入方（正回购方）在将债券出质给资金融出方（逆回购方）融入资金的同时，双方约定在将来某一日期由正回购方按约定回购利率计算的资金额向逆回购方返还资金，逆回购方向正回购方返还原出质债券的融资行为。
>
> **现券买卖**是指交易双方以约定的价格转让债券所有权的交易行为。

第四条【债券的概念】 本办法所称**债券**是指经中国人民银行批准可用于在全国银行间债券市场进行交易的政府债券、中央银行债券和金融债券等记账式债券。

第九条【债券回购协议的签订】 上述机构进入全国银行间债券市场，应签署债券回购主协议。

第十六条【债券交易合同】 进行债券交易，应订立书面形式的合同。合同应对交易日期、交易方向、债券品种、债券数量、交易价格或利率、账户与结算方式、交割金额和交割时间等要素作出明确的约定，其书面形式包括同业中心交易系统生成的成交单、电报、电传、传真、合同书和信件等。

债券回购主协议和上述书面形式的回购合同构成回购交易的完整合同。

第十七条【回购合同的生效】 以债券为质押进行回购交易，应办理登记；回购合同在办理质押登记后生效。

第十八条【禁止合同的擅自变更和解除】 合同一经成立，交易双方应全面履行合同规定的义务，不得擅自变更或解除合同。

第十九条【债券交易买卖的价格和回购率】 债券交易现券买卖价格或回购利率由交易双方自行确定。

第二十一条【回购期间，不得使用质押的债券】 回购期间，交易双方不得动用质押的债券。

第二十二条【回购期限】 回购期限最长为365天。回购到期应按照合同约定全额返还回购项下的资金，并解除质押关系，不得以任何方式展期。

中国人民银行、财政部、中国证券监督委员会关于重申进一步规范证券回购业务有关问题的通知

（1995年8月8日）

> 司法解释

经查，一些金融机构从事证券回购业务严重违规。为维护金融市场秩序，保证证券回购业务健康发展，现重申证券回购业务有关规定并就进一步规范如下：

一、**证券回购业务**是指债券持有人在卖出一笔债券的同时，与买方签订协议，约定一定期限和价格，买回同一笔债券的融资活动。人民银行各级行要根据《信贷资金管理暂行办法》、《关于坚决制止国库券卖空行为的通知》、《关于1995年国库券发行中有关问题的紧急通知》等有关规定，切实加强对证券回购业务的管理。

各类金融机构必须按规定开展证券回购业务。

二、**凡未经国务院和中国人民银行批准的证券交易场所和融资中心，一律不得开办证券回购业务。**所有金融机构也不得参与这些场所和中心开设的证券回购市场。非金融机构、个人以及不具有法人资格的金融机构一律不得直接参与证券回购业务，任何交易场所、融资中心不得接受其为会员。禁止在国家批准的证券交易场所之外私下从事证券回购业务。

三、**证券回购券种**只能是国库券和经中国人民银行批准发行的金融债券；回购期限最长不得超过1年；回购资金不得用于固定资产投资，不得用于期货市场投资和股本投资，不得以贷款、拆借等任何名义用于企业。

四、回购方必须有百分之百的属于自己所有的国库券和金融债券，并将国库券和金融债券集中在中国人民银行省、自治区、直辖市、计划单列市分行指定的一家证券登记托管机构保管。代保管单只能由该机构出具。凡出具虚假代保管单的，比照全国人大《关于惩治破坏金融秩序犯罪的决定》中的第十条、第十五条等规定惩治。返售方在回购期内不得动用回购证券。禁止任何金融机构挪用个人或机构委托其保管的证券。

五、禁止任何金融机构以租券、借券等方式从事证券回购业务。

六、凡从事证券回购业务的金融机构必须在8月30日以前到当地人民银行逐笔填写《证券回购业务登记表》由人民银行省、自治区、直辖市、计划单列市分行汇总并报中国人民银行总行和财政部。逾期不登记者，取消其从事证券回购业务的资格。

七、文到之日前所有在证券回购业务上的违规行为必须按本通知规定限期纠正。回购方必须在10月30日之前，将其所开具的代保管凭证中记录的代保管证券如数交由上述人民银行指定的证券登记托管机构保管。逾期不交者，返售方必须将资金抽回。文到之日起新开办的证券回购业务一律按本通知规定执行。

八、**严禁金融机构以出售国库券代保管单等形式盗用国家信用，非法集资或变相高息吸收存款。**

九、违反本通知规定者，人民银行有权视其情节轻重，给予以下处罚：

（一）没收非法所得；

（二）处以违规金额每日万分之五的罚款；

（三）连续两次违规，取消违规者从事证券回购业务资格；情节严重者，给予通报批评，并责令撤换法定代表人直至吊销其《金融机构法人许可证》或《金融机构营业许可证》。

十、证券公司及证券兼营机构必须每月向当地人民银行如实上报"资产负债表"、"损益表"、"证券回购（返售）业务明细表"，由中国人民银行省、自治区、直辖市、计划单列城市分行汇总报中国人民银行总行。凡连续两个月不报送报表的金融机构，中国人民银行有权责令其撤换法定代表人。

以上要求，请人民银行省、自治区、直辖市、计划单列市分行及时通知辖区内各金融机构。

NO.293　证券上市合同纠纷

相关法规

中华人民共和国证券法（节录）
（2014年8月31日修正）

第四十八条【证券上市交易的申请及上市协议的签订】 申请证券上市交易，应当向证券交易所提出申请，由证券交易所依法审核同意，并由双方签订上市协议。

证券交易所根据国务院授权的部门的决定安排政府债券上市交易。

第五十九条【公司债券上市及有关文件的公告】 公司债券上市交易申请经证券交易所审核同意后，签订上市协议的公司应当在规定的期限内公告公司债券上市文件及有关文件，并将其申请文件置备于指定场所供公众查阅。

NO.294　证券交易代理合同纠纷

相关法规

中华人民共和国证券法（节录）
（2014年8月31日修正）

第一百四十三条【证券公司办理经纪业务的禁止行为】 证券公司办理经纪业务，不得接受客户的全权委托而决定证券买卖、选择证券种类、决定买卖数量或者买卖价格。

第一百四十四条【禁止证券公司的承诺行为】 证券公司不得以任何方式对客户证券买卖的收益或者赔偿证券买卖的损失作出承诺。

第一百四十五条【禁止证券公司及其从业人员私下接受委托】 证券公司及其从业人员不得未经过其依法设立的营业场所私下接受客户委托买卖证券。

第一百四十七条【证券公司妥善保存客户信息的义务】 证券公司应当妥善保存客户开户资料、委托记录、交易记录和与内部管理、业务经营有关的各项资料，任何人不得隐匿、伪造、篡改或者毁损。上述资料的保存期限不得少于二十年。

第二百一十二条【证券公司办理业务的违反规定行为】 证券公司办理经纪业务，接受客户的全权委托买卖证券的，或者证券公司对客户买卖证券的收益或者赔偿证券买卖的损失作出承诺的，责令改正，没收违法所得，并处以五万元以上二十万元以下的罚款，可以暂停或者撤销相关业务许可。对直接负责的主管人员和其他直接责任人员给予警告，并处以三万元以上十万元以下的罚款，可以撤销任职资格或者证券从业资格。

第二百二十条【证券公司办理业务的违反规定行为】 证券公司对其证券经纪业务、证券承销业务、证券自营业务、证券资产管理业务，不依法分开办理，混合操作的，责令改正，没收违法所得，并处以三十万元以上六十万元以下的罚款；情节严重的，撤销相关业务许可。对直接负责的主管人员和其他直接责任人员给予警告，并处以三万元以上十万元以下的罚款；情节严重的，撤销任职资格或者证券从业资格。

NO.295 证券上市保荐合同纠纷

条文要旨重点提示	对应条文序号
证券承销时保荐人的聘请	《中华人民共和国证券法》第11条
证券上市交易时保荐人的聘请	《中华人民共和国证券法》第49条
保荐人违反义务的法律责任	《中华人民共和国证券法》第192条
聘请保荐机构	《证券发行上市保荐业务管理办法》第2条
保荐机构及其保荐代表人的义务	《证券发行上市保荐业务管理办法》第4条

续表

条文要旨重点提示	对应条文序号
保荐代表人遵守职业准则	《证券发行上市保荐业务管理办法》第5条
同次发行债券的保荐机构	《证券发行上市保荐业务管理办法》第6条
保荐机构文件的真实性	《证券发行上市保荐业务管理办法》第65条
保荐机构、保荐代表人、保荐业务负责人和内核负责人违反义务的后果	《证券发行上市保荐业务管理办法》第66条
保荐机构的法律责任	《证券发行上市保荐业务管理办法》第67条
保荐代表人的法律责任	《证券发行上市保荐业务管理办法》第68条、第69条

相关法规

中华人民共和国证券法（节录）
（2014年8月31日修正）

第十一条【证券承销时保荐人的聘请】 发行人申请公开发行股票、可转换为股票的公司债券，依法采取承销方式的，或者公开发行法律、行政法规规定实行保荐制度的其他证券的，应当聘请具有保荐资格的机构担任保荐人。

保荐人应当遵守业务规则和行业规范，诚实守信，勤勉尽责，对发行人的申请文件和信息披露资料进行审慎核查，督导发行人规范运作。

保荐人的资格及其管理办法由国务院证券监督管理机构规定。

第四十九条【证券上市交易时保荐人的聘请】 申请股票、可转换为股票的公司债券或者法律、行政法规规定实行保荐制度的其他证券上市交易，应当聘请具有保荐资格的机构担任保荐人。

本法第十一条第二款、第三款的规定适用于上市保荐人。

第一百九十二条【保荐人违反义务的法律责任】 保荐人出具有虚假记载、误导性陈述或者重大遗漏的保荐书，或者不履行其他法定职责的，责令改正，给予警告，没收业务收入，并处以业务收入一倍以上五倍以下的罚款；情节严重的，暂停或者撤销相关业务许可。对直接负责的主管人员和其他直接责任人员给予警告，并处以三万元以上三十万元以下的罚款；情节严重的，撤销任职资格或者证券从业资格。

证券发行上市保荐业务管理办法（节录）
（2009年5月13日　证监会令第63号）

第二条【聘请保荐机构】　发行人应当就下列事项聘请具有保荐机构资格的证券公司履行保荐职责：

（一）首次公开发行股票并上市；

（二）上市公司发行新股、可转换公司债券；

（三）中国证券监督管理委员会（以下简称中国证监会）认定的其他情形。

第三条　证券公司从事证券发行上市保荐业务，应依照本办法规定向中国证监会申请保荐机构资格。

保荐机构履行保荐职责，应当指定依照本办法规定取得保荐代表人资格的个人具体负责保荐工作。

未经中国证监会核准，任何机构和个人不得从事保荐业务。

第四条【保荐机构及其保荐代表人的义务】　保荐机构及其保荐代表人应当遵守法律、行政法规和中国证监会的相关规定，恪守业务规则和行业规范，诚实守信，勤勉尽责，尽职推荐发行人证券发行上市，持续督导发行人履行规范运作、信守承诺、信息披露等义务。

保荐机构及其保荐代表人不得通过从事保荐业务谋取任何不正当利益。

第五条【保荐代表人遵守职业准则】　保荐代表人应当遵守职业道德准则，珍视和维护保荐代表人职业声誉，保持应有的职业谨慎，保持和提高专业胜任能力。

保荐代表人应当维护发行人的合法利益，对从事保荐业务过程中获知的发行人信息保密。保荐代表人应当恪守独立履行职责的原则，不因迎合发行人或者满足发行人的不当要求而丧失客观、公正的立场，不得唆使、协助或者参与发行人及证券服务机构实施非法的或者具有欺诈性的行为。

保荐代表人及其配偶不得以任何名义或者方式持有发行人的股份。

第六条【同次发行债券的保荐机构】　同次发行的证券，其发行保荐和上市保荐应当由同一保荐机构承担。保荐机构依法对发行人申请文件、证券发行募集文件进行核查,向中国证监会、证券交易所出具保荐意见。保荐机构应当保证所出具的文件真实、准确、完整。

证券发行规模达到一定数量的,可以采用联合保荐,但参与联合保荐的保荐机构不得超过2家。

证券发行的主承销商可以由该保荐机构担任,也可以由其他具有保荐机构资格的证券公司与该保荐机构共同担任。

第六十五条【保荐机构文件的真实性】 保荐机构资格申请文件存在虚假记载、误导性陈述或者重大遗漏的,中国证监会不予核准;已核准的,撤销其保荐机构资格。

保荐代表人资格申请文件存在虚假记载、误导性陈述或者重大遗漏的,中国证监会不予核准;已核准的,撤销其保荐代表人资格。对提交该申请文件的保荐机构,中国证监会自撤销之日起6个月内不再受理该保荐机构推荐的保荐代表人资格申请。

第六十六条【保荐机构、保荐代表人、保荐业务负责人和内核负责人违反义务的后果】 保荐机构、保荐代表人、保荐业务负责人和内核负责人违反本办法,未诚实守信、勤勉尽责地履行相关义务的,中国证监会责令改正,并对其采取监管谈话、重点关注、责令进行业务学习、出具警示函、责令公开说明、认定为不适当人选等监管措施;依法应给予行政处罚的,依照有关规定进行处罚;情节严重涉嫌犯罪的,依法移送司法机关,追究其刑事责任。

第六十七条【保荐机构的法律责任】 保荐机构出现下列情形之一的,中国证监会自确认之日起暂停其保荐机构资格3个月;情节严重的,暂停其保荐机构资格6个月,并可以责令保荐机构更换保荐业务负责人、内核负责人;情节特别严重的,撤销其保荐机构资格:

(一)向中国证监会、证券交易所提交的与保荐工作相关的文件存在虚假记载、误导性陈述或者重大遗漏;

(二)内部控制制度未有效执行;

(三)尽职调查制度、内部核查制度、持续督导制度、保荐工作底稿制度未有效执行;

(四)保荐工作底稿存在虚假记载、误导性陈述或者重大遗漏;

(五)唆使、协助或者参与发行人及证券服务机构提供存在虚假记载、误导性陈述或者重大遗漏的文件;

(六)唆使、协助或者参与发行人干扰中国证监会及其发行审核委员会的审核工作；

（七）通过从事保荐业务谋取不正当利益；

（八）严重违反诚实守信、勤勉尽责义务的其他情形。

第六十八条【保荐代表人的法律责任】 保荐代表人出现下列情形之一的，中国证监会可根据情节轻重，自确认之日起3个月到12个月内不受理相关保荐代表人具体负责的推荐；情节特别严重的，撤销其保荐代表人资格：

（一）尽职调查工作日志缺失或者遗漏、隐瞒重要问题；

（二）未完成或者未参加辅导工作；

（三）未参加持续督导工作，或者持续督导工作未勤勉尽责；

（四）因保荐业务或其具体负责保荐工作的发行人在保荐期间内受到证券交易所、中国证券业协会公开谴责；

（五）唆使、协助或者参与发行人干扰中国证监会及其发行审核委员会的审核工作；

（六）严重违反诚实守信、勤勉尽责义务的其他情形。

第六十九条【保荐代表人的法律责任】 保荐代表人出现下列情形之一的，中国证监会撤销其保荐代表人资格；情节严重的，对其采取证券市场禁入的措施：

（一）在与保荐工作相关文件上签字推荐发行人证券发行上市，但未参加尽职调查工作，或者尽职调查工作不彻底、不充分，明显不符合业务规则和行业规范；

（二）通过从事保荐业务谋取不正当利益；

（三）本人及其配偶持有发行人的股份；

（四）唆使、协助或者参与发行人及证券服务机构提供存在虚假记载、误导性陈述或者重大遗漏的文件；

（五）参与组织编制的与保荐工作相关文件存在虚假记载、误导性陈述或者重大遗漏。

NO.296 证券发行纠纷

条文要旨重点提示	对应条文序号
股票发行的原则	《中华人民共和国公司法》第126条
股票发行的价格	《中华人民共和国公司法》第127条
股票种类、股东名册	《中华人民共和国公司法》第129条、第130条
发行新股的决议、程序、作价方案、变更登记	《中华人民共和国公司法》第133—136条
证券的公开发行	《中华人民共和国证券法》第10条
发行新股的条件	《中华人民共和国证券法》第13条
公开发行股票的使用用途	《中华人民共和国证券法》第15条
发行公司债券的条件	《中华人民共和国证券法》第16条
禁止再次发行公司债券的情形	《中华人民共和国证券法》第18条
股票发行的风险	《中华人民共和国证券法》第27条

证券发行纠纷包括的内容：
（1）证券认购纠纷
（2）证券发行失败纠纷

相关法规

中华人民共和国公司法（节录）
（2013年12月28日修正）

第一百二十六条【股票发行的原则】 股份的发行，实行公平、公正的原则，同种类的每一股份应当具有同等权利。

同次发行的同种类股票，每股的发行条件和价格应当相同；任何单位或者个人所认购的股份，每股应当支付相同价额。

第一百二十七条【股票发行的价格】 股票发行价格可以按票

面金额，也可以超过票面金额，但不得低于票面金额。

第一百二十九条【股票种类】 公司发行的股票，可以为记名股票，也可以为无记名股票。

公司向发起人、法人发行的股票，应当为记名股票，并应当记载该发起人、法人的名称或者姓名，不得另立户名或者以代表人姓名记名。

第一百三十条【股东名册】 公司发行记名股票的，应当置备股东名册，记载下列事项：

（一）股东的姓名或者名称及住所；

（二）各股东所持股份数；

（三）各股东所持股票的编号；

（四）各股东取得股份的日期。

发行无记名股票的，公司应当记载其股票数量、编号及发行日期。

第一百三十三条【发行新股的决议】 公司发行新股，股东大会应当对下列事项作出决议：

（一）新股种类及数额；

（二）新股发行价格；

（三）新股发行的起止日期；

（四）向原有股东发行新股的种类及数额。

第一百三十四条【发行新股的程序】 公司经国务院证券监督管理机构核准公开发行新股时，必须公告新股招股说明书和财务会计报告，并制作认股书。

本法第八十八条、第八十九条的规定适用于公司公开发行新股。

第一百三十五条【发行新股的作价方案】 公司发行新股，可以根据公司经营情况和财务状况，确定其作价方案。

第一百三十六条【发行新股的变更登记】 公司发行新股募足股款后，必须向公司登记机关办理变更登记，并公告。

中华人民共和国证券法（节录）

（2014年8月31日修正）

第十条【证券的公开发行】 公开发行证券，必须符合法律、行政法规规定的条件，并依法报经国务院证券监督管理机构或者国务院授权的部门核准；未经依法核准，任何单位和个人不得公开发行证券。

有下列情形之一的，为公开发行：

（一）向不特定对象发行证券的；

（二）向特定对象发行证券累计超过二百人的；

（三）法律、行政法规规定的其他发行行为。

非公开发行证券，不得采用广告、公开劝诱和变相公开方式。

第十三条【发行新股的条件】 公司公开发行新股，应当符合下列条件：

（一）具备健全且运行良好的组织机构；

（二）具有持续盈利能力，财务状况良好；

（三）最近三年财务会计文件无虚假记载，无其他重大违法行为；

（四）经国务院批准的国务院证券监督管理机构规定的其他条件。

上市公司非公开发行新股，应当符合经国务院批准的国务院证券监督管理机构规定的条件，并报国务院证券监督管理机构核准。

第十五条【公开发行股票的使用用途】 公司对公开发行股票所募集资金，必须按照招股说明书所列资金用途使用。改变招股说明书所列资金用途，必须经股东大会作出决议。擅自改变用途而未作纠正的，或者未经股东大会认可的，不得公开发行新股。

第十六条【发行公司债券的条件】 公开发行公司债券，应当符合下列条件：

（一）股份有限公司的净资产不低于人民币三千万元，有限责任公司的净资产不低于人民币六千万元；

（二）累计债券余额不超过公司净资产的百分之四十；

（三）最近三年平均可分配利润足以支付公司债券一年的利息；

（四）筹集的资金投向符合国家产业政策；

（五）债券的利率不超过国务院限定的利率水平；

（六）国务院规定的其他条件。

公开发行公司债券筹集的资金，必须用于核准的用途，不得用于弥补亏损和非生产性支出。

上市公司发行可转换为股票的公司债券，除应当符合第一款规定的条件外，还应当符合本法关于公开发行股票的条件，并报国务院证券监督管理机构核准。

第十八条【禁止再次发行公司债券的情形】 有下列情形之一的，不得再次公开发行公司债券：

（一）前一次公开发行的公司债券尚未募足；

（二）对已公开发行的公司债券或者其他债务有违约或者延迟支付本息的事实，仍处于继续状态；

（三）违反本法规定，改变公开发行公司债券所募资金的用途。

第二十七条【股票发行的风险】 股票依法发行后，发行人经营与收益的变化，由发行人自行负责；由此变化引致的投资风险，由投资者自行负责。

NO.297　　　　　证券返还纠纷

相关法规

——证券返还纠纷的参照内容

中华人民共和国证券法（节录）
（2014年8月31日修正）

第八十条【禁止法人非法从事证券交易和出借账户】 禁止法人非法利用他人账户从事证券交易；禁止法人出借自己或者他人的证券账户。

第二百零八条【法人违反规定的法律责任】 违反本法规定，法人以他人名义设立账户或者利用他人账户买卖证券的，责令改正，没收违法所得，并处以违法所得一倍以上五倍以下的罚款；没有违法所得或者违法所得不足三万元的，处以三万元以上三十万元以下的罚款。对直接负责的主管人员和其他直接责任人员给予警告，并处以三万元以上十万元以下的罚款。

证券公司为前款规定的违法行为提供自己或者他人的证券交易账户的，除依照前款的规定处罚外，还应当撤销直接负责的主管人员和其他直接责任人员的任职资格或者证券从业资格。

NO.298　证券欺诈责任纠纷

条文要旨重点提示	对应条文序号
证券交易、发行应遵守法律	《中华人民共和国证券法》第5条
禁止证券公司及其人员从事欺诈行为	《中华人民共和国证券法》第79条
有关欺诈行为的一种虚假陈述的司法解释	最高人民法院《关于审理证券市场因虚假陈述引发的民事赔偿案件若干规定》第1条、第17—28条

证券欺诈责任纠纷包括的内容：
（1）证券内幕交易责任纠纷
（2）操纵证券交易市场责任纠纷
（3）证券虚假陈述责任纠纷
（4）欺诈客户责任纠纷

相关法规

中华人民共和国证券法（节录）

（2014年8月31日修正）

第五条【证券交易、发行应遵守法律】　证券的发行、交易活动，必须遵守法律、行政法规；禁止欺诈、内幕交易和操纵证券市场的行为。

第七十九条【禁止证券公司及其人员从事欺诈行为】　禁止证券公司及其从业人员从事下列损害客户利益的欺诈行为：

（一）违背客户的委托为其买卖证券；

（二）不在规定时间内向客户提供交易的书面确认文件；

（三）挪用客户所委托买卖的证券或者客户账户上的资金；

（四）未经客户的委托，擅自为客户买卖证券，或者假借客户的名义买卖证券；

（五）为牟取佣金收入，诱使客户进行不必要的证券买卖；

（六）利用传播媒介或者通过其他方式提供、传播虚假或者误导投资者的信息；

（七）其他违背客户真实意思表示，损害客户利益的行为。

欺诈客户行为给客户造成损失的，行为人应当依法承担赔偿责任。

> **最高人民法院关于审理证券市场因虚假陈述引发的民事赔偿案件若干规定（节录）**
>
> （2003年1月9日　法释〔2003〕2号）
>
> **第一条**　本规定所称证券市场因虚假陈述引发的民事赔偿案件（以下简称虚假陈述证券民事赔偿案件），是指证券市场投资人以信息披露义务人违反法律规定，进行虚假陈述并致使其遭受损失为由，而向人民法院提起诉讼的民事赔偿案件。
>
> **第十七条**　证券市场虚假陈述，是指信息披露义务人违反证券法律规定，在证券发行或者交易过程中，对重大事件作出违背事实真相的虚假记载、误导性陈述，或者在披露信息时发生重大遗漏、不正当披露信息的行为。
>
> 对于重大事件，应当结合证券法第五十九条、第六十条、第六十一条、第六十二条、第七十二条及相关规定的内容认定。
>
> **虚假记载**，是指信息披露义务人在披露信息时，将不存在的事实在信息披露文件中予以记载的行为。
>
> **误导性陈述**，是指虚假陈述行为人在信息披露文件中或者通过媒体，作出使投资人对其投资行为发生错误判断并产生重大影响的陈述。
>
> **重大遗漏**，是指信息披露义务人在信息披露文件中，未将应当记载的事项完全或者部分予以记载。
>
> **不正当披露**，是指信息披露义务人未在适当期限内或者未以法定方式公开披露应当披露的信息。
>
> **第十八条**　投资人具有以下情形的，人民法院应当认定虚假陈述与损害结果之间存在因果关系：
>
> （一）投资人所投资的是与虚假陈述直接关联的证券；
>
> （二）投资人在虚假陈述实施日及以后，至揭露日或者更正日之前买入该证券；
>
> （三）投资人在虚假陈述揭露日或者更正日及以后，因卖出该

司法解释 ⇒

证券发生亏损，或者因持续持有该证券而产生亏损。

第十九条　被告举证证明原告具有以下情形的，人民法院应当认定虚假陈述与损害结果之间不存在因果关系：

（一）在虚假陈述揭露日或者更正日之前已经卖出证券；

（二）在虚假陈述揭露日或者更正日及以后进行的投资；

（三）明知虚假陈述存在而进行的投资；

（四）损失或者部分损失是由证券市场系统风险等其他因素所导致；

（五）属于恶意投资、操纵证券价格的。

第二十条　本规定所指的虚假陈述实施日，是指作出虚假陈述或者发生虚假陈述之日。

虚假陈述揭露日，是指虚假陈述在全国范围发行或者播放的报刊、电台、电视台等媒体上，首次被公开揭露之日。

虚假陈述更正日，是指虚假陈述行为人在中国证券监督管理委员会指定披露证券市场信息的媒体上，自行公告更正虚假陈述并按规定履行停牌手续之日。

第二十一条　发起人、发行人或者上市公司对其虚假陈述给投资人造成的损失承担民事赔偿责任。

发行人、上市公司负有责任的董事、监事和经理等高级管理人员对前款的损失承担连带赔偿责任。但有证据证明无过错的，应予免责。

第二十二条　实际控制人操纵发行人或者上市公司违反证券法律规定，以发行人或者上市公司名义虚假陈述并给投资人造成损失的，可以由发行人或者上市公司承担赔偿责任。发行人或者上市公司承担赔偿责任后，可以向实际控制人追偿。

实际控制人违反证券法第四条、第五条以及第一百八十八条规定虚假陈述，给投资人造成损失的，由实际控制人承担赔偿责任。

第二十三条　证券承销商、证券上市推荐人对虚假陈述给投资人造成的损失承担赔偿责任。但有证据证明无过错的，应予免责。

负有责任的董事、监事和经理等高级管理人员对证券承销商、证券上市推荐人承担的赔偿责任负连带责任。其免责事由同前款规定。

第二十四条　专业中介服务机构及其直接责任人违反证券法第一百六十一条和第二百零二条的规定虚假陈述，给投资人造成损失的，就其负有责任的部分承担赔偿责任。但有证据证明无过错的，应予免责。

第二十五条　本规定第七条第（七）项规定的其他作出虚假陈述行为

的机构或者自然人，违反证券法第五条、第七十二条、第一百八十八条和第一百八十九条规定，给投资人造成损失的，应当承担赔偿责任。

第二十六条 <u>发起人对发行人信息披露提供担保的，发起人与发行人对投资人的损失承担连带责任。</u>

第二十七条 <u>证券承销商、证券上市推荐人或者专业中介服务机构，知道或者应当知道发行人或者上市公司虚假陈述，而不予纠正或者不出具保留意见的，构成共同侵权，对投资人的损失承担连带责任。</u>

第二十八条 <u>发行人、上市公司、证券承销商、证券上市推荐人负有责任的董事、监事和经理等高级管理人员有下列情形之一的，应当认定为共同虚假陈述，分别与发行人、上市公司、证券承销商、证券上市推荐人对投资人的损失承担连带责任：</u>

（一）<u>参与虚假陈述的；</u>

（二）<u>知道或者应当知道虚假陈述而未明确表示反对的；</u>

（三）<u>其他应当负有责任的情形。</u>

NO.299　证券托管纠纷

条文要旨重点提示	对应条文序号
基金托管人的担任	《中华人民共和国证券投资基金法》第33条
基金托管人与基金管理人的竞合禁止	《中华人民共和国证券投资基金法》第36条
基金托管人的职责	《中华人民共和国证券投资基金法》第37条
基金托管人的拒绝执行与通知义务	《中华人民共和国证券投资基金法》第38条
基金托管资格的取消	《中华人民共和国证券投资基金法》第41条
基金托管人职责的终止	《中华人民共和国证券投资基金法》第42条
新基金托管人的产生	《中华人民共和国证券投资基金法》第43条
证券的托管与存	《证券登记结算管理办法》第34条
证券交易、托管与结算协议的签订	《证券登记结算管理办法》第36条
转托管	《证券登记结算管理办法》第38条
证券的安全性	《证券登记结算管理办法》第39条

中华人民共和国证券投资基金法（节录）

（2012年12月28日　主席令第71号）

第三十三条【基金托管人的担任】 基金托管人由依法设立的商业银行或者其他金融机构担任。

商业银行担任基金托管人的，由国务院证券监督管理机构会同国务院银行业监督管理机构核准；其他金融机构担任基金托管人的，由国务院证券监督管理机构核准。

第三十六条【基金托管人与基金管理人的竞合禁止】 基金托管人与基金管理人不得为同一人，不得相互出资或者持有股份。

第三十七条【基金托管人的职责】 基金托管人应当履行下列职责：

（一）安全保管基金财产；

（二）按照规定开设基金财产的资金账户和证券账户；

（三）对所托管的不同基金财产分别设置账户，确保基金财产的完整与独立；

（四）保存基金托管业务活动的记录、账册、报表和其他相关资料；

（五）按照基金合同的约定，根据基金管理人的投资指令，及时办理清算、交割事宜；

（六）办理与基金托管业务活动有关的信息披露事项；

（七）对基金财务会计报告、中期和年度基金报告出具意见；

（八）复核、审查基金管理人计算的基金资产净值和基金份额申购、赎回价格；

（九）按照规定召集基金份额持有人大会；

（十）按照规定监督基金管理人的投资运作；

（十一）国务院证券监督管理机构规定的其他职责。

第三十八条【基金托管人的拒绝执行与通知义务】 基金托管人发现基金管理人的投资指令违反法律、行政法规和其他有关规定，或者违反基金合同约定的，应当拒绝执行，立即通知基金管理人，并及时向国务院证券监督管理机构报告。

基金托管人发现基金管理人依据交易程序已经生效的投资指令违反法律、行政法规和其他有关规定，或者违反基金合同约定的，应当立即通知基金管理人，并及时向国务院证券监督管理机构报告。

第四十一条【基金托管资格的取消】 国务院证券监督管理机构、国务院银行业监督管理机构对有下列情形之一的基金托管人，可以取消其基金托管资格：

（一）连续三年没有开展基金托管业务的；

（二）违反本法规定，情节严重的；

（三）法律、行政法规规定的其他情形。

第四十二条【基金托管人职责的终止】 有下列情形之一的，基金托管人职责终止：

（一）被依法取消基金托管资格；

（二）被基金份额持有人大会解任；

（三）依法解散、被依法撤销或者被依法宣告破产；

（四）基金合同约定的其他情形。

第四十三条【新基金托管人的产生】 基金托管人职责终止的，基金份额持有人大会应当在六个月内选任新基金托管人；新基金托管人产生前，由国务院证券监督管理机构指定临时基金托管人。

基金托管人职责终止的，应当妥善保管基金财产和基金托管业务资料，及时办理基金财产和基金托管业务的移交手续，新基金托管人或者临时基金托管人应当及时接收。

证券登记结算管理办法（节录）

（2009年11月20日　证监会第65号）

第三十四条【证券的托管与存管】 投资者应当委托证券公司托管其持有的证券，证券公司应当将其自有证券和所托管的客户证券交由证券登记结算机构存管，但法律、行政法规和中国证监会另有规定的除外。

第三十六条【证券交易、托管与结算协议的签订】 投资者买卖证券，应当与证券公司签订证券交易、托管与结算协议。

证券登记结算机构应当制定和公布证券交易、托管与结算协议中与证券登记结算业务有关的必备条款。必备条款应当包括但不限于以下内容：

（一）证券公司根据客户的委托，按照证券交易规则提出交易申报，根据成交结果完成其与客户的证券和资金的交收,并承担相应的交收责任;客户应当同意集中交易结束后,由证券公司委托证券登记结算机构办理其证券账户与证券公司证券交收账户之间的证券划付。

(二)实行质押式回购交易的,投资者和证券公司应当按照业务规则的规定向证券登记结算机构移交用于回购的质押券。投资者和证券公司之间债权债务关系不影响证券登记结算机构按照业务规则对证券公司移交的质押券行使质押权。

(三)客户出现资金交收违约时,证券公司可以委托证券登记结算机构将客户净买入证券划付到其证券处置账户内,并要求客户在约定期限内补足资金。客户出现证券交收违约时,证券公司可以将相当于证券交收违约金额的资金暂不划付给该客户。

第三十八条【转托管】 客户要求证券公司将其持有证券转由其他证券公司托管的,相关证券公司应当依据证券交易所及证券登记结算机构有关业务规则予以办理,不得拒绝,但有关法律、行政法规和中国证监会另有规定的除外。

第三十九条【证券的安全性】 证券公司应当采取有效措施,保证其托管的证券的安全,禁止挪用、盗卖。

证券登记结算机构应当采取有效措施,保证其存管的证券的安全,禁止挪用、盗卖。

NO.300 ⇒ 证券登记、存管、结算纠纷

条文要旨重点提示	对应条文序号
证券登记结算机构	《中华人民共和国证券法》第155条
证券登记结算机构的条件	《中华人民共和国证券法》第156条
证券登记结算机构履行的职能	《中华人民共和国证券法》第157条
上市交易证券的存管	《中华人民共和国证券法》第159条
证券登记结算机构的妥善保管义务	《中华人民共和国证券法》第162条
证券结算风险基金的设立	《中华人民共和国证券法》第163条
证券的托管与存管	《证券登记结算管理办法》第34条

中华人民共和国证券法（节录）
（2014年8月31日修正）

第一百五十五条【证券登记结算机构】 证券登记结算机构是为证券交易提供集中登记、存管与结算服务，不以营利为目的的法人。

设立证券登记结算机构必须经国务院证券监督管理机构批准。

第一百五十六条【证券登记结算机构的条件】 设立证券登记结算机构，应当具备下列条件：

（一）自有资金不少于人民币二亿元；

（二）具有证券登记、存管和结算服务所必须的场所和设施；

（三）主要管理人员和从业人员必须具有证券从业资格；

（四）国务院证券监督管理机构规定的其他条件。

证券登记结算机构的名称中应当标明证券登记结算字样。

第一百五十七条【证券登记结算机构履行的职能】 证券登记结算机构履行下列职能：

（一）证券账户、结算账户的设立；

（二）证券的存管和过户；

（三）证券持有人名册登记；

（四）证券交易所上市证券交易的清算和交收；

（五）受发行人的委托派发证券权益；

（六）办理与上述业务有关的查询；

（七）国务院证券监督管理机构批准的其他业务。

第一百五十九条【上市交易证券的存管】 证券持有人持有的证券，在上市交易时，应当全部存管在证券登记结算机构。

证券登记结算机构不得挪用客户的证券。

第一百六十二条【证券登记结算机构的妥善保管义务】 证券登记结算机构应当妥善保存登记、存管和结算的原始凭证及有关文件和资料。其保存期限不得少于二十年。

第一百六十三条【证券结算风险基金的设立】 证券登记结算机构应当设立证券结算风险基金，用于垫付或者弥补因违约交收、

（相关法规）

第八部分　与公司、证券、保险、票据等有关的民事纠纷

技术故障、操作失误、不可抗力造成的证券登记结算机构的损失。

证券结算风险基金从证券登记结算机构的业务收入和收益中提取，并可以由结算参与人按照证券交易业务量的一定比例缴纳。

证券结算风险基金的筹集、管理办法，由国务院证券监督管理机构会同国务院财政部门规定。

证券登记结算管理办法（节录）

（2009年11月20日　证监会令第65号）

第三十四条【证券的托管与存管】　投资者应当委托证券公司托管其持有的证券，证券公司应当将其自有证券和所托管的客户证券交由证券登记结算机构存管，但法律、行政法规和中国证监会另有规定的除外。

NO.301　　　　　　　　　　**融资融券交易纠纷**

【相关法规】

证券公司融资融券业务试点管理办法

（2011年11月26日修正）

第二条【融资融券业务】　证券公司开展融资融券业务，应当遵守法律、行政法规和本办法的规定，加强内部控制，严格防范和控制风险，切实维护客户资产的安全。

本办法所称融资融券业务，是指向客户出借资金供其买入上市证券或者出借上市证券供其卖出，并收取担保物的经营活动。

第十一条【融资融券合同的签订和内容】　证券公司在向客户融资、融券前，应当与其签订载入中国证券业协会规定的必备条款的融资融券合同，明确约定下列事项：

（一）融资、融券的额度、期限、利率（费率）、利息（费用）的计算方式；

（二）保证金比例、维持担保比例、可充抵保证金的证券的种类及折算率、担保债权范围；

（三）追加保证金的通知方式、追加保证金的期限；

（四）客户清偿债务的方式及证券公司对担保物的处分权利；

（五）融资买入证券和融券卖出证券的权益处理；

（六）其他有关事项。

对未按照要求提供有关情况、在本公司及与本公司具有控制关系的其他证券公司从事证券交易的时间连续计算不足半年、交易结算资金未纳入第三方存管、证券投资经验不足、缺乏风险承担能力或者有重大违约记录的客户，以及本公司的股东、关联人，证券公司不得向其融资、融券。

前款所称股东，不包括上市证券公司仅持有5%以下上市流通股份的股东。

第十二条【融资融券合同的内容】 融资融券合同应当约定，证券公司客户信用交易担保证券账户内的证券和客户信用交易担保资金账户内的资金，为担保证券公司因融资融券所生对客户债权的信托财产。

证券公司与客户约定的融资、融券期限不得超过证券交易所规定的最长期限，且不得展期；融资利率不得低于中国人民银行规定的同期金融机构贷款基准利率。

第十三条【业务规则和合同内容的讲解】 证券公司与客户签订融资融券合同前，应当指定专人向客户讲解业务规则和合同内容，并将融资融券交易风险揭示书交由客户签字确认。

第十四条【实名信用证券账户的开立】 证券公司与客户签订融资融券合同后，应当根据客户的申请，按照证券登记结算机构的规定，为其开立实名信用证券账户。客户用于一家证券交易所上市证券交易的信用证券账户只能有一个。客户信用证券账户与其普通证券账户的开户人的姓名或者名称应当一致。

客户信用证券账户是证券公司客户信用交易担保证券账户的二级账户，用于记载客户委托证券公司持有的担保证券的明细数据。

证券公司应当委托证券登记结算机构根据清算、交收结果等，对客户信用证券账户内的数据进行变更。

第十六条【账户的专项专用】 证券公司向客户融资，只能使用融资专用资金账户内的资金；向客户融券，只能使用融券专用证券账户内的证券。

客户融资买入、融券卖出的证券，不得超出证券交易所规定的范围。

客户应当在与证券公司签订融资融券合同时，向证券公司申报其本人及关联人持有的全部证券账户。客户融券期间，其本人或关联人卖出与所融入证券相同的证券的，客户应当自该事实发生之日起3个交易日内向证券公司申报。证券公司应当将客户申报的情况按月报送相关证券交易所。

客户在融券期间卖出其持有的、与所融入证券相同的证券的,应当符合证券交易所的规定,不得以违反规定卖出该证券的方式操纵市场。

第十七条【证券公司经营指令的真实、准确】 证券公司经营融资融券业务,按照客户委托发出证券交易、证券划转指令的,应当保证指令真实、准确。因证券公司的过错导致指令错误,造成客户损失的,客户可以依法要求证券公司赔偿,但不影响证券交易所、证券登记结算机构正在执行或者已经完成的业务操作。

NO.302 客户交易结算资金纠纷

中华人民共和国证券法(节录)
(2014年8月31日修正)

第一百三十九条【证券交易结算资金】 证券公司客户的交易结算资金应当存放在商业银行,以每个客户的名义单独立户管理。具体办法和实施步骤由国务院规定。

证券公司不得将客户的交易结算资金和证券归入其自有财产。禁止任何单位或者个人以任何形式挪用客户的交易结算资金和证券。证券公司破产或者清算时,客户的交易结算资金和证券不属于其破产财产或者清算财产。非因客户本身的债务或者法律规定的其他情形,不得查封、冻结、扣划或者强制执行客户的交易结算资金和证券。

第一百六十八条【证券结算资金和证券的存放】 证券登记结算机构按照业务规则收取的各类结算资金和证券,必须存放于专门的清算交收账户,只能按业务规则用于已成交的证券交易的清算交收,不得被强制执行。

二十五、期货交易纠纷

> - 期货经纪合同纠纷；期货透支交易纠纷；期货强行平仓纠纷
> - 期货实物交割纠纷；期货保证合约纠纷；期货交易代理合同纠纷
> - 侵占期货交易保证金纠纷
> - 期货欺诈责任纠纷
> - 操纵期货交易市场责任纠纷
> - 期货内幕交易责任纠纷
> - 期货虚假信息责任纠纷

期货交易纠纷		
	期货经纪合同纠纷；期货透支交易纠纷	期货公司在为客户开立账户，应当与客户签订期货经纪合同
		期货交易所在期货公司没有保证金或者保证金不足的情况下，允许期货公司开仓交易或者继续持仓，应当认定为**透支交易**
	期货强行平仓纠纷	**期货交易所会员的保证金不足时**，会员未在期货交易所规定的时间内追加保证金或者自行平仓的，期货交易所应当将该会员的合约**强行平仓**
	期货保证合约纠纷；期货交易代理合同纠纷	会员在期货交易中违约的，期货交易所先以该会员的保证金承担违约责任
		期货公司接受客户全权委托进行期货交易的，对交易产生的损失，承担主要赔偿责任
	侵占期货交易保证金纠纷	期货公司的**控股股东、实际控制人和其他关联人**不得滥用权利，不得占用期货公司的资产或者挪用客户保证金和其他资产，不得损害期货公司、客户的合法权益
	操纵期货交易市场责任纠纷	期货交易中，**禁止欺诈、内幕交易和操纵期货交易价格**等违法行为
	期货内幕交易责任纠纷	期货交易中，**禁止欺诈、内幕交易和操纵期货交易价格**等违法行为
	期货虚假信息责任纠纷	任何单位或者个人不得编造、传播有关期货交易的虚假信息，不得恶意串通、联手买卖或者以其他方式操纵期货交易价格
	期货实物交割纠纷	期货交易的交割，由期货交易所统一组织进行
	期货欺诈责任纠纷	**从事期货交易活动，应当遵循公开、公平、公正和诚实信用的原则**禁止欺诈、内幕交易和操纵期货交易价格等违法行为

NO.303 期货经纪合同纠纷

条文要旨重点提示	对应条文序号
期货合同的签订	《期货公司监督管理办法》第54条
交易指令	《期货公司监督管理办法》第55条
交易结算报告及异议与确认	《期货公司监督管理办法》第57条
有关期货合同的司法解释	最高人民法院《关于审理期货纠纷案件若干问题的规定》第10条、第13—28条

相关法规

期货公司监督管理办法（节录）

（2014年10月29日　证监会令第111号）

第五十四条【期货合同的签订】　期货公司在为客户开立期货经纪账户前，应当向客户出示《期货交易风险说明书》，由客户签字确认，并签订期货经纪合同。

《〈期货经纪合同〉指引》和《期货交易风险说明书》由中国期货业协会制定。

第五十五条【交易指令】　客户可以通过书面、电话、计算机、互联网等委托方式下达交易指令。

期货公司应当建立交易指令委托管理制度，并与客户就委托方式和程序进行约定。期货公司应当按照客户委托下达交易指令，不得未经客户委托或者未按客户委托内容，擅自进行期货交易。期货公司从业人员不得未经过其依法设立的营业场所私下接受客户委托进行期货交易。

以书面方式下达交易指令的，客户应当填写书面交易指令单；以电话方式下达交易指令的，期货公司应当同步录音；以计算机、互联网等委托方式下达交易指令的，期货公司应当以适当方式保存。以互联网方式下达交易指令的，期货公司应当对互联网交易风险进行特别提示。

第五十七条【交易结算报告及异议与确认】 期货公司应当在每日结算后为客户提供交易结算报告,并提示客户可以通过期货保证金安全存管监控机构进行查询。客户应当按照期货经纪合同约定方式对交易结算报告内容进行确认。

客户对交易结算报告有异议的,应当在期货经纪合同约定的时间内以书面方式提出,期货公司应当在约定时间内进行核实。客户未在约定时间内提出异议的,视为对交易结算报告内容的确认。

最高人民法院关于审理期货纠纷案件若干问题的规定(节录)
(2003年6月18日 法释〔2003〕10号)

第十条 公民、法人受期货公司或者客户的委托,作为居间人为其提供订约的机会或者订立期货经纪合同的中介服务的,期货公司或者客户应当按照约定向居间人支付报酬。居间人应当独立承担基于居间经纪关系所产生的民事责任。

第十三条 有下列情形之一的,应当认定期货经纪合同无效:
(一)没有从事期货经纪业务的主体资格而从事期货经纪业务的;
(二)不具备从事期货交易主体资格的客户从事期货交易的;
(三)违反法律、法规禁止性规定的。

第十四条 因期货经纪合同无效给客户造成经济损失的,应当根据无效行为与损失之间的因果关系确定责任的承担。一方的损失系对方行为所致,应当由对方赔偿损失;双方有过错的,根据过错大小各自承担相应的民事责任。

第十五条 <u>不具有主体资格的经营机构因从事期货经纪业务而导致期货经纪合同无效,该机构按客户的交易指令入市交易的,收取的佣金应当返还给客户,交易结果由客户承担。</u>

该机构未按客户的交易指令入市交易,客户没有过错的,该机构应当返还客户的保证金并赔偿客户的损失。赔偿损失的范围包括交易手续费、税金及利息。

第十六条 期货公司在与客户订立期货经纪合同时,未提示客户注意《期货交易风险说明书》内容,并由客户签字或者盖章,对于客户在交易中的损失,应当依据合同法第四十二条第(三)项的规定承担相应的赔偿责任。但是，根据以往交易结果记载，证明客户已有交易经历的，应当免除期货公司的责任。

第十七条　期货公司接受客户全权委托进行期货交易的，对交易产生的损失，承担主要赔偿责任，赔偿额不超过损失的80%，法律、行政法规另有规定的除外。

第十八条　期货公司与客户签订的期货经纪合同对下达交易指令的方式未作约定或者约定不明确的，期货公司不能证明其所进行的交易是依据客户交易指令进行的，对该交易造成客户的损失，期货公司应当承担赔偿责任，客户予以追认的除外。

第十九条　期货公司执行非受托人的交易指令造成客户损失，应当由期货公司承担赔偿责任，非受托人承担连带责任，客户予以追认的除外。

第二十条　客户下达的交易指令没有品种、数量、买卖方向的，期货公司未予拒绝而进行交易造成客户的损失，由期货公司承担赔偿责任，客户予以追认的除外。

第二十一条　客户下达的交易指令数量和买卖方向明确，没有有效期限的，应当视为当日有效；没有成交价格的，应当视为按市价交易；没有开平仓方向的，应当视为开仓交易。

第二十二条　期货公司错误执行客户交易指令，除客户认可的以外，交易的后果由期货公司承担，并按下列方式分别处理：

（一）交易数量发生错误的，多于指令数量的部分由期货公司承担，少于指令数量的部分，由期货公司补足或者赔偿直接损失；

（二）交易价格超出客户指令价位范围的，交易差价损失或者交易结果由期货公司承担。

第二十三条　期货公司不当延误执行客户交易指令给客户造成损失的，应当承担赔偿责任，但由于市场原因致客户交易指令未能全部或者部分成交的，期货公司不承担责任。

第二十四条　期货公司超出客户指令价位的范围，将高于客户指令价格卖出或者低于客户指令价格买入后的差价利益占为己有的，客户要求期货公司返还的，人民法院应予支持，期货公司与客户另有约定的除外。

第二十五条　期货交易所未按交易规则规定的期限、方式，将交易或者持仓头寸的结算结果通知期货公司，造成期货公司损失的，由期货交易所承担赔偿责任。

期货公司未按期货经纪合同约定的期限、方式，将交易或者持仓头寸的结算结果通知客户，造成客户损失的，由期货公司承担赔偿责任。

第二十六条 期货公司与客户对交易结算结果的通知方式未作约定或者约定不明确，期货公司未能提供证据证明已经发出上述通知的，对客户因继续持仓而造成扩大的损失，应当承担主要赔偿责任，赔偿额不超过损失的80%。

第二十七条 客户对当日交易结算结果的确认，应当视为对该日之前所有持仓和交易结算结果的确认，所产生的交易后果由客户自行承担。

第二十八条 期货公司对交易结算结果提出异议，期货交易所未及时采取措施导致损失扩大的，对造成期货公司扩大的损失应当承担赔偿责任。

客户对交易结算结果提出异议，期货公司未及时采取措施导致损失扩大的，期货公司对造成客户扩大的损失应当承担赔偿责任。

NO.304 ▷ 期货透支交易纠纷

最高人民法院关于审理期货纠纷案件若干问题的规定（节录）
（2003年6月18日　法释〔2003〕10号）

第三十一条 期货交易所在期货公司没有保证金或者保证金不足的情况下，允许期货公司开仓交易或者继续持仓，应当认定为**透支交易**。

期货公司在客户没有保证金或者保证金不足的情况下，允许客户开仓交易或者继续持仓，应当认定为透支交易。

审查期货公司或者客户是否透支交易，应当以期货交易所规定的保证金比例为标准。

第三十二条 期货公司的交易保证金不足，期货交易所未按规定通知期货公司追加保证金的，由于行情向持仓不利的方向变化导致期货公司透支发生的扩大损失，期货交易所应当承担主要赔偿责任，赔偿额不超过损失的60%。

客户的交易保证金不足，期货公司未按约定通知客户追加保证金的，由于行情向持仓不利的方向变化导致客户透支发生的扩大损失,期货公司应当承担主要赔偿责任,赔偿额不超过损失的80%。

第三十三条 期货公司的交易保证金不足,期货交易所履行了通知义务,而期货公司未及时追加保证金,期货公司要求保留持仓并经书面协商一致的,对保留持仓期间造成的损失,由期货公司承担;穿仓造成的损失,由期货交易所承担。

客户的交易保证金不足,期货公司履行了通知义务而客户未及时追加保证金,客户要求保留持仓并经书面协商一致的,对保留持仓期间造成的损失,由客户承担;穿仓造成的损失,由期货公司承担。

第三十四条 期货交易所允许期货公司开仓透支交易的,对透支交易造成的损失,由期货交易所承担主要赔偿责任,赔偿额不超过损失的60%。

期货公司允许客户开仓透支交易的,对透支交易造成的损失,由期货公司承担主要赔偿责任,赔偿额不超过损失的80%。

第三十五条 期货交易所允许期货公司透支交易,并与其约定分享利益,共担风险的,对透支交易造成的损失,期货交易所承担相应的赔偿责任。

期货公司允许客户透支交易,并与其约定分享利益,共担风险的,对透支交易造成的损失,期货公司承担相应的赔偿责任。

NO.305 ▶ 期货强行平仓纠纷

条文要旨重点提示	对应条文序号
期货交易的追加保证金、自行平仓、强行平仓	《期货交易管理条例》第35条
期货交易违规的处置措施	《期货交易所管理办法》第85条第1款
期货强行平仓的司法解释	最高人民法院《关于审理期货纠纷案件若干问题的规定》第36—41条

期货交易管理条例（节录）
（2012年10月24日修正）

第三十五条【期货交易的追加保证金、自行平仓、强行平仓】 期货交易所会员的保证金不足时，应当及时追加保证金或者自行平仓。会员未在期货交易所规定的时间内追加保证金或者自行平仓的，期货交易所应当将该会员的合约强行平仓，强行平仓的有关费用和发生的损失由该会员承担。

客户保证金不足时，应当及时追加保证金或者自行平仓。客户未在期货公司规定的时间内及时追加保证金或者自行平仓的，期货公司应当将该客户的合约强行平仓，强行平仓的有关费用和发生的损失由该客户承担。

期货交易所管理办法（节录）
（2007年4月9日 证监会令第42号）

第八十五条第一款【期货交易违规的处置措施】 有根据认为会员或者客户违反期货交易所交易规则及其实施细则并且对市场正在产生或者即将产生重大影响，为防止违规行为后果进一步扩大，期货交易所可以对该会员或者客户采取下列临时处置措施：

（一）限制入金；

（二）限制出金；

（三）限制开仓；

（四）提高保证金标准；

（五）限期平仓；

（六）强行平仓。

（相关法规）

最高人民法院关于审理期货纠纷案件若干问题的规定（节录）
（2003年6月18日 法释〔2003〕10号）

第三十六条 期货公司的交易保证金不足，又未能按期货交易所规定的时间追加保证金的，按交易规则的规定处理；规定不明确的，期货交易所有权就其未平仓的期货合约强行平仓，强行平仓所造成的损失，由期货公司承担。

（司法解释）

客户的交易保证金不足，又未能按期货经纪合同约定的时间追加保证金的，按期货经纪合同的约定处理；约定不明确的，期货公司有权就其未平仓的期货合约强行平仓，强行平仓造成的损失，由客户承担。

第三十七条 期货交易所因期货公司违规超仓或者其他违规行为而必须强行平仓的，强行平仓所造成的损失，由期货公司承担。

期货公司因客户违规超仓或者其他违规行为而必须强行平仓的，强行平仓所造成的损失，由客户承担。

第三十八条 期货公司或者客户交易保证金不足，符合强行平仓条件后，应当自行平仓而未平仓造成的扩大损失，由期货公司或者客户自行承担。法律、行政法规另有规定或者当事人另有约定的除外。

第三十九条 期货交易所或者期货公司强行平仓数额应当与期货公司或者客户需追加的保证金数额基本相当。因超量平仓引起的损失，由强行平仓者承担。

第四十条 期货交易所对期货公司、期货公司对客户未按期货交易所交易规则规定或者期货经纪合同约定的强行平仓条件、时间、方式进行强行平仓，造成期货公司或者客户损失的，期货交易所或者期货公司应当承担赔偿责任。

第四十一条 期货交易所依法或依交易规则强行平仓发生的费用，由被平仓的期货公司承担；期货公司承担责任后有权向有过错的客户追偿。

期货公司依法或依约定强行平仓所发生的费用，由客户承担。

| NO.306 | 期货实物交割纠纷 |

条文要旨重点提示	对应条文序号
期货交易的交割	《期货交易管理条例》第36条
期货交易所、会员的法律责任	《期货交易管理条例》第65条
期货交易所的信息发布	《期货交易所管理办法》第90条
关于期货交割纠纷的司法解释	最高人民法院《关于审理期货纠纷案件若干问题的规定》第42—47条

期货交易管理条例（节录）

（2012年10月24日修正）

第三十六条【期货交易的交割】 期货交易的交割，由期货交易所统一组织进行。

交割仓库由期货交易所指定。期货交易所不得限制实物交割总量，并应当与交割仓库签订协议，明确双方的权利和义务。**交割仓库不得有下列行为：**

（一）出具虚假仓单；

（二）违反期货交易所业务规则，限制交割商品的入库、出库；

（三）泄露与期货交易有关的商业秘密；

（四）违反国家有关规定参与期货交易；

（五）国务院期货监督管理机构规定的其他行为。

第六十五条【期货交易所、会员的法律责任】 期货交易所、非期货公司结算会员有下列行为之一的，责令改正，给予警告，没收违法所得：

（一）违反规定接纳会员的；

（二）违反规定收取手续费的；

（三）违反规定使用、分配收益的；

（四）不按照规定公布即时行情的，或者发布价格预测信息的；

（五）不按照规定向国务院期货监督管理机构履行报告义务的；

（六）不按照规定向国务院期货监督管理机构报送有关文件、资料的；

（七）不按照规定建立、健全结算担保金制度的；

（八）不按照规定提取、管理和使用风险准备金的；

（九）违反国务院期货监督管理机构有关保证金安全存管监控规定的；

（十）限制会员实物交割总量的；

（十一）任用不具备资格的期货从业人员的；

（十二）违反国务院期货监督管理机构规定的其他行为。

有前款所列行为之一的，对直接负责的主管人员和其他直接责任人员给予纪律处分，处1万元以上10万元以下的罚款。

有本条第一款第（二）项所列行为的，应当责令退还多收取的手续费。

第八部分 与公司、证券、保险、票据等有关的民事纠纷 243

期货保证金安全存管监控机构有本条第一款第（五）项、第（六）项、第（九）项、第（十一）项、第（十二）项所列行为的，依照本条第一款、第二款的规定处罚、处分。期货保证金存管银行有本条第一款第（九）项、第（十二）项所列行为的，依照本条第一款、第二款的规定处罚、处分。

期货交易所管理办法（节录）
（2007年4月9日　证监会令第42号）

第九十条【期货交易所的信息发布】 期货交易所应当以适当方式发布下列信息：

（一）即时行情；
（二）持仓量、成交量排名情况；
（三）期货交易所交易规则及其实施细则规定的其他信息。

期货交易涉及商品实物交割的，期货交易所还应当发布标准仓单数量和可用库容情况。

最高人民法院关于审理期货纠纷案件若干问题的规定（节录）
（2003年6月18日　法释〔2003〕10号）

> 司法解释

第四十二条 交割仓库未履行货物验收职责或者因保管不善给仓单持有人造成损失的，应当承担赔偿责任。

第四十三条 期货公司没有代客户履行申请交割义务的，应当承担违约责任；造成客户损失的，应当承担赔偿责任。

第四十四条 在交割日，卖方期货公司未向期货交易所交付标准仓单，或者买方期货公司未向期货交易所账户交付足额货款，构成交割违约。

构成交割违约的，违约方应当承担违约责任；具有合同法第九十四条第（四）项规定情形的，对方有权要求终止交割或者要求违约方继续交割。

征购或者竞卖失败的，应当由违约方按照交易所有关赔偿办法的规定承担赔偿责任。

第四十五条 在期货合约交割期内，买方或者卖方客户违约的，期货交易所应当代期货公司、期货公司应当代客户向对方承担违约责任。

　　第四十六条　买方客户未在期货交易所交易规则规定的期限内对货物的**质量、数量提出异议的，应视为其对货物的数量、质量无异议。**

　　第四十七条　交割仓库不能在期货交易所交易规则规定的期限内，向标准仓单持有人交付符合期货合约要求的货物，造成标准仓单持有人损失的，交割仓库应当承担责任，期货交易所承担连带责任。

　　期货交易所承担责任后，有权向交割仓库追偿。

NO.307 　　　　　　　　　　期货保证合约纠纷

相关法规：

期货交易管理条例（节录）
（2012年10月24日修正）

　　第十条【期货交易所的职责】　期货交易所应当依照本条例和国务院期货监督管理机构的规定，建立、健全各项规章制度，加强对交易活动的风险控制和对会员以及交易所工作人员的监督管理。
　　期货交易所履行下列职责：
　　（一）提供交易的场所、设施和服务；
　　（二）设计合约，安排合约上市；
　　（三）组织并监督交易、结算和交割；
　　（四）为期货交易提供集中履约担保；
　　（五）按照章程和交易规则对会员进行监督管理；
　　（六）国务院期货监督管理机构规定的其他职责。
　　期货交易所不得直接或者间接参与期货交易。未经国务院期货监督管理机构审核并报国务院批准，期货交易所不得从事信托投资、股票投资、非自用不动产投资等与其职责无关的业务。

　　第三十七条【期货交易的违约责任】　会员在期货交易中违约的，期货交易所先以该会员的保证金承担违约责任；保证金不足的，期货交易所应当以风险准备金和自有资金代为承担违约责任，并由此取得对该会员的相应追偿权。

　　客户在期货交易中违约的，期货公司先以该客户的保证金承担违约责任；保证金不足的，期货公司应当以风险准备金和自有资金代为承担违约责任，并由此取得对该客户的相应追偿权。

NO.308　　　　　　　　　　期货交易代理合同纠纷

最高人民法院关于审理期货纠纷案件若干问题的规定（节录）
（2003年6月18日　法释〔2003〕10号）

司法解释

第十六条　期货公司在与客户订立期货经纪合同时，未提示客户注意《期货交易风险说明书》内容，并由客户签字或者盖章，对于客户在交易中的损失，应当依据合同法第四十二条第（三）项的规定承担相应的赔偿责任。但是，根据以往交易结果记载，证明客户已有交易经历的，应当免除期货公司的责任。

第十七条　期货公司接受客户全权委托进行期货交易的，对交易产生的损失，承担主要赔偿责任，赔偿额不超过损失的80%，法律、行政法规另有规定的除外。

第十八条　期货公司与客户签订的期货经纪合同对下达交易指令的方式未作约定或者约定不明确的，期货公司不能证明其所进行的交易是依据客户交易指令进行的，对该交易造成客户的损失，期货公司应当承担赔偿责任，客户予以追认的除外。

第十九条　期货公司执行非受托人的交易指令造成客户损失，应当由期货公司承担赔偿责任，非受托人承担连带责任，客户予以追认的除外。

第二十条　客户下达的交易指令没有品种、数量、买卖方向的，期货公司未予拒绝而进行交易造成客户的损失，由期货公司承担赔偿责任，客户予以追认的除外。

第二十一条　客户下达的交易指令数量和买卖方向明确，没有有效期限的，应当视为当日有效；没有成交价格的，应当视为按市价交易；没有开平仓方向的，应当视为开仓交易。

第二十二条　期货公司错误执行客户交易指令，除客户认可的以外，交易的后果由期货公司承担，并按下列方式分别处理：

（一）交易数量发生错误的，多于指令数量的部分由期货公司承担，少于指令数量的部分，由期货公司补足或者赔偿直接损失；

（二）交易价格超出客户指令价位范围的，交易差价损失或者交易结果由期货公司承担。

第二十三条 期货公司不当延误执行客户交易指令给客户造成损失的，应当承担赔偿责任，但由于市场原因致客户交易指令未能全部或者部分成交的，期货公司不承担责任。

第二十四条 期货公司超出客户指令价位的范围，将高于客户指令价格卖出或者低于客户指令价格买入后的差价利益占为己有的，客户要求期货公司返还的，人民法院应予支持，期货公司与客户另有约定的除外。

第二十五条 期货交易所未按交易规则规定的期限、方式，将交易或者持仓头寸的结算结果通知期货公司，造成期货公司损失的，由期货交易所承担赔偿责任。

期货公司未按期货经纪合同约定的期限、方式，将交易或者持仓头寸的结算结果通知客户，造成客户损失的，由期货公司承担赔偿责任。

第二十六条 期货公司与客户对交易结算结果的通知方式未作约定或者约定不明确，期货公司未能提供证据证明已经发出上述通知的，对客户因继续持仓而造成扩大的损失，应当承担主要赔偿责任，赔偿额不超过损失的80%。

第二十七条 客户对当日交易结算结果的确认，应当视为对该日之前所有持仓和交易结算结果的确认，所产生的交易后果由客户自行承担。

第二十八条 期货公司对交易结算结果提出异议，期货交易所未及时采取措施导致损失扩大的，对造成期货公司扩大的损失应当承担赔偿责任。

客户对交易结算结果提出异议，期货公司未及时采取措施导致损失扩大的，期货公司对造成客户扩大的损失应当承担赔偿责任。

第二十九条 期货公司对期货交易所或者客户对期货公司的交易结算结果有异议，而未在期货交易所交易规则规定或者期货经纪合同约定的时间内提出的，视为期货公司或者客户对交易结算结果已予以确认。

第三十条 期货公司进行混码交易的，客户不承担责任，但期货公司能够举证证明其已按照客户交易指令入市交易的，客户应当承担相应的交易结果。

NO.309 侵占期货交易保证金纠纷

条文要旨重点提示	对应条文序号
期货交易的保证金制度	《期货交易管理条例》第29条
期货交易禁止行为	《期货交易管理条例》第66条

续表

条文要旨重点提示	对应条文序号
期货公司的欺诈行为及其法律责任	《期货交易管理条例》第68条
禁止滥用权利	《期货公司监督管理办法》第4条
期货保证金的监控	《期货公司监督管理办法》第5条第1款
期货公司及其分支机构的禁止行为	《期货公司监督管理办法》第93条
关于侵占期货交易保证金纠纷的司法解释	最高人民法院《关于审理期货纠纷案件若干问题的规定》第55条

相关法规

期货交易管理条例（节录）
（2012年10月24日修正）

第二十九条【期货交易的保证金制度】 期货交易应当严格执行保证金制度。期货交易所向会员、期货公司向客户收取的保证金，不得低于国务院期货监督管理机构、期货交易所规定的标准，并应当与自有资金分开，专户存放。

期货交易所向会员收取的保证金，属于会员所有，除用于会员的交易结算外，严禁挪作他用。

期货公司向客户收取的保证金，属于客户所有，除下列可划转的情形外，严禁挪作他用：

（一）依据客户的要求支付可用资金；

（二）为客户交存保证金，支付手续费、税款；

（三）国务院期货监督管理机构规定的其他情形。

第六十六条【期货交易禁止行为】 期货交易所有下列行为之一的，责令改正，给予警告，没收违法所得，并处违法所得1倍以上5倍以下的罚款；没有违法所得或者违法所得不满10万元的，并处10万元以上50万元以下的罚款；情节严重的，责令停业整顿：

（一）未经批准，擅自办理本条例第十三条所列事项的；

（二）允许会员在保证金不足的情况下进行期货交易的；

（三）直接或者间接参与期货交易，或者违反规定从事与其职责无关的业务的；

（四）违反规定收取保证金，或者挪用保证金的；

（五）伪造、涂改或者不按照规定保存期货交易、结算、交割资料的；

（六）未建立或者未执行当日无负债结算、涨跌停板、持仓限额和大户持仓报告制度的；

（七）拒绝或者妨碍国务院期货监督管理机构监督检查的；

（八）违反国务院期货监督管理机构规定的其他行为。

有前款所列行为之一的，对直接负责的主管人员和其他直接责任人员给予纪律处分，处1万元以上10万元以下的罚款。

非期货公司结算会员有本条第一款第二项、第四项至第八项所列行为之一的，依照本条第一款、第二款的规定处罚、处分。

期货保证金安全存管监控机构有本条第一款第三项、第七项、第八项所列行为的，依照本条第一款、第二款的规定处罚、处分。

第六十七条 期货公司有下列行为之一的，责令改正，给予警告，没收违法所得，并处违法所得1倍以上3倍以下的罚款；没有违法所得或者违法所得不满10万元的，并处10万元以上30万元以下的罚款；情节严重的，责令停业整顿或者吊销期货业务许可证：

（一）接受不符合规定条件的单位或者个人委托的；

（二）允许客户在保证金不足的情况下进行期货交易的；

（三）未经批准，擅自办理本条例第十九条、第二十条所列事项的；

（四）违反规定从事与期货业务无关的活动的；

（五）从事或者变相从事期货自营业务的；

（六）为其股东、实际控制人或者其他关联人提供融资，或者对外担保的；

（七）违反国务院期货监督管理机构有关保证金安全存管监控规定的；

（八）不按照规定向国务院期货监督管理机构履行报告义务或者报送有关文件、资料的；

（九）交易软件、结算软件不符合期货公司审慎经营和风险管理以及国务院期货监督管理机构有关保证金安全存管监控规定的要求的；

（十）不按照规定提取、管理和使用风险准备金的；

（十一）伪造、涂改或者不按照规定保存期货交易、结算、交割资料的；

（十二）任用不具备资格的期货从业人员的；

（十三）伪造、变造、出租、出借、买卖期货业务许可证或者经营许可证的；

（十四）进行混码交易的；

（十五）拒绝或者妨碍国务院期货监督管理机构监督检查的；

（十六）违反国务院期货监督管理机构规定的其他行为。

期货公司有前款所列行为之一的，对直接负责的主管人员和其他直接责任人员给予警告，并处1万元以上5万元以下的罚款；情节严重的，暂停或者撤销任职资格、期货从业人员资格。

期货公司之外的其他期货经营机构有本条第一款第八项、第十二项、第十三项、第十五项、第十六项所列行为的，依照本条第一款、第二款的规定处罚。

期货公司的股东、实际控制人或者其他关联人未经批准擅自委托他人或者接受他人委托持有或者管理期货公司股权的，拒不配合国务院期货监督管理机构的检查，拒不按照规定履行报告义务、提供有关信息和资料，或者报送、提供的信息和资料有虚假记载、误导性陈述或者重大遗漏的，依照本条第一款、第二款的规定处罚。

第六十八条【期货公司的欺诈行为及其法律责任】 期货公司有下列欺诈客户行为之一的，责令改正，给予警告，没收违法所得，并处违法所得1倍以上5倍以下的罚款；没有违法所得或者违法所得不满10万元的，并处10万元以上50万元以下的罚款；情节严重的，责令停业整顿或者吊销期货业务许可证：

（一）向客户做获利保证或者不按照规定向客户出示风险说明书的；

（二）在经纪业务中与客户约定分享利益、共担风险的；

（三）不按照规定接受客户委托或者不按照客户委托内容擅自进行期货交易的；

（四）隐瞒重要事项或者使用其他不正当手段，诱骗客户发出交易指令的；

（五）向客户提供虚假成交回报的；

（六）未将客户交易指令下达到期货交易所的；

（七）挪用客户保证金的；

（八）不按照规定在期货保证金存管银行开立保证金账户，或者违规划转客户保证金的；

（九）国务院期货监督管理机构规定的其他欺诈客户的行为。

期货公司有前款所列行为之一的，对直接负责的主管人员和其他直接责任人员给予警告，并处1万元以上10万元以下的罚款；情节严重的，暂停或者撤销任职资格、期货从业人员资格。

任何单位或者个人编造并且传播有关期货交易的虚假信息，扰乱期货交易市场的，依照本条第一款、第二款的规定处罚。

期货公司监督管理办法（节录）

（2014年10月29日　证监会令第111号）

第四条【禁止滥用权利】　期货公司的股东、实际控制人和其他关联人不得滥用权利，不得占用期货公司资产或者挪用客户资产，不得侵害期货公司、客户的合法权益。

第五条第三款【期货保证金的监控】　期货保证金安全存管监控机构依法对客户保证金安全实施监控。

第九十三条【期货公司及其分支机构的禁止行为】　期货公司及其分支机构有下列行为之一的，根据《期货交易管理条例》第六十七条处罚：

（一）未按规定实行投资者适当性管理制度，损害客户合法权益；

（二）未按规定将客户资产与期货公司自有资产相互独立、分别管理；

（三）在期货保证金账户和期货交易所专用结算账户之外存放客户保证金；

（四）占用客户保证金；

（五）向期货保证金安全存管监控机构报送的信息存在虚假记载、误导性陈述或者重大遗漏；

（六）违反期货保证金安全存管监控管理相关规定，损害客户合法权益；

（七）未按规定缴存结算担保金，或者未能维持最低数额的结算准备金等专用资金；

（八）在传递交易指令前未对客户账户资金和持仓进行验证；

（九）违反中国证监会有关结算业务管理规定，损害其他期货公司及其客户合法权益；

（十）信息系统不符合规定，损害客户合法权益；

（十一）违反中国证监会风险监管指标规定；

（十二）违反规定从事期货投资咨询或者资产管理业务，情节严重的；

（十三）违反规定委托或者接受其他机构委托从事中间介绍业务；

（十四）对股东、实际控制人及其关联人降低风险管理要求，侵害其他客户合法权益；

（十五）以合资、合作、联营方式设立分支机构，或者将分支机构承包、出租给他人，或者违反分支机构集中统一管理规定；

（十六）拒不配合、阻碍或者破坏中国证监会及其派出机构的监督管理；

（十七）违反期货投资者保障基金管理规定。

司法解释

最高人民法院关于审理期货纠纷案件若干问题的规定（节录）

（2003年6月18日　法释〔2003〕10号）

第五十五条　期货公司挪用客户保证金，或者违反有关规定划转客户保证金造成客户损失的，应当承担赔偿责任。

NO.310　　　　　　　　　　期货欺诈责任纠纷

条文要旨重点提示	对应条文序号
从事期货交易的基本原则	《期货交易管理条例》第3条
期货公司欺诈客户的法律责任	《期货交易管理条例》第68条
期货公司及其他期货经营机构、非期货公司结算会员、期货保证金存管银行欺诈的法律责任	《期货交易管理条例》第69条
经纪人禁止的行为	《经纪人管理办法》第18条
期货从业人员的禁止行为	《期货从行人员管理办法》第15条

相关法规

期货交易管理条例（节录）

（2012年10月24日修正）

第三条【从事期货交易的基本原则】　从事期货交易活动，应当遵循公开、公平、公正和诚实信用的原则。禁止欺诈、内幕交易和操纵期货交易价格等违法行为。

第六十八条【期货公司欺诈客户的法律责任】　期货公司有下

列欺诈客户行为之一的，责令改正，给予警告，没收违法所得，并处违法所得1倍以上5倍以下的罚款；没有违法所得或者违法所得不满10万元的，并处10万元以上50万元以下的罚款；情节严重的，责令停业整顿或者吊销期货业务许可证：

（一）向客户做获利保证或者不按照规定向客户出示风险说明书的；

（二）在经纪业务中与客户约定分享利益、共担风险的；

（三）不按照规定接受客户委托或者不按照客户委托内容擅自进行期货交易的；

（四）隐瞒重要事项或者使用其他不正当手段，诱骗客户发出交易指令的；

（五）向客户提供虚假成交回报的；

（六）未将客户交易指令下达到期货交易所的；

（七）挪用客户保证金的；

（八）不按照规定在期货保证金存管银行开立保证金账户，或者违规划转客户保证金的；

（九）国务院期货监督管理机构规定的其他欺诈客户的行为。

期货公司有前款所列行为之一的，对直接负责的主管人员和其他直接责任人员给予警告，并处1万元以上10万元以下的罚款；情节严重的，暂停或者撤销任职资格、期货从业人员资格。

任何单位或者个人编造并且传播有关期货交易的虚假信息，扰乱期货交易市场的，依照本条第一款、第二款的规定处罚。

第六十九条【期货公司及其他期货经营机构、非期货公司结算会员、期货保证金存管银行欺诈的法律责任】 期货公司及其他期货经营机构、非期货公司结算会员、期货保证金存管银行提供虚假申请文件或者采取其他欺诈手段隐瞒重要事实骗取期货业务许可的，撤销其期货业务许可，没收违法所得。

经纪人管理办法（节录）

（2004年8月28日　国家工商行政管理总局令第14号）

第十八条【经纪人禁止的行为】 经纪人不得有下列行为：

（一）未经登记注册擅自开展经纪活动；

（二）超越经核准的经营范围从事经纪活动；

（三）对委托人隐瞒与委托人有关的重要事项；

（四）伪造、涂改交易文件和凭证；

（五）违反约定或者违反委托人有关保守商业秘密的要求，泄露委托人的商业秘密；

<u>（六）利用虚假信息，诱人签订合同，骗取中介费；</u>

<u>（七）采取欺诈、胁迫、贿赂、恶意串通等手段损害当事人利益；</u>

（八）通过诋毁其他经纪人或者支付介绍费等不正当手段承揽业务；

（九）对经纪的商品或者服务作引人误解的虚假宣传；

（十）参与倒卖国家禁止或者限制自由买卖的物资、物品；

（十一）法律法规禁止的其他行为。

期货从业人员管理办法（节录）
（2007年7月4日　证监会令第48号）

第十五条【期货从业人员的禁止行为】 期货公司的期货从业人员不得有下列行为：

<u>（一）进行虚假宣传，诱骗客户参与期货交易；</u>

<u>（二）挪用客户的期货保证金或者其他资产；</u>

<u>（三）中国证监会禁止的其他行为。</u>

NO.311　操纵期货交易市场责任纠纷

条文要旨重点提示	对应条文序号
证券、期货投资咨询机构及其投资咨询人员禁止从事的活动	《证券、期货投资咨询管理暂行办法》第24条
从事期货交易的基本原则	《期货交易管理条例》第3条
禁止传播、变造虚假信息，操纵期货交易价格	《期货交易管理条例》第41条
操纵期货交易价格的法律责任	《期货交易管理条例》第71条

证券、期货投资咨询管理暂行办法（节录）

（1997年12月25日　证委发〔1997〕96号）

第二十四条【证券、期货投资咨询机构及其投资咨询人员禁止从事的活动】　证券、期货投资咨询机构及其投资咨询人员，不得从事下列活动：

（一）代理投资人从事证券、期货买卖；

（二）向投资人承诺证券、期货投资收益；

（三）与投资人约定分享投资收益或者分担投资损失；

（四）为自己买卖股票及具有股票性质、功能的证券以及期货；

（五）**利用咨询服务与他人合谋操纵市场或者进行内幕交易；**

（六）法律、法规、规章所禁止的其他证券、期货欺诈行为。

期货交易管理条例（节录）

（2012年10月24日修正）

第三条【从事期货交易的基本原则】　从事期货交易活动，应当遵循公开、公平、公正和诚实信用的原则。禁止欺诈、内幕交易和操纵期货交易价格等违法行为。

第四十一条【禁止传播、变造虚假信息，操纵期货交易价格】任何单位或者个人不得编造、传播有关期货交易的虚假信息，不得恶意串通、联手买卖或者以其他方式操纵期货交易价格。

第七十一条【操纵期货交易价格的法律责任】　任何单位或者个人有下列行为之一，操纵期货交易价格的，责令改正，没收违法所得，并处违法所得1倍以上5倍以下的罚款；没有违法所得或者违法所得不满20万元的，处20万元以上100万元以下的罚款：

（一）单独或者合谋，集中资金优势、持仓优势或者利用信息优势联合或者连续买卖合约，操纵期货交易价格的；

（二）蓄意串通，按事先约定的时间、价格和方式相互进行期货交易，影响期货交易价格或者期货交易量的；

（三）以自己为交易对象，自买自卖，影响期货交易价格或者期货交易量的；

（四）为影响期货市场行情囤积现货的；

（五）国务院期货监督管理机构规定的其他操纵期货交易价格的行为。

单位有前款所列行为之一的，对直接负责的主管人员和其他直接责任人员给予警告，并处1万元以上10万元以下的罚款。

NO.312 期货内幕交易责任纠纷

相关法规

期货交易管理条例（节录）
（2012年10月24日修正）

第七十条【利用期货内幕信息交易的法律责任】 期货交易内幕信息的知情人或者非法获取期货交易内幕信息的人，在对期货交易价格有重大影响的信息尚未公开前，利用内幕信息从事期货交易，或者向他人泄露内幕信息，使他人利用内幕信息进行期货交易的，没收违法所得，并处违法所得1倍以上5倍以下的罚款；没有违法所得或者违法所得不满10万元的，处10万元以上50万元以下的罚款。单位从事内幕交易的，还应当对直接负责的主管人员和其他直接责任人员给予警告，并处3万元以上30万元以下的罚款。

国务院期货监督管理机构、期货交易所和期货保证金安全存管监控机构的工作人员进行内幕交易的，从重处罚。

第八十二条【基础用语的含义】 本条例下列用语的含义：

（一）商品期货合约，是指以农产品、工业品、能源和其他商品及其相关指数产品为标的物的期货合约。

（二）金融期货合约，是指以有价证券、利率、汇率等金融产品及其相关指数产品为标的物的期货合约。

（三）保证金，是指期货交易者按照规定交纳的资金或者提交的价值稳定、流动性强的标准仓单、国债等有价证券，用于结算和保证履约。

（四）结算，是指根据期货交易所公布的结算价格对交易双方的交易结果进行的资金清算和划转。

（五）交割，是指合约到期时，按照期货交易所的规则和程序，交易双方通过该合约所载标的物所有权的转移，或者按照规定结算价格进行现金差价结算，了结到期未平仓合约的过程。

（六）平仓，是指期货交易者买入或者卖出与其所持合约的品种、数量和交割月份相同但交易方向相反的合约，了结期货交易的行为。

（七）持仓量，是指期货交易者所持有的未平仓合约的数量。

（八）持仓限额，是指期货交易所对期货交易者的持仓量规定的最高数额。

（九）标准仓单，是指交割仓库开具并经期货交易所认定的标准化提货凭证。

（十）涨跌停板，是指合约在1个交易日中的交易价格不得高于或者低于规定的涨跌幅度，超出该涨跌幅度的报价将被视为无效，不能成交。

（十一）内幕信息，是指可能对期货交易价格产生重大影响的尚未公开的信息，包括：国务院期货监督管理机构以及其他相关部门制定的对期货交易价格可能发生重大影响的政策，期货交易所作出的可能对期货交易价格发生重大影响的决定，期货交易所会员、客户的资金和交易动向以及国务院期货监督管理机构认定的对期货交易价格有显著影响的其他重要信息。

（十二）内幕信息的知情人员，是指由于其管理地位、监督地位或者职业地位，或者作为雇员、专业顾问履行职务，能够接触或者获得内幕信息的人员，包括：期货交易所的管理人员以及其他由于任职可获取内幕信息的从业人员，国务院期货监督管理机构和其他有关部门的工作人员以及国务院期货监督管理机构规定的其他人员。

NO.313 期货虚假信息责任纠纷

条文要旨重点提示	对应条文序号
禁止编造、传播有关期货交易的虚假信息、操纵期货交易价格	《期货交易管理条例》第40条
期货公司的欺诈行为及其法律责任	《期货交易管理条例》第68条
期货公司及其营业部发布虚假信息的责任	《期货公司监督管理办法》第94条
有关期货虚假信息责任纠纷的司法解释	最高人民法院《关于审理期货纠纷案件若干问题的规定》第52条

期货交易管理条例（节录）

（2007年3月6日　国务院令第489号）

第四十条【禁止编造、传播有关期货交易的虚假信息、操纵期货交易价格】　任何单位或者个人不得编造、传播有关期货交易的虚假信息，不得恶意串通、联手买卖或者以其他方式操纵期货交易价格。

第六十八条【期货公司的欺诈行为及其法律责任】　期货公司有下列欺诈客户行为之一的，责令改正，给予警告，没收违法所得，并处违法所得1倍以上5倍以下的罚款；没有违法所得或者违法所得不满10万元的，并处10万元以上50万元以下的罚款；情节严重的，责令停业整顿或者吊销期货业务许可证：

（一）向客户做获利保证或者不按照规定向客户出示风险说明书的；

（二）在经纪业务中与客户约定分享利益、共担风险的；

（三）不按照规定接受客户委托或者不按照客户委托内容擅自进行期货交易的；

（四）隐瞒重要事项或者使用其他不正当手段，诱骗客户发出交易指令的；

（五）向客户提供虚假成交回报的；

（六）未将客户交易指令下达到期货交易所的；

（七）挪用客户保证金的；

（八）不按照规定在期货保证金存管银行开立保证金账户，或者违规划转客户保证金的；

（九）国务院期货监督管理机构规定的其他欺诈客户的行为。

期货公司有前款所列行为之一的，对直接负责的主管人员和其他直接责任人员给予警告，并处1万元以上10万元以下的罚款；情节严重的，暂停或者撤销任职资格、期货从业人员资格。

任何单位或者个人编造并且传播有关期货交易的虚假信息，扰乱期货交易市场的，依照本条第一款、第二款的规定处罚。

期货公司监督管理办法（节录）

（2014年10月29日　证监会令第110号）

第九十四条【期货公司及其营业部发布虚假信息的责任】 期货公司及其营业部有下列情形之一的，根据《期货交易管理条例》第六十八条处罚：

（一）发布虚假广告或者进行虚假宣传，诱骗客户参与期货交易；

（二）不按照规定变更或者撤销期货保证金账户，或者不按照规定的方式向客户披露期货保证金账户信息。

司法解释

最高人民法院关于审理期货纠纷案件若干问题的规定（节录）

（2003年6月18日　法释〔2003〕10号）

第五十二条 期货交易所、期货公司故意提供虚假信息误导客户下单的，由此造成客户的经济损失由期货交易所、期货公司承担。

二十六、信托纠纷

- ➢ 民事信托纠纷
- ➢ 营业信托纠纷
- ➢ 公益信托纠纷

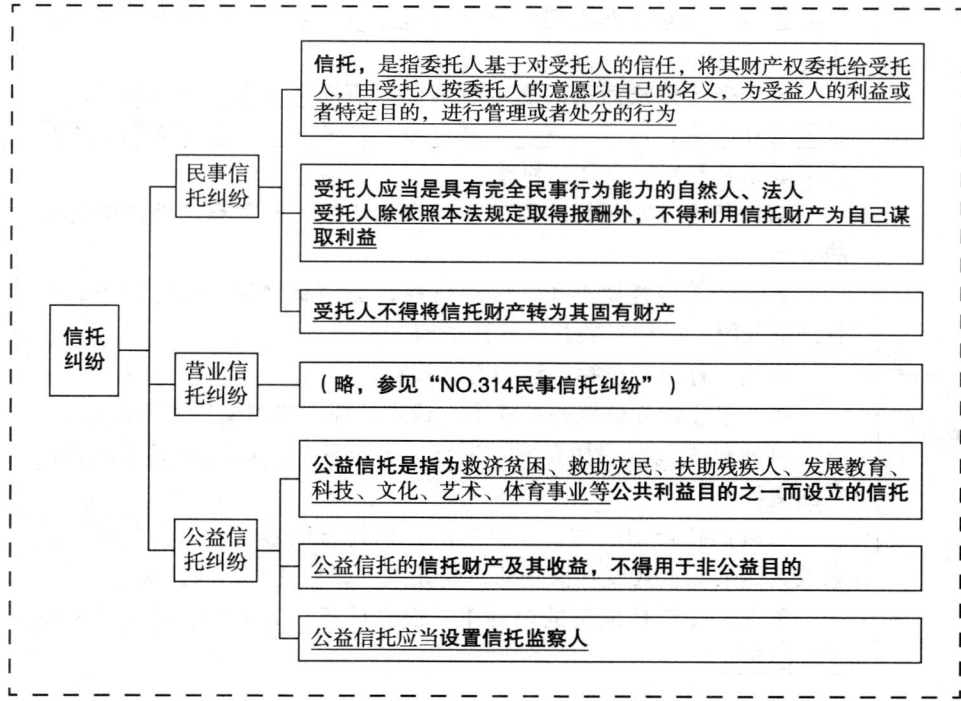

信托纠纷
- 民事信托纠纷
  - 信托，是指委托人基于对受托人的信任，将其财产权委托给受托人，由受托人按委托人的意愿以自己的名义，为受益人的利益或者特定目的，进行管理或者处分的行为
  - 受托人应当是具有完全民事行为能力的自然人、法人
  - 受托人除依照本法规定取得报酬外，不得利用信托财产为自己谋取利益
  - 受托人不得将信托财产转为其固有财产
- 营业信托纠纷
  - （略，参见"NO.314民事信托纠纷"）
- 公益信托纠纷
  - 公益信托是指为救济贫困、救助灾民、扶助残疾人、发展教育、科技、文化、艺术、体育事业等公共利益目的之一而设立的信托
  - 公益信托的信托财产及其收益，不得用于非公益目的
  - 公益信托应当设置信托监察人

NO.314 ➡ 民事信托纠纷

中华人民共和国信托法（节录）
（2001年4月28日 主席令第50号）

第二条【信托】 本法所称信托，是指委托人基于对受托人的信任，将其财产权委托给受托人，由受托人按委托人的意愿以自己的名义，为受益人的利益或者特定目的，进行管理或者处分的行为。

第五条【信托活动的基本原则】 信托当事人进行信托活动，必须遵守法律、行政法规，遵循自愿、公平和诚实信用原则，不得损害国家利益和社会公共利益。

第六条【设立信托的目的】 设立信托，必须有合法的信托目的。

第七条【信托财产】 设立信托，必须有确定的信托财产，并且该信托财产必须是委托人合法所有的财产。
本法所称财产包括合法的财产权利。

第八条【设立信托的形式】 设立信托，应当采取书面形式。
书面形式包括信托合同、遗嘱或者法律、行政法规规定的其他书面文件等。
采取信托合同形式设立信托的，信托合同签订时，信托成立。采取其他书面形式设立信托的，受托人承诺信托时，信托成立。

第九条【信托文件的内容】 设立信托，其书面文件应当载明下列事项：
（一）信托目的；
（二）委托人、受托人的姓名或者名称、住所；
（三）受益人或者受益人范围；
（四）信托财产的范围、种类及状况；
（五）受益人取得信托利益的形式、方法。
除前款所列事项外，可以载明信托期限、信托财产的管理方法、受托人的报酬、新受托人的选任方式、信托终止事由等事项。

第十条【信托登记】 设立信托，对于信托财产，有关法律、行政法规规定应当办理登记手续的,应当依法办理信托登记。

未依照前款规定办理信托登记的,应当补办登记手续;不补办的,该信托不产生效力。

第十一条【信托无效的情况】 有下列情形之一的,信托无效:

（一）信托目的违反法律、行政法规或者损害社会公共利益;

（二）信托财产不能确定;

（三）委托人以非法财产或者本法规定不得设立信托的财产设立信托;

（四）专以诉讼或者讨债为目的设立信托;

（五）受益人或者受益人范围不能确定;

（六）法律、行政法规规定的其他情形。

第十二条【信托的撤销】 委托人设立信托损害其债权人利益的,债权人有权申请人民法院撤销该信托。

人民法院依照前款规定撤销信托的,不影响善意受益人已经取得的信托利益。

本条第一款规定的**申请权**,自债权人知道或者应当知道撤销原因之日起一年内不行使的,归于消灭。

第十三条【遗嘱信托】 设立遗嘱信托,应当遵守继承法关于遗嘱的规定。

遗嘱指定的人拒绝或者无能力担任受托人的,由受益人另行选任受托人;受益人为无民事行为能力人或者限制民事行为能力人的,依法由其监护人代行选任。遗嘱对选任受托人另有规定的,从其规定。

第十四条【信托财产】 受托人因承诺信托而取得的财产是信托财产。

受托人因信托财产的管理运用、处分或者其他情形而取得的财产,也归入信托财产。

法律、行政法规禁止流通的财产,不得作为信托财产。

法律、行政法规限制流通的财产,依法经有关主管部门批准后,可以作为信托财产。

第十五条【信托财产的独立性】 信托财产与委托人未设立信托的其他财产相区别。设立信托后,委托人死亡或者依法解散、被依法撤销、被宣告破产时,委托人是唯一受益人的,信托终止,信托财产作为其遗产或者清算财产;委托人不是唯一受益人的,信托存续,信托财产不作为其遗产或者清算财产;但作为共同受益人的委托人死亡或者依法解散、被依法撤销、被宣告破产时,其信托受益权作为其遗产或者清算财产。

第十六条【信托财产的独立性】 信托财产与属于受托人所有的财产（以下简称固有财产）相区别，不得归入受托人的固有财产或者成为固有财产的一部分。

受托人死亡或者依法解散、被依法撤销、被宣告破产而终止，信托财产不属于其遗产或者清算财产。

第十七条【信托财产的强制执行】 除因下列情形之一外，对信托财产不得强制执行：

（一）设立信托前债权人已对该信托财产享有优先受偿的权利，并依法行使该权利的；

（二）受托人处理信托事务所产生债务，债权人要求清偿该债务的；

（三）信托财产本身应担负的税款；

（四）法律规定的其他情形。

对于违反前款规定而强制执行信托财产，委托人、受托人或者受益人有权向人民法院提出异议。

第十八条【管理运用、处分信托财产所产生的债权】 受托人管理运用、处分信托财产所产生的债权，不得与其固有财产产生的债务相抵销。

受托人管理运用、处分不同委托人的信托财产所产生的债权债务，不得相互抵销。

第二十条【委托人对信托财产情况的知情权】 委托人有权了解其信托财产的管理运用、处分及收支情况，并有权要求受托人作出说明。

委托人有权查阅、抄录或者复制与其信托财产有关的信托帐目以及处理信托事务的其他文件。

第二十一条【信托财产管理方法的调整】 因设立信托时未能预见的特别事由，致使信托财产的管理方法不利于实现信托目的或者不符合受益人的利益时，委托人有权要求受托人调整该信托财产的管理方法。

第二十二条【撤销受托人的处分行为】 受托人违反信托目的处分信托财产或者因违背管理职责、处理信托事务不当致使信托财产受到损失的，委托人有权申请人民法院撤销该处分行为，并有权要求受托人恢复信托财产的原状或者予以赔偿；该信托财产的受让人明知是违反信托目的而接受该财产的，应当予以返还或者予以赔偿。

前款规定的**申请权**，自委托人知道或者应当知道撤销原因之日起一年内不行使的，归于消灭。

第二十三条【解任受托人】 受托人违反信托目的处分信托财产或者管

理运用、处分信托财产有重大过失的，委托人有权依照信托文件的规定解任受托人，或者申请人民法院解任受托人。

第二十五条【受托人的义务】 受托人应当遵守信托文件的规定，为受益人的最大利益处理信托事务。

受托人管理信托财产，必须恪尽职守，履行诚实、信用、谨慎、有效管理的义务。

第二十六条【受托人的义务】 受托人除依照本法规定取得报酬外，不得利用信托财产为自己谋取利益。

受托人违反前款规定，利用信托财产为自己谋取利益的，所得利益归入信托财产。

第二十七条【受托人的义务】 受托人不得将信托财产转为其固有财产。受托人将信托财产转为其固有财产的，必须恢复该信托财产的原状；造成信托财产损失的，应当承担赔偿责任。

第二十八条【受托人的义务】 受托人不得将其固有财产与信托财产进行交易或者将不同委托人的信托财产进行相互交易，但信托文件另有规定或者经委托人或者受益人同意，并以公平的市场价格进行交易的除外。

受托人违反前款规定，造成信托财产损失的，应当承担赔偿责任。

第二十九条【受托人的义务】 受托人必须将信托财产与其固有财产分别管理、分别记帐，并将不同委托人的信托财产分别管理、分别记帐。

第三十条【受托人的义务】 受托人应当自己处理信托事务，但信托文件另有规定或者有不得已事由的，可以委托他人代为处理。

受托人依法将信托事务委托他人代理的，应当对他人处理信托事务的行为承担责任。

第三十一条【共同受托人】 同一信托的受托人有两个以上的，为共同受托人。

共同受托人应当共同处理信托事务，但信托文件规定对某些具体事务由受托人分别处理的，从其规定。

共同受托人共同处理信托事务，意见不一致时，按信托文件规定处理；信托文件未规定的，由委托人、受益人或者其利害关系人决定。

第三十二条【共同受托人的连带责任】 共同受托人处理信托事务对第三人所负债务，应当承担连带清偿责任。第三人对共同受托人之一所作的意思表示，对其他受托人同样有效。

共同受托人之一违反信托目的处分信托财产或者因违背管理职责、处理信托事务不当致使信托财产受到损失的，其他受托人应当承担连带赔偿责任。

第三十三条【受托人的义务】 <u>受托人必须保存处理信托事务的完整记录。</u>

受托人应当每年定期将信托财产的管理运用、处分及收支情况，报告委托人和受益人。

受托人对委托人、受益人以及处理信托事务的情况和资料负有依法保密的义务。

第三十四条【受托人的义务】 <u>受托人以信托财产为限向受益人承担支付信托利益的义务。</u>

第三十五条【受托人取得报酬的权利】 受托人有权依照信托文件的约定取得报酬。信托文件未作事先约定的，经信托当事人协商同意，可以作出补充约定；未作事先约定和补充约定的，不得收取报酬。

约定的报酬经信托当事人协商同意，可以增减其数额。

第三十六条【受托人损害信托财产的责任】 受托人违反信托目的处分信托财产或者因违背管理职责、处理信托事务不当致使信托财产受到损失的，在未恢复信托财产的原状或者未予赔偿前，不得请求给付报酬。

第三十七条【受托人因信托事务支出费用、对第三人所负债务的承担】
<u>受托人因处理信托事务所支出的费用、对第三人所负债务，以信托财产承担。</u>受托人以其固有财产先行支付的，对信托财产享有优先受偿的权利。

受托人违背管理职责或者处理信托事务不当对第三人所负债务或者自己所受到的损失，以其固有财产承担。

第三十八条【受托人的辞任】 设立信托后，**经委托人和受益人同意，<u>受托人可以辞任</u>**。本法对公益信托的受托人辞任另有规定的，从其规定。

受托人辞任的，在新受托人选出前仍应履行管理信托事务的职责。

第三十九条【受托人职责的终止】 受托人有下列情形之一的，其职责终止：

（一）死亡或者被依法宣告死亡；
（二）被依法宣告为无民事行为能力人或者限制民事行为能力人；
（三）被依法撤销或者被宣告破产；
（四）依法解散或者法定资格丧失；
（五）辞任或者被解任；
（六）法律、行政法规规定的其他情形。

受托人职责终止时，其继承人或者遗产管理人、监护人、清算人应当妥善保管信托财产，协助新受托人接管信托事务。

第四十条【新受托人的选任】 <u>受托人职责终止的，依照信托文件规定选任新受托人；信托文件未规定的，由委托人选任；委托人不指定或者无能力指定的，由受益人选任；受益人为无民事行为能力人或者限制民事行为能力人的，依法由其监护人代行选任。</u>

原受托人处理信托事务的权利和义务，由新受托人承继。

第四十二条【共同受托人责任终止的情况】 共同受托人之一职责终止的，信托财产由其他受托人管理和处分。

第四十三条【受益人的概念】 受益人是在信托中享有信托受益权的人。受益人可以是自然人、法人或者依法成立的其他组织。

委托人可以是受益人，也可以是同一信托的唯一受益人。

受托人可以是受益人，但不得是同一信托的唯一受益人。

第四十四条【受益人享有信托收益权】 <u>受益人自信托生效之日起享有信托受益权。</u>信托文件另有规定的，从其规定。

第四十五条【共同受益人】 共同受益人按照信托文件的规定享受信托利益。信托文件对信托利益的分配比例或者分配方法未作规定的，各受益人按照均等的比例享受信托利益。

第四十六条【受益人的放弃权】 受益人可以放弃信托受益权。

全体受益人放弃信托受益权的，信托终止。

部分受益人放弃信托受益权的，被放弃的信托受益权按下列顺序确定归属：

（一）信托文件规定的人；

（二）其他受益人；

（三）委托人或者其继承人。

第四十七条【受益人信托受益权的清偿作用】 受益人不能清偿到期债务的，其信托受益权可以用于清偿债务，但法律、行政法规以及信托文件有限制性规定的除外。

第四十八条【受益人的信托受益权的转让和继承】 受益人的信托受益权可以依法转让和继承，但信托文件有限制性规定的除外。

第五十条【信托的解除】 <u>委托人是唯一受益人的，委托人或者其继承人可以解除信托。</u>信托文件另有规定的，从其规定。

第五十一条【受益人的变更或者受益人的信托受益权的处分】 <u>设立信</u>

托后，有下列情形之一的，委托人可以变更受益人或者处分受益人的信托受益权：

（一）受益人对委托人有重大侵权行为；

（二）受益人对其他共同受益人有重大侵权行为；

（三）经受益人同意；

（四）信托文件规定的其他情形。

有前款第（一）项、第（三）项、第（四）项所列情形之一的，委托人可以解除信托。

第五十二条【信托的独立性】 信托不因委托人或者受托人的死亡、丧失民事行为能力、依法解散、被依法撤销或者被宣告破产而终止，也不因受托人的辞任而终止。但本法或者信托文件另有规定的除外。

第五十三条【信托的终止】 有下列情形之一的，信托终止：

（一）信托文件规定的终止事由发生；

（二）信托的存续违反信托目的；

（三）信托目的已经实现或者不能实现；

（四）信托当事人协商同意；

（五）信托被撤销；

（六）信托被解除。

第五十四条【信托的终止】 信托终止的，信托财产归属于信托文件规定的人；信托文件未规定的，按下列顺序确定归属：

（一）受益人或者其继承人；

（二）委托人或者其继承人。

第五十六条【信托的终止】 信托终止后，人民法院依据本法第十七条的规定对原信托财产进行强制执行的，以权利归属人为被执行人。

第五十七条【信托的终止】 信托终止后，受托人依照本法规定行使请求给付报酬、从信托财产中获得补偿的权利时，可以留置信托财产或者对信托财产的权利归属人提出请求。

第五十八条【信托的终止】 信托终止的，受托人应当作出处理信托事务的清算报告。受益人或者信托财产的权利归属人对清算报告无异议的，受托人就清算报告所列事项解除责任。但受托人有不正当行为的除外。

NO.315 营业信托纠纷

相关法规

中华人民共和国信托法（节录）
（2001年4月28日　主席令第50号）

（略，参见"NO.314民事信托纠纷"）

NO.316 公益信托纠纷

相关法规

中华人民共和国信托法（节录）
（2001年4月28日　主席令第50号）

第六十条【公益信托】　为了下列公共利益目的之一而设立的信托，属于公益信托：
（一）救济贫困；
（二）救助灾民；
（三）扶助残疾人；
（四）发展教育、科技、文化、艺术、体育事业；
（五）发展医疗卫生事业；
（六）发展环境保护事业，维护生态环境；
（七）发展其他社会公益事业。

第六十二条【公益信托的批准】　公益信托的设立和确定其受托人，应当经有关公益事业的管理机构（以下简称公益事业管理机构）批准。

未经公益事业管理机构的批准，不得以公益信托的名义进行活动。

公益事业管理机构对于公益信托活动应当给予支持。

第六十三条【公益信托的财产管理】　公益信托的信托财产及其收益，不得用于非公益目的。

第六十四条【公益信托的监察人】　公益信托应当设置信托监察人。

信托监察人由信托文件规定。信托文件未规定的，由公益事业管理机构指定。

第六十五条【信托监察人的权利】 信托监察人有权以自己的名义，为维护受益人的利益，提起诉讼或者实施其他法律行为。

第六十六条【受托人的辞任】 公益信托的受托人未经公益事业管理机构批准，不得辞任。

第六十七条【公益事业管理机构对受托人的检查】 公益事业管理机构应当检查受托人处理公益信托事务的情况及财产状况。

受托人应当至少每年一次作出信托事务处理情况及财产状况报告，经信托监察人认可后，报公益事业管理机构核准，并由受托人予以公告。

第六十八条【公益事业管理机构变更受托人】 公益信托的受托人违反信托义务或者无能力履行其职责的，由公益事业管理机构变更受托人。

第六十九条【公益事业管理机构变更信托条款】 公益信托成立后，发生设立信托时不能预见的情形，公益事业管理机构可以根据信托目的，变更信托文件中的有关条款。

第七十条【公益信托的终止】 公益信托终止的，受托人应当于终止事由发生之日起十五日内，将终止事由和终止日期报告公益事业管理机构。

第七十一条【公益信托的终止】 公益信托终止的，受托人作出的处理信托事务的清算报告，应当经信托监察人认可后，报公益事业管理机构核准，并由受托人予以公告。

第七十二条【公益信托的终止】 公益信托终止，没有信托财产权利归属人或者信托财产权利归属人是不特定的社会公众的，经公益事业管理机构批准，受托人应当将信托财产用于与原公益目的相近似的目的，或者将信托财产转移给具有近似目的的公益组织或者其他公益信托。

第七十三条【委托人、受托人、受益人的起诉】 公益事业管理机构违反本法规定的，委托人、受托人或者受益人有权向人民法院起诉。

二十七、保险纠纷

- 财产保险合同纠纷
- 人身保险合同纠纷
- 再保险纠纷
- 保险经纪合同纠纷
- 保险代理合同纠纷
- 进出口信用保险合同纠纷
- 保险费纠纷

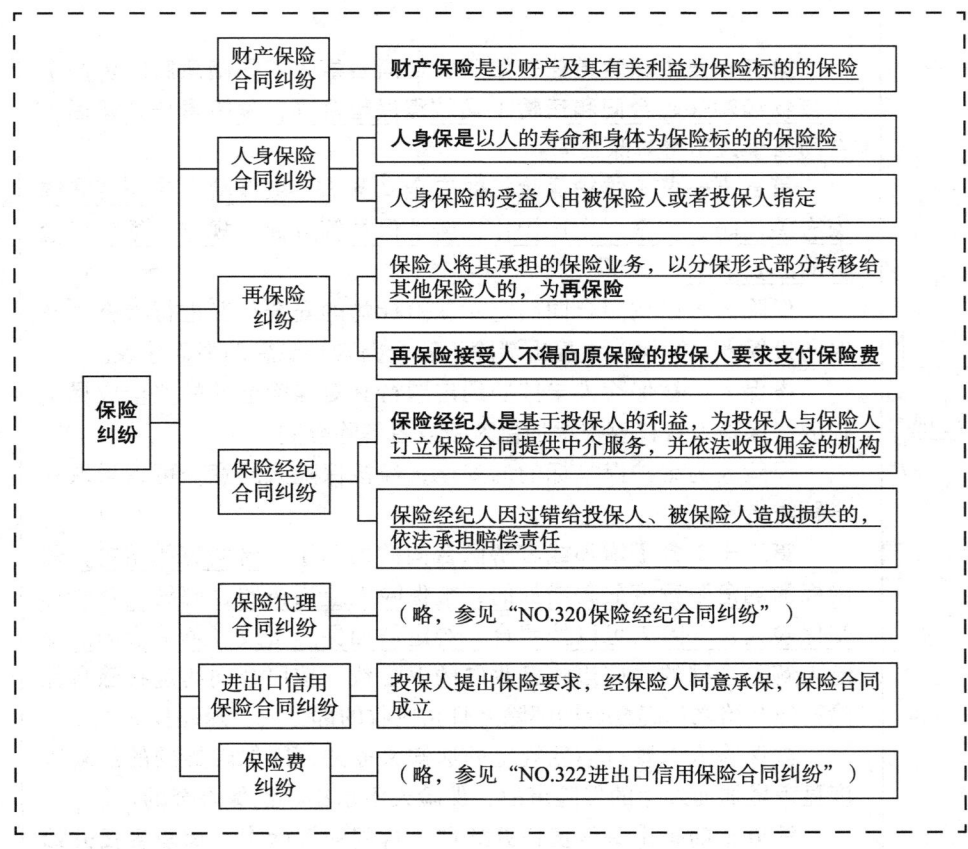

NO.317 财产保险合同纠纷

财产保险合同纠纷包括的内容：
（1）财产损失保险合同纠纷
（2）责任保险合同纠纷
（3）信用保险合同纠纷
（4）保证保险合同纠纷
（5）保险人代位求偿权纠纷

相关法规

中华人民共和国保险法（节录）
（2014年8月31日修正）

第五十条【保险责任开始后，合同当事人不得随意解除合同】 货物运输保险合同和运输工具航程保险合同，保险责任开始后，合同当事人不得解除合同。

第五十一条【维护保险标的安全义务】 被保险人应当遵守国家有关消防、安全、生产操作、劳动保护等方面的规定，维护保险标的的安全。

保险人可以按照合同约定对保险标的的安全状况进行检查，及时向投保人、被保险人提出消除不安全因素和隐患的书面建议。

投保人、被保险人未按照约定履行其对保险标的的安全应尽责任的，保险人有权要求增加保险费或者解除合同。

保险人为维护保险标的的安全，经被保险人同意，可以采取安全预防措施。

第五十二条【增加或者解除合同的情形】 合同有效期内，保险标的的危险程度显著增加的，被保险人应当按照合同约定及时通知保险人，保险人可以按照合同约定增加保险费或者解除合同。保险人解除合同的，应当将已收取的保险费，按照合同约定扣除自保险责任开始之日起至合同解除之日止应收的部分后，退还投保人。

被保险人未履行前款规定的通知义务的，因保险标的的危险程度显著增加而发生的保险事故，保险人不承担赔偿保险金的责任。

第五十四条【保险责任开始前，合同的解除】 保险责任开始前，投保人要求解除合同的，应当按照合同约定向保险人支付手续费，保险人应当退还保险费。保险责任开始后，投保人要求解除合同的，保险人应当将已收取的保险费，按照合同约定扣除自保险责任开始之日起至合同解除之日止应收的部分后，退还投保人。

第五十五条【保险标的价值的计算】 投保人和保险人约定保险标的的保险价值并在合同中载明的，保险标的发生损失时，以约定的保险价值为赔偿计算标准。

投保人和保险人未约定保险标的的保险价值的，保险标的发生损失时，以保险事故发生时保险标的的实际价值为赔偿计算标准。

保险金额不得超过保险价值。超过保险价值的，超过部分无效，保险人应当退还相应的保险费。

保险金额低于保险价值的，除合同另有约定外，保险人按照保险金额与保险价值的比例承担赔偿保险金的责任。

第五十八条【保险标的的部分损失和合同的解除】 保险标的发生部分损失的，自保险人赔偿之日起三十日内，投保人可以解除合同；除合同另有约定外，保险人也可以解除合同，但应当提前十五日通知投保人。

合同解除的，保险人应当将保险标的未受损失部分的保险费，按照合同约定扣除自保险责任开始之日起至合同解除之日止应收的部分后，退还投保人。

人身保险合同纠纷

人身保险合同纠纷包括的内容：
（1）人寿保险合同纠纷
（2）意外伤害保险合同纠纷
（3）健康保险合同纠纷

中华人民共和国保险法（节录）

（2014年8月31日修正）

第三十一条【投保人与被保险人】 投保人对下列人员具有保险利益：

（一）本人；

（二）配偶、子女、父母；

（三）前项以外与投保人有抚养、赡养或者扶养关系的家庭其他成员、近亲属；

（四）与投保人有劳动关系的劳动者。

除前款规定外，被保险人同意投保人为其订立合同的，视为投保人对被保险人具有保险利益。

订立合同时，投保人对被保险人不具有保险利益的，合同无效。

第三十二条【投保人提供虚假年龄信息与合同的解除】 投保人申报的被保险人年龄不真实，并且其真实年龄不符合合同约定的年龄限制的，保险人可以解除合同，并按照合同约定退还保险单的现金价值。保险人行使合同解除权，适用本法第十六条第三款、第六款的规定。

投保人申报的被保险人年龄不真实，致使投保人支付的保险费少于应付保险费的，保险人有权更正并要求投保人补交保险费，或者在给付保险金时按照实付保险费与应付保险费的比例支付。

投保人申报的被保险人年龄不真实，致使投保人支付的保险费多于应付保险费的，保险人应当将多收的保险费退还投保人。

第三十三条【投保人禁止投保人身险的情况】 投保人不得为无民事行为能力人投保以死亡为给付保险金条件的人身保险，保险人也不得承保。

父母为其未成年子女投保的人身保险，不受前款规定限制。但是，因被保险人死亡给付的保险金总和不得超过国务院保险监督管理机构规定的限额。

第三十四条【以死亡为给付保险金条件的合同的无效】 以死亡为给付保险金条件的合同，未经被保险人同意并认可保险金额的，合同无效。

按照以死亡为给付保险金条件的合同所签发的保险单，未经被保险人书面同意，不得转让或者质押。

父母为其未成年子女投保的人身保险，不受本条第一款规定限制。

第三十五条【保险费的缴纳方式】 投保人可以按照合同约定向保险人一次支付全部保险费或者分期支付保险费。

第三十六条【保费的分期支付】 合同约定分期支付保险费，投保人支付首期保险费后，除合同另有约定外，投保人自保险人催告之日起超过三十日未支付当期保险费，或者超过约定的期限六十日未支付当期保险费的，合同效力中止，或者由保险人按照合同约定的条件减少保险金额。

被保险人在前款规定期限内发生保险事故的，保险人应当按照合同约定给付保险金，但可以扣减欠交的保险费。

第三十七条【合同的中止】 合同效力依照本法第三十六条规定中止的，经保险人与投保人协商并达成协议，在投保人补交保险费后，合同效力恢复。但是，自合同效力中止之日起满二年双方未达成协议的，保险人有权解除合同。

保险人依照前款规定解除合同的，应当按照合同约定退还保险单的现金价值。

第三十九条【人身保险受益人的指定】 人身保险的受益人由被保险人或者投保人指定。

投保人指定受益人时须经被保险人同意。投保人为与其有劳动关系的劳动者投保人身保险，不得指定被保险人及其近亲属以外的人为受益人。

被保险人为无民事行为能力人或者限制民事行为能力人的，可以由其监护人指定受益人。

第四十条【人身保险受益人的指定】 被保险人或者投保人可以指定一人或者数人为受益人。

受益人为数人的，被保险人或者投保人可以确定受益顺序和受益份额；未确定受益份额的，受益人按照相等份额享有受益权。

第四十一条【人身保险受益人变更与通知】 被保险人或者投保人可以变更受益人并书面通知保险人。保险人收到变更受益人的书面通知后，应当在保险单或者其他保险凭证上批注或者附贴批单。

投保人变更受益人时须经被保险人同意。

第四十三条【投保人故意造成被保险人死亡、伤残、疾病】 投保人故意造成被保险人死亡、伤残或者疾病的，保险人不承担给付保险金的责任。投保人已交足二年以上保险费的，保险人应当按照合同约定向其他权利人退还保险单的现金价值。

受益人故意造成被保险人死亡、伤残、疾病的，或者故意杀害被保险人未遂的，该受益人丧失受益权。

第四十四条【保险人不承担给付责任的情况】 以被保险人死亡为给付保险金条件的合同，自合同成立或者合同效力恢复之日起二年内，被保险人自杀的，保险人不承担给付保险金的责任，但被保险人自杀时为无民事行为能力人的除外。

保险人依照前款规定不承担给付保险金责任的，应当按照合同约定退还保险单的现金价值。

第四十五条【保险人不承担给付责任的情况】 因被保险人故意犯罪或者抗拒依法采取的刑事强制措施导致其伤残或者死亡的，保险人不承担给付保险金的责任。投保人已交足二年以上保险费的，保险人应当按照合同约定退还保险单的现金价值。

第四十六条【因第三人行为发生保险事故的追偿权】 被保险人因第三者的行为而发生死亡、伤残或者疾病等保险事故的，保险人向被保险人或者受益人给付保险金后，不享有向第三者追偿的权利，但被保险人或者受益人仍有权向第三者请求赔偿。

第四十七条【投保人解除合同】 投保人解除合同的，保险人应当自收到解除合同通知之日起三十日内，按照合同约定退还保险单的现金价值。

NO.319 ▶ 再保险合同纠纷

中华人民共和国保险法（节录）
（2014年8月31日修正）

相关法规

第二十八条【再保险的概念】 保险人将其承担的保险业务，以分保形式部分转移给其他保险人的，为再保险。

应再保险接受人的要求，再保险分出人应当将其自负责任及原保险的有关情况书面告知再保险接受人。

第二十九条【再保险接受人的义务】 再保险接受人不得向原保险的投保人要求支付保险费。

原保险的被保险人或者受益人不得向再保险接受人提出赔偿或者给付保险金的请求。

再保险分出人不得以再保险接受人未履行再保险责任为由，拒绝履行或者迟延履行其原保险责任。

NO.320 保险经纪合同纠纷

相关法规

中华人民共和国保险法（节录）
（2014年8月31日修正）

第一百一十八条【保险经纪人】 保险经纪人是基于投保人的利益，为投保人与保险人订立保险合同提供中介服务，并依法收取佣金的机构。

第一百二十一条【保险专业代理机构、保险经纪人的高级管理人员应当具备的条件】 保险专业代理机构、保险经纪人的高级管理人员，应当品行良好，熟悉保险法律、行政法规，具有履行职责所需的经营管理能力，并在任职前取得保险监督管理机构核准的任职资格。

第一百二十八条【保险经纪人的赔偿责任】 保险经纪人因过错给投保人、被保险人造成损失的，依法承担赔偿责任。

第一百三十条【保险佣金的支付】 保险佣金只限于向具有合法资格的保险代理人、保险经纪人支付，不得向其他人支付。

第一百三十一条【保险代理人、保险经纪人及其从业人员的禁止行为】 保险代理人、保险经纪人及其从业人员在办理保险业务活动中不得有下列行为：

（一）欺骗保险人、投保人、被保险人或者受益人；

（二）隐瞒与保险合同有关的重要情况；

（三）阻碍投保人履行本法规定的如实告知义务，或者诱导其不履行本法规定的如实告知义务；

（四）给予或者承诺给予投保人、被保险人或者受益人保险合同约定以外的利益；

（五）利用行政权力、职务或者职业便利以及其他不正当手段强迫、引诱或者限制投保人订立保险合同；

（六）伪造、擅自变更保险合同，或者为保险合同当事人提供虚假证明材料；

（七）挪用、截留、侵占保险费或者保险金；

（八）利用业务便利为其他机构或者个人牟取不正当利益；

（九）串通投保人、被保险人或者受益人，骗取保险金；

（十）泄露在业务活动中知悉的保险人、投保人、被保险人的商业秘密。

NO.321　　保险代理合同纠纷

相关法规

中华人民共和国保险法（节录）
（2014年8月31日修正）

（略，参见"NO.320保险经纪合同纠纷"）

NO.322　　进出口信用保险合同纠纷

相关法规

——进出口信用保险合同纠纷的《保险法》参照

中华人民共和国保险法（节录）
（2014年8月31日修正）

第二条【保险的概念】　本法所称保险，是指投保人根据合同约定，向保险人支付保险费，保险人对于合同约定的可能发生的事故因其发生所造成的财产损失承担赔偿保险金责任，或者当被保险人死亡、伤残、疾病或者达到合同约定的年龄、期限等条件时承担给付保险金责任的商业保险行为。

第十条【保险合同的概念】　保险合同是投保人与保险人约定保险权利义务关系的协议。

投保人是指与保险人订立保险合同，并按照合同约定负有支付保险费义务的人。

保险人是指与投保人订立保险合同，并按照合同约定承担赔偿或者给付保险金责任的保险公司。

第十一条【保险合同订立的基本原则】 订立保险合同，应当协商一致，遵循公平原则确定各方的权利和义务。

除法律、行政法规规定必须保险的外，保险合同自愿订立。

第十二条【保险利益】 人身保险的投保人在保险合同订立时，对被保险人应当具有保险利益。

财产保险的被保险人在保险事故发生时，对保险标的应当具有保险利益。

人身保险是以人的寿命和身体为保险标的的保险。

财产保险是以财产及其有关利益为保险标的的保险。

被保险人是指其财产或者人身受保险合同保障，享有保险金请求权的人。投保人可以为被保险人。

保险利益是指投保人或者被保险人对保险标的具有的法律上承认的利益。

第十三条【保险合同的成立】 投保人提出保险要求，经保险人同意承保，保险合同成立。保险人应当及时向投保人签发保险单或者其他保险凭证。

保险单或者其他保险凭证应当载明当事人双方约定的合同内容。当事人也可以约定采用其他书面形式载明合同内容。

依法成立的保险合同，自成立时生效。投保人和保险人可以对合同的效力约定附条件或者附期限。

第十四条【保险责任的开始】 保险合同成立后，投保人按照约定交付保险费，保险人按照约定的时间**开始承担保险责任。**

第十五条【解除保险合同的权利】 除本法另有规定或者保险合同另有约定外，保险合同成立后，投保人可以解除合同，保险人不得解除合同。

第十六条【投保人的告知义务】 订立保险合同，保险人就保险标的或者被保险人的有关情况提出询问的，投保人应当如实告知。

投保人故意或者因重大过失未履行前款规定的如实告知义务，足以影响保险人决定是否同意承保或者提高保险费率的，保险人有权解除合同。

前款规定的合同解除权，自保险人知道有解除事由之日起，超过三十日不行使而消灭。自合同成立之日起超过二年的，保险人不得解除合同；发生保险事故的，保险人应当承担赔偿或者给付保险金的责任。

投保人故意不履行如实告知义务的，保险人对于合同解除前发生的保险事故，不承担赔偿或者给付保险金的责任，并不退还保险费。

投保人因重大过失未履行如实告知义务，对保险事故的发生有严重影响的，保险人对于合同解除前发生的保险事故，不承担赔偿或者给付保险金的责任，但应当退还保险费。

保险人在合同订立时已经知道投保人未如实告知的情况的，保险人不得解除合同；发生保险事故的，保险人应当承担赔偿或者给付保险金的责任。

保险事故是指保险合同约定的保险责任范围内的事故。

第十七条【格式条款合同及保险人的说明义务】 订立保险合同，采用保险人提供的格式条款的，保险人向投保人提供的投保单应当附格式条款，保险人应当向投保人说明合同的内容。

对保险合同中免除保险人责任的条款，保险人在订立合同时应当在投保单、保险单或者其他保险凭证上作出足以引起投保人注意的提示，并对该条款的内容以书面或者口头形式向投保人作出明确说明；未作提示或者明确说明的，该条款不产生效力。

第十八条【保险合同的内容】 保险合同应当包括下列事项：

（一）保险人的名称和住所；

（二）投保人、被保险人的姓名或者名称、住所，以及人身保险的受益人的姓名或者名称、住所；

（三）保险标的；

（四）保险责任和责任免除；

（五）保险期间和保险责任开始时间；

（六）保险金额；

（七）**保险费以及支付办法；**

（八）保险金赔偿或者给付办法；

（九）违约责任和争议处理；

（十）订立合同的年、月、日。

投保人和保险人可以约定与保险有关的其他事项。

受益人是指人身保险合同中由被保险人或者投保人指定的享有保险金请求权的人。投保人、被保险人可以为受益人。

保险金额是指保险人承担赔偿或者给付保险金责任的最高限额。

第十九条【无效的保险合同】 采用保险人提供的格式条款订立的保险

合同中的下列条款无效：

（一）免除保险人依法应承担的义务或者加重投保人、被保险人责任的；

（二）排除投保人、被保险人或者受益人依法享有的权利的。

第二十条【合同内容的变更】 投保人和保险人可以协商变更合同内容。

变更保险合同的，应当由保险人在保险单或者其他保险凭证上批注或者附贴批单，或者由投保人和保险人订立变更的书面协议。

第二十一条【保险事故发生时的及时通知义务】 <u>投保人、被保险人或者受益人知道保险事故发生后，应当及时通知保险人。</u>故意或者因重大过失未及时通知，致使保险事故的性质、原因、损失程度等难以确定的，保险人对无法确定的部分，不承担赔偿或者给付保险金的责任，但保险人通过其他途径已经及时知道或者应当及时知道保险事故发生的除外。

第二十三条【保险人的及时核定义务】 <u>保险人收到被保险人或者受益人的赔偿或者给付保险金的请求后，应当及时作出核定；情形复杂的，应当在三十日内作出核定，但合同另有约定的除外。</u>保险人应当将核定结果通知被保险人或者受益人；对属于保险责任的，在与被保险人或者受益人达成赔偿或者给付保险金的协议后十日内，履行赔偿或者给付保险金义务。保险合同对赔偿或者给付保险金的期限有约定的，保险人应当按照约定履行赔偿或者给付保险金义务。

保险人未及时履行前款规定义务的，除支付保险金外，应当赔偿被保险人或者受益人因此受到的损失。

任何单位和个人不得非法干预保险人履行赔偿或者给付保险金的义务，也不得限制被保险人或者受益人取得保险金的权利。

第二十四条【拒绝赔偿和拒绝给付保险金】 <u>保险人依照本法第二十三条的规定作出核定后，对不属于保险责任的，应当自作出核定之日起三日内向被保险人或者受益人发出拒绝赔偿或者拒绝给付保险金通知书，并说明理由。</u>

第二十五条【金额的先予支付】 保险人自收到赔偿或者给付保险金的请求和有关证明、资料之日起六十日内，对其赔偿或者给付保险金的数额不能确定的，应当根据已有证明和资料可以确定的数额先予支付；保险人最终确定赔偿或者给付保险金的数额后，应当支付相应的差额。

第二十六条【诉讼时效期间】 <u>人寿保险以外的其他保险的被保险人或者受益人，向保险人请求赔偿或者给付保险金的诉讼时效期间为二年，自其知道或者应当知道保险事故发生之日起计算。</u>

人寿保险的被保险人或者受益人向保险人请求给付保险金的诉讼时效期间为五年,自其知道或者应当知道保险事故发生之日起计算。

第二十七条【保险欺诈行为的处理】 未发生保险事故,被保险人或者受益人谎称发生了保险事故,向保险人提出赔偿或者给付保险金请求的,保险人有权解除合同,**并不退还保险费。**

投保人、被保险人故意制造保险事故的,保险人有权解除合同,不承担赔偿或者给付保险金的责任;除本法第四十三条规定外,**不退还保险费。**

保险事故发生后,投保人、被保险人或者受益人以伪造、变造的有关证明、资料或者其他证据,编造虚假的事故原因或者夸大损失程度的,保险人对其虚报的部分不承担赔偿或者给付保险金的责任。

投保人、被保险人或者受益人有前三款规定行为之一,致使保险人支付保险金或者支出费用的,应当退回或者赔偿。

第三十条【对格式保险合同条款有争议的解释】 采用保险人提供的格式条款订立的保险合同,保险人与投保人、被保险人或者受益人对合同条款有争议的,应当按照通常理解予以解释。对合同条款有两种以上解释的,人民法院或者仲裁机构应当作出有利于被保险人和受益人的解释。

NO.323 ▶ 保险费纠纷

相关法规

中华人民共和国保险法(节录)
(2014年8月31日修正)
(略,参见"NO.322进出口信用保险合同纠纷")

二十八、票据纠纷

- 票据付款请求权纠纷；票据追索权纠纷
- 票据交付请求权纠纷；票据返还请求权纠纷
- 票据损害责任纠纷
- 票据利益返还请求权纠纷
- 汇票回单签发请求权纠纷
- 票据保证纠纷
- 确认票据无效纠纷
- 票据代理纠纷；票据回购纠纷

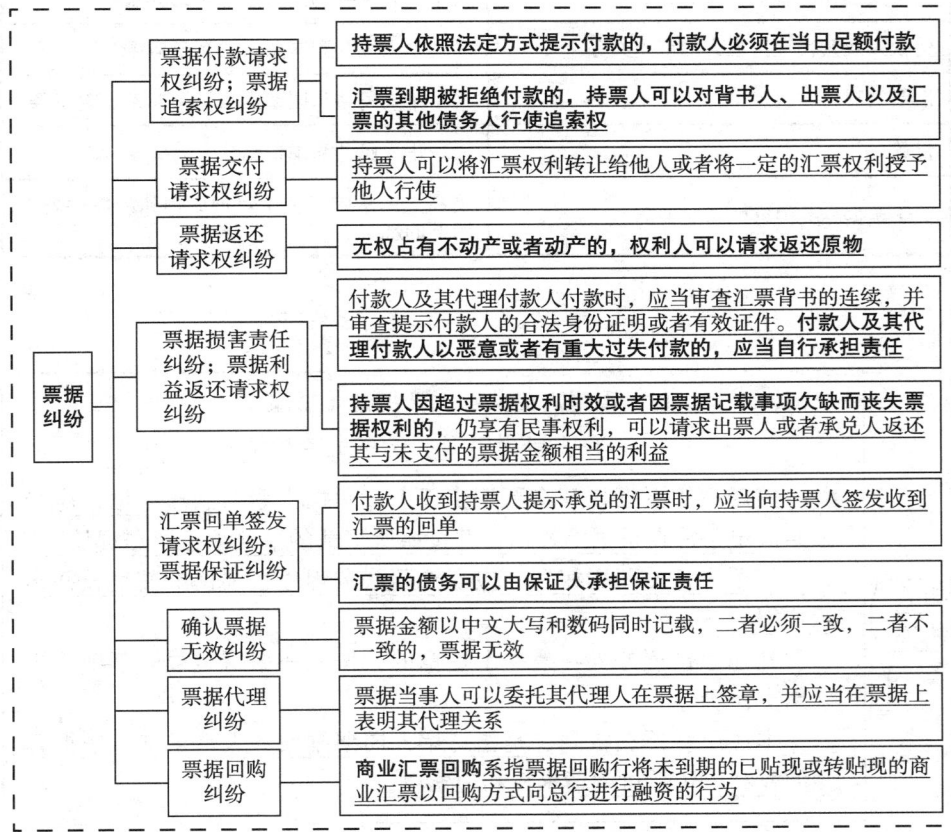

NO.324 票据付款请求权纠纷

条文要旨重点提示	对应条文序号
票据权利与票据责任	《中华人民共和国票据法》第4条
行使票据权利，或者保全票据权利的形式	《中华人民共和国票据法》第16条
票据权利的消灭	《中华人民共和国票据法》第17条
持票人的提示付款	《中华人民共和国票据法》第53条
付款人的足额付款	《中华人民共和国票据法》第54条
汇票的签收	《中华人民共和国票据法》第55条
持票人委托的收款银行的责任	《中华人民共和国票据法》第56条
付款人及其代理付款人的审查义务	《中华人民共和国票据法》第57条
汇票的支付	《中华人民共和国票据法》第58条、第59条
付款	《中华人民共和国票据法》第60条
关于票据相关内容的司法解释	最高人民法院《关于审理票据纠纷案件若干问题的规定》

相关法规

中华人民共和国票据法（节录）
（2004年8月28日 主席令第22号）

第四条【票据权利与票据责任】 票据出票人制作票据，应当按照法定条件在票据上签章，并按照所记载的事项承担票据责任。

持票人行使票据权利，应当按照法定程序在票据上签章，并出示票据。

其他票据债务人在票据上签章的，按照票据所记载的事项承担票据责任。

本法所称**票据权利**，是指持票人向票据债务人请求支付票据金额的权利，包括付款请求权和追索权。

本法所称**票据责任**，是指票据债务人向持票人支付票据金额的义务。

第十六条【行使票据权利，或者保全票据权利的形式】 持票人对票据债务人行使票据权利，或者保全票据权利，应当在票据当事人的营业场所和营业时间内进行，票据当事人无营业场所的，应当在其住所进行。

第十七条【票据权利的消灭】 票据权利在下列期限内不行使而消灭：

（一）持票人对票据的出票人和承兑人的权利，自票据到期日起二年。见票即付的汇票、本票，自出票日起二年；

（二）持票人对支票出票人的权利，自出票日起六个月；

（三）持票人对前手的追索权，自被拒绝承兑或者被拒绝付款之日起六个月；

（四）持票人对前手的再追索权，自清偿日或者被提起诉讼之日起三个月。

票据的出票日、到期日由票据当事人依法确定。

第五十三条【持票人的提示付款】 持票人应当按照下列期限提示付款：

（一）见票即付的汇票，自出票日起一个月内向付款人提示付款；

（二）定日付款、出票后定期付款或者见票后定期付款的汇票，自到期日起十日内向承兑人提示付款。

持票人未按照前款规定期限提示付款的，在作出说明后，承兑人或者付款人仍应当继续对持票人承担付款责任。

通过委托收款银行或者通过票据交换系统向付款人提示付款的，视同持票人提示付款。

第五十四条【付款人的足额付款】 持票人依照前条规定提示付款的，付款人必须在当日足额付款。

第五十五条【汇票的签收】 持票人获得付款的，应当在汇票上签收，并将汇票交给付款人。持票人委托银行收款的，受委托的银行将代收的汇票金额转账收入持票人账户，视同签收。

第五十六条【持票人委托的收款银行的责任】 持票人委托的收款银行的责任，限于按照汇票上记载事项将汇票金额转入持票人账户。

付款人委托的付款银行的责任，限于按照汇票上记载事项从付款人账户支付汇票金额。

第五十七条【付款人及其代理付款人的审查义务】 付款人及其代理付款人付款时，应当审查汇票背书的连续，并审查提示付款人的合法身份证明或者有效证件。

付款人及其代理付款人以恶意或者有重大过失付款的,应当自行承担责任。

第五十八条【汇票的支付】 对定日付款、出票后定期付款或者见票后定期付款的汇票,付款人在到期日前付款的,由付款人自行承担所产生的责任。

第五十九条【汇票的支付】 汇票金额为外币的,按照付款日的市场汇价,以人民币支付。

汇票当事人对汇票支付的货币种类另有约定的,从其约定。

第六十条【付款】 付款人依法足额付款后,全体汇票债务人的责任解除。

最高人民法院关于审理票据纠纷案件若干问题的规定
(2000年11月14日 法释〔2000〕32号)

为了正确适用《中华人民共和国票据法》(以下简称票据法),公正、及时审理票据纠纷案件,保护票据当事人的合法权益,维护金融秩序和金融安全,根据票据法及其他有关法律的规定,结合审判实践,现对人民法院审理票据纠纷案件的若干问题规定如下:

一、受理和管辖

第一条 因行使票据权利或者票据法上的非票据权利而引起的纠纷,人民法院应当依法受理。

第二条 依照票据法第十条的规定,票据债务人(即出票人)以在票据未转让时的基础关系违法、双方不具有真实的交易关系和债权债务关系、持票人应付对价而未付对价为由,要求返还票据而提起诉讼的,人民法院应当依法受理。

第三条 依照票据法第三十六条的规定,票据被拒绝承兑、被拒绝付款或者汇票、支票超过提示付款期限后,票据持有人背书转让的,被背书人以背书人为被告行使追索权而提起诉讼的,人民法院应当依法受理。

第四条 持票人不先行使付款请求权而先行使追索权遭拒绝提起诉讼的,人民法院不予受理。除有票据法第六十一条第二款和本规定第三条所列情形外，持票人只能在首先向付款人行使付款请求权而得不到付款时，才可以行使追索权。

第五条 付款请求权是持票人享有的第一顺序权利，追索权是持票人享有的第二顺序权利，即汇票到期被拒绝付款或者具有票据法第六十一条第二款所列情形的，持票人请求背书人、出票人以及汇票的其他债务人支付票据法第七十条第一款所列金额和费用的权利。

第六条 因票据权利纠纷提起的诉讼，依法由票据支付地或者被告住所地人民法院管辖。

票据支付地是指票据上载明的付款地，票据上未载明付款地的，汇票付款人或者代理付款人的营业场所、住所或者经常居住地，本票出票人的营业场所，支票付款人或者代理付款人的营业场所所在地为票据付款地。代理付款人即付款人的委托代理人，是指根据付款人的委托代为支付票据金额的银行、信用合作社等金融机构。

第七条 因非票据权利纠纷提起的诉讼，依法由被告住所地人民法院管辖。

二、票据保全

第八条 人民法院在审理、执行票据纠纷案件时，对具有下列情形之一的票据，经当事人申请并提供担保，可以依法采取保全措施或者执行措施：

（一）不履行约定义务，与票据债务人有直接债权债务关系的票据当事人所持有的票据；

（二）持票人恶意取得的票据；

（三）应付对价而未付对价的持票人持有的票据；

（四）记载有"不得转让"字样而用于贴现的票据；

（五）记载有"不得转让"字样而用于质押的票据；

（六）法律或者司法解释规定有其他情形的票据。

三、举证责任

第九条 票据诉讼的举证责任由提出主张的一方当事人承担。

依照票据法第四条第二款、第十条、第十二条、第二十一条的规定，向人民法院提起诉讼的持票人有责任提供诉争票据。该票据的出票、承兑、交付、背书转让涉嫌欺诈、偷盗、胁迫、恐吓、暴力等非法行为的，持票人对持票的合法性应当负责举证。

第十条 票据债务人依照票据法第十三条的规定，对与其有直接债权债务关系的持票人提出抗辩，人民法院合并审理票据关系和基础关系的，持票人应当提供相应的证据证明已经履行了约定义务。

第十一条 付款人或者承兑人被人民法院依法宣告破产的，持票人因行使追索权而向人民法院提起诉讼时，应当向受理法院提供人民法院依法作出的宣告破产裁定书或者能够证明付款人或者承兑人破产的其他证据。

第十二条 在票据诉讼中，负有举证责任的票据当事人应当在一审人民法院法庭辩论结束以前提供证据。因客观原因不能在上述举证期限以内提供的，应当在举证期限届满以前向人民法院申请延期。延长的期限由人民法院根据案件的具体情况决定。

票据当事人在一审人民法院审理期间隐匿票据、故意有证不举，应当承担相应的诉讼后果。

四、票据权利及抗辩

第十三条 票据法第十七条第一款第（一）、（二）项规定的持票人对票据的出票人和承兑人的权利，包括付款请求权和追索权。

第十四条 票据债务人以票据法第十条、第二十一条的规定为由，对业经背书转让票据的持票人进行抗辩的，人民法院不予支持。

第十五条 票据债务人依照票据法第十二条、第十三条的规定，对持票人提出下列抗辩的，人民法院应予支持：

（一）与票据债务人有直接债权债务关系并且不履行约定义务的；

（二）以欺诈、偷盗或者胁迫等非法手段取得票据，或者明知有前列情形，出于恶意取得票据的；

（三）明知票据债务人与出票人或者与持票人的前手之间存在抗辩事由而取得票据的；

（四）因重大过失取得票据的；

（五）其他依法不得享有票据权利的。

第十六条 票据债务人依照票据法第九条、第十七条、第十八条、第二十二条和第三十一条的规定，对持票人提出下列抗辩的，人民法院应予支持：

（一）欠缺法定必要记载事项或者不符合法定格式的；

（二）超过票据权利时效的；

（三）人民法院作出的除权判决已经发生法律效力的；

（四）以背书方式取得但背书不连续的；

（五）其他依法不得享有票据权利的。

第十七条 票据出票人或者背书人被宣告破产的，而付款人或者承兑人不知其事实而付款或者承兑，因此所产生的追索权可以登记为破产债权，付款人或者承兑人为债权人。

第十八条　票据法第十七条第一款第（三）、（四）项规定的持票人对前手的追索权，不包括对票据出票人的追索权。

第十九条　票据法第四十条第二款和第六十五条规定的持票人丧失对其前手的追索权，不包括对票据出票人的追索权。

第二十条　票据法第十七条规定的票据权利时效发生中断的，只对发生时效中断事由的当事人有效。

第二十一条　票据法第六十六条第一款规定的书面通知是否逾期，以持票人或者其前手发出书面通知之日为准；以信函通知的，以信函投寄邮戳记载之日为准。

第二十二条　票据法第七十条、第七十一条所称中国人民银行规定的利率，是指中国人民银行规定的企业同期流动资金贷款利率。

第二十三条　代理付款人在人民法院公示催告公告发布以前按照规定程序善意付款后，承兑人或者付款人以已经公示催告为由拒付代理付款人已经垫付的款项的，人民法院不予支持。

五、失票救济

第二十四条　票据丧失后，失票人直接向人民法院申请公示催告或者提起诉讼的，人民法院应当依法受理。

第二十五条　出票人已经签章的授权补记的支票丧失后，失票人依法向人民法院申请公示催告的，人民法院应当依法受理。

第二十六条　票据法第十五条第三款规定的可以申请公示催告的失票人，是指按照规定可以背书转让的票据在丧失票据占有以前的最后合法持票人。

第二十七条　出票人已经签章但未记载代理付款人的银行汇票丧失后，失票人依法向付款人即出票银行所在地人民法院申请公示催告的，人民法院应当依法受理。

第二十八条　超过付款提示期限的票据丧失以后，失票人申请公示催告的，人民法院应当依法受理。

第二十九条　失票人通知票据付款人挂失止付后三日内向人民法院申请公示催告的，公示催告申请书应当载明下列内容：

（一）票面金额；

（二）出票人、持票人、背书人；

（三）申请的理由、事实；

（四）通知票据付款人或者代理付款人挂失止付的时间；

（五）付款人或者代理付款人的名称、通信地址、电话号码等。

第三十条 人民法院决定受理公示催告申请，应当同时通知付款人及代理付款人停止支付，并自立案之日起三日内发出公告。

第三十一条 付款人或者代理付款人收到人民法院发出的<u>止付通知，应当立即停止支付，直至公示催告程序终结。非经发出止付通知的人民法院许可擅自解付的，不得免除票据责任。</u>

第三十二条 人民法院决定受理公示催告申请后发布的公告应当在全国性的报刊上登载。

第三十三条 依照《中华人民共和国民事诉讼法》（以下简称民事诉讼法）第一百九十四条的规定，公示催告的期间，国内票据自公告发布之日起六十日，涉外票据可根据具体情况适当延长，但最长不得超过九十日。

第三十四条 依照民事诉讼法第一百九十五条第二款的规定，在公示催告期间，以公示催告的票据质押、贴现，因质押、贴现而接受该票据的持票人主张票据权利的，人民法院不予支持，但公示催告期间届满以后人民法院作出除权判决以前取得该票据的除外。

第三十五条 票据丧失后，失票人在票据权利时效届满以前请求出票人补发票据，或者请求债务人付款，在提供相应担保的情况下因债务人拒绝付款或者出票人拒绝补发票据提起诉讼的，由被告住所地或者票据支付地人民法院管辖。

第三十六条 失票人因请求出票人补发票据或者请求债务人付款遭到拒绝而向人民法院提起诉讼的，被告为与失票人具有票据债权债务关系的出票人、拒绝付款的票据付款人或者承兑人。

第三十七条 失票人为行使票据所有权，向非法持有票据人请求返还票据的，人民法院应当依法受理。

第三十八条 失票人向人民法院提起诉讼的，除向人民法院说明曾经持有票据及丧失票据的情形外，还应当提供担保。担保的数额相当于票据载明的金额。

第三十九条 对于伪报票据丧失的当事人，人民法院在查明事实，裁定终结公示催告或者诉讼程序后，可以参照民事诉讼法第一百零二条的规定，追究伪报人的法律责任。

六、票据效力

第四十条 依照票据法第一百零九条以及经国务院批准的《票据管理

实施办法》的规定，票据当事人使用的不是中国人民银行规定的统一格式票据的，按照《票据管理实施办法》的规定认定，但在中国境外签发的票据除外。

第四十一条 票据出票人在票据上的签章上不符合票据法以及下述规定的，该签章不具有票据法上的效力：

（一）商业汇票上的出票人的签章，为该法人或者该单位的财务专用章或者公章加其法定代表人、单位负责人或者其授权的代理人的签名或者盖章；

（二）银行汇票上的出票人的签章和银行承兑汇票的承兑人的签章，为该银行汇票专用章加其法定代表人或者其授权的代理人的签名或者盖章；

（三）银行本票上的出票人的签章，为该银行的本票专用章加其法定代表人或者其授权的代理人的签名或者盖章；

（四）支票上的出票人的签章，出票人为单位的，为与该单位在银行预留签章一致的财务专用章或者公章加其法定代表人或者其授权的代理人的签名或者盖章；出票人为个人的，为与该个人在银行预留签章一致的签名或者盖章。

第四十二条 银行汇票、银行本票的出票人以及银行承兑汇票的承兑人在票据上未加盖规定的专用章而加盖该银行的公章，支票的出票人在票据上未加盖与该单位在银行预留签章一致的财务专用章而加盖该出票人公章的，签章人应当承担票据责任。

第四十三条 依照票据法第九条以及《票据管理实施办法》的规定，票据金额的中文大写与数码不一致，或者票据载明的金额、出票日期或者签发日期、收款人名称更改，或者违反规定加盖银行部门印章代替专用章，付款人或者代理付款人对此类票据付款的，应当承担责任。

第四十四条 因更改银行汇票的实际结算金额引起纠纷而提起诉讼，当事人请求认定汇票效力的，人民法院应当认定该银行汇票无效。

第四十五条 空白授权票据的持票人行使票据权利时未对票据必须记载事项补充完全，因付款人或者代理付款人拒绝接收该票据而提起诉讼的，人民法院不予支持。

第四十六条 票据的背书人、承兑人、保证人在票据上的签章不符合票据法以及《票据管理实施办法》规定的，或者无民事行为能力人、限制民事行为能力人在票据上签章的，其签章无效，但不影响人民法院对票据上其他签章效力的认定。

七、票据背书

第四十七条 因票据质权人以质押票据再行背书质押或者背书转让引起纠纷而提起诉讼的，人民法院应当认定背书行为无效。

第四十八条 依照票据法第二十七条的规定，票据的出票人在票据上记载"不得转让"字样，票据持有人背书转让的，背书行为无效。背书转让后的受让人不得享有票据权利，票据的出票人、承兑人对受让人不承担票据责任。

第四十九条 依照票据法第二十七条和第三十条的规定，背书人未记载被背书人名称即将票据交付他人的，持票人在票据被背书人栏内记载自己的名称与背书人记载具有同等法律效力。

第五十条 依照票据法第三十一条的规定，连续背书的第一背书人应当是在票据上记载的收款人，最后的票据持有人应当是最后一次背书的被背书人。

第五十一条 依照票据法第三十四条和第三十五条的规定，背书人在票据上记载"不得转让"、"委托收款"、"质押"字样，其后手再背书转让、委托收款或者质押的，原背书人对后手的被背书人不承担票据责任，但不影响出票人、承兑人以及原背书人之前手的票据责任。

第五十二条 依照票据法第五十七条第二款的规定，贷款人恶意或者有重大过失从事票据质押贷款的，人民法院应当认定质押行为无效。

第五十三条 依照票据法第二十七条的规定，出票人在票据上记载"不得转让"字样，其后手以此票据进行贴现、质押的，通过贴现、质押取得票据的持票人主张票据权利的，人民法院不予支持。

第五十四条 依照票据法第三十四条和第三十五条的规定，背书人在票据上记载"不得转让"字样，其后手以此票据进行贴现、质押的，原背书人对后手的被背书人不承担票据责任。

第五十五条 依照票据法第三十五条第二款的规定，以汇票设定质押时，出质人在汇票上只记载了"质押"字样未在票据上签章的，或者出质人未在汇票、粘单上记载"质押"字样而另行签订质押合同、质押条款的，不构成票据质押。

第五十六条 商业汇票的持票人向其非开户银行申请贴现，与向自己开立存款账户的银行申请贴现具有同等法律效力。但是，持票人有恶意或者与贴现银行恶意串通的除外。

第五十七条 违反规定区域出票，背书转让银行汇票，或者违反票据管理规定跨越票据交换区域出票、背书转让银行本票、支票的，不影响出票人、背书人依法应当承担的票据责任。

第五十八条 依照票据法第三十六条的规定，票据被拒绝承兑、被拒绝付款或者超过提示付款期限，票据持有人背书转让的，背书人应当承担票据责任。

第五十九条 承兑人或者付款人依照票据法第五十三条第二款的规定对逾期提示付款的持票人付款与按照规定的期限付款具有同等法律效力。

八、票据保证

第六十条 国家机关、以公益为目的的事业单位、社会团体、企业法人的分支机构和职能部门作为票据保证人的，票据保证无效，但经国务院批准为使用外国政府或者国际经济组织贷款进行转贷，国家机关提供票据保证的，以及企业法人的分支机构在法人书面授权范围内提供票据保证的除外。

第六十一条 票据保证无效的，票据的保证人应当承担与其过错相应的民事责任。

第六十二条 保证人未在票据或者粘单上记载"保证"字样而另行签订保证合同或者保证条款的，不属于票据保证，人民法院应当适用《中华人民共和国担保法》的有关规定。

九、法律适用

第六十三条 人民法院审理票据纠纷案件，适用票据法的规定；票据法没有规定的，适用《中华人民共和国民法通则》、《中华人民共和国合同法》、《中华人民共和国担保法》等民商事法律以及国务院制定的行政法规。

中国人民银行制定并公布施行的有关行政规章与法律、行政法规不抵触的，可以参照适用。

第六十四条 票据当事人因对金融行政管理部门的具体行政行为不服提起诉讼的，适用《中华人民共和国行政处罚法》、票据法以及《票据管理实施办法》等有关票据管理的规定。

中国人民银行制定并公布施行的有关行政规章与法律、行政法规不抵触的，可以参照适用。

第六十五条 人民法院对票据法施行以前已经作出终审裁决的票据纠纷案件进行再审，不适用票据法。

十、法律责任

第六十六条 具有下列情形之一的票据，未经背书转让的，票据债务人不承担票据责任；已经背书转让的，票据无效不影响其他真实签章的效力：

（一）出票人签章不真实的；
（二）出票人为无民事行为能力人的；
（三）出票人为限制民事行为能力人的。

第六十七条 依照票据法第十四条、第一百零三条、第一百零四条的规定，伪造、变造票据者除应当依法承担刑事、行政责任外，给他人造成损失的，还应当承担民事赔偿责任。被伪造签章者不承担票据责任。

第六十八条 对票据未记载事项或者未完全记载事项作补充记载，补充事项超出授权范围的，出票人对补充后的票据应当承担票据责任。给他人造成损失的，出票人还应当承担相应的民事责任。

第六十九条 付款人或者代理付款人未能识别出伪造、变造的票据或者身份证件而错误付款，属于票据法第五十七条规定的"重大过失"，给持票人造成损失的，应当依法承担民事责任。付款人或者代理付款人承担责任后有权向伪造者、变造者依法追偿。

持票人有过错的，也应当承担相应的民事责任。

第七十条 付款人及其代理付款人有下列情形之一的，应当自行承担责任：
（一）未依照票据法第五十七条的规定对提示付款人的合法身份证明或者有效证件以及汇票背书的连续性履行审查义务而错误付款的；
（二）公示催告期间对公示催告的票据付款的；
（三）收到人民法院的止付通知后付款的；
（四）其他以恶意或者重大过失付款的。

第七十一条 票据法第六十三条所称"其他有关证明"是指：
（一）人民法院出具的宣告承兑人、付款人失踪或者死亡的证明、法律文书；
（二）公安机关出具的承兑人、付款人逃匿或者下落不明的证明；
（三）医院或者有关单位出具的承兑人、付款人死亡的证明；
（四）公证机构出具的具有拒绝证明效力的文书。

第七十二条 当事人因申请票据保全错误而给他人造成损失的，应当依法承担民事责任。

第七十三条 因出票人签发空头支票、与其预留本名的签名式样或者印鉴不符的支票给他人造成损失的，支票的出票人和背书人应当依法承担民事责任。

第七十四条 人民法院在审理票据纠纷案件时，发现与本案有牵连但不属同一法律关系的票据欺诈犯罪嫌疑线索的，应当及时将犯罪嫌疑线索提供给有关公安机关，但票据纠纷案件不应因此而中止审理。

第七十五条 依照票据法第一百零五条的规定，由于金融机构工作人员在票据业务中玩忽职守，对违反票据法规定的票据予以承兑、付款、贴现或者保证，给当事人造成损失的，由该金融机构与直接责任人员依法承担连带责任。

　　第七十六条　依照票据法第一百零七条的规定，由于出票人制作票据，或者其他票据债务人未按照法定条件在票据上签章，给他人造成损失的，除应当按照所记载事项承担票据责任外，还应当承担相应的民事责任。

　　持票人明知或者应当知道前款情形而接受的，可以适当减轻出票人或者票据债务人的责任。

NO.325　票据追索权纠纷

相关法规

中华人民共和国票据法（节录）
（2004年8月28日　主席令第22号）

　　第六十一条【票据追索权的行使】　汇票到期被拒绝付款的，持票人可以对背书人、出票人以及汇票的其他债务人行使追索权。

　　汇票到期日前，有下列情形之一的，持票人也可以行使追索权：

　　（一）汇票被拒绝承兑的；

　　（二）承兑人或者付款人死亡、逃匿的；

　　（三）承兑人或者付款人被依法宣告破产的或者因违法被责令终止业务活动的。

　　第六十二条【票据追索权的行使】　持票人行使追索权时，应当提供被拒绝承兑或者被拒绝付款的有关证明。

　　持票人提示承兑或者提示付款被拒绝的，承兑人或者付款人必须出具拒绝证明，或者出具退票理由书。未出具拒绝证明或者退票理由书的，应当承担由此产生的民事责任。

　　第六十五条【票据追索权的丧失】　持票人不能出示拒绝证明、退票理由书或者未按照规定期限提供其他合法证明的，丧失对其前手的追索权。但是，承兑人或者付款人仍应当对持票人承担责任。

　　第六十六条【票据追索权丧失的例外】　持票人应当自收到被拒绝承兑或者被拒绝付款的有关证明之日起三日内，将被拒绝事由书面通知其前手；其前手应当自收到通知之日起三日内书面通知其再前手。持票人也可以同时向各汇票债务人发出书面通知。

未按照前款规定期限通知的，持票人仍可以行使追索权。因延期通知给其前手或者出票人造成损失的，由没有按照规定期限通知的汇票当事人，承担对该损失的赔偿责任，但是所赔偿的金额以汇票金额为限。

在规定期限内将通知按照法定地址或者约定的地址邮寄的，视为已经发出通知。

第六十八条【汇票的出票人、背书人、承兑人和保证人的连带责任】汇票的出票人、背书人、承兑人和保证人对持票人承担连带责任。

持票人可以不按照汇票债务人的先后顺序，对其中任何一人、数人或者全体行使追索权。

持票人对汇票债务人中的一人或者数人已经进行追索的，对其他汇票债务人仍可以行使追索权。被追索人清偿债务后，与持票人享有同一权利。

第六十九条【持票人无追索权的情况】 持票人为出票人的，对其前手无追索权。持票人为背书人的，对其后手无追索权。

第七十条【行使追索权相关费用的支付】 持票人行使追索权，**可以请求被追索人支付下列金额和费用：**

（一）被拒绝付款的汇票金额；

（二）汇票金额自到期日或者提示付款日起至清偿日止，按照中国人民银行规定的利率计算的利息；

（三）取得有关拒绝证明和发出通知书的费用。

被追索人清偿债务时，持票人应当交出汇票和有关拒绝证明，并出具所收到利息和费用的收据。

第七十一条【被追索人行使再追索权时相关费用的支付】 被追索人依照前条规定清偿后，可以向其他汇票债务人行使再追索权，**请求其他汇票债务人支付下列金额和费用：**

（一）已清偿的全部金额；

（二）前项金额自清偿日起至再追索清偿日止，按照中国人民银行规定的利率计算的利息；

（三）发出通知书的费用。

行使再追索权的被追索人获得清偿时，应当交出汇票和有关拒绝证明，并出具所收到利息和费用的收据。

第七十二条【被追索然责任的解除】 被追索人依照前二条规定清偿债务后，其责任解除。

第八部分　与公司、证券、保险、票据等有关的民事纠纷

司法解释

最高人民法院关于审理票据纠纷案件若干问题的规定
（2000年11月14日　法释〔2000〕32号）
（略，参见"NO.324 票据付款请求权纠纷"）

NO.326　票据交付请求权纠纷

相关法规

中华人民共和国票据法（节录）
（2004年8月28日　主席令第22号）

第二十条【出票的概念】　出票是指出票人签发票据并将其交付给收款人的票据行为。

司法解释

最高人民法院关于审理票据纠纷案件若干问题的规定
（2000年11月14日　法释〔2000〕32号）
（略，参见"NO.324 票据付款请求权纠纷"）

NO.327　票据返还请求权纠纷

条文要旨重点提示	对应条文序号
侵害财产权的民事责任、承担民事责任的方式 ——票据返还请求权纠纷的《民法》参照内容	《中华人民共和国民法通则》第117条、第134条
返还请求权 ——票据返还请求权纠纷的《物权法》参照内容	《中华人民共和国物权法》第34条
不得享有票据权利的情形 ——票据返还请求权纠纷的《票据法》参照内容	《中华人民共和国票据法》第12条
有关票据的司法解释	最高人民法院《关于审理票据纠纷案件若干问题的规定》

中华人民共和国民法通则（节录）

（2009年8月27日修正）

民法通则

第一百一十七条【侵害财产权的民事责任】 侵占国家的、集体的财产或者他人财产的，应当返还财产，不能返还财产的，应当折价赔偿。

损坏国家的、集体的财产或者他人财产的，应当恢复原状或者折价赔偿。

受害人因此遭受其他重大损失的，侵害人并应当赔偿损失。

第一百三十四条【承担民事责任的方式】 承担民事责任的方式主要有：

（一）停止侵害；

（二）排除妨碍；

（三）消除危险；

（四）返还财产；

（五）恢复原状；

（六）修理、重作、更换；

（七）赔偿损失；

（八）支付违约金；

（九）消除影响、恢复名誉；

（十）赔礼道歉。

以上承担民事责任的方式，可以单独适用，也可以合并适用。

人民法院审理民事案件，除适用上述规定外，还可以予以训诫、责令具结悔过、收缴进行非法活动的财物和非法所得，并可以依照法律规定处以罚款、拘留。

中华人民共和国物权法（节录）

（2007年3月16日 主席令第62号）

相关法规

第三十四条【返还请求权】 无权占有不动产或者动产的，权利人可以请求返还原物。

中华人民共和国票据法（节录）
（2004年8月28日　主席令第22号）

第十二条【不得享有票据权利的情形】 以欺诈、偷盗或者胁迫等手段取得票据的，或者明知有前列情形，出于恶意取得票据的，不得享有票据权利。

持票人因重大过失取得不符合本法规定的票据的，也不得享有票据权利。

司法解释：

最高人民法院关于审理票据纠纷案件若干问题的规定
（2000年11月14日　法释〔2000〕32号）

（略，参见"NO.324票据付款请求权纠纷"）

NO.328　票据损害责任纠纷

中华人民共和国票据法（节录）
（2004年8月28日　主席令第22号）

相关法规：

第五十七条【付款人审查汇票、付款的义务以及违背该义务的责任】 付款人及其代理付款人付款时，应当审查汇票背书的连续，并审查提示付款人的合法身份证明或者有效证件。

付款人及其代理付款人以恶意或者有重大过失付款的，应当自行承担责任。

第一百零四条【金融机构工作人员在票据业务中玩忽职守的法律责任】 金融机构工作人员在票据业务中玩忽职守，对违反本法规定的票据予以承兑、付款或者保证的，给予处分；造成重大损失，构成犯罪的，依法追究刑事责任。

由于金融机构工作人员因前款行为给当事人造成损失的，由该金融机构和直接责任人员依法承担赔偿责任。

第一百零五条【付款人故意压票、拖延支付的责任】 票据的付款人对见票即付或者到期的票据，故意压票，拖延支付的，由金融行政管理部门处以罚款，对直接责任人员给予处分。

票据的付款人故意压票，拖延支付，给持票人造成损失的，依法承担赔偿责任。

第一百零六条【其他违反规定的法律责任】 依照本法规定承担赔偿责任以外的其他违反本法规定的行为，给他人造成损失的，应当依法承担民事责任。

> 司法解释

> **最高人民法院关于审理票据纠纷案件若干问题的规定**
> （2000年11月14日　法释〔2000〕32号）
>
> （略，参见"NO.324票据付款请求权纠纷"）

NO.329　票据利益返还请求权纠纷

> 相关法规

> **中华人民共和国票据法（节录）**
> （2004年8月28日　主席令第22号）
>
> **第十八条【持票人的返还票据利益请求权】** 持票人因超过票据权利时效或者因票据记载事项欠缺而丧失票据权利的，仍享有民事权利，可以请求出票人或者承兑人返还其与未支付的票据金额相当的利益。

NO.330　汇票回单签发请求权纠纷

> 相关法规

> **中华人民共和国票据法（节录）**
> （2004年8月28日　主席令第22号）
>
> **第四十一条【汇票的承兑与汇票回单的签发】** 付款人对向其提示承兑的汇票，应当自收到提示承兑的汇票之日起三日内承兑或者拒绝承兑。
>
> 付款人收到持票人提示承兑的汇票时，应当向持票人签发收到汇票的回单。回单上应当记明汇票提示承兑日期并签章。

NO.331 票据保证纠纷

相关法规

中华人民共和国票据法（节录）
（2004年8月28日　主席令第22号）

第四十五条【票据保证】　汇票的债务可以由保证人承担保证责任。保证人由汇票债务人以外的他人担当。

第四十六条【票据上应当记载的事项】　保证人必须在汇票或者粘单上记载下列事项：

（一）表明"保证"的字样；

（二）保证人名称和住所；

（三）被保证人的名称；

（四）保证日期；

（五）保证人签章。

第四十八条【保证不得附有条件】　保证不得附有条件；附有条件的，不影响对汇票的保证责任。

第四十九条【保证人的保证责任】　保证人对合法取得汇票的持票人所享有的汇票权利，承担保证责任。但是，被保证人的债务因汇票记载事项欠缺而无效的除外。

第五十条【保证人的保证责任】　被保证的汇票，保证人应当与被保证人对持票人承担连带责任。汇票到期后得不到付款的，持票人有权向保证人请求付款，保证人应当足额付款。

第五十一条【多个保证人的连带责任】　保证人为二人以上的，保证人之间承担连带责任。

第五十二条【保证人的追索权】　保证人清偿汇票债务后，可以行使持票人对被保证人及其前手的追索权。

NO.332　确认票据无效纠纷

相关法规

中华人民共和国票据法（节录）
（2004年8月28日　主席令第22号）

第十四条【票据的记载事项应当真实，不得伪造变造】　票据上的记载事项应当真实，不得伪造、变造。伪造、变造票据上的签章和其他记载事项的，应当承担法律责任。

票据上有伪造、变造的签章的，不影响票据上其他真实签章的效力。

票据上其他记载事项被变造的，在变造之前签章的人，对原记载事项负责；在变造之后签章的人，对变造之后的记载事项负责；不能辨别是在票据被变造之前或者之后签章的，视同在变造之前签章。

NO.333　票据代理纠纷

相关法规

中华人民共和国票据法（节录）
（2004年8月28日　主席令第22号）

第五条【票据代理】　票据当事人可以委托其代理人在票据上签章，并应当在票据上表明其代理关系。

没有代理权而以代理人名义在票据上签章的，应当由签章人承担票据责任；代理人超越代理权限的，应当就其超越权限的部分承担票据责任。

NO.334 票据回购纠纷

条文要旨重点提示	对应条文序号
商业汇票回购	《中国农业银行商业汇票回购业务管理办法（试行）》第2条
票据回购行	《中国农业银行商业汇票回购业务管理办法（试行）》第3条
票据回购的原则	《中国农业银行商业汇票回购业务管理办法（试行）》第4条
票据回购的金额限制	《中国农业银行商业汇票回购业务管理办法（试行）》第10条
票据回购的期限	《中国农业银行商业汇票回购业务管理办法（试行）》第11条
票据回购资金的利率档次	《中国农业银行商业汇票回购业务管理办法（试行）》第12条
办理票据回购业务的条件	《中国农业银行商业汇票回购业务管理办法（试行）》第13条
优先办理回购业务的票据	《中国农业银行商业汇票回购业务管理办法（试行）》第14条
票据回购资金的结息方式	《中国农业银行商业汇票回购业务管理办法（试行）》第19条
回购行机构、制度的建立	《中国农业银行商业汇票回购业务管理办法（试行）》第21条
回购行对汇票真实性负责	《中国农业银行商业汇票回购业务管理办法（试行）》第22条
回购行档案的建立	《中国农业银行商业汇票回购业务管理办法（试行）》第23条
票据回购的终止	《中国农业银行商业汇票回购业务管理办法（试行）》第25条
禁止回购行从事的行为	《中国农业银行商业汇票回购业务管理办法（试行）》第27条
票据转贴现的概念	《交通银行票据转贴现业务管理暂行办法（试行）》第二点
协议的签订	《交通银行票据转贴现业务管理暂行办法》第九点
票据回购的业务办理	《交通银行票据转贴现业务管理暂行办法》第十二点
转贴现业务采取的方式	《交通银行票据转贴现业务管理暂行办法》第十三点

中国农业银行商业汇票回购业务管理办法（试行）（节录）
（2002年6月7日　农银发〔2002〕96号）

第二条【商业汇票回购】 本办法所称**商业汇票回购（以下简称票据回购）系指票据回购行将未到期的已贴现或转贴现的商业汇票（以下简称票据）以回购方式向总行进行融资的行为。**

商业汇票包括银行承兑汇票和商业承兑汇票。

办理票据回购，票据不作背书，票据权利人仍为贴现或转贴现银行。

第三条【票据回购行】 **票据回购行（以下简称回购行）系指适用于本办法以回购方式向总行申请回购资金的分行和直属分行。总行对办理银行承兑汇票和商业承兑汇票的票据回购行进行授权管理。**

第四条【票据回购的原则】 票据回购坚持诚实信用、批量打包、核定额度、专款专用的原则。

诚实信用是指用于票据回购的汇票以真实合法的商品交易为基础，汇票的签发、转让遵循诚实信用的原则。

批量打包是指票据回购行将数张汇票打包形成一定数额后向总行申请票据回购资金。

核定额度是指总行按照办理票据回购业务的条件，对回购行核定回购融资的最高额度，在限额内周转使用。

专款专用是指回购行取得的回购资金要保证专款专用，不得挪用，并保证票据到期后或取得再贴现和转贴现资金后，回购资金及时归还总行。

第十条【票据回购的金额限制】 票据回购一次打包金额最低起点为2000万元，单笔汇票金额超过2000万元（含2000万元）的票据，可向总行申请办理单笔票据回购，回购资金以十万元为单位。

第十一条【票据回购的期限】 票据回购的期限根据用于回购的打包票据到期日结构来确定，**分为二月期、三月期、四月期、五月期四种期限。** 回购申请批准日至票据到期日一个月以上至两个半月的票据定为二月期；回购申请批准日至票据到期日两个半月以上至三个半月的票据为三月期；回购申请批准日至汇票到期日三个半月以上至四个半月的票据为四月期；四个半月以上至六个月的票据为五月期。

第十二条【票据回购资金的利率档次】 票据回购资金按照期限不同分为二月期、三月期、四月期和五月期四种不同的利率档次，实行浮动利率，前三种利率档次按批准日前一周全国同业拆借市场同期限加平均利率执行，五月期的利率档次在四月期利率基础上由总行上浮确定。

第十三条【办理票据回购业务的条件】 办理票据回购业务的条件：

（一）回购票据余额保持在总行核定的最高额度内；

（二）回购票据余额不超过分行本旬全辖票据贴现余额；

（三）回购申请批准日至用于回购的票据到期日超过一个月的；

（四）用于回购单笔票据金额在20万元以上的。

第十四条【优先办理回购业务的票据】 总行对以下票据优先办理回购业务：

（一）在我行直接办理贴现业务的票据；

（二）贴现利率高的票据；

（三）在我行开立基本账户企业的票据；

（四）回购行辖内企业的票据；

（五）其他商业银行以回购方式转入我行的商业承兑汇票。

第十九条【票据回购资金的结息方式】 票据回购资金按照总行调拨之日起息，采取利随本清的方式进行结息。

第二十一条【回购行机构、制度的建立】 回购行要按照内部控制的原则，建立相应的组织机构与规章制度，制定标准化的操作规程，做到票据贴现原始资料和汇票的保管与回购业务的审批、账务处理的岗位分离，保证票据回购业务流程顺畅。

第二十二条【回购行对汇票真实性负责】 回购行要对汇票的真实性负责，并对汇票可能出现的风险损失负责。回购行在办理贴现业务时，必须按照人民银行和总行办理贴现的有关管理规定，严格审查票据的真实性和是否有商品贸易背景等。

第二十三条【回购行档案的建立】 加强对票据贴现和票据回购资料和台账的管理，回购行要分别建立票据贴现和票据回购业务档案，专人分别保管票据贴现资料、汇票和票据回购台账，掌握回购资金的到期和归还，随时接受总行的检查监督和稽核。

回购行必须保存好以下资料，留档备查。

（一）汇票正反面复印件；

（二）贴现凭证复印件；

（三）汇票查询查复书复印件；
（四）增值税发票复印件；
（五）购销合同复印件；
（六）与回购业务相关的其他资料。

第二十五条【票据回购的终止】 回购行在票据回购期间发现票据不符合回购条件时，要及时主动终止票据回购，归还总行回购资金。

第二十七条【禁止回购行从事的行为】 票据回购期间，回购行有下列情形之一的，总行将立即收回回购资金，按回购金额的两倍利息予以罚款，之后三个月暂停对其办理票据回购业务，并给予通报批评。

（一）以虚假票据或已办理过再贴现和转贴现业务的票据复印件申请票据回购，恶意套取总行资金的；
（二）提供票据查询查复虚假证明或查复内容不完整的；
（三）检查发现同一段时间内贴现票据金额远远小于回购资金数额的；
（四）向人行办理再贴现后，未按期归还总行回购资金的。

交通银行票据转贴现业务管理暂行办法（节录）

（2002年11月11日 交银办〔2002〕205号）

二、【票据转贴现的概念】本办法所指的**票据转贴现**是指商业银行（或财务公司）持未到期的已贴现的商业汇票向其他商业银行或系统内分行进行转贴现以融通资金的票据行为。

九、【转贴现业务采取的方式】转贴现业务采取"**票据买断**"和"**票据回购**"两种方式。"**票据买断**"是指票据转出行将票据背书转让给转入行，到期由转入贴现行直接向票据承兑人收款。"**票据回购**"是指转出行将票据质押给转入行，并按双方约定的日期和利率，由转出贴现行回购贴现票据，自行向票据承兑人收款。

十二、【票据回购的业务办理】系统内分行之间采用"票据回购"方式办理转贴现业务的操作程序（包括转贴现申请受理和审查），原则上按"票据买断"方式进行。但转出贴现行票据可以不办理背书，转入贴现行审查票据后封存，到期后由转出贴现行回购票据，并负责收款。

十三、【协议的签订】系统内分行之间开展票据转贴现业务，不论是买断方式还是回购方式，均应签订协议，明确责任。

二十九、信用证纠纷

- 委托开立信用证纠纷
- 信用证开证纠纷
- 信用证议付纠纷
- 信用证欺诈纠纷
- 信用证融资纠纷
- 信用证转让纠纷

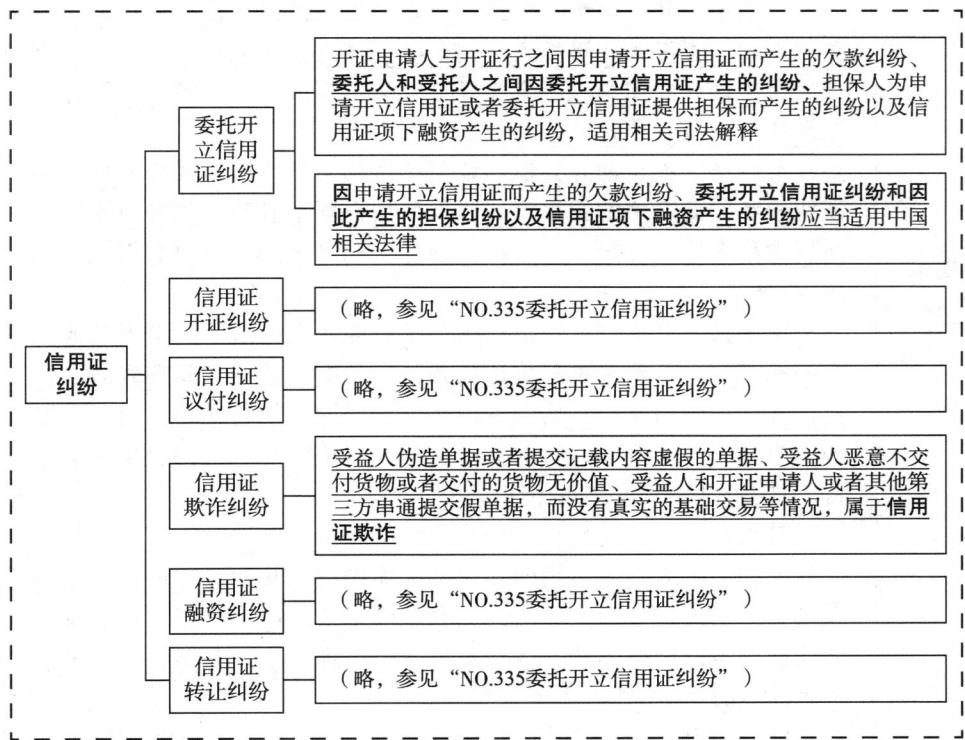

信用证纠纷
- 委托开立信用证纠纷：开证申请人与开证行之间因申请开立信用证而产生的欠款纠纷、**委托人和受托人之间因委托开立信用证产生的纠纷**、担保人为申请开立信用证或者委托开立信用证提供担保而产生的纠纷以及信用证项下融资产生的纠纷，适用相关司法解释

  因申请开立信用证而产生的欠款纠纷、**委托开立信用证纠纷和因此产生的担保纠纷以及信用证项下融资产生的纠纷**应当适用中国相关法律

- 信用证开证纠纷：（略，参见"NO.335委托开立信用证纠纷"）

- 信用证议付纠纷：（略，参见"NO.335委托开立信用证纠纷"）

- 信用证欺诈纠纷：受益人伪造单据或者提交记载内容虚假的单据、受益人恶意不交付货物或者交付的货物无价值、受益人和开证申请人或者其他第三方串通提交假单据，而没有真实的基础交易等情况，属于**信用证欺诈**

- 信用证融资纠纷：（略，参见"NO.335委托开立信用证纠纷"）

- 信用证转让纠纷：（略，参见"NO.335委托开立信用证纠纷"）

NO.335 委托开立信用证纠纷

最高人民法院关于审理信用证纠纷案件若干问题的规定（节录）
（2005年11月14日 法释〔2005〕13号）

第一条 本规定所指的<u>信用证纠纷案件，是指在信用证开立、通知、修改、撤销、保兑、议付、偿付等环节产生的纠纷。</u>

第二条 <u>人民法院审理信用证纠纷案件时，当事人约定适用相关国际惯例或者其他规定的，从其约定；当事人没有约定的，适用国际商会《跟单信用证统一惯例》或者其他相关国际惯例。</u>

第三条 <u>开证申请人与开证行之间因申请开立信用证而产生的欠款纠纷、委托人和受托人之间因委托开立信用证产生的纠纷、担保人为申请开立信用证或者委托开立信用证提供担保而产生的纠纷以及信用证项下融资产生的纠纷，适用本规定。</u>

第四条 因申请开立信用证而产生的欠款纠纷、委托开立信用证纠纷和因此产生的担保纠纷以及信用证项下融资产生的纠纷<u>应当适用中华人民共和国相关法律。涉外合同当事人对法律适用另有约定的除外。</u>

第五条 开证行在作出付款、承兑或者履行信用证项下其他义务的承诺后，<u>只要单据与信用证条款、单据与单据之间在表面上相符</u>，开证行应当履行在信用证规定的期限内付款的义务。当事人以开证申请人与受益人之间的基础交易提出抗辩的，人民法院不予支持。具有本规定第八条的情形除外。

第六条 <u>人民法院在审理信用证纠纷案件中涉及单证审查的，应当根据当事人约定适用的相关国际惯例或者其他规定进行；当事人没有约定的，应当按照国际商会《跟单信用证统一惯例》以及国际商会确定的相关标准，认定单据与信用证条款、单据与单据之间是否在表面上相符。</u>

信用证项下单据与信用证条款之间、单据与单据之间在表面上不完全一致，但并不导致相互之间产生歧义的，不应认定为不符点。

第七条 <u>开证行有独立审查单据的权利和义务，</u>有权自行作出

（司法解释）

单据与信用证条款、单据与单据之间是否在表面上相符的决定，并自行决定接受或者拒绝接受单据与信用证条款、单据与单据之间的不符点。

开证行发现信用证项下存在不符点后，可以自行决定是否联系开证申请人接受不符点。

开证申请人决定是否接受不符点，并不影响开证行最终决定是否接受不符点。开证行和开证申请人另有约定的除外。

开证行向受益人明确表示接受不符点的，应当承担付款责任。

开证行拒绝接受不符点时，受益人以开证申请人已接受不符点为由要求开证行承担信用证项下付款责任的，人民法院不予支持。

第十一条　当事人在起诉前申请中止支付信用证项下款项符合下列条件的，人民法院应予受理：

（一）受理申请的人民法院对该信用证纠纷案件享有管辖权；

（二）申请人提供的证据材料证明存在本规定第八条的情形；

（三）如不采取中止支付信用证项下款项的措施，将会使申请人的合法权益受到难以弥补的损害；

（四）申请人提供了可靠、充分的担保；

（五）不存在本规定第十条的情形。

当事人在诉讼中申请中止支付信用证项下款项的，应当符合前款第（二）、（三）、（四）、（五）项规定的条件。

第十二条　人民法院接受中止支付信用证项下款项申请后，必须在四十八小时内作出裁定；裁定中止支付的，应当立即开始执行。

人民法院作出中止支付信用证项下款项的裁定，应当列明申请人、被申请人和第三人。

第十三条　当事人对人民法院作出中止支付信用证项下款项的裁定有异议的，可以在裁定书送达之日起十日内向上一级人民法院申请复议。上一级人民法院应当自收到复议申请之日起十日内作出裁定。

复议期间，不停止原裁定的执行。

第十六条　保证人以开证行或者开证申请人接受不符点未征得其同意为由请求免除保证责任的，人民法院不予支持。保证合同另有约定的除外。

第十七条　开证申请人与开证行对信用证进行修改未征得保证人同意的，保证人只在原保证合同约定的或者法律规定的期间和范围内承担保证责任。保证合同另有约定的除外。

NO.336 信用证开证纠纷

司法解释

最高人民法院关于审理信用证纠纷案件若干问题的规定（节录）
（2005年11月14日　法释〔2005〕13号）

（略，参见"NO.335委托开立信用证纠纷"）

NO.337 信用证议付纠纷

司法解释

最高人民法院关于审理信用证纠纷案件若干问题的规定（节录）
（2005年11月14日　法释〔2005〕13号）

（略，参见"NO.335委托开立信用证纠纷"）

NO.338 信用证欺诈纠纷

司法解释

最高人民法院关于审理信用证纠纷案件若干问题的规定（节录）
（2005年11月14日　法释〔2005〕13号）

第八条　凡有下列情形之一的，应当认定存在信用证欺诈：
（一）受益人伪造单据或者提交记载内容虚假的单据；
（二）受益人恶意不交付货物或者交付的货物无价值；
（三）受益人和开证申请人或者其他第三方串通提交假单据，而没有真实的基础交易；
（四）其他进行信用证欺诈的情形。

第十条　人民法院认定存在信用证欺诈的，应当裁定中止支付或者判决终止支付信用证项下款项，但有下列情形之一的除外：
（一）开证行的指定人、授权人已按照开证行的指令善意地进行了付款；

（二）开证行或者其指定人、授权人已对信用证项下票据善意地作出了承兑；

　　（三）保兑行善意地履行了付款义务；

　　（四）议付行善意地进行了议付。

　　第十四条　人民法院在审理信用证欺诈案件过程中，必要时可以将信用证纠纷与基础交易纠纷一并审理。

　　当事人以基础交易欺诈为由起诉的，可以将与案件有关的开证行、议付行或者其他信用证法律关系的利害关系人列为第三人；第三人可以申请参加诉讼，人民法院也可以通知第三人参加诉讼。

　　第十五条　人民法院通过实体审理，认定构成信用证欺诈并且不存在本规定第十条的情形的，应当判决终止支付信用证项下的款项。

NO.339　　　　　　　　　　　信用证融资纠纷

司法解释

最高人民法院关于审理信用证纠纷案件若干问题的规定（节录）
　　（2005年11月14日　法释〔2005〕13号）

　　（略，参见"NO.335委托开立信用证纠纷"）

NO.340　　　　　　　　　　　信用证转让纠纷

司法解释

最高人民法院关于审理信用证纠纷案件若干问题的规定（节录）
　　（2005年11月14日　法释〔2005〕13号）

　　（略，参见"NO.335委托开立信用证纠纷"）

第九部分 侵权责任纠纷

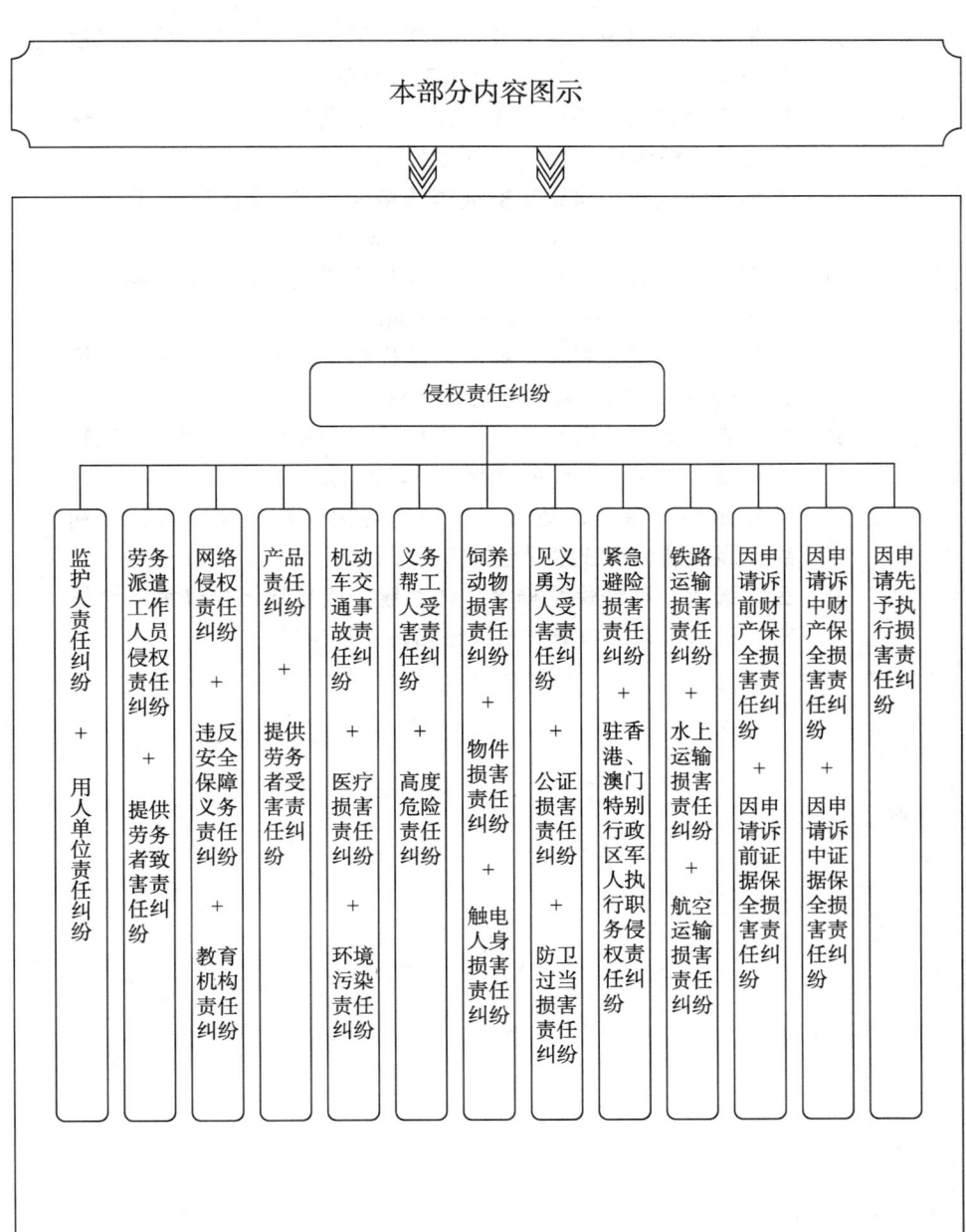

三十、侵权责任纠纷

- 监护人责任纠纷；用人单位责任纠纷；劳务派遣工作人员侵权责任纠纷；提供劳务者致害责任纠纷
- 提供劳务者受害责任纠纷；网络侵权责任纠纷；违反安全保障义务责任纠纷；教育机构责任纠纷
- 产品责任纠纷；机动车交通事故责任纠纷；医疗损害责任纠纷；环境污染责任纠纷；高度危险责任纠纷
- 饲养动物损害责任纠纷；物件损害责任纠纷；触电人身损害责任纠纷；义务帮工人受害责任纠纷
- 见义勇为人受害责任纠纷；公证损害责任纠纷；防卫过当损害责任纠纷；紧急避险损害责任纠纷
- 驻香港、澳门特别行政区军人执行职务侵权责任纠纷；铁路运输损害责任纠纷；水上运输损害责任纠纷
- 航空运输损害责任纠纷；因申请诉前财产保全损害责任纠纷；因申请诉前证据保全损害责任纠纷
- 因申请诉中财产保全损害责任纠纷；因申请诉中证据保全损害责任纠纷；因申请先予执行损害责任纠纷

侵权责任纠纷（部分）	监护人责任纠纷	无民事行为能力人、限制民事行为能力人造成他人损害的，由监护人承担侵权责任。监护人尽到监护责任的，可以减轻其侵权责任
	劳务派遣工作人员侵权责任纠纷	劳务派遣期间，被派遣的工作人员因执行工作任务造成他人损害的，由接受劳务派遣的用工单位承担侵权责任；劳务派遣单位有过错的，承担相应的补充责任
	网络侵权责任纠纷	**网络用户、网络服务提供者利用网络侵害他人民事权益的，应当承担侵权责任**
	产品责任纠纷	因产品质量不合格造成他人财产、人身损害的，产品制造者、销售者应当依法承担民事责任
	机动车交通事故责任纠纷	机动车发生交通事故造成损害的，依照道路交通安全法的有关规定承担赔偿责任
	医疗损害责任纠纷	患者在诊疗活动中受到损害，医疗机构及其医务人员有过错的，由医疗机构承担赔偿责任
	见义勇为人受害责任纠纷	**因防止、制止国家的、集体的财产或他人的财产、人身遭受侵害而使自己受到损害的**，由侵害人承担赔偿责任，受益人也可给予适当补偿
	环境污染责任纠纷	违反国家保护环境防止污染的规定，污染环境造成他人损害的，应当依法承担民事责任
	防卫过当损害责任纠纷	正当防卫**超过必要的限度，造成不应有的损害的**，正当防卫人应当**承担适当的责任**
	航空运输损害责任纠纷	因发生在民用航空器上或者在旅客上、下民用航空器过程中的事件，造成旅客人身伤亡的，承运人应当承担责任；但是，旅客的人身伤亡完全是由于旅客本人的健康状况造成的，承运人不承担责任

NO.341 监护人责任纠纷

相关法规

中华人民共和国侵权责任法（节录）
（2009年12月26日 主席令第21号）

第三十二条【无民事行为能力人、限制民事行为能力人的侵权责任及监护人责任】 无民事行为能力人、限制民事行为能力人造成他人损害的，由监护人承担侵权责任。监护人尽到监护责任的，可以减轻其侵权责任。

有财产的无民事行为能力人、限制民事行为能力人造成他人损害的，从本人财产中支付赔偿费用。不足部分，由监护人赔偿。

NO.342 用人单位责任纠纷

条文要旨重点提示	对应条文序号
用人单位因工作人员执行工作而承担的侵权责任	《中华人民共和国侵权责任法》第34条第1款 最高人民法院《关于审理人身损害赔偿案件适用法律若干问题的解释》第8条
职工工伤认定的各种情况	《工伤保险条例》第14—16条
职工工伤的情况下用人单位应当提供的待遇	《工伤保险条例》第33条
职工因工致残不同情况下用人单位应当提供的待遇	《工伤保险条例》第35—38条
职工发生事故伤害、被诊断为职业病的后，用人单位应提出工伤认定申请	《工伤认定办法》第4条
用人单位未提出的，由受伤害职工或者其近亲属、工会组织提出工伤认定申请	《工伤认定办法》第5条
用人单位在工伤认定中的举证责任	《工伤认定办法》第17条
关于企业招工考核时发生伤亡事故是否能认定为工伤的处理	劳动部办公厅《关于企业招工考核时发生伤亡事故问题的批复》
对用人单位和职工之间工伤认定及待遇问题的处理	劳动部办公厅《关于处理工伤争议有关问题的复函》

相关法规

中华人民共和国侵权责任法（节录）

（2009年12月26日　主席令第21号）

第三十四条第一款【用人单位因工作人员执行工作而承担的侵权责任】　用人单位的工作人员因执行工作任务造成他人损害的，由用人单位承担侵权责任。

工伤保险条例（节录）

（2010年12月20日　国务院令第586号）

第十四条【被认定为工伤的情形】　职工有下列情形之一的，应当认定为工伤：

（一）在工作时间和工作场所内，因工作原因受到事故伤害的；

（二）工作时间前后在工作场所内，从事与工作有关的预备性或者收尾性工作受到事故伤害的；

（三）在工作时间和工作场所内，因履行工作职责受到暴力等意外伤害的；

（四）患职业病的；

（五）因工外出期间，由于工作原因受到伤害或者发生事故下落不明的；

（六）在上下班途中，受到非本人主要责任的交通事故或者城市轨道交通、客运轮渡、火车事故伤害的；

（七）法律、行政法规规定应当认定为工伤的其他情形。

第十五条【视同工伤的情形】　职工有下列情形之一的，视同工伤：

（一）在工作时间和工作岗位，突发疾病死亡或者在48小时之内经抢救无效死亡的；

（二）在抢险救灾等维护国家利益、公共利益活动中受到伤害的；

（三）职工原在军队服役，因战、因公负伤致残，已取得革命伤残军人证，到用人单位后旧伤复发的。

职工有前款第（一）项、第（二）项情形的，按照本条例的有关规定享受工伤保险待遇；职工有前款第（三）项情形的，按照本条例的有关规定享受除一次性伤残补助金以外的工伤保险待遇。

第十六条【不得认定为工伤或者视同工伤的情形】 职工符合本条例第十四条、第十五条的规定，但是有下列情形之一的，不得认定为工伤或者视同工伤：

（一）故意犯罪的；

（二）醉酒或者吸毒的；

（三）自残或者自杀的。

第三十三条【用人单位对工伤职工的待遇】 <u>职工因工作遭受事故伤害或者患职业病需要暂停工作接受工伤医疗的，在停工留薪期内，原工资福利待遇不变，由所在单位按月支付。</u>

停工留薪期一般不超过12个月。伤情严重或者情况特殊，经设区的市级劳动能力鉴定委员会确认，可以适当延长，但延长不得超过12个月。工伤职工评定伤残等级后，停发原待遇，按照本章的有关规定享受伤残待遇。工伤职工在停工留薪期满后仍需治疗的，继续享受工伤医疗待遇。

生活不能自理的工伤职工在停工留薪期需要护理的，由所在单位负责。

第三十五条【职工因工致残被鉴定为一级至四级伤残所能享有的待遇】 职工因工致残被鉴定为一级至四级伤残的，保留劳动关系，退出工作岗位，享受以下待遇：

（一）从工伤保险基金按伤残等级支付一次性伤残补助金，标准为：一级伤残为27个月的本人工资，二级伤残为25个月的本人工资，三级伤残为23个月的本人工资，四级伤残为21个月的本人工资。

（二）从工伤保险基金按月支付伤残津贴，标准为：一级伤残为本人工资的90%，二级伤残为本人工资的85%，三级伤残为本人工资的80%，四级伤残为本人工资的75%。伤残津贴实际金额低于当地最低工资标准的，由工伤保险基金补足差额。

（三）工伤职工达到退休年龄并办理退休手续后，停发伤残津贴，按照国家有关规定享受基本养老保险待遇。基本养老保险待遇低于伤残津贴的，由工伤保险基金补足差额。

职工因工致残被鉴定为一级至四级伤残的，由用人单位和职工个人以伤残津贴为基数，缴纳基本医疗保险费。

第三十六条【职工因工致残被鉴定为五级、六级伤残所能享有的待遇】

职工因工致残被鉴定为五级、六级伤残的，享受以下待遇：

（一）从工伤保险基金按伤残等级支付一次性伤残补助金，标准为：五级伤残为18个月的本人工资，六级伤残为16个月的本人工资；

（二）保留与用人单位的劳动关系，由用人单位安排适当工作。难以安排工作的，由用人单位按月发给伤残津贴，标准为：五级伤残为本人工资的70%，六级伤残为本人工资的60%，并由用人单位按照规定为其缴纳应缴纳的各项社会保险费。伤残津贴实际金额低于当地最低工资标准的，由用人单位补足差额。

经工伤职工本人提出，该职工可以与用人单位解除或者终止劳动关系，由工伤保险基金支付一次性工伤医疗补助金，由用人单位支付一次性伤残就业补助金。一次性工伤医疗补助金和一次性伤残就业补助金的具体标准由省、自治区、直辖市人民政府规定。

第三十七条【职工因工致残被鉴定为七级伤残所能享有的待遇】 职工因工致残被鉴定为七级至十级伤残的，享受以下待遇：

（一）从工伤保险基金按伤残等级支付一次性伤残补助金，标准为：七级伤残为13个月的本人工资，八级伤残为11个月的本人工资，九级伤残为9个月的本人工资，十级伤残为7个月的本人工资；

（二）劳动、聘用合同期满终止，或者职工本人提出解除劳动、聘用合同的，由工伤保险基金支付一次性工伤医疗补助金，由用人单位支付一次性伤残就业补助金。一次性工伤医疗补助金和一次性伤残就业补助金的具体标准由省、自治区、直辖市人民政府规定。

第三十八条 【工伤职工复发享有的待遇】 <u>工伤职工工伤复发，确认需要治疗的，享受本条例第三十条、第三十二条和第三十三条规定的工伤待遇。</u>

工伤认定办法

（2010年12月31日 人力资源和社会保障部令第8号）

第四条【职工发生事故伤害、被诊断为职业病的后，用人单位应提出工伤认定申请】 职工发生事故伤害或者按照职业病防治法规定被诊断、鉴定为职业病，所在单位应当自事故伤害发生之日或者被诊断、鉴定为职业病之日起30日内，向统筹地区社会保险行政部门提出工伤认定申请。遇有特殊情况，经报社会保险行政部门同意，申请时限可以适当延长。

按照前款规定应当向省级社会保险行政部门提出工伤认定申请的,根据属地原则应当向用人单位所在地设区的市级社会保险行政部门提出。

第五条【用人单位未提出的,由受伤害职工或者其近亲属、工会组织提出工伤认定申请】 用人单位未在规定的时限内提出工伤认定申请的,受伤害职工或者其近亲属、工会组织在事故伤害发生之日或者被诊断、鉴定为职业病之日起1年内,可以直接按照本办法第四条规定提出工伤认定申请。

第十七条【用人单位在工伤认定中的举证责任】 职工或者其近亲属认为是工伤,用人单位不认为是工伤的,由该用人单位承担举证责任。用人单位拒不举证的,社会保险行政部门可以根据受伤害职工提供的证据或者调查取得的证据,依法作出工伤认定决定。

劳动部办公厅关于企业招工考核时发生伤亡事故问题的批复

(1995年7月5日 劳办发〔1995〕153号)

深圳市劳动局:

你局《关于判定有关工伤问题的请示》(深劳报〔1995〕43号)收悉。来函反映,1994年12月21日,求职者谢桂松经职业介绍所介绍到深圳金仓实业有限公司应聘,在该企业工地接受焊接操作考核时发生飞溅物伤及右眼角膜的事故。对此能否作为工伤处理的问题,当事人与企业发生纠纷。

我们认为,企业招工时进行操作考核必须保障应聘者的人身安全。深圳金仓实业有限公司对应聘人员谢桂松进行焊接操作考核时发生事故,使谢右眼受伤,公司负有不可推卸的责任,应当进行及时治疗和赔偿。由于应聘考核时没有正式招用,尚未签订劳动合同,未构成劳动关系,因此这种情形的伤亡事故不宜运用工伤保险法规进行处理,而应当运用民事伤害赔偿的法律法规解决。请你局责成深圳金仓实业有限公司妥善处理此事,并采取措施切实保障考核操作的安全。

劳动部办公厅关于处理工伤争议有关问题的复函

(1996年2月13日 劳办发〔1996〕28号)

北京市劳动局:

你局《关于处理工伤争议几个问题的请示》(京劳办文〔1995〕108

号）收悉。经研究，答复如下：

一、关于工伤认定的时效问题。目前劳动行政部门对受理劳动者工伤申诉没有时效规定。如劳动者与用人单位因工伤认定及可否享受工伤待遇发生争议，当事人向劳动争议仲裁委员会申请仲裁的，只要符合劳动争议的受案范围，劳动争议仲裁委员会不应不加区别地将职工负伤之日确定为劳动争议发生之日，而应根据具体情况确定劳动争议发生之日，并依据国家有关规定予以受理和处理。

二、关于因工伤认定发生争议的处理问题。现行认定工伤的法律和政策依据是《中华人民共和国劳动保险条例》、《中华人民共和国劳动保险条例实施细则》和全国总工会《劳动保险问题解答》等规定，负责监督执行工伤保险政策的是各级劳动行政部门的社会保险行政机构。因此，劳动者和用人单位对工伤认定问题发生争议，当事人可向当地劳动行政部门的社会保险行政机构申诉，也可以向劳动争议仲裁委员会申请仲裁。由劳动行政部门的社会保险行政机构处理的，当事人对其认定结论不服时，可依法提起行政复议或行政诉讼；向劳动争议仲裁委员会申请仲裁的，只要符合受理条件，仲裁委员会应予受理，并按《劳动争议仲裁委员会办案规则》（以下简称《办案规则》）的有关规定委托当地劳动行政部门的社会保险行政机构进行认定，然后依据认定结论和国家有关规定进行处理。

三、关于职工因要求伤残鉴定发生争议的处理问题。职工被认定工伤后，因要求进行伤残等级和护理依赖程度鉴定的问题与用人单位发生劳动争议，可以向当地劳动争议仲裁委员会申请仲裁，仲裁委员会受理后，先按《办案规则》的有关规定委托当地劳动鉴定委员会进行伤残鉴定，然后依据鉴定结论及国家有关规定进行处理。

四、关于职工对伤残鉴定结论不服如何申诉的问题。职工对劳动鉴定委员会作出的伤残等级和护理领事程度鉴定结论不服，可依法提起行政复议或行政诉讼。但是，职工对劳动争议仲裁委员会在处理工伤方面的劳动争议过程中委托当地劳动鉴定委员会所作的伤残鉴定不服的，不能提起行政复议或行政诉讼，而应按劳动争议仲裁程序进行。

五、关于工伤待遇给付发生争议的处理问题。职工因工伤待遇给付问题与用人单位发生的争议，属于劳动争议，可向当地劳动争议仲裁委员会申请仲裁。但是，职工与社会保险机构发生的工伤待遇给付争议，不属于劳动争议，劳动争议仲裁委员会不予受理。职工可向社会保险机构的上一级主管部门申请行政复议。

六、关于工伤认定问题。 对职工在工作时间、工作区域因工作原因造成的伤亡（包括因工随车外出发生交通事故而造成的伤亡），即使职工本人有一定的责任，都应认定为工伤，但不包括犯罪或自杀行为。认定职工工伤，给予职工工伤保险待遇，并不影响企业按规定对违章操作的职工给予行政处分。

七、关于司机在工作中发生伤亡事故是否认定工伤问题。 由于司机是特殊工种，职业危险性较大，所以司机在执行正常工作时发生交通事故造成伤亡，属无责任或少部分责任的，一般应认定为工伤。

司法解释

最高人民法院关于审理人身损害赔偿案件适用法律若干问题的解释（节录）

（2003年12月26日 法释〔2003〕20号）

第八条 法人或者其他组织的法定代表人、负责人以及工作人员，在执行职务中致人损害的，依照民法通则第一百二十一条的规定，由该法人或者其他组织承担民事责任。上述人员实施与职务无关的行为致人损害的，应当由行为人承担赔偿责任。

属于《国家赔偿法》赔偿事由的，依照《国家赔偿法》的规定处理。

NO.343 劳务派遣工作人员侵权责任纠纷

中华人民共和国侵权责任法（节录）

（2009年12月26日 主席令第21号）

相关法规

第三十四条第二款【劳务派遣人员的侵权责任】 劳务派遣期间，被派遣的工作人员因执行工作任务造成他人损害的，由接受劳务派遣的用工单位承担侵权责任；劳务派遣单位有过错的，承担相应的补充责任。

NO.344 提供劳务者致害责任纠纷

条文要旨重点提示	对应条文序号
因个人劳务侵权的情形	《中华人民共和国侵权责任法》第35条
雇员在从事雇佣活动中致人损害的情形	最高人民法院《关于审理人身损害赔偿案件适用法律若干问题的解释》第9条
承揽人在完成工作过程中对第三人造成损害的情形	最高人民法院《关于审理人身损害赔偿案件适用法律若干问题的解释》第10条

相关法规

中华人民共和国侵权责任法（节录）
（2009年12月26日　主席令第21号）

第三十五条【因个人劳务侵权及造成自身损害的情形】 个人之间形成劳务关系，提供劳务一方因劳务造成他人损害的，由接受劳务一方承担侵权责任。提供劳务一方因劳务自己受到损害的，根据双方各自的过错承担相应的责任。

司法解释

最高人民法院关于审理人身损害赔偿案件适用法律若干问题的解释（节录）
（2003年12月26日　法释〔2003〕20号）

第九条 雇员在从事雇佣活动中致人损害的，雇主应当承担赔偿责任；雇员因故意或者重大过失致人损害的，应当与雇主承担连带赔偿责任。雇主承担连带赔偿责任的，可以向雇员追偿。

前款所称"从事雇佣活动"，是指从事雇主授权或者指示范围内的生产经营活动或者其他劳务活动。雇员的行为超出授权范围，但其表现形式是履行职务或者与履行职务有内在联系的，应当认定为"从事雇佣活动"。

第十条 承揽人在完成工作过程中对第三人造成损害或者造成自身损害的，定作人不承担赔偿责任。但定作人对定作、指示或者选任有过失的，应当承担相应的赔偿责任。

NO.345 提供劳务者受害责任纠纷

条文要旨重点提示	对应条文序号
因个人劳务对自己造成损害的情形	《中华人民共和国侵权责任法》第35条
雇员在从事雇佣活动中遭受人身损害的情形	最高人民法院《关于审理人身损害赔偿案件适用法律若干问题的解释》第11条

相关法规

中华人民共和国侵权责任法（节录）
（2009年12月26日 主席令第21号）

第三十五条 【因个人劳务侵权及造成自身损害的情形】 个人之间形成劳务关系，提供劳务一方因劳务造成他人损害的，由接受劳务一方承担侵权责任。<u>提供劳务一方因劳务自己受到损害的，根据双方各自的过错承担相应的责任。</u>

司法解释

最高人民法院关于审理人身损害赔偿案件适用法律若干问题的解释（节录）
（2003年12月26日 法释〔2003〕20号）

第十一条 <u>雇员在从事雇佣活动中遭受人身损害，雇主应当承担赔偿责任。</u>雇佣关系以外的第三人造成雇员人身损害的，赔偿权利人可以请求第三人承担赔偿责任，也可以请求雇主承担赔偿责任。雇主承担赔偿责任后，可以向第三人追偿。

雇员在从事雇佣活动中因安全生产事故遭受人身损害，发包人、分包人知道或者应当知道接受发包或者分包业务的雇主没有相应资质或者安全生产条件的，应当与雇主承担连带赔偿责任。

属于《工伤保险条例》调整的劳动关系和工伤保险范围的，不适用本条规定。

NO.346 网络侵权责任纠纷

相关法规

中华人民共和国侵权责任法（节录）
（2009年12月26日　主席令第21号）

第三十六条【网络侵权责任】 网络用户、网络服务提供者利用网络侵害他人民事权益的，应当承担侵权责任。

网络用户利用网络服务实施侵权行为的，被侵权人有权通知网络服务提供者采取删除、屏蔽、断开链接等必要措施。网络服务提供者接到通知后未及时采取必要措施的，对损害的扩大部分与该网络用户承担连带责任。

网络服务提供者知道网络用户利用其网络服务侵害他人民事权益，未采取必要措施的，与该网络用户承担连带责任。

NO.347 违反安全保障义务责任纠纷

条文要旨重点提示	对应条文序号
安全保障义务人的侵权责任	《中华人民共和国侵权责任法》第37条
安全保障义务致使他人遭受人身损害的情形	最高人民法院《关于审理人身损害赔偿案件适用法律若干问题的解释》第6条

违反安全保障义务责任纠纷包括的内容：
（1）公共场所管理人责任纠纷
（2）群众性活动组织者责任纠纷

中华人民共和国侵权责任法（节录）
（2009年12月26日　主席令第21号）

相关法规

第三十七条【安全保障义务人的侵权责任】 宾馆、商场、银行、车站、娱乐场所等公共场所的管理人或者群众性活动的组织者，未尽到安全保障义务，造成他人损害的，应当承担侵权责任。

因第三人的行为造成他人损害的，由第三人承担侵权责任；管理人或者组织者未尽到安全保障义务的，承担相应的补充责任。

最高人民法院关于审理人身损害赔偿案件适用法律若干问题的解释（节录）
（2003年12月26日　法释〔2003〕20号）

司法解释

第六条 从事住宿、餐饮、娱乐等经营活动或者其他社会活动的自然人、法人、其他组织，未尽合理限度范围内的安全保障义务致使他人遭受人身损害，赔偿权利人请求其承担相应赔偿责任的，人民法院应予支持。

因第三人侵权导致损害结果发生的，由实施侵权行为的第三人承担赔偿责任。安全保障义务人有过错的，应当在其能够防止或者制止损害的范围内承担相应的补充赔偿责任。安全保障义务人承担责任后，可以向第三人追偿。赔偿权利人起诉安全保障义务人的，应当将第三人作为共同被告，但第三人不能确定的除外。

NO.348　　　　　　　　　教育机构责任纠纷

条文要旨重点提示	对应条文序号
教育机构对无民事行为能力人、限制行为能力人的侵权责任	《中华人民共和国侵权责任法》第38条、第39条
教育机构以外人员对无民事行为能力人和限制民事行为能力人的侵权责任	《中华人民共和国侵权责任法》第40条
教育机构对未成年人的侵权责任	最高人民法院《关于审理人身损害赔偿案件适用法律若干问题的解释》第7条

中华人民共和国侵权责任法（节录）
（2009年12月26日　主席令第21号）

第三十八条【教育机构对无民事行为能力人的侵权责任】 无民事行为能力人在幼儿园、学校或者其他教育机构学习、生活期间受到人身损害的，幼儿园、学校或者其他教育机构应当承担责任，但能够证明尽到教育、管理职责的，不承担责任。

第三十九条【教育机构对限制民事行为能力人的侵权责任】 限制民事行为能力人在学校或者其他教育机构学习、生活期间受到人身损害，学校或者其他教育机构未尽到教育、管理职责的，应当承担责任。

第四十条【教育机构以外人员对无民事行为能力人和限制民事行为能力人的侵权责任】 无民事行为能力人或者限制民事行为能力人在幼儿园、学校或者其他教育机构学习、生活期间，受到幼儿园、学校或者其他教育机构以外的人员人身损害的，由侵权人承担侵权责任；幼儿园、学校或者其他教育机构未尽到管理职责的，承担相应的补充责任。

相关法规

最高人民法院关于审理人身损害赔偿案件适用法律若干问题的解释（节录）
（2003年12月26日　法释〔2003〕20号）

第七条 对未成年人依法负有教育、管理、保护义务的学校、幼儿园或者其他教育机构，未尽职责范围内的相关义务致使未成年人遭受人身损害，或者未成年人致他人人身损害的，应当承担与其过错相应的赔偿责任。

第三人侵权致未成年人遭受人身损害的，应当承担赔偿责任。学校、幼儿园等教育机构有过错的，应当承担相应的补充赔偿责任。

司法解释

NO.349 产品责任纠纷

条文要旨重点提示	对应条文序号
产品质量不合格的责任	《中华人民共和国民法通则》第122条
生产者的严格责任——针对产品缺陷	《中华人民共和国侵权责任法》第41条
销售者的过错责任——针对产品缺陷	《中华人民共和国侵权责任法》第42条
因产品缺陷受损的受害者可以向生产者和销售者求偿	《中华人民共和国侵权责任法》第43条 《中华人民共和国产品质量法》第43条
第三人导致产品责任的承担	《中华人民共和国侵权责任法》第44条
缺陷产品的侵权责任形式	《中华人民共和国侵权责任法》第45条
惩罚性赔偿	《中华人民共和国侵权责任法》第46条
流通领域发现缺陷产品的侵权责任	《中华人民共和国侵权责任法》第47条
生产者的产品质量义务	《中华人民共和国产品质量法》第26条
禁止生产淘汰产品	《中华人民共和国产品质量法》第29条
不得生产假冒、残次的产品	《中华人民共和国产品质量法》第32条
不得销售淘汰、失效、变质产品	《中华人民共和国产品质量法》第35条
不得销售假冒、残次产品	《中华人民共和国产品质量法》第39条
销售者的产品售后义务及赔偿责任	《中华人民共和国产品质量法》第40条
生产者的产品损害赔偿责任	《中华人民共和国产品质量法》第41条
因销售者过错致产品存在缺陷的责任	《中华人民共和国产品质量法》第42条
产品缺陷致人损害的赔偿费用范围	《中华人民共和国产品质量法》第44条
产品损害赔偿的诉讼期间	《中华人民共和国产品质量法》第45条
产品缺陷的概念	《中华人民共和国产品质量法》第46条
产品质量纠纷的其他解决方式	《中华人民共和国产品质量法》第47条

续表

条文要旨重点提示	对应条文序号
产品责任纠纷的《消费者权益保护法》基础（一）：消费者依法受偿的权利；经营者提供安全的商品和服务的义务；经营者的质量保证义务、售后服务义务；使用网络、电视、电话、邮购等方式销售商品的，消费者的退货权利及例外情况	《中华人民共和国消费者权益保护法》第11条、第18条、第23—25条
产品责任纠纷的《消费者权益保护法》基础（二）：消费者的一般赔偿请求权；展销、租赁柜台经营的损害赔偿请求权；虚假广告损害赔偿请求权；网络购物的损害赔偿请求权	《中华人民共和国消费者权益保护法》第40条、第43—45条
产品责任纠纷的《消费者权益保护法》基础（三）：经营者的民事责任；经营者的人身伤害责任；经营者的财产损害赔偿责任；经营者欺诈行为的多倍赔偿责任	《中华人民共和国消费者权益保护法》第48条、第49条、第52条、第55条
关于产品损害赔偿责任的司法解释	最高人民法院《关于贯彻执行〈中华人民共和国民法通则〉若干问题的意见》第153条

产品责任纠纷包括的内容：
（1）产品生产者责任纠纷
（2）产品销售者责任纠纷
（3）产品运输者责任纠纷
（4）产品仓储者责任纠纷

民法通则

中华人民共和国民法通则（节录）
（2009年8月27日修正）

第一百二十二条【产品质量不合格的责任】 因产品质量不合格造成他人财产、人身损害的，产品制造者、销售者应当依法承担民事责任。运输者、仓储者对此负有责任的，产品制造者、销售者有权要求赔偿损失。

相关法规

中华人民共和国侵权责任法（节录）
（2009年12月26日 主席令第21号）

第四十一条【生产者的严格责任】 因产品存在缺陷造成他人损害的，生产者应当承担侵权责任。

第四十二条【销售者的过错责任】 因销售者的过错使产品存在缺陷，造成他人损害的，销售者应当承担侵权责任。

销售者不能指明缺陷产品的生产者也不能指明缺陷产品的供货者的，销售者应当承担侵权责任。

第四十三条【因产品缺陷受损的受害者可以向生产者和销售者求偿】 因产品存在缺陷造成损害的，被侵权人可以向产品的生产者请求赔偿，也可以向产品的销售者请求赔偿。

产品缺陷由生产者造成的，销售者赔偿后，有权向生产者追偿。

因销售者的过错使产品存在缺陷的，生产者赔偿后，有权向销售者追偿。

第四十四条【第三人导致产品责任的承担】 因运输者、仓储者等第三人的过错使产品存在缺陷，造成他人损害的，产品的生产者、销售者赔偿后，有权向第三人追偿。

第四十五条【缺陷产品的侵权责任形式】 因产品缺陷危及他人人身、财产安全的，被侵权人有权请求生产者、销售者承担排除妨碍、消除危险等侵权责任。

第四十六条【流通领域发现缺陷产品的侵权责任】 产品投入流通后发现存在缺陷的，生产者、销售者应当及时采取警示、召回等补救措施。未及时采取补救措施或者补救措施不力造成损害的，应当承担侵权责任。

第四十七条【惩罚性赔偿】 明知产品存在缺陷仍然生产、销售，造成他人死亡或者健康严重损害的，被侵权人有权请求相应的惩罚性赔偿。

中华人民共和国产品质量法（节录）
（2009年8月27日修正）

第二十六条【生产者的产品质量义务】 生产者应当对其生产的产品质量负责。

产品质量应当符合下列要求：

（一）不存在危及人身、财产安全的不合理的危险，有保障人体健康和人身、财产安全的国家标准、行业标准的，应当符合该标准；

（二）具备产品应当具备的使用性能，但是，对产品存在使用性能的瑕疵作出说明的除外；

（三）符合在产品或者其包装上注明采用的产品标准，符合以产品说明、实物样品等方式表明的质量状况。

第二十九条【禁止生产淘汰产品】 生产者不得生产国家明令淘汰的产品。

第三十二条【不得生产假冒、残次的产品】 生产者生产产品，不得掺杂、掺假，不得以假充真、以次充好，不得以不合格产品冒充合格产品。

第三十五条【不得销售淘汰、失效、变质产品】 销售者不得销售国家明令淘汰并停止销售的产品和失效、变质的产品。

第三十九条【不得销售假冒、残次产品】 销售者销售产品，不得掺杂、掺假，不得以假充真、以次充好，不得以不合格产品冒充合格产品。

第四十条【销售者的产品售后义务及赔偿责任】 售出的产品有下列情形之一的，销售者应当负责修理、更换、退货；给购买产品的消费者造成损失的，销售者应当赔偿损失：

（一）不具备产品应当具备的使用性能而事先未作说明的；

（二）不符合在产品或者其包装上注明采用的产品标准的；

（三）不符合以产品说明、实物样品等方式表明的质量状况的。

销售者依照前款规定负责修理、更换、退货、赔偿损失后，属于生产者的责任或者属于向销售者提供产品的其他销售者（以下简称供货者）的责任的，销售者有权向生产者、供货者追偿。

销售者未按照第一款规定给予修理、更换、退货或者赔偿损失的，由产品质量监督部门或者工商行政管理部门责令改正。

生产者之间，销售者之间，生产者与销售者之间订立的买卖合同、承揽合同有不同约定的，合同当事人按照合同约定执行。

第四十一条【生产者的产品损害赔偿责任】 因产品存在缺陷造成人身、缺陷产品以外的其他财产（以下简称他人财产）损害的，生产者应当承担赔偿责任。

生产者能够证明有下列情形之一的，不承担赔偿责任：

（一）未将产品投入流通的；

（二）产品投入流通时，引起损害的缺陷尚不存在的；

（三）将产品投入流通时的科学技术水平尚不能发现缺陷的存在的。

第四十二条【因销售者过错致产品存在缺陷的责任】 由于销售者的过错使产品存在缺陷，造成人身、他人财产损害的，销售者应当承担赔偿责任。销售者不能指明缺陷产品的生产者也不能指明缺陷产品的供货者的，销售者应当承担赔偿责任。

第四十三条【因产品缺陷受损的受害者可以向生产者和销售者求偿】 因产品存在缺陷造成人身、他人财产损害的，受害人可以向产品的生产者要求赔偿，也可以向产品的销售者要求赔偿。属于产品的生产者的责任，产品的销售者赔偿的，产品的销售者有权向产品的生产者追偿。属于产品的销售者的责任，产品的生产者赔偿的，产品的生产者有权向产品的销售者追偿。

第四十四条【产品缺陷致人损害的赔偿费用范围】 因产品存在缺陷造成受害人人身伤害的，侵害人应当赔偿医疗费、治疗期间的护理费、因误工减少的收入等费用；造成残疾的，还应当支付残疾者生活自助具费、生活补助费、残疾赔偿金以及由其扶养的人所必需的生活费等费用；造成受害人死亡的，并应当支付丧葬费、死亡赔偿金以及由死者生前扶养的人所必需的生活费等费用。

因产品存在缺陷造成受害人财产损失的，侵害人应当恢复原状或者折价赔偿。受害人因此遭受其他重大损失的，侵害人应当赔偿损失。

第四十五条【产品损害赔偿的诉讼期间】 因产品存在缺陷造成损害要求赔偿的诉讼时效期间为二年，自当事人知道或者应当知道其权益受到损害时起计算。

因产品存在缺陷造成损害要求赔偿的请求权，在造成损害的缺陷产品交付最初消费者满十年丧失；但是，尚未超过明示的安全使用期的除外。

第四十六条【产品缺陷的概念】 本法所称缺陷，是指产品存在危及人身、他人财产安全的不合理的危险；产品有保障人体健康和人身、财产安全的国家标准、行业标准的，是指不符合该标准。

第四十七条【产品质量纠纷的其他解决方式】 因产品质量发生民事纠

纷时，当事人可以通过协商或者调解解决。当事人不愿通过协商、调解解决或者协商、调解不成的，可以根据当事人各方的协议向仲裁机构申请仲裁；当事人各方没有达成仲裁协议或者仲裁协议无效的，可以直接向人民法院起诉。

中华人民共和国消费者权益保护法（节录）

（2013年10月25日　主席令第7号）

第十一条【消费者依法受偿的权利】　消费者因购买、使用商品或者接受服务受到人身、财产损害的，享有依法获得赔偿的权利。

第十八条【经营者提供安全的商品和服务的义务】　经营者应当保证其提供的商品或者服务符合保障人身、财产安全的要求。对可能危及人身、财产安全的商品和服务，应当向消费者作出真实的说明和明确的警示，并说明和标明正确使用商品或者接受服务的方法以及防止危害发生的方法。

宾馆、商场、餐馆、银行、机场、车站、港口、影剧院等经营场所的经营者，应当对消费者尽到安全保障义务。

第二十三条【经营者的质量保证义务】　经营者应当保证在正常使用商品或者接受服务的情况下其提供的商品或者服务应当具有的质量、性能、用途和有效期限；但消费者在购买该商品或者接受该服务前已经知道其存在瑕疵，且存在该瑕疵不违反法律强制性规定的除外。

经营者以广告、产品说明、实物样品或者其他方式表明商品或者服务的质量状况的，应当保证其提供的商品或者服务的实际质量与表明的质量状况相符。

经营者提供的机动车、计算机、电视机、电冰箱、空调器、洗衣机等耐用商品或者装饰装修等服务，消费者自接受商品或者服务之日起六个月内发现瑕疵，发生争议的，由经营者承担有关瑕疵的举证责任。

第二十四条【经营者的售后服务义务】　经营者提供的商品或者服务不符合质量要求的，消费者可以依照国家规定、当事人约定退货，或者要求经营者履行更换、修理等义务。没有国家规定和当事人约定的，消费者可以自收到商品之日起七日内退货；七日后符合法定解除合同条件的，消费者可以及时退货，不符合法定解除合同条件的，可以要求经营者履行更换、修理等义务。

依照前款规定进行退货、更换、修理的，经营者应当承担运输等必要费用。

第二十五条【使用网络、电视、电话、邮购等方式销售商品的，消费者的退货权利及例外情况】 经营者采用网络、电视、电话、邮购等方式销售商品，消费者有权自收到商品之日起七日内退货，且无需说明理由，但下列商品除外：

（一）消费者定作的；

（二）鲜活易腐的；

（三）在线下载或者消费者拆封的音像制品、计算机软件等数字化商品；

（四）交付的报纸、期刊。

除前款所列商品外，其他根据商品性质并经消费者在购买时确认不宜退货的商品，不适用无理由退货。

消费者退货的商品应当完好。经营者应当自收到退回商品之日起七日内返还消费者支付的商品价款。退回商品的运费由消费者承担；经营者和消费者另有约定的，按照约定。

第四十条【消费者的一般赔偿请求权】 消费者在购买、使用商品时，其合法权益受到损害的，可以向销售者要求赔偿。销售者赔偿后，属于生产者的责任或者属于向销售者提供商品的其他销售者的责任的，销售者有权向生产者或者其他销售者追偿。

消费者或者其他受害人因商品缺陷造成人身、财产损害的，可以向销售者要求赔偿，也可以向生产者要求赔偿。属于生产者责任的，销售者赔偿后，有权向生产者追偿。属于销售者责任的，生产者赔偿后，有权向销售者追偿。

消费者在接受服务时，其合法权益受到损害的，可以向服务者要求赔偿。

第四十三条【展销、租赁柜台经营的损害赔偿请求权】 消费者在展销会、租赁柜台购买商品或者接受服务，其合法权益受到损害的，可以向销售者或者服务者要求赔偿。展销会结束或者柜台租赁期满后，也可以向展销会的举办者、柜台的出租者要求赔偿。展销会的举办者、柜台的出租者赔偿后，有权向销售者或者服务者追偿。

第四十四条【网络购物的损害赔偿请求权】 消费者通过网络交易平台购买商品或者接受服务，其合法权益受到损害的，可以向销售者或者服务者要求赔偿。网络交易平台提供者不能提供销售者或者服务者的真实名称、地址和有效联系方式的，消费者也可以向网络交易平台提供者要求赔偿；网络交易平台提供者作出更有利于消费者的承诺的，应当履行承诺。网络交易平台提供者赔偿后，有权向销售者或者服务者追偿。

网络交易平台提供者明知或者应知销售者或者服务者利用其平台侵害消费者合法权益，未采取必要措施的，依法与该销售者或者服务者承担连带责任。

第四十五条【虚假广告损害赔偿请求权】 消费者因经营者利用虚假广告或者其他虚假宣传方式提供商品或者服务，其合法权益受到损害的，可以向经营者要求赔偿。广告经营者、发布者发布虚假广告的，消费者可以请求行政主管部门予以惩处。广告经营者、发布者不能提供经营者的真实名称、地址和有效联系方式的，应当承担赔偿责任。

广告经营者、发布者设计、制作、发布关系消费者生命健康商品或者服务的虚假广告，造成消费者损害的，应当与提供该商品或者服务的经营者承担连带责任。

社会团体或者其他组织、个人在关系消费者生命健康商品或者服务的虚假广告或者其他虚假宣传中向消费者推荐商品或者服务，造成消费者损害的，应当与提供该商品或者服务的经营者承担连带责任。

第四十八条【经营者的民事责任】 经营者提供商品或者服务有下列情形之一的，除本法另有规定外，应当依照其他有关法律、法规的规定，承担民事责任：

（一）商品或者服务存在缺陷的；

（二）不具备商品应当具备的使用性能而出售时未作说明的；

（三）不符合在商品或者其包装上注明采用的商品标准的；

（四）不符合商品说明、实物样品等方式表明的质量状况的；

（五）生产国家明令淘汰的商品或者销售失效、变质的商品的；

（六）销售的商品数量不足的；

（七）服务的内容和费用违反约定的；

（八）对消费者提出的修理、重作、更换、退货、补足商品数量、退还货款和服务费用或者赔偿损失的要求，故意拖延或者无理拒绝的；

（九）法律、法规规定的其他损害消费者权益的情形。

经营者对消费者未尽到安全保障义务，造成消费者损害的，应当承担侵权责任。

第四十九条【经营者的人身伤害责任】 经营者提供商品或者服务,造成消费者或者其他受害人人身伤害的,应当赔偿医疗费、护理费、交通费等为治疗和康复支出的合理费用,以及因误工减少的收入。造成残疾的,还应当赔偿残疾生活辅助具费和残疾赔偿金。造成死亡的,还应当赔偿丧葬费和死亡赔偿金。

第五十二条【经营者的财产损害赔偿责任】 经营者提供商品或者服务,造成消费者财产损害的,应当依照法律规定或者当事人约定承担修理、重作、更换、退货、补足商品数量、退还货款和服务费用或者赔偿损失等民事责任。

第五十五条【经营者欺诈行为的多倍赔偿责任】 经营者提供商品或者服务有欺诈行为的,应当按照消费者的要求增加赔偿其受到的损失,增加赔偿的金额为消费者购买商品的价款或者接受服务的费用的三倍;增加赔偿的金额不足五百元的,为五百元。法律另有规定的,依照其规定。

经营者明知商品或者服务存在缺陷,仍然向消费者提供,造成消费者或者其他受害人死亡或者健康严重损害的,受害人有权要求经营者依照本法第四十九条、第五十一条等法律规定赔偿损失,并有权要求所受损失二倍以下的惩罚性赔偿。

最高人民法院关于贯彻执行《中华人民共和国民法通则》
若干问题的意见(试行)(节录)
[1988年4月2日 法(办)发〔1988〕6日]

司法解释

153. <u>消费者、用户因为使用质量不合格的产品造成本人或者第三人人身伤害、财产损失的,受害人可以向产品制造者或者销售者要求赔偿</u>。因此提起的诉讼,由被告所在地或侵权行为地人民法院管辖。

运输者和仓储者对产品质量负有责任,制造者或者销售者请求赔偿损失的,可以另案处理,也可以将运输者和仓储者列为第三人,一并处理。

NO.350　机动车交通事故责任纠纷

条文要旨重点提示	对应条文序号
机动车交通事故责任的法律适用	《中华人民共和国侵权责任法》第48条
租赁、借用机动车交通事故责任承担	《中华人民共和国侵权责任法》第49条
转让但未登记机动车交通事故责任承担	《中华人民共和国侵权责任法》第50条
转让拼装、报废机动车交通事故责任承担	《中华人民共和国侵权责任法》第51条
盗窃、抢劫、抢夺机动车的交通事故责任承担	《中华人民共和国侵权责任法》第52条
交通肇事逃逸的机动车交通事故责任承担	《中华人民共和国侵权责任法》第53条
交通事故损害赔偿争议的解决方式	《中华人民共和国道路交通安全法》第74条
机动车发生交通事故造成损害的赔偿责任分担	《中华人民共和国道路交通安全法》第76条
未造成人身伤亡的机动车交通事故的损害赔偿	《中华人民共和国道路交通安全法实施条例》第86条
未造成人身伤亡的非机动车交通事故的损害赔偿	《中华人民共和国道路交通安全法实施条例》第87条
机动车发生交通事故，造成道路、供电、通讯等设施损毁的处理	《中华人民共和国道路交通安全法实施条例》第88条
交通事故后当事人逃逸的责任	《中华人民共和国道路交通安全法实施条例》第92条
交通事故损害赔偿争议的调解	《中华人民共和国道路交通安全法实施条例》第94条
交通事故损害赔偿争议的起诉	《中华人民共和国道路交通安全法实施条例》第96条
车辆在道路以外发生交通事故的法律适用	《中华人民共和国道路交通安全法实施条例》第97条
有关交通事故的司法解释	最高人民法院《关于交通事故中的财产损失是否包括被损车辆停运损失问题的批复》 最高人民法院《关于被盗机动车辆肇事后由谁承担损害赔偿责任问题的批复》 最高人民法院《关于购买人使用分期付款购买的车辆从事运输因交通事故造成他人财产损失保留车辆所有权的出卖方不应承担民事责任的批复》 最高人民法院《关于审理道路交通事故损害赔偿案件适用法律若干问题的解释》

相关法规

中华人民共和国侵权责任法（节录）
（2009年12月26日 主席令第21号）

第四十八条【机动车交通事故责任的法律适用】 机动车发生交通事故造成损害的，依照道路交通安全法的有关规定承担赔偿责任。

第四十九条【租赁、借用机动车交通事故责任承担】 因租赁、借用等情形机动车所有人与使用人不是同一人时，发生交通事故后属于该机动车一方责任的，由保险公司在机动车强制保险责任限额范围内予以赔偿。不足部分，由机动车使用人承担赔偿责任；机动车所有人对损害的发生有过错的，承担相应的赔偿责任。

第五十条【转让但未登记机动车交通事故责任承担】 当事人之间已经以买卖等方式转让并交付机动车但未办理所有权转移登记，发生交通事故后属于该机动车一方责任的，由保险公司在机动车强制保险责任限额范围内予以赔偿。不足部分，由受让人承担赔偿责任。

第五十一条【转让拼装、报废机动车交通事故责任承担】 以买卖等方式转让拼装或者已达到报废标准的机动车，发生交通事故造成损害的，由转让人和受让人承担连带责任。

第五十二条【盗窃、抢劫、抢夺机动车的交通事故责任承担】 盗窃、抢劫或者抢夺的机动车发生交通事故造成损害的，由盗窃人、抢劫人或者抢夺人承担赔偿责任。保险公司在机动车强制保险责任限额范围内垫付抢救费用的，有权向交通事故责任人追偿。

第五十三条【交通肇事逃逸的机动车交通事故责任承担】 机动车驾驶人发生交通事故后逃逸，该机动车参加强制保险的，由保险公司在机动车强制保险责任限额范围内予以赔偿；机动车不明或者该机动车未参加强制保险，需要支付被侵权人人身伤亡的抢救、丧葬等费用的，由道路交通事故社会救助基金垫付。道路交通事故社会救助基金垫付后，其管理机构有权向交通事故责任人追偿。

中华人民共和国道路交通安全法（节录）
（2011年4月22日　主席令第47号）

第七十四条【交通事故损害赔偿争议的解决方式】　对交通事故损害赔偿的争议，当事人可以请求公安机关交通管理部门调解，也可以直接向人民法院提起民事诉讼。

经公安机关交通管理部门调解，当事人未达成协议或者调解书生效后不履行的，当事人可以向人民法院提起民事诉讼。

第七十六条【机动车发生交通事故造成损害的赔偿责任分担】　<u>机动车发生交通事故造成人身伤亡、财产损失的，由保险公司在机动车第三者责任强制保险责任限额范围内予以赔偿；不足的部分，按照下列规定承担赔偿责任：</u>

<u>（一）机动车之间发生交通事故的，由有过错的一方承担赔偿责任；双方都有过错的，按照各自过错的比例分担责任。</u>

<u>（二）机动车与非机动车驾驶人、行人之间发生交通事故，非机动车驾驶人、行人没有过错的，由机动车一方承担赔偿责任；有证据证明非机动车驾驶人、行人有过错的，根据过错程度适当减轻机动车一方的赔偿责任；机动车一方没有过错的，承担不超过百分之十的赔偿责任。</u>

交通事故的损失是由非机动车驾驶人、行人故意碰撞机动车造成的，机动车一方不承担赔偿责任。

中华人民共和国道路交通安全法实施条例（节录）
（2004年4月30日　国务院令第405号）

第八十六条【未造成人身伤亡的机动车交通事故的损害赔偿】　机动车与机动车、机动车与非机动车在道路上发生未造成人身伤亡的交通事故，当事人对事实及成因无争议的，在记录交通事故的时间、地点、对方当事人的姓名和联系方式、机动车牌号、驾驶证号、保险凭证号、碰撞部位，并共同签名后，撤离现场，自行协商损害赔偿事宜。当事人对交通事故事实及成因有争议的，应当迅速报警。

第八十七条【未造成人身伤亡的非机动车交通事故的损害赔偿】　非机动车与非机动车或者行人在道路上发生交通事故，未造成人身伤亡，且基本事实及成因清楚的，当事人应当先撤离现场，再自行协商处理损害赔偿事宜。当事人对交通事故事实及成因有争议的，应当迅速报警。

第八十八条【机动车发生交通事故，造成道路、供电、通讯等设施损毁的处理】 机动车发生交通事故，造成道路、供电、通讯等设施损毁的，驾驶人应当报警等候处理，不得驶离。机动车可以移动的，应当将机动车移至不妨碍交通的地点。公安机关交通管理部门应当将事故有关情况通知有关部门。

第九十二条【交通事故后当事人逃逸的责任】 发生交通事故后当事人逃逸的，逃逸的当事人承担全部责任。但是，有证据证明对方当事人也有过错的，可以减轻责任。

当事人故意破坏、伪造现场、毁灭证据的，承担全部责任。

第九十四条【交通事故损害赔偿争议的调解】 当事人对交通事故损害赔偿有争议，各方当事人一致请求公安机关交通管理部门调解的，应当在收到交通事故认定书之日起10日内提出书面调解申请。

对交通事故致死的，调解从办理丧葬事宜结束之日起开始；对交通事故致伤的，调解从治疗终结或者定残之日起开始；对交通事故造成财产损失的，调解从确定损失之日起开始。

第九十六条【交通事故损害赔偿争议的起诉】 对交通事故损害赔偿的争议，当事人向人民法院提起民事诉讼的，公安机关交通管理部门不再受理调解申请。

公安机关交通管理部门调解期间，当事人向人民法院提起民事诉讼的，调解终止。

第九十七条【车辆在道路以外发生交通事故的法律适用】 车辆在道路以外发生交通事故，公安机关交通管理部门接到报案的，参照道路交通安全法和本条例的规定处理。

车辆、行人与火车发生的交通事故以及在渡口发生的交通事故，依照国家有关规定处理。

司法解释 >

最高人民法院关于交通事故中的财产损失是否包括被损车辆停运损失问题的批复

（1999年1月29日 法释〔1999〕5号）

吉林省高级人民法院：

你院吉高法〔1998〕143号《关于交通事故损害赔偿中的财产损

失是否包括间接损失问题的请示》收悉。经研究，答复如下：

《中华人民共和国民法通则》第一百一十七条第二款、第三款规定："损坏国家的、集体的财产或者他人财产的，应当恢复原状或者折价赔偿。""受害人因此遭受其他重大损失的，侵害人并应当赔偿损失。"因此，<u>在交通事故损害赔偿案件中，如果受害人以被损车辆正用于货物运输或者旅客运输经营活动，要求赔偿被损车辆修复期间的停运损失的，交通事故责任者应当予以赔偿。</u>

此复

最高人民法院关于被盗机动车辆肇事后由谁承担损害赔偿责任问题的批复

（1999年6月25日　法释〔1999〕13号）

河南省高级人民法院：

你院《关于被盗机动车辆肇事后肇事人逃跑由谁承担损害赔偿责任的请示》收悉。经研究，答复如下：

<u>使用盗窃的机动车辆肇事，造成被害人物质损失的，肇事人应当依法承担损害赔偿责任，被盗机动车辆的所有人不承担损害赔偿责任。</u>

此复

最高人民法院关于购买人使用分期付款购买的车辆从事运输因交通事故造成他人财产损失保留车辆所有权的出卖方不应承担民事责任的批复

（2000年12月1日　法释〔2000〕38号）

四川省高级人民法院：

你院川高法〔1999〕2号《关于在实行分期付款、保留所有权的车辆买卖合同履行过程中购买方使用该车辆进行货物运输给他人造成损失的，出卖方是否应当承担民事责任的请示》收悉。经研究，答复如下：

<u>采取分期付款方式购车，出卖方在购买方付清全部车款前保留车辆所有权的，购买方以自己名义与他人订立货物运输合同并使用该车运输时，因交通事故造成他人财产损失的，出卖方不承担民事责任。</u>

此复

最高人民法院关于审理道路交通事故损害赔偿案件适用法律若干问题的解释

（2012年11月27日　法释〔2012〕19号）

为正确审理道路交通事故损害赔偿案件，根据《中华人民共和国侵权责任法》《中华人民共和国合同法》《中华人民共和国道路交通安全法》《中华人民共和国保险法》《中华人民共和国民事诉讼法》等法律的规定，结合审判实践，制定本解释。

一、关于主体责任的认定

第一条　机动车发生交通事故造成损害，机动车所有人或者管理人有下列情形之一，人民法院应当认定其对损害的发生有过错，并适用侵权责任法第四十九条的规定确定其相应的赔偿责任：

（一）知道或者应当知道机动车存在缺陷，且该缺陷是交通事故发生原因之一的；

（二）知道或者应当知道驾驶人无驾驶资格或者未取得相应驾驶资格的；

（三）知道或者应当知道驾驶人因饮酒、服用国家管制的精神药品或者麻醉药品，或者患有妨碍安全驾驶机动车的疾病等依法不能驾驶机动车的；

（四）其他应当认定机动车所有人或者管理人有过错的。

第二条　未经允许驾驶他人机动车发生交通事故造成损害，当事人依照侵权责任法第四十九条的规定请求由机动车驾驶人承担赔偿责任的，人民法院应予支持。机动车所有人或者管理人有过错的，承担相应的赔偿责任，但具有侵权责任法第五十二条规定情形的除外。

第三条　以挂靠形式从事道路运输经营活动的机动车发生交通事故造成损害，属于该机动车一方责任，当事人请求由挂靠人和被挂靠人承担连带责任的，人民法院应予支持。

第四条　被多次转让但未办理转移登记的机动车发生交通事故造成损害，属于该机动车一方责任，当事人请求由最后一次转让并交付的受让人承担赔偿责任的，人民法院应予支持。

第五条　套牌机动车发生交通事故造成损害，属于该机动车一方责任，当事人请求由套牌机动车的所有人或者管理人承担赔偿责任的，人民法院应予支持；被套牌机动车所有人或者管理人同意套牌的，应当与套牌机动车的所有人或者管理人承担连带责任。

第六条　拼装车、已达到报废标准的机动车或者依法禁止行驶的其他机动车被多次转让,并发生交通事故造成损害,当事人请求由所有的转让人和受让人承担连带责任的,人民法院应予支持。

第七条 接受机动车驾驶培训的人员,在培训活动中驾驶机动车发生交通事故造成损害,属于该机动车一方责任,当事人请求驾驶培训单位承担赔偿责任的,人民法院应予支持。

第八条 机动车试乘过程中发生交通事故造成试乘人损害,当事人请求提供试乘服务者承担赔偿责任的,人民法院应予支持。试乘人有过错的,应当减轻提供试乘服务者的赔偿责任。

第九条 因道路管理维护缺陷导致机动车发生交通事故造成损害,当事人请求道路管理者承担相应赔偿责任的,人民法院应予支持,但道路管理者能够证明已按照法律、法规、规章、国家标准、行业标准或者地方标准尽到安全防护、警示等管理维护义务的除外。

依法不得进入高速公路的车辆、行人,进入高速公路发生交通事故造成自身损害,当事人请求高速公路管理者承担赔偿责任的,适用侵权责任法第七十六条的规定。

第十条 因在道路上堆放、倾倒、遗撒物品等妨碍通行的行为,导致交通事故造成损害,当事人请求行为人承担赔偿责任的,人民法院应予支持。道路管理者不能证明已按照法律、法规、规章、国家标准、行业标准或者地方标准尽到清理、防护、警示等义务的,应当承担相应的赔偿责任。

第十一条 未按照法律、法规、规章或者国家标准、行业标准、地方标准的强制性规定设计、施工,致使道路存在缺陷并造成交通事故,当事人请求建设单位与施工单位承担相应赔偿责任的,人民法院应予支持。

第十二条 机动车存在产品缺陷导致交通事故造成损害,当事人请求生产者或者销售者依照侵权责任法第五章的规定承担赔偿责任的,人民法院应予支持。

第十三条 多辆机动车发生交通事故造成第三人损害,当事人请求多个侵权人承担赔偿责任的,人民法院应当区分不同情况,依照侵权责任法第十条、第十一条或者第十二条的规定,确定侵权人承担连带责任或者按份责任。

二、关于赔偿范围的认定

第十四条 道路交通安全法第七十六条规定的"人身伤亡",是指机动车发生交通事故侵害被侵权人的生命权、健康权等人身权益所造成的损害,包括侵权责任法第十六条和第二十二条规定的各项损害。

道路交通安全法第七十六条规定的"财产损失"，是指因机动车发生交通事故侵害被侵权人的财产权益所造成的损失。

第十五条 因道路交通事故造成下列财产损失，当事人请求侵权人赔偿的，人民法院应予支持：

（一）维修被损坏车辆所支出的费用、车辆所载物品的损失、车辆施救费用；

（二）因车辆灭失或者无法修复，为购买交通事故发生时与被损坏车辆价值相当的车辆重置费用；

（三）依法从事货物运输、旅客运输等经营性活动的车辆，因无法从事相应经营活动所产生的合理停运损失；

（四）非经营性车辆因无法继续使用，所产生的通常替代性交通工具的合理费用。

三、关于责任承担的认定

第十六条 同时投保机动车第三者责任强制保险（以下简称"交强险"）和第三者责任商业保险（以下简称"商业三者险"）的机动车发生交通事故造成损害，当事人同时起诉侵权人和保险公司的，人民法院应当按照下列规则确定赔偿责任：

（一）先由承保交强险的保险公司在责任限额范围内予以赔偿；

（二）不足部分，由承保商业三者险的保险公司根据保险合同予以赔偿；

（三）仍有不足的，依照道路交通安全法和侵权责任法的相关规定由侵权人予以赔偿。

被侵权人或者其近亲属请求承保交强险的保险公司优先赔偿精神损害的，人民法院应予支持。

第十七条 投保人允许的驾驶人驾驶机动车致使投保人遭受损害，当事人请求承保交强险的保险公司在责任限额范围内予以赔偿的，人民法院应予支持，但投保人为本车上人员的除外。

第十八条 有下列情形之一导致第三人人身损害，当事人请求保险公司在交强险责任限额范围内予以赔偿，人民法院应予支持：

（一）驾驶人未取得驾驶资格或者未取得相应驾驶资格的；

（二）醉酒、服用国家管制的精神药品或者麻醉药品后驾驶机动车发生交通事故的；

（三）驾驶人故意制造交通事故的。

保险公司在赔偿范围内向侵权人主张追偿权的，人民法院应予支持。追偿权的诉讼时效期间自保险公司实际赔偿之日起计算。

第十九条 未依法投保交强险的机动车发生交通事故造成损害，当事人请求投保义务人在交强险责任限额范围内予以赔偿的，人民法院应予支持。

投保义务人和侵权人不是同一人，当事人请求投保义务人和侵权人在交强险责任限额范围内承担连带责任的，人民法院应予支持。

第二十条 具有从事交强险业务资格的保险公司违法拒绝承保、拖延承保或者违法解除交强险合同，投保义务人在向第三人承担赔偿责任后，请求该保险公司在交强险责任限额范围内承担相应赔偿责任的，人民法院应予支持。

第二十一条 多辆机动车发生交通事故造成第三人损害，损失超出各机动车交强险责任限额之和的，由各保险公司在各自责任限额范围内承担赔偿责任；损失未超出各机动车交强险责任限额之和，当事人请求由各保险公司按照其责任限额与责任限额之和的比例承担赔偿责任的，人民法院应予支持。

依法分别投保交强险的牵引车和挂车连接使用时发生交通事故造成第三人损害，当事人请求由各保险公司在各自的责任限额范围内平均赔偿的，人民法院应予支持。

多辆机动车发生交通事故造成第三人损害，其中部分机动车未投保交强险，当事人请求先由已承保交强险的保险公司在责任限额范围内予以赔偿的，人民法院应予支持。保险公司就超出其应承担的部分向未投保交强险的投保义务人或者侵权人行使追偿权的，人民法院应予支持。

第二十二条 同一交通事故的多个被侵权人同时起诉的，人民法院应当按照各被侵权人的损失比例确定交强险的赔偿数额。

第二十三条 机动车所有权在交强险合同有效期内发生变动，保险公司在交通事故发生后，以该机动车未办理交强险合同变更手续为由主张免除赔偿责任的，人民法院不予支持。

机动车在交强险合同有效期内发生改装、使用性质改变等导致危险程度增加的情形，发生交通事故后，当事人请求保险公司在责任限额范围内予以赔偿的，人民法院应予支持。

前款情形下，保险公司另行起诉请求投保义务人按照重新核定后的保险费标准补足当期保险费的，人民法院应予支持。

第二十四条 当事人主张交强险人身伤亡保险金请求权转让或者设定担保的行为无效的，人民法院应予支持。

四、关于诉讼程序的规定

第二十五条 人民法院审理道路交通事故损害赔偿案件,应当将承保交强险的保险公司列为共同被告。但该保险公司已经在交强险责任限额范围内予以赔偿且当事人无异议的除外。

人民法院审理道路交通事故损害赔偿案件,当事人请求将承保商业三者险的保险公司列为共同被告的,人民法院应予准许。

第二十六条 被侵权人因道路交通事故死亡,无近亲属或者近亲属不明,未经法律授权的机关或者有关组织向人民法院起诉主张死亡赔偿金的,人民法院不予受理。

侵权人以已向未经法律授权的机关或者有关组织支付死亡赔偿金为理由,请求保险公司在交强险责任限额范围内予以赔偿的,人民法院不予支持。

被侵权人因道路交通事故死亡,无近亲属或者近亲属不明,支付被侵权人医疗费、丧葬费等合理费用的单位或者个人,请求保险公司在交强险责任限额范围内予以赔偿的,人民法院应予支持。

第二十七条 公安机关交通管理部门制作的交通事故认定书,人民法院应依法审查并确认其相应的证明力,但有相反证据推翻的除外。

五、关于适用范围的规定

第二十八条 机动车在道路以外的地方通行时引发的损害赔偿案件,可以参照适用本解释的规定。

第二十九条 本解释施行后尚未终审的案件,适用本解释;本解释施行前已经终审,当事人申请再审或者按照审判监督程序决定再审的案件,不适用本解释。

NO.351 医疗损害责任纠纷

条文要旨重点提示	对应条文序号
医疗机构的侵权责任	《中华人民共和国侵权责任法》第54条
医疗机构的说明、告知义务	《中华人民共和国侵权责任法》第55条
紧急医疗措施权	《中华人民共和国侵权责任法》第56条
违反诊疗义务的责任	《中华人民共和国侵权责任法》第57条

续表

条文要旨重点提示	对应条文序号
推定过错的情形	《中华人民共和国侵权责任法》第58条
缺陷医疗用品责任	《中华人民共和国侵权责任法》第59条
医疗损害责任的免责事由	《中华人民共和国侵权责任法》第60条
医疗事故的概念、等级分类、报告制度	《医疗事故处理条例》第2条、第4条、第14条
发生发现医疗事故时所采取的及时措施：发生或者发现医疗过失行为，应采取措施避免或减轻；发生医疗事故争议时，病例资料的封存；疑似输液、输血、注射、药物等引起不良后果的，实物的封存；患者死因有争议的，应进行尸检	《医疗事故处理条例》第15—18条
医疗事故技术鉴定的申请及对医疗事故鉴定不服的再次申请	《医疗事故处理条例》第20条、第22条
不属于医疗事故的情形	《医疗事故处理条例》第33条
发生医疗事故争议的处理部门；发生医疗事故争议，要求卫生行政部门处理的申请；医疗事故争议申请的受理部门；同时提起申请和诉讼的处理	《医疗事故处理条例》第37条、第38条、第40条
发生医疗事故民事责任、处理方式、赔偿数额；发生医疗事故的民事责任争议的处理方式；协商解决医疗事故的民事责任；医疗事故赔偿调解；医疗事故赔偿数额的确定；医疗事故赔偿的具体计算；医疗事故赔偿费用的结算	《医疗事故处理条例》第46—50条、第52条
医疗事故人员的法律责任	《医疗事故处理条例》第55条
医疗事故的登记分类	《医疗事故分级标准》事故等级分类部分内容

医疗损害责任纠纷包括的内容：
（1）侵害患者知情同意权责任纠纷
（2）医疗产品责任纠纷

中华人民共和国侵权责任法（节录）

（2009年12月26日　主席令第21号）

相关法规

第五十四条【医疗机构的侵权责任】　患者在诊疗活动中受到损害，医疗机构及其医务人员有过错的，由医疗机构承担赔偿责任。

第五十五条【医疗机构的说明、告知义务】　医务人员在诊疗活动中应当向患者说明病情和医疗措施。需要实施手术、特殊检查、特殊治疗的，医务人员应当及时向患者说明医疗风险、替代医疗方案等情况，并取得其书面同意；不宜向患者说明的，应当向患者的近亲属说明，并取得其书面同意。

医务人员未尽到前款义务，造成患者损害的，医疗机构应当承担赔偿责任。

第五十六条【紧急医疗措施权】　因抢救生命垂危的患者等紧急情况，不能取得患者或者其近亲属意见的，经医疗机构负责人或者授权的负责人批准，可以立即实施相应的医疗措施。

第五十七条【违反诊疗义务的责任】　医务人员在诊疗活动中未尽到与当时的医疗水平相应的诊疗义务，造成患者损害的，医疗机构应当承担赔偿责任。

第五十八条【推定过错的情形】　患者有损害，因下列情形之一的，推定医疗机构有过错：

（一）违反法律、行政法规、规章以及其他有关诊疗规范的规定；

（二）隐匿或者拒绝提供与纠纷有关的病历资料；

（三）伪造、篡改或者销毁病历资料。

第五十九条【缺陷医疗用品责任】　因药品、消毒药剂、医疗器械的缺陷，或者输入不合格的血液造成患者损害的，患者可以向生产者或者血液提供机构请求赔偿，也可以向医疗机构请求赔偿。患者向医疗机构请求赔偿的，医疗机构赔偿后，有权向负有责任的生产者或者血液提供机构追偿。

第六十条【医疗损害责任的免责事由】　患者有损害，因下列情形之一的，医疗机构不承担赔偿责任：

（一）患者或者其近亲属不配合医疗机构进行符合诊疗规范的

诊疗；

（二）医务人员在抢救生命垂危的患者等紧急情况下已经尽到合理诊疗义务；

（三）限于当时的医疗水平难以诊疗。

前款第一项情形中，医疗机构及其医务人员也有过错的，应当承担相应的赔偿责任。

医疗事故处理条例

（2002年4月4日　国务院令第351号）

第二条【医疗事故的概念】　本条例所称医疗事故，<u>是指医疗机构及其医务人员在医疗活动中，违反医疗卫生管理法律、行政法规、部门规章和诊疗护理规范、常规，过失造成患者人身损害的事故。</u>

第四条【医疗事故的等级分类】　<u>根据对患者人身造成的损害程度，医疗事故分为四级：</u>

<u>一级医疗事故：造成患者死亡、重度残疾的；</u>

<u>二级医疗事故：造成患者中度残疾、器官组织损伤导致严重功能障碍的；</u>

<u>三级医疗事故：造成患者轻度残疾、器官组织损伤导致一般功能障碍的；</u>

<u>四级医疗事故：造成患者明显人身损害的其他后果的。</u>

<u>具体分级标准由国务院卫生行政部门制定。</u>

第十四条【医疗事故的报告制度】　**发生医疗事故的，医疗机构应当按照规定向所在地卫生行政部门报告。**

发生下列重大医疗过失行为的，医疗机构应当在12小时内向所在地卫生行政部门报告：

（一）导致患者死亡或者可能为二级以上的医疗事故；

（二）导致3人以上人身损害后果；

（三）国务院卫生行政部门和省、自治区、直辖市人民政府卫生行政部门规定的其他情形。

第十五条【发生或者发现医疗过失行为，应采取措施避免或减轻】　**发生或者发现医疗过失行为，医疗机构及其医务人员应当立即采取有效措施，避免或者减轻对患者身体健康的损害，防止损害扩大。**

第十六条【发生医疗事故争议时,病例资料的封存】 发生医疗事故争议时,死亡病例讨论记录、疑难病例讨论记录、上级医师查房记录、会诊意见、病程记录应当在医患双方在场的情况下封存和启封。封存的病历资料可以是复印件,由医疗机构保管。

第十七条【疑似输液、输血、注射、药物等引起不良后果的,实物的封存】 疑似输液、输血、注射、药物等引起不良后果的,医患双方应当共同对现场实物进行封存和启封,封存的现场实物由医疗机构保管;需要检验的,应当由双方共同指定的、依法具有检验资格的检验机构进行检验;双方无法共同指定时,由卫生行政部门指定。

疑似输血引起不良后果,需要对血液进行封存保留的,医疗机构应当通知提供该血液的采供血机构派员到场。

第十八条【患者死因有争议的,应进行尸检】 患者死亡,医患双方当事人不能确定死因或者对死因有异议的,应当在患者死亡后48小时内进行尸检;具备尸体冻存条件的,可以延长至7日。尸检应当经死者近亲属同意并签字。

尸检应当由按照国家有关规定取得相应资格的机构和病理解剖专业技术人员进行。承担尸检任务的机构和病理解剖专业技术人员有进行尸检的义务。

医疗事故争议双方当事人可以请法医病理学人员参加尸检,也可以委派代表观察尸检过程。拒绝或者拖延尸检,超过规定时间,影响对死因判定的,由拒绝或者拖延的一方承担责任。

第二十条【医疗事故技术鉴定的申请】 卫生行政部门接到医疗机构关于重大医疗过失行为的报告或者医疗事故争议当事人要求处理医疗事故争议的申请后,对需要进行医疗事故技术鉴定的,应当交由负责医疗事故技术鉴定工作的医学会组织鉴定;医患双方协商解决医疗事故争议,需要进行医疗事故技术鉴定的,由双方当事人共同委托负责医疗事故技术鉴定工作的医学会组织鉴定。

第二十二条【对医疗事故鉴定不服的再次申请】 当事人对首次医疗事故技术鉴定结论不服的,可以自收到首次鉴定结论之日起15日内向医疗机构所在地卫生行政部门提出再次鉴定的申请。

第三十三条【不属于医疗事故的情形】 有下列情形之一的,不属于医疗事故:

(一)在紧急情况下为抢救垂危患者生命而采取紧急医学措施造成不良

后果的；
　　（二）在医疗活动中由于患者病情异常或者患者体质特殊而发生医疗意外的；
　　（三）在现有医学科学技术条件下，发生无法预料或者不能防范的不良后果的；
　　（四）无过错输血感染造成不良后果的；
　　（五）因患方原因延误诊疗导致不良后果的；
　　（六）因不可抗力造成不良后果的。
　　第三十七条【发生医疗事故争议，要求卫生行政部门处理的申请】 发生医疗事故争议，当事人申请卫生行政部门处理的，应当提出书面申请。申请书应当载明申请人的基本情况、有关事实、具体请求及理由等。
　　当事人自知道或者应当知道其身体健康受到损害之日起1年内，可以向卫生行政部门提出医疗事故争议处理申请。
　　第三十八条【医疗事故争议申请的受理部门】 发生医疗事故争议，当事人申请卫生行政部门处理的，由医疗机构所在地的县级人民政府卫生行政部门受理。医疗机构所在地是直辖市的，由医疗机构所在地的区、县人民政府卫生行政部门受理。
　　有下列情形之一的，县级人民政府卫生行政部门应当自接到医疗机构的报告或者当事人提出医疗事故争议处理申请之日起7日内移送上一级人民政府卫生行政部门处理：
　　（一）患者死亡；
　　（二）可能为二级以上的医疗事故；
　　（三）国务院卫生行政部门和省、自治区、直辖市人民政府卫生行政部门规定的其他情形。
　　第四十条【同时提起申请和诉讼的处理】 当事人既向卫生行政部门提出医疗事故争议处理申请，又向人民法院提起诉讼的，卫生行政部门不予受理；卫生行政部门已经受理的，应当终止处理。
　　第四十六条【发生医疗事故的民事责任争议的处理方式】 发生医疗事故的赔偿等民事责任争议，医患双方可以协商解决；不愿意协商或者协商不成的，当事人可以向卫生行政部门提出调解申请，也可以直接向人民法院提起民事诉讼。
　　第四十七条【协商解决医疗事故的民事责任】 双方当事人协商解决医疗事故的赔偿等民事责任争议的，应当制作协议书。协议书应当载明双方当事人的基本情况和医疗事故的原因、双方当事人共同认定的医疗事故等级以及协商确定的赔偿数额等，并由双方当事人在协议书上签名。

第四十八条【医疗事故赔偿调解】 已确定为医疗事故的，卫生行政部门应医疗事故争议双方当事人请求，可以进行医疗事故赔偿调解。调解时，应当遵循当事人双方自愿原则，并应当依据本条例的规定计算赔偿数额。

经调解，双方当事人就赔偿数额达成协议的，制作调解书，双方当事人应当履行；调解不成或者经调解达成协议后一方反悔的，卫生行政部门不再调解。

第四十九条【医疗事故赔偿数额的确定】 医疗事故赔偿，应当考虑下列因素，确定具体赔偿数额：

（一）医疗事故等级；

（二）医疗过失行为在医疗事故损害后果中的责任程度；

（三）医疗事故损害后果与患者原有疾病状况之间的关系。

不属于医疗事故的，医疗机构不承担赔偿责任。

第五十条【医疗事故赔偿的具体计算】 医疗事故赔偿，按照下列项目和标准计算：

（一）医疗费：按照医疗事故对患者造成的人身损害进行治疗所发生的医疗费用计算，凭据支付，但不包括原发病医疗费用。结案后确实需要继续治疗的，按照基本医疗费用支付。

（二）误工费：患者有固定收入的，按照本人因误工减少的固定收入计算，对收入高于医疗事故发生地上一年度职工年平均工资3倍以上的，按照3倍计算；无固定收入的，按照医疗事故发生地上一年度职工年平均工资计算。

（三）住院伙食补助费：按照医疗事故发生地国家机关一般工作人员的出差伙食补助标准计算。

（四）陪护费：患者住院期间需要专人陪护的，按照医疗事故发生地上一年度职工年平均工资计算。

（五）残疾生活补助费：根据伤残等级，按照医疗事故发生地居民年平均生活费计算，自定残之月起最长赔偿30年；但是，60周岁以上的，不超过15年；70周岁以上的，不超过5年。

（六）残疾用具费：因残疾需要配置补偿功能器具的，凭医疗机构证明，按照普及型器具的费用计算。

（七）丧葬费：按照医疗事故发生地规定的丧葬费补助标准计算。

（八）被扶养人生活费：以死者生前或者残疾者丧失劳动能力前实际扶养且没有劳动能力的人为限，按照其户籍所在地或者居所地居民最低生活保障标准计算。对不满16周岁的，扶养到16周岁。对年满16周岁但无劳动能力的，扶养20年；但是，60周岁以上的，不超过15年；70周岁以上的，不超过5年。

（九）交通费：按照患者实际必需的交通费用计算，凭据支付。

（十）住宿费：按照医疗事故发生地国家机关一般工作人员的出差住宿补助标准计算，凭据支付。

（十一）精神损害抚慰金：按照医疗事故发生地居民年平均生活费计算。造成患者死亡的，赔偿年限最长不超过6年；造成患者残疾的，赔偿年限最长不超过3年。

第五十一条　参加医疗事故处理的患者近亲属所需交通费、误工费、住宿费，参照本条例第五十条的有关规定计算，计算费用的人数不超过2人。

医疗事故造成患者死亡的，参加丧葬活动的患者的配偶和直系亲属所需交通费、误工费、住宿费，参照本条例第五十条的有关规定计算，计算费用的人数不超过2人。

第五十二条【医疗事故赔偿费用的结算】　**医疗事故赔偿费用，实行一次性结算，由承担医疗事故责任的医疗机构支付。**

第五十五条【医疗事故人员的法律责任】　**医疗机构发生医疗事故的，由卫生行政部门根据医疗事故等级和情节，给予警告；情节严重的，责令限期停业整顿直至由原发证部门吊销执业许可证，对负有责任的医务人员依照刑法关于医疗事故罪的规定，依法追究刑事责任；尚不够刑事处罚的，依法给予行政处分或者纪律处分。**

对发生医疗事故的有关医务人员，除依照前款处罚外，卫生行政部门并可以责令暂停6个月以上1年以下执业活动；情节严重的，吊销其执业证书。

医疗事故技术鉴定暂行办法

（2002年7月31日　卫生部令第30号）

第三条【医疗事故鉴定的分类】　**医疗事故技术鉴定分为首次鉴定和再次鉴定。**

设区的市级和省、自治区、直辖市直接管辖的县（市）级地方医学会负责组织专家鉴定组进行首次医疗事故技术鉴定工作。

省、自治区、直辖市地方医学会负责组织医疗事故争议的再次鉴定工作。

负责组织医疗事故技术鉴定工作的医学会（以下简称医学会）可以设立医疗事故技术鉴定工作办公室，具体负责有关医疗事故技术鉴定的组织和日常工作。

第三十五条【医疗事故鉴定书内容】 医疗事故技术鉴定书应当包括下列主要内容：（一）双方当事人的基本情况及要求；（二）当事人提交的材料和医学会的调查材料；（三）对鉴定过程的说明；（四）医疗行为是否违反医疗卫生管理法律、行政法规、部门规章和诊疗护理规范、常规；（五）医疗过失行为与人身损害后果之间是否存在因果关系；（六）医疗过失行为在医疗事故损害后果中的责任程度；（七）医疗事故等级；（八）对医疗事故患者的医疗护理医学建议。

经鉴定为医疗事故的，鉴定结论应当包括上款（四）至（八）项内容；经鉴定不属于医疗事故的，应当在鉴定结论中说明理由。

医疗事故技术鉴定书格式由中华医学会统一制定。

第三十六条【医疗事故中过失行为的责任程度】 专家鉴定组应当综合分析医疗过失行为在导致医疗事故损害后果中的作用、患者原有疾病状况等因素，判定医疗过失行为的责任程度。医疗事故中医疗过失行为责任程度分为：

（一）**完全责任**，指医疗事故损害后果完全由医疗过失行为造成。

（二）**主要责任**，指医疗事故损害后果主要由医疗过失行为造成，其他因素起次要作用。

（三）**次要责任**，指医疗事故损害后果主要由其他因素造成，医疗过失行为起次要作用。

（四）**轻微责任**，指医疗事故损害后果绝大部分由其他因素造成，医疗过失行为起轻微作用。

医疗事故分级标准（试行）（节录）

（2002年7月31日 卫生部令第32号）

一、一级医疗事故

系指造成患者死亡、重度残疾。

（一）一级甲等医疗事故：死亡。

（二）一级乙等医疗事故：重要器官缺失或功能完全丧失，其他器官不能代偿，存在特殊医疗依赖，生活完全不能自理。 例如造成患者下列情形之一的：

1．植物人状态；
2．极重度智能障碍；
3．临床判定不能恢复的昏迷；
4．临床判定自主呼吸功能完全丧失，不能恢复，靠呼吸机维持；
5．四肢瘫，肌力0级，临床判定不能恢复。

二、二级医疗事故

系指造成患者中度残疾、器官组织损伤导致严重功能障碍。

（一）二级甲等医疗事故：器官缺失或功能完全丧失，其他器官不能代偿，可能存在特殊医疗依赖，或生活大部分不能自理。 例如造成患者下列情形之一的：

1．双眼球摘除或双眼经客观检查证实无光感；
2．小肠缺失90%以上，功能完全丧失；
3．双侧有功能肾脏缺失或孤立有功能肾缺失，用透析替代治疗；
4．四肢肌力Ⅱ级（二级）以下（含Ⅱ级），临床判定不能恢复；
5．上肢一侧腕上缺失或一侧手功能完全丧失，不能装配假肢，伴下肢双膝以上缺失。

（二）二级乙等医疗事故：存在器官缺失、严重缺损、严重畸形情形之一，有严重功能障碍，可能存在特殊医疗依赖，或生活大部分不能自理。 例如造成患者下列情形之一的：

1．重度智能障碍；
2．单眼球摘除或经客观检查证实无光感，另眼球结构损伤，闪光视觉诱发电位（VEP）P100波潜时延长＞160ms（毫秒），矫正视力＜0.02，视野半径＜5°；
3．双侧上颌骨或双侧下颌骨完全缺失；
4．一侧上颌骨及对侧下颌骨完全缺失，并伴有颜面软组织缺损大于30cm^2；
5．一侧全肺缺失并需胸改术；
6．肺功能持续重度损害；
7．持续性心功能不全，心功能四级；
8．持续性心功能不全，心功能三级伴有不能控制的严重心律失常；

9. 食管闭锁,摄食依赖造瘘;

10. 肝缺损3/4,并有肝功能重度损害;

11. 胆道损伤致肝功能重度损害;

12. 全胰缺失;

13. 小肠缺损大于3/4,普通膳食不能维持营养;

14. 肾功能部分损害不全失代偿;

15. 两侧睾丸、副睾丸缺损;

16. 阴茎缺损或性功能严重障碍;

17. 双侧卵巢缺失;

18. 未育妇女子宫全部缺失或大部分缺损;

19. 四肢瘫,肌力Ⅲ级(三级)或截瘫、偏瘫,肌力Ⅲ级以下,临床判定不能恢复;

20. 双上肢腕关节以上缺失、双侧前臂缺失或双手功能完全丧失,不能装配假肢;

21. 肩、肘、髋、膝关节中有四个以上(含四个)关节功能完全丧失;

22. 重型再生障碍性贫血(Ⅰ型)。

(三)二级丙等医疗事故:存在器官缺失、严重缺损、明显畸形情形之一,有严重功能障碍,可能存在特殊医疗依赖,或生活部分不能自理。例如造成患者下列情形之一的:

1. 面部重度毁容;

2. 单眼球摘除或客观检查无光感,另眼球结构损伤,闪光视觉诱发电位(VEP)>155ms(毫秒),矫正视力<0.05,视野半径<10°;

3. 一侧上颌骨或下颌骨完全缺失,伴颜面部软组织缺损大于$30cm^2$;

4. 同侧上下颌骨完全性缺失;

5. 双侧甲状腺或孤立甲状腺全缺失;

6. 双侧甲状旁腺全缺失;

7. 持续性心功能不全,心功能三级;

8. 持续性心功能不全,心功能二级伴有不能控制的严重心律失常;

9. 全胃缺失;

10. 肝缺损2/3,并肝功能重度损害;

11. 一侧有功能肾缺失或肾功能完全丧失,对侧肾功能不全代偿;

12. 永久性输尿管腹壁造瘘;

13. 膀胱全缺失;

14．两侧输精管缺损不能修复；

15．双上肢肌力Ⅳ级（四级），双下肢肌力0级，临床判定不能恢复；

16．单肢两个大关节（肩、肘、腕、髋、膝、踝）功能完全丧失，不能行关节置换；

17．一侧上肢肘上缺失或肘、腕、手功能完全丧失，不能手术重建功能或装配假肢；

18．一手缺失或功能完全丧失，另一手功能丧失50%以上，不能手术重建功能或装配假肢；

19．一手腕上缺失，另一手拇指缺失，不能手术重建功能或装配假肢；

20．双手拇、食指均缺失或功能完全丧失无法矫正；

21．双侧膝关节或者髋关节功能完全丧失，不能行关节置换；

22．一下肢膝上缺失，无法装配假肢；

23．重型再生障碍性贫血（Ⅱ型）。

（四）二级丁等医疗事故：存在器官缺失、大部分缺损、畸形情形之一，有严重功能障碍，可能存在一般医疗依赖，生活能自理。例如造成患者下列情形之一的：

1．中度智能障碍；

2．难治性癫痫；

3．完全性失语，伴有神经系统客观检查阳性所见；

4．双侧重度周围性面瘫；

5．面部中度毁容或全身瘢痕面积大于70%；

6．双眼球结构损伤，较好眼闪光视觉诱发电位（VEP）>155ms（毫秒），矫正视力<0.05，视野半径<10°；

7．双耳经客观检查证实听力在原有基础上损失大于91dBHL（分贝）；

8．舌缺损大于全舌2/3；

9．一侧上颌骨缺损1/2，颜面部软组织缺损大于20cm^2；

10．下颌骨缺损长6cm以上的区段，口腔、颜面软组织缺损大于20cm^2；

11．甲状旁腺功能重度损害；

12．食管狭窄只能进流食；

13．吞咽功能严重损伤，依赖鼻饲管进食；

14．肝缺损2/3，功能中度损害；

15．肝缺损1/2伴有胆道损伤致严重肝功能损害；

16. 胰缺损，胰岛素依赖；
17. 小肠缺损2/3，包括回盲部缺损；
18. 全结肠、直肠、肛门缺失，回肠造瘘；
19. 肾上腺功能明显减退；
20. 大、小便失禁，临床判定不能恢复；
21. 女性双侧乳腺缺失；
22. 单肢肌力Ⅱ级（二级），临床判定不能恢复；
23. 双前臂缺失；
24. 双下肢瘫；
25. 一手缺失或功能完全丧失，另一手功能正常，不能手术重建功能或装配假肢；
26. 双拇指完全缺失或无功能；
27. 双膝以下缺失或无功能，不能手术重建功能或装配假肢；
28. 一侧下肢膝上缺失，不能手术重建功能或装配假肢；
29. 一侧膝以下缺失，另一侧前足缺失，不能手术重建功能或装配假肢；
30. 双足全肌瘫，肌力Ⅱ级（二级），临床判定不能恢复。

三、三级医疗事故

系指造成患者轻度残疾、器官组织损伤导致一般功能障碍。

（一）三级甲等医疗事故：存在器官缺失、大部分缺损、畸形情形之一，有较重功能障碍，可能存在一般医疗依赖，生活能自理。例如造成患者下列情形之一的：

1. 不完全失语并伴有失用、失写、失读、失认之一者，同时有神经系统客观检查阳性所见；
2. 不能修补的脑脊液瘘；
3. 尿崩，有严重离子紊乱，需要长期依赖药物治疗；
4. 面部轻度毁容；
5. 面颊部洞穿性缺损大于$20cm^2$；
6. 单侧眼球摘除或客观检查无光感，另眼球结构损伤，闪光视觉诱发电位（VEP）>150ms（毫秒），矫正视力0.05—0.1，视野半径<15°；
7. 双耳经客观检查证实听力在原有基础上损失大于81dbHL（分贝）；
8. 鼻缺损1/3以上；
9. 上唇或下唇缺损大于1/2；

10．一侧上颌骨缺损1/4或下颌骨缺损长4cm以上区段，伴口腔、颜面软组织缺损大于10cm²；

11．肺功能中度持续损伤；

12．胃缺损3/4；

13．肝缺损1/2伴较重功能障碍；

14．慢性中毒性肝病伴较重功能障碍；

15．脾缺失；

16．胰缺损2/3造成内、外分泌腺功能障碍；

17．小肠缺损2/3，保留回盲部；

18．尿道狭窄，需定期行尿道扩张术；

19．直肠、肛门、结肠部分缺损，结肠造瘘；

20．肛门损伤致排便障碍；

21．一侧肾缺失或输尿管狭窄，肾功能不全代偿；

22．不能修复的尿道瘘；

23．膀胱大部分缺损；

24．双侧输卵管缺失；

25．阴道闭锁丧失性功能；

26．不能修复的Ⅲ度（三度）会阴裂伤；

27．四肢瘫，肌力Ⅳ级（四级），临床判定不能恢复；

28．单肢瘫，肌力Ⅲ级（三级），临床判定不能恢复；

29．肩、肘、腕关节之一功能完全丧失；

30．利手全肌瘫，肌力Ⅲ级（三级），临床判定不能恢复；

31．一手拇指缺失，另一手拇指功能丧失50%以上；

32．一手拇指缺失或无功能，另一手除拇指外三指缺失或无功能，不能手术重建功能；

33．双下肢肌力Ⅲ级（三级）以下，临床判定不能恢复，大、小便失禁；

34．下肢双膝以上缺失伴一侧腕上缺失或手功能部分丧失，能装配假肢；

35．一髋或一膝关节功能完全丧失，不能手术重建功能；

36．双足全肌瘫，肌力Ⅲ级（三级），临床判定不能恢复；

37．双前足缺失；

38．慢性再生障碍性贫血。

（二）三级乙等医疗事故：器官大部分缺损或畸形，有中度功能障碍，可能存在一般医疗依赖，生活能自理。例如造成患者下列情形之一的：

1. 轻度智能减退；
2. 癫痫中度；
3. 不完全性失语，伴有神经系统客观检查阳性所见；
4. 头皮、眉毛完全缺损；
5. 一侧完全性面瘫，对侧不完全性面瘫；
6. 面部重度异常色素沉着或全身瘢痕面积达60%—69%；
7. 面部软组织缺损大于20cm^2；
8. 双眼球结构损伤，较好眼闪光视觉诱发电位（VEP）>150ms（毫秒），矫正视力0.05—0.1，视野半径<15°；
9. 双耳经客观检查证实听力损失大于71dBHL（分贝）；
10. 双侧前庭功能丧失，睁眼行走困难，不能并足站立；
11. 甲状腺功能严重损害，依赖药物治疗；
12. 不能控制的严重器质性心律失常；
13. 胃缺损2/3伴轻度功能障碍；
14. 肝缺损1/3伴轻度功能障碍；
15. 胆道损伤伴轻度肝功能障碍；
16. 胰缺损1/2；
17. 小肠缺损1/2（包括回盲部）；
18. 腹壁缺损大于腹壁1/4；
19. 肾上腺皮质功能轻度减退；
20. 双侧睾丸萎缩，血清睾丸酮水平低于正常范围；
21. 非利手全肌瘫，肌力Ⅳ级（四级），临床判定不能恢复，不能手术重建功能；
22. 一拇指完全缺失；
23. 双下肢肌力Ⅳ级（四级），临床判定不能恢复，大、小便失禁；
24. 一髋或一膝关节功能不全；
25. 一侧踝以下缺失或一侧踝关节畸形，功能完全丧失，不能手术重建功能；
26. 双足部分肌瘫，肌力Ⅳ级（四级），临床判定不能恢复，不能手术重建功能；
27. 单足全肌瘫，肌力Ⅳ级，临床判定不能恢复，不能手术重建功能。

(三)三级丙等医疗事故:器官大部分缺损或畸形,有轻度功能障碍,可能存在一般医疗依赖,生活能自理。例如造成患者下列情形之一的:

1. 不完全性失用、失写、失读、失认之一者,伴有神经系统客观检查阳性所见;
2. 全身瘢痕面积50—59%;
3. 双侧中度周围性面瘫,临床判定不能恢复;
4. 双眼球结构损伤,较好眼闪光视觉诱发电位(VEP)>140ms(毫秒),矫正视力0.01—0.3,视野半径<20°;
5. 双耳经客观检查证实听力损失大于56dbHL(分贝);
6. 喉保护功能丧失,饮食时呛咳并易发生误吸,临床判定不能恢复;
7. 颈颏粘连,影响部分活动;
8. 肺叶缺失伴轻度功能障碍;
9. 持续性心功能不全,心功能二级;
10. 胃缺损1/2伴轻度功能障碍;
11. 肝缺损1/4伴轻度功能障碍;
12. 慢性轻度中毒性肝病伴轻度功能障碍;
13. 胆道损伤,需行胆肠吻合术;
14. 胰缺损1/3伴轻度功能障碍;
15. 小肠缺损1/2伴轻度功能障碍;
16. 结肠大部分缺损;
17. 永久性膀胱造瘘;
18. 未育妇女单侧乳腺缺失;
19. 未育妇女单侧卵巢缺失;
20. 育龄已育妇女双侧输卵管缺失;
21. 育龄已育妇女子宫缺失或部分缺损;
22. 阴道狭窄不能通过二横指;
23. 颈部或腰部活动度丧失50%以上;
24. 腕、肘、肩、踝、膝、髋关节之一丧失功能50%以上;
25. 截瘫或偏瘫,肌力Ⅳ级(四级),临床判定不能恢复;
26. 单肢两个大关节(肩、肘、腕、髋、膝、踝)功能部分丧失,能行关节置换;
27. 一侧肘上缺失或肘、腕、手功能部分丧失,可以手术重建功能或装配假肢;

28．一手缺失或功能部分丧失，另一手功能丧失50%以上，可以手术重建功能或装配假肢；

29．一手腕上缺失，另一手拇指缺失，可以手术重建功能或装配假肢；

30．利手全肌瘫，肌力Ⅳ级（四级），临床判定不能恢复；

31．单手部分肌瘫，肌力Ⅲ级（三级），临床判定不能恢复；

32．除拇指外3指缺失或功能完全丧失；

33．双下肢长度相差4cm以上；

34．双侧膝关节或者髋关节功能部分丧失，可以行关节置换；

35．单侧下肢膝上缺失，可以装配假肢；

36．双足部分肌瘫，肌力Ⅲ级（三级），临床判定不能恢复；

37．单足全肌瘫，肌力Ⅲ级（三级），临床判定不能恢复。

（四）三级丁等医疗事故：器官部分缺损或畸形，有轻度功能障碍，无医疗依赖，生活能自理。例如造成患者下列情形之一的：

1．边缘智能；

2．发声及言语困难；

3．双眼结构损伤，较好眼闪光视觉诱发电位（VEP）>130ms（毫秒），矫正视力0.3—0.5，视野半径<30°；

4．双耳经客观检查证实听力损失大于41dbHL（分贝）或单耳大于91dbHL（分贝）；

5．耳郭缺损2/3以上；

6．器械或异物误入呼吸道需行肺段切除术；

7．甲状旁腺功能轻度损害；

8．肺段缺损，轻度持续肺功能障碍；

9．腹壁缺损小于1/4；

10．一侧肾上腺缺失伴轻度功能障碍；

11．一侧睾丸、附睾缺失伴轻度功能障碍；

12．一侧输精管缺损，不能修复；

13．一侧卵巢缺失，一侧输卵管缺失；

14．一手缺失或功能完全丧失，另一手功能正常，可以手术重建功能及装配假肢；

15．双大腿肌力近Ⅴ级（五级），双小腿肌力Ⅲ级（三级）以下，临床判定不能恢复，大、小便轻度失禁；

16．双膝以下缺失或无功能，可以手术重建功能或装配假肢；

17．单侧下肢膝上缺失，可以手术重建功能或装配假肢；

18．一侧膝以下缺失，另一侧前足缺失，可以手术重建功能或装配假肢。

（五）三级戊等医疗事故：器官部分缺损或畸形，有轻微功能障碍，无医疗依赖，生活能自理。例如造成患者下列情形之一的：

1．脑叶缺失后轻度智力障碍；

2．发声或言语不畅；

3．双眼结构损伤，较好眼闪光视觉诱发电位（VEP）>120ms（毫秒），矫正视力<0.6，视野半径<50°；

4．泪器损伤，手术无法改进溢泪；

5．双耳经客观检查证实听力在原有基础上损失大于31dbHL（分贝）或一耳听力在原有基础上损失大于71dbHL（分贝）；

6．耳郭缺损大于1/3而小于2/3；

7．甲状腺功能低下；

8．支气管损伤需行手术治疗；

9．器械或异物误入消化道，需开腹取出；

10．一拇指指关节功能不全；

11．双小腿肌力Ⅳ级（四级），临床判定不能恢复，大、小便轻度失禁；

12．手术后当时引起脊柱侧弯30度以上；

13．手术后当时引起脊柱后凸成角（胸段大于60度，胸腰段大于30度，腰段大于20度以上）；

14．原有脊柱、躯干或肢体畸形又严重加重；

15．损伤重要脏器，修补后功能有轻微障碍。

四、四级医疗事故

系指造成患者明显人身损害的其他后果的医疗事故。例如造成患者下列情形之一的：

1．双侧轻度不完全性面瘫，无功能障碍；

2．面部轻度色素沉着或脱失；

3．一侧眼睑有明显缺损或外翻；

4．拔除健康恒牙；

5．器械或异物误入呼吸道或消化道，需全麻后内窥镜下取出；

6．口周及颜面软组织轻度损伤；

7．非解剖变异等因素，拔除上颌后牙时牙根或异物进入上颌窦需手术取出；

8．组织、器官轻度损伤，行修补术后无功能障碍；

9．一拇指末节1/2缺损；

10．一手除拇指、食指外，有两指近侧指间关节无功能；

11．一足拇趾末节缺失；

12．软组织内异物滞留；

13．体腔遗留异物已包裹，无需手术取出，无功能障碍；

14．局部注射造成组织坏死，成人大于体表面积2%，儿童大于体表面积5%；

15．剖宫产术引起胎儿损伤；

16．产后胎盘残留引起大出血，无其他并发症。

NO.352 环境污染责任纠纷

条文要旨重点提示	对应条文序号
环境侵权的责任 ——环境污染责任纠纷的民法基础	《中华人民共和国民法通则》第124条 《中华人民共和国侵权责任法》第65条
环境污染者的举证责任	《中华人民共和国侵权责任法》第66条
共同污染者的责任承担	《中华人民共和国侵权责任法》第67条
第三人污染致害的责任	《中华人民共和国侵权责任法》第68条
造成大气污染的危害人的排除危害义务	《中华人民共和国大气污染防治法》第62条
大气污染在特殊情况下的免责	《中华人民共和国大气污染防治法》第63条
因水污染受到损害的当事人求偿的权利	《中华人民共和国水污染防治法》第85条
水污染损害赔偿诉讼中排污方举证责任	《中华人民共和国水污染防治法》第87条
受到环境噪声污染危害的单位和个人的求偿权	《中华人民共和国环境噪声污染防治法》第61条
受到固体废物污染损害的单位和个人的求偿权	《中华人民共和国固体废物污染环境防治法》第84条

续表

条文要旨重点提示	对应条文序号
造成固体废物污染环境的人的排除危害义务	《中华人民共和国固体废物污染环境防治法》第85条
因固体废物污染环境引起的损害赔偿诉讼,加害人的举证责任	《中华人民共和国固体废物污染环境防治法》第86条

环境污染责任纠纷包括的内容:
（1）大气污染责任纠纷
（2）水污染责任纠纷
（3）噪声污染责任纠纷
（4）放射性污染责任纠纷
（5）土壤污染责任纠纷
（6）电子废物污染责任纠纷
（7）固体废物污染责任纠纷

民法通则

中华人民共和国民法通则（节录）
（2009年8月27日修正）

第一百二十四条【环境侵权的责任】 <u>违反国家保护环境防止污染的规定,污染环境造成他人损害的,应当依法承担民事责任。</u>

相关法规

中华人民共和国侵权责任法（节录）
（2009年12月26日 主席令第21号）

第六十五条【环境污染致人损害责任】 <u>因污染环境造成损害的,污染者应当承担侵权责任。</u>

第六十六条【环境污染者的举证责任】 <u>因污染环境发生纠纷,污染者应当就法律规定的不承担责任或者减轻责任的情形及其行为与损害之间不存在因果关系承担举证责任。</u>

第六十七条【共同污染者的责任承担】 <u>两个以上污染者污染</u>

环境，污染者承担责任的大小，根据污染物的种类、排放量等因素确定。

第六十八条【第三人污染致害的责任】 因第三人的过错污染环境造成损害的，被侵权人可以向污染者请求赔偿，也可以向第三人请求赔偿。污染者赔偿后，有权向第三人追偿。

中华人民共和国环境保护法（节录）
（2014年4月24日　主席令第9号）

第六十四条【环境污染的环境保护法上责任】 因污染环境和破坏生态造成损害的，应当依照《中华人民共和国侵权责任法》的有关规定承担侵权责任。

中华人民共和国大气污染防治法（节录）
（2000年4月29日　主席令第32号）

第六十二条【造成大全污染的危害人的排除危害义务】 造成大气污染危害的单位，有责任排除危害，并对直接遭受损失的单位或者个人赔偿损失。

赔偿责任和赔偿金额的纠纷，可以根据当事人的请求，由环境保护行政主管部门调解处理；调解不成的，当事人可以向人民法院起诉。当事人也可以直接向人民法院起诉。

第六十三条【大气污染在特殊情况下的免责】 完全由于不可抗拒的自然灾害，并经及时采取合理措施，仍然不能避免造成大气污染损失的，免于承担责任。

中华人民共和国水污染防治法（节录）
（2008年2月28日　主席令第87号）

第八十五条【因水污染受到损害的当事人求偿的权利】 因水污染受到损害的当事人，有权要求排污方排除危害和赔偿损失。

由于不可抗力造成水污染损害的，排污方不承担赔偿责任；法律另有规定的除外。

水污染损害是由受害人故意造成的，排污方不承担赔偿责任。水污染损害是由受害人重大过失造成的，可以减轻排污方的赔偿责任。

水污染损害是由第三人造成的，排污方承担赔偿责任后，有权向第三人追偿。

第八十七条【水污染损害赔偿诉讼中排污方举证责任】 因水污染引起的损害赔偿诉讼，由排污方就法律规定的免责事由及其行为与损害结果之间不存在因果关系承担举证责任。

中华人民共和国环境噪声污染防治法（节录）
（1996年10月29日　主席令第77号）

第六十一条【受到环境噪声污染危害的单位和个人的求偿权】 受到环境噪声污染危害的单位和个人，有权要求加害人排除危害；造成损失的，依法赔偿损失。

赔偿责任和赔偿金额的纠纷，可以根据当事人的请求，由环境保护行政主管部门或者其他环境噪声污染防治工作的监督管理部门、机构调解处理；调解不成的，当事人可以向人民法院起诉。当事人也可以直接向人民法院起诉。

中华人民共和国固体废物污染环境防治法（节录）
（2004年12月29日　主席令第77号）

第八十四条【受到固体废物污染损害的单位和个人的求偿权】 受到固体废物污染损害的单位和个人，有权要求依法赔偿损失。

赔偿责任和赔偿金额的纠纷，可以根据当事人的请求，由环境保护行政主管部门或者其他固体废物污染环境防治工作的监督管理部门调解处理；调解不成的，当事人可以向人民法院提起诉讼。当事人也可以直接向人民法院提起诉讼。

国家鼓励法律服务机构对固体废物污染环境诉讼中的受害人提供法律援助。

第八十五条【造成固体废物污染环境的人的排除危害义务】 造成固体废物污染环境的，应当排除危害，依法赔偿损失，并采取措施恢复环境原状。

第八十六条【因固体废物污染环境引起的损害赔偿诉讼，加害人的举证责任】 因固体废物污染环境引起的损害赔偿诉讼，由加害人就法律规定的免责事由及其行为与损害结果之间不存在因果关系承担举证责任。

NO.353 高度危险责任纠纷

条文要旨重点提示	对应条文序号
高度危险作业致人损害的责任	《中华人民共和国民法通则》第123条 《中华人民共和国侵权责任法》第69条、第73条
占有或者使用高度危险物致人损害的责任	《中华人民共和国侵权责任法》第72条
遗失、抛弃高度危险物致人损害的责任	《中华人民共和国侵权责任法》第74条
非法占有高度危险物致人损害的责任	《中华人民共和国侵权责任法》第75条
高度危险活动区域致人损害的责任	《中华人民共和国侵权责任法》第76条
有关高度危险作业的司法解释	最高人民法院《关于贯彻执行〈中华人民共和国民法通则〉若干问题的意见》第154条

高度危险责任纠纷包括的内容：
（1）民用核设施损害责任纠纷
（2）民用航空器损害责任纠纷
（3）占有、使用高度危险物损害责任纠纷
（4）高度危险活动损害责任纠纷
（5）遗失、抛弃高度危险物损害责任纠纷
（6）非法占有高度危险物损害责任纠纷

民法通则

中华人民共和国民法通则（节录）
（2009年8月27日修正）

第一百二十三条【高度危险作业致人损害的责任】 从事高空、高压、易燃、易爆、剧毒、放射性、高速运输工具等对周围环境有高度危险的作业造成他人损害的，应当承担民事责任；如果能够证明损害是由受害人故意造成的，不承担民事责任。

中华人民共和国侵权责任法（节录）
（2009年12月26日　主席令第21号）

第六十九条【高度危险作业致人损害的责任】 从事高度危险作业造成他人损害的，应当承担侵权责任。

第七十二条【占有或者使用高度危险物致人损害的责任】 占有或者使用易燃、易爆、剧毒、放射性等高度危险物造成他人损害的，占有人或者使用人应当承担侵权责任，但能够证明损害是因受害人故意或者不可抗力造成的，不承担责任。被侵权人对损害的发生有重大过失的，可以减轻占有人或者使用人的责任。

第七十三条【危险作业致人损害的责任】 从事高空、高压、地下挖掘活动或者使用高速轨道运输工具造成他人损害的，经营者应当承担侵权责任，但能够证明损害是因受害人故意或者不可抗力造成的，不承担责任。被侵权人对损害的发生有过失的，可以减轻经营者的责任。

第七十四条【遗失、抛弃高度危险物致人损害的责任】 遗失、抛弃高度危险物造成他人损害的，由所有人承担侵权责任。所有人将高度危险物交由他人管理的，由管理人承担侵权责任；所有人有过错的，与管理人承担连带责任。

第七十五条【非法占有高度危险物致人损害的责任】 非法占有高度危险物造成他人损害的，由非法占有人承担侵权责任。所有人、管理人不能证明对防止他人非法占有尽到高度注意义务的，与非法占有人承担连带责任。

最高人民法院关于贯彻执行《中华人民共和国民法通则》若干问题的意见（试行）（节录）
［1988年4月2日　法（办）发〔1988〕6号］

154. 从事高度危险作业，没有按有关规定采取必要的安全防护措施，严重威胁他人人身、财产安全的，人民法院应当根据他人的要求，责令作业人消除危险。

NO.354　饲养动物损害责任纠纷

条文要旨重点提示	对应条文序号
饲养的动物致人损害的责任	《中华人民共和国民法通则》第127条 《中华人民共和国侵权责任法》第78条
禁止饲养动物致人损害的责任	《中华人民共和国侵权责任法》第80条
动物园动物致人损害的责任	《中华人民共和国侵权责任法》第81条
遗弃、逃逸的动物致人损害的责任	《中华人民共和国侵权责任法》第82条
第三人导致动物致人损害的责任	《中华人民共和国侵权责任法》第83条

民法通则

中华人民共和国民法通则（节录）
（2009年8月27日修正）

第一百二十七条　【饲养的动物致人损害的责任】　饲养的动物造成他人损害的，动物饲养人或者管理人应当承担民事责任；由于受害人的过错造成损害的，动物饲养人或者管理人不承担民事责任；由于第三人的过错造成损害的，第三人应当承担民事责任。

相关法规

中华人民共和国侵权责任法（节录）
（2009年12月26日　主席令第21号）

第七十八条【饲养的动物致人损害的责任】　饲养的动物造成他人损害的，动物饲养人或者管理人应当承担侵权责任，但能够证明损害是因被侵权人故意或者重大过失造成的，可以不承担或者减轻责任。

第八十条【禁止饲养动物致人损害的责任】　禁止饲养的烈性犬等危险动物造成他人损害的，动物饲养人或者管理人应当承担侵权责任。

第八十一条【动物园动物致人损害的责任】 动物园的动物造成他人损害的，动物园应当承担侵权责任，但能够证明尽到管理职责的，不承担责任。

第八十二条【遗弃、逃逸的动物致人损害的责任】 遗弃、逃逸的动物在遗弃、逃逸期间造成他人损害的，由原动物饲养人或者管理人承担侵权责任。

第八十三条【第三人导致动物致人损害的责任】 因第三人的过错致使动物造成他人损害的，被侵权人可以向动物饲养人或者管理人请求赔偿，也可以向第三人请求赔偿。动物饲养人或者管理人赔偿后，有权向第三人追偿。

NO.355 物件损害责任纠纷

物件损害责任纠纷包括的内容：
（1）物件脱落、坠落损害责任纠纷
（2）建筑物、构筑物倒塌损害责任纠纷
（3）不明抛掷物、坠落物损害责任纠纷
（4）堆放物倒塌损害责任纠纷
（5）公共道路妨碍通行损害责任纠纷
（6）林木折断损害责任纠纷
（7）地面施工、地下设施损害责任纠纷

相关法规

中华人民共和国侵权责任法（节录）
（2009年12月26日 主席令第21号）

第八十五条【物件脱落、坠落致人损害责任】 建筑物、构筑物或者其他设施及其搁置物、悬挂物发生脱落、坠落造成他人损害，所有人、管理人或者使用人不能证明自己没有过错的，应当承担侵权责任。所有人、管理人或者使用人赔偿后，有其他责任人的，有权向其他责任人追偿。

第八十六条【物件倒塌致人损害责任】 建筑物、构筑物或者其他设施倒塌造成他人损害的，由建设单位与施工单位承担连带责任。建设单位、施工单位赔偿后，有其他责任人的，有权向其他责任人追偿。

因其他责任人的原因，建筑物、构筑物或者其他设施倒塌造成他人损害的，由其他责任人承担侵权责任。

第八十七条【高空抛物致人损害的法定补偿义务】 从建筑物中抛掷物品或者从建筑物上坠落的物品造成他人损害，难以确定具体侵权人的，除能够证明自己不是侵权人的外，由可能加害的建筑物使用人给予补偿。

第八十八条【堆放物倒塌致人损害的责任】 堆放物倒塌造成他人损害，堆放人不能证明自己没有过错的，应当承担侵权责任。

第八十九条【妨碍通行物品致人损害责任】 在公共道路上堆放、倾倒、遗撒妨碍通行的物品造成他人损害的，有关单位或者个人应当承担侵权责任。

第九十条【树木折断致人损害】 因林木折断造成他人损害，林木的所有人或者管理人不能证明自己没有过错的，应当承担侵权责任。

NO.356 触电人身损害责任纠纷

最高人民法院关于审理人身损害赔偿案件适用法律若干问题的解释
（2003年12月26日　法释〔2003〕20号）

为正确审理人身损害赔偿案件，依法保护当事人的合法权益，根据《中华人民共和国民法通则》（以下简称民法通则）、《中华人民共和国民事诉讼法》（以下简称民事诉讼法）等有关法律规定，结合审判实践，就有关适用法律的问题作如下解释：

第一条 因生命、健康、身体遭受侵害，赔偿权利人起诉请求赔偿义务人赔偿财产损失和精神损害的，人民法院应予受理。

本条所称"赔偿权利人"，是指因侵权行为或者其他致害原因直接遭受人身损害的受害人、依法由受害人承担扶养义务的被扶养人以及死亡受害人的近亲属。

本条所称"赔偿义务人"，是指因自己或者他人的侵权行为以及其他致害原因依法应当承担民事责任的自然人、法人或者其他组织。

第二条 受害人对同一损害的发生或者扩大有故意、过失的,依照民法通则第一百三十一条的规定,可以减轻或者免除赔偿义务人的赔偿责任。但侵权人因故意或者重大过失致人损害,受害人只有一般过失的,不减轻赔偿义务人的赔偿责任。

适用民法通则第一百零六条第三款规定确定赔偿义务人的赔偿责任时,受害人有重大过失的,可以减轻赔偿义务人的赔偿责任。

第三条 二人以上共同故意或者共同过失致人损害,或者虽无共同故意、共同过失,但其侵害行为直接结合发生同一损害后果的,构成共同侵权,应当依照民法通则第一百三十条规定承担连带责任。

二人以上没有共同故意或者共同过失,但其分别实施的数个行为间接结合发生同一损害后果的,应当根据过失大小或者原因力比例各自承担相应的赔偿责任。

第四条 二人以上共同实施危及他人人身安全的行为并造成损害后果,不能确定实际侵害行为人的,应当依照民法通则第一百三十条规定承担连带责任。共同危险行为人能够证明损害后果不是由其行为造成的,不承担赔偿责任。

第五条 赔偿权利人起诉部分共同侵权人的,人民法院应当追加其他共同侵权人作为共同被告。赔偿权利人在诉讼中放弃对部分共同侵权人的诉讼请求的,其他共同侵权人对被放弃诉讼请求的被告应当承担的赔偿份额不承担连带责任。责任范围难以确定的,推定各共同侵权人承担同等责任。

人民法院应当将放弃诉讼请求的法律后果告知赔偿权利人,并将放弃诉讼请求的情况在法律文书中叙明。

第六条 从事住宿、餐饮、娱乐等经营活动或者其他社会活动的自然人、法人、其他组织,未尽合理限度范围内的安全保障义务致使他人遭受人身损害,赔偿权利人请求其承担相应赔偿责任的,人民法院应予支持。

因第三人侵权导致损害结果发生的,由实施侵权行为的第三人承担赔偿责任。安全保障义务人有过错的,应当在其能够防止或者制止损害的范围内承担相应的补充赔偿责任。安全保障义务人承担责任后,可以向第三人追偿。赔偿权利人起诉安全保障义务人的,应当将第三人作为共同被告,但第三人不能确定的除外。

第七条 对未成年人依法负有教育、管理、保护义务的学校、幼儿园或者其他教育机构，未尽职责范围内的相关义务致使未成年人遭受人身损害，或者未成年人致他人人身损害的，应当承担与其过错相应的赔偿责任。

第三人侵权致未成年人遭受人身损害的，应当承担赔偿责任。学校、幼儿园等教育机构有过错的，应当承担相应的补充赔偿责任。

第八条 法人或者其他组织的法定代表人、负责人以及工作人员，在执行职务中致人损害的，依照民法通则第一百二十一条的规定，由该法人或者其他组织承担民事责任。上述人员实施与职务无关的行为致人损害的，应当由行为人承担赔偿责任。

属于《国家赔偿法》赔偿事由的，依照《国家赔偿法》的规定处理。

第九条 雇员在从事雇佣活动中致人损害的，雇主应当承担赔偿责任；雇员因故意或者重大过失致人损害的，应当与雇主承担连带赔偿责任。雇主承担连带赔偿责任的，可以向雇员追偿。

前款所称"从事雇佣活动"，是指从事雇主授权或者指示范围内的生产经营活动或者其他劳务活动。雇员的行为超出授权范围，但其表现形式是履行职务或者与履行职务有内在联系的，应当认定为"从事雇佣活动"。

第十条 承揽人在完成工作过程中对第三人造成损害或者造成自身损害的，定作人不承担赔偿责任。但定作人对定作、指示或者选任有过失的，应当承担相应的赔偿责任。

第十一条 雇员在从事雇佣活动中遭受人身损害，雇主应当承担赔偿责任。雇佣关系以外的第三人造成雇员人身损害的，赔偿权利人可以请求第三人承担赔偿责任，也可以请求雇主承担赔偿责任。雇主承担赔偿责任后，可以向第三人追偿。

雇员在从事雇佣活动中因安全生产事故遭受人身损害，发包人、分包人知道或者应当知道接受发包或者分包业务的雇主没有相应资质或者安全生产条件的，应当与雇主承担连带赔偿责任。

属于《工伤保险条例》调整的劳动关系和工伤保险范围的，不适用本条规定。

第十二条 依法应当参加工伤保险统筹的用人单位的劳动者，因工伤事故遭受人身损害，劳动者或者其近亲属向人民法院起诉请求用人单位承担民事赔偿责任的，告知其按《工伤保险条例》的规定处理。

因用人单位以外的第三人侵权造成劳动者人身损害，赔偿权利人请求第三人承担民事赔偿责任的，人民法院应予支持。

第十三条 为他人无偿提供劳务的帮工人，在从事帮工活动中致人损害的，被帮工人应当承担赔偿责任。被帮工人明确拒绝帮工的，不承担赔偿责任。帮工人存在故意或者重大过失，赔偿权利人请求帮工人和被帮工人承担连带责任的，人民法院应予支持。

第十四条 帮工人因帮工活动遭受人身损害的，被帮工人应当承担赔偿责任。被帮工人明确拒绝帮工的，不承担赔偿责任；但可以在受益范围内予以适当补偿。

帮工人因第三人侵权遭受人身损害的，由第三人承担赔偿责任。第三人不能确定或者没有赔偿能力的，可以由被帮工人予以适当补偿。

第十五条 为维护国家、集体或者他人的合法权益而使自己受到人身损害，因没有侵权人、不能确定侵权人或者侵权人没有赔偿能力，赔偿权利人请求受益人在受益范围内予以适当补偿的，人民法院应予支持。

第十六条 下列情形，适用民法通则第一百二十六条的规定，由所有人或者管理人承担赔偿责任，但能够证明自己没有过错的除外：

（一）道路、桥梁、隧道等人工建造的构筑物因维护、管理瑕疵致人损害的；

（二）堆放物品滚落、滑落或者堆放物倒塌致人损害的；

（三）树木倾倒、折断或者果实坠落致人损害的。

前款第（一）项情形，因设计、施工缺陷造成损害的，由所有人、管理人与设计、施工者承担连带责任。

第十七条 受害人遭受人身损害，因就医治疗支出的各项费用以及因误工减少的收入，包括医疗费、误工费、护理费、交通费、住宿费、住院伙食补助费、必要的营养费，赔偿义务人应当予以赔偿。

受害人因伤致残的，其因增加生活上需要所支出的必要费用以及因丧失劳动能力导致的收入损失，包括残疾赔偿金、残疾辅助器具费、被扶养人生活费，以及因康复护理、继续治疗实际发生的必要的康复费、护理费、后续治疗费，赔偿义务人也应当予以赔偿。

受害人死亡的，赔偿义务人除应当根据抢救治疗情况赔偿本条第一款规定的相关费用外，还应当赔偿丧葬费、被扶养人生活费、死亡补偿费以及受害人亲属办理丧葬事宜支出的交通费、住宿费和误工损失等其他合理费用。

第十八条 受害人或者死者近亲属遭受精神损害，赔偿权利人向人民法院请求赔偿精神损害抚慰金的，适用《最高人民法院关于确定民事侵权精神损害赔偿责任若干问题的解释》予以确定。

精神损害抚慰金的请求权，不得让与或者继承。但赔偿义务人已经以书面方式承诺给予金钱赔偿，或者赔偿权利人已经向人民法院起诉的除外。

第十九条 医疗费根据医疗机构出具的医药费、住院费等收款凭证，结合病历和诊断证明等相关证据确定。赔偿义务人对治疗的必要性和合理性有异议的，应当承担相应的举证责任。

医疗费的赔偿数额，按照一审法庭辩论终结前实际发生的数额确定。器官功能恢复训练所必要的康复费、适当的整容费以及其他后续治疗费，赔偿权利人可以待实际发生后另行起诉。但根据医疗证明或者鉴定结论确定必然发生的费用，可以与已经发生的医疗费一并予以赔偿。

第二十条 误工费根据受害人的误工时间和收入状况确定。

误工时间根据受害人接受治疗的医疗机构出具的证明确定。受害人因伤致残持续误工的，误工时间可以计算至定残日前一天。

受害人有固定收入的，误工费按照实际减少的收入计算。受害人无固定收入的，按照其最近三年的平均收入计算；受害人不能举证证明其最近三年的平均收入状况的，可以参照受诉法院所在地相同或者相近行业上一年度职工的平均工资计算。

第二十一条 护理费根据护理人员的收入状况和护理人数、护理期限确定。

护理人员有收入的，参照误工费的规定计算；护理人员没有收入或者雇佣护工的，参照当地护工从事同等级别护理的劳务报酬标准计算。护理人员原则上为一人，但医疗机构或者鉴定机构有明确意见的，可以参照确定护理人员人数。

护理期限应计算至受害人恢复生活自理能力时止。受害人因残疾不能恢复生活自理能力的，可以根据其年龄、健康状况等因素确定合理的护理期限，但最长不超过二十年。

受害人定残后的护理，应当根据其护理依赖程度并结合配制残疾辅助器具的情况确定护理级别。

第二十二条 交通费根据受害人及其必要的陪护人员因就医或者转院治疗实际发生的费用计算。交通费应当以正式票据为凭；有关凭据应当与就医地点、时间、人数、次数相符合。

第二十三条 住院伙食补助费可以参照当地国家机关一般工作人员的出

差伙食补助标准予以确定。

受害人确有必要到外地治疗，因客观原因不能住院，受害人本人及其陪护人员实际发生的住宿费和伙食费，其合理部分应予赔偿。

第二十四条 营养费根据受害人伤残情况参照医疗机构的意见确定。

第二十五条 残疾赔偿金根据受害人丧失劳动能力程度或者伤残等级，按照受诉法院所在地上一年度城镇居民人均可支配收入或者农村居民人均纯收入标准，自定残之日起按二十年计算。但六十周岁以上的，年龄每增加一岁减少一年；七十五周岁以上的，按五年计算。

受害人因伤致残但实际收入没有减少，或者伤残等级较轻但造成职业妨害严重影响其劳动就业的，可以对残疾赔偿金作相应调整。

第二十六条 残疾辅助器具费按照普通适用器具的合理费用标准计算。伤情有特殊需要的，可以参照辅助器具配制机构的意见确定相应的合理费用标准。

辅助器具的更换周期和赔偿期限参照配制机构的意见确定。

第二十七条 丧葬费按照受诉法院所在地上一年度职工月平均工资标准，以六个月总额计算。

第二十八条 被扶养人生活费根据扶养人丧失劳动能力程度，按照受诉法院所在地上一年度城镇居民人均消费性支出和农村居民人均年生活消费支出标准计算。被扶养人为未成年人的，计算至十八周岁；被扶养人无劳动能力又无其他生活来源的，计算二十年。但六十周岁以上的，年龄每增加一岁减少一年；七十五周岁以上的，按五年计算。

被扶养人是指受害人依法应当承担扶养义务的未成年人或者丧失劳动能力又无其他生活来源的成年近亲属。被扶养人还有其他扶养人的，赔偿义务人只赔偿受害人依法应当负担的部分。被扶养人有数人的，年赔偿总额累计不超过上一年度城镇居民人均消费性支出额或者农村居民人均年生活消费支出额。

第二十九条 死亡赔偿金按照受诉法院所在地上一年度城镇居民人均可支配收入或者农村居民人均纯收入标准，按二十年计算。但六十周岁以上的，年龄每增加一岁减少一年；七十五周岁以上的，按五年计算。

第三十条 赔偿权利人举证证明其住所地或者经常居住地城镇居民人均可支配收入或者农村居民人均纯收入高于受诉法院所在地标准的，残疾赔偿金或者死亡赔偿金可以按照其住所地或者经常居住地的相关标准计算。

被扶养人生活费的相关计算标准，依照前款原则确定。

第三十一条 人民法院应当按照民法通则第一百三十一条以及本解释第二条的规定，确定第十九条至第二十九条各项财产损失的实际赔偿金额。

前款确定的物质损害赔偿金与按照第十八条第一款规定确定的精神损害抚慰金，原则上应当一次性给付。

第三十二条 超过确定的护理期限、辅助器具费给付年限或者残疾赔偿金给付年限，赔偿权利人向人民法院起诉请求继续给付护理费、辅助器具费或者残疾赔偿金的，人民法院应予受理。赔偿权利人确需继续护理、配制辅助器具，或者没有劳动能力和生活来源的，人民法院应当判令赔偿义务人继续给付相关费用五至十年。

第三十三条 赔偿义务人请求以定期金方式给付残疾赔偿金、被扶养人生活费、残疾辅助器具费的，应当提供相应的担保。人民法院可以根据赔偿义务人的给付能力和提供担保的情况，确定以定期金方式给付相关费用。但一审法庭辩论终结前已经发生的费用、死亡赔偿金以及精神损害抚慰金，应当一次性给付。

第三十四条 人民法院应当在法律文书中明确定期金的给付时间、方式以及每期给付标准。执行期间有关统计数据发生变化的，给付金额应当适时进行相应调整。

定期金按照赔偿权利人的实际生存年限给付，不受本解释有关赔偿期限的限制。

第三十五条 本解释所称"城镇居民人均可支配收入"、"农村居民人均纯收入"、"城镇居民人均消费性支出"、"农村居民人均年生活消费支出"、"职工平均工资"，按照政府统计部门公布的各省、自治区、直辖市以及经济特区和计划单列市上一年度相关统计数据确定。

"上一年度"，是指一审法庭辩论终结时的上一统计年度。

第三十六条 本解释自2004年5月1日起施行。2004年5月1日后新受理的一审人身损害赔偿案件，适用本解释的规定。已经作出生效裁判的人身损害赔偿案件依法再审的，不适用本解释的规定。

在本解释公布施行之前已经生效施行的司法解释，其内容与本解释不一致的，以本解释为准。

NO.357 义务帮工人受害责任纠纷

司法解释

最高人民法院关于审理人身损害赔偿案件适用法律若干问题的解释（节录）

（2003年12月26日 法释〔2003〕20号）

第十四条 <u>帮工人因帮工活动遭受人身损害的，被帮工人应当承担赔偿责任。</u>被帮工人明确拒绝帮工的，不承担赔偿责任；但可以在受益范围内予以适当补偿。

帮工人因第三人侵权遭受人身损害的，由第三人承担赔偿责任。第三人不能确定或者没有赔偿能力的，可以由被帮工人予以适当补偿。

NO.358 见义勇为人受害责任纠纷

条文要旨重点提示	对应条文序号
为保护国家的、集体的财产或者他人的财产、人身遭受侵害而使自己受到损害的责任承担	《中华人民共和国民法通则》第109条
为维护国家、集体或者他人的合法权益而使自己受到人身损害的相关司法解释	最高人民法院《关于审理人身损害赔偿案件适用法律若干问题的解释》第15条

民法通则

中华人民共和国民法通则（节录）

（2009年8月27日修正）

<u>第一百零九条【为保护国家的、集体的财产或者他人的财产、人身遭受侵害而使自己受到损害的责任承担】 因防止、制止国家的、集体的财产或者他人的财产、人身遭受侵害而使自己受到损害的</u>，由侵害人承担赔偿责任，受益人也可以给予适当的补偿。

司法解释

最高人民法院关于审理人身损害赔偿案件适用法律若干问题的解释（节录）

（2003年12月26日　法释〔2003〕20号）

第十五条　为维护国家、集体或者他人的合法权益而使自己受到人身损害，因没有侵权人、不能确定侵权人或者侵权人没有赔偿能力，赔偿权利人请求受益人在受益范围内予以适当补偿的，人民法院应予支持。

NO.359　　　　　　　　　公证损害责任纠纷

相关法规

中华人民共和国公证法（节录）

（2005年8月28日　主席令第39号）

第四十三条【公证机构及公证员的损害赔偿责任】　公证机构及其公证员因过错给当事人、公证事项的利害关系人造成损失的，由公证机构承担相应的赔偿责任；公证机构赔偿后，可以向有故意或者重大过失的公证员追偿。

当事人、公证事项的利害关系人与公证机构因赔偿发生争议的，可以向人民法院提起民事诉讼。

NO.360　　　　　　　　　防卫过当损害责任纠纷

相关法规

中华人民共和国侵权责任法（节录）

（2009年12月26日　主席令第21号）

第三十条【防卫过当的责任】　因正当防卫造成损害的，不承担责任。正当防卫超过必要的限度，造成不应有的损害的，正当防卫人应当承担适当的责任。

NO.361 紧急避险损害责任纠纷

相关法规

中华人民共和国侵权责任法（节录）
（2009年12月26日 主席令第21号）

第三十一条 【紧急避险的损害责任】 因紧急避险造成损害的，由引起险情发生的人承担责任。如果危险是由自然原因引起的，紧急避险人不承担责任或者给予适当补偿。紧急避险采取措施不当或者超过必要的限度，造成不应有的损害的，紧急避险人应当承担适当的责任。

NO.362 驻香港、澳门特别行政区军人执行职务侵权责任纠纷

条文要旨重点提示	对应条文序号
驻香港特别行政区军人执行职务侵权责任	《中华人民共和国香港特别行政区驻军法》第23条
驻澳门特别行政区军人执行职务侵权责任	《中华人民共和国澳门特别行政区驻军法》第23条

相关法规

中华人民共和国香港特别行政区驻军法（节录）
（1996年12月30日 主席令第80号）

第二十三条 【驻香港特别行政区军人执行职务侵权责任】 香港驻军人员违反香港特别行政区的法律，侵害香港居民、香港驻军以外的其他人的民事权利的，当事人可以通过协商、调解解决；不愿通过协商、调解解决或者协商、调解不成的，被侵权人可以向法院提起诉讼。香港驻军人员非执行职务的行为引起的民事侵权案件，由香港特别行政区法院管辖；执行职务的行为引起的民事侵权案件，由中华人民共和国最高人民法院管辖，侵权行为的损害赔偿适用香港特别行政区法律。

中华人民共和国澳门特别行政区驻军法（节录）

（1999年6月28日 主席令第18号）

第二十三条【驻澳门特别行政区军人执行职务侵权责任】 澳门驻军人员违反澳门特别行政区的法律，侵害澳门居民、澳门驻军以外的其他人的民事权利的，当事人可以通过协商、调解解决；不愿通过协商、调解解决或者协商、调解不成的，被侵权人可以向法院提起诉讼。澳门驻军人员非执行职务的行为引起的民事侵权案件，由澳门特别行政区法院管辖；执行职务的行为引起的民事侵权案件，由中华人民共和国最高人民法院管辖，侵权行为的损害赔偿适用澳门特别行政区法律。

NO.363 铁路运输损害责任纠纷

条文要旨重点提示	对应条文序号
铁路运输企业的运输财产赔偿责任	《中华人民共和国铁路法》第17条
运输赔偿责任的排除	《中华人民共和国铁路法》第18条
因铁路行车事故及其他铁路运营事故造成人身伤亡的赔偿责任	《中华人民共和国铁路法》第58条
审理铁路运输人身损害赔偿纠纷案件适用法律若干问题的解释	最高人民法院《关于审理铁路运输人身损害赔偿纠纷案件适用法律若干问题的解释》第2—11条、第13条、第15条

铁路运输损害责任纠纷包括的内容：
（1）铁路运输人身损害责任纠纷
（2）铁路运输财产损害责任纠纷

相关法规

中华人民共和国铁路法（节录）
（2009年8月27日修正）

第十七条【铁路运输企业的运输财产赔偿责任】 铁路运输企业应当对承运的货物、包裹、行李自接受承运时起到交付时止发生的灭失、短少、变质、污染或者损坏，承担赔偿责任：

（一）托运人或者旅客根据自愿申请办理保价运输的，按照实际损失赔偿，但最高不超过保价额。

（二）未按保价运输承运的，按照实际损失赔偿，但最高不超过国务院铁路主管部门规定的赔偿限额；如果损失是由于铁路运输企业的故意或者重大过失造成的，不适用赔偿限额的规定，按照实际损失赔偿。

托运人或者旅客根据自愿可以向保险公司办理货物运输保险，保险公司按照保险合同的约定承担赔偿责任。

托运人或者旅客根据自愿，可以办理保价运输，也可以办理货物运输保险；还可以既不办理保价运输，也不办理货物运输保险。不得以任何方式强迫办理保价运输或者货物运输保险。

第十八条【运输赔偿责任的排除】 由于下列原因造成的货物、包裹、行李损失的，铁路运输企业不承担赔偿责任：

（一）不可抗力。

（二）货物或者包裹、行李中的物品本身的自然属性，或者合理损耗。

第五十八条【因铁路行车事故及其他铁路运营事故造成人身伤亡的赔偿责任】 因铁路行车事故及其他铁路运营事故造成人身伤亡的，铁路运输企业应当承担赔偿责任；如果人身伤亡是因不可抗力或者由于受害人自身的原因造成的，铁路运输企业不承担赔偿责任。

违章通过平交道口或者人行过道，或者在铁路线路上行走、坐卧造成的人身伤亡，属于受害人自身的原因造成的人身伤亡。

最高人民法院关于审理铁路运输人身损害赔偿纠纷案件适用法律若干问题的解释（节录）

（2010年3月3日　法释〔2010〕5号）

第二条　铁路运输人身损害的受害人、依法由受害人承担扶养义务的被扶养人以及死亡受害人的近亲属为赔偿权利人，有权请求赔偿。

第三条　赔偿权利人要求对方当事人承担侵权责任的，由事故发生地、列车最先到达地或者被告住所地铁路运输法院管辖；赔偿权利人依照合同法要求承运人承担违约责任予以人身损害赔偿的，由运输始发地、目的地或者被告住所地铁路运输法院管辖。

第四条　铁路运输造成人身损害的，铁路运输企业应当承担赔偿责任；法律另有规定的，依照其规定。

第五条　铁路运输中发生人身损害，铁路运输企业举证证明有下列情形之一的，不承担赔偿责任：

（一）不可抗力造成的；

（二）受害人故意以卧轨、碰撞等方式造成的。

第六条　因受害人翻越、穿越、损毁、移动铁路线路两侧防护围墙、栅栏或者其他防护设施穿越铁路线路，偷乘货车，攀附行进中的列车，在未设置人行通道的铁路桥梁、隧道内通行，攀爬高架铁路线路，以及其他未经许可进入铁路线路、车站、货场等铁路作业区域的过错行为，造成人身损害的，应当根据受害人的过错程度适当减轻铁路运输企业的赔偿责任，并按照以下情形分别处理：

（一）铁路运输企业未充分履行安全防护、警示等义务，受害人有上述过错行为的，铁路运输企业应当在全部损失的百分之八十至百分之二十之间承担赔偿责任；

（二）铁路运输企业已充分履行安全防护、警示等义务，受害人仍施以上述过错行为的，铁路运输企业应当在全部损失的百分之二十至百分之十之间承担赔偿责任。

第七条　受害人横向穿越未封闭的铁路线路时存在过错，造成人身损害的，按照前条规定处理。

受害人不听从值守人员劝阻或者无视禁行警示信号、标志硬行通过铁路平交道口、人行过道，或者沿铁路线路纵向行走，或者在铁路线路上坐卧，造成人身损害，铁路运输企业举证证明已充分履行安全防护、警示等义务的，不承担赔偿责任。

第八条　铁路运输造成无民事行为能力人人身损害的，铁路运输企业应当承担赔偿责任；监护人有过错的，按照过错程度减轻铁路运输企业的赔偿责任，但铁路运输企业承担的赔偿责任应当不低于全部损失的百分之五十。

铁路运输造成限制民事行为能力人人身损害的，铁路运输企业应当承担赔偿责任；监护人及受害人自身有过错的，按照过错程度减轻铁路运输企业的赔偿责任，但铁路运输企业承担的赔偿责任应当不低于全部损失的百分之四十。

第九条　铁路机车车辆与机动车发生碰撞造成机动车驾驶人员以外的人人身损害的，由铁路运输企业与机动车一方对受害人承担连带赔偿责任。铁路运输企业与机动车一方之间，按照各自的过错分担责任；双方均无过错的，按照公平原则分担责任。对受害人实际承担赔偿责任超出应当承担份额的一方，有权向另一方追偿。

铁路机车车辆与机动车发生碰撞造成机动车驾驶人员人身损害的，按照本解释第四条至第七条的规定处理。

第十条　在非铁路运输企业实行监护的铁路无人看守道口发生事故造成人身损害的，由铁路运输企业按照本解释的有关规定承担赔偿责任。道口管理单位有过错的，铁路运输企业对赔偿权利人承担赔偿责任后，有权向道口管理单位追偿。

第十一条　对于铁路桥梁、涵洞等设施负有管理、维护等职责的单位，因未尽职责使该铁路桥梁、涵洞等设施不能正常使用，导致行人、车辆穿越铁路线路造成人身损害的，铁路运输企业按照本解释有关规定承担赔偿责任后，有权向该单位追偿。

第十三条　铁路旅客运送期间因第三人侵权造成旅客人身损害的，由实施侵权行为的第三人承担赔偿责任。铁路运输企业有过错的，应当在能够防止或者制止损害的范围内承担相应的补充赔偿责任。铁路运输企业承担赔偿责任后，有权向第三人追偿。

车外第三人投掷石块等击打列车造成车内旅客人身损害，赔偿权利人要求铁路运输企业先予赔偿的，人民法院应当予以支持。铁路运输企业赔付后，有权向第三人追偿。

第十五条　在专用铁路及铁路专用线上因运输造成人身损害，依法应当由肇事工具或者设备的所有人、使用人或者管理人承担赔偿责任的，适用本解释。

NO.364 水上运输损害责任纠纷

水上运输损害责任纠纷包括的内容：
（1）水上运输人身损害责任纠纷
（2）水上运输财产损害责任纠纷

相关法规

——水上运输损害责任纠纷的民法基础

中华人民共和国民法通则（节录）
（2009年8月27日修正）

第一百一十七条【侵害财产权的民事责任】 侵占国家的、集体的财产或者他人财产的，应当返还财产，不能返还财产的，应当折价赔偿。

损坏国家的、集体的财产或者他人财产的，应当恢复原状或者折价赔偿。

第一百一十九条【侵害生命健康权的民事责任】 侵害公民身体造成伤害的，应当赔偿医疗费、因误工减少的收入、残废者生活补助费等费用；造成死亡的，并应当支付丧葬费、死者生前扶养的人必要的生活费等费用。

第一百三十一条【混合过错责任】 受害人对于损害的发生也有过错的，可以减轻侵害人的民事责任。

第一百三十二条【公平责任】 当事人对造成损害都没有过错的，可以根据实际情况，由当事人分担民事责任。

NO.365 航空运输损害责任纠纷

条文要旨重点提示	对应条文序号
民用航空器对旅客的人身侵害责任	《中华人民共和国民用航空法》第124条
民用航空器对旅客的财产侵害责任	《中华人民共和国民用航空法》第125条

续表

条文要旨重点提示	对应条文序号
因航空器延误对旅客造成损害的责任	《中华人民共和国民用航空法》第126条
承运人责任的减轻和免除	《中华人民共和国民用航空法》第127条
航空运输的诉讼时效	《中华人民共和国民用航空法》第135条
因飞行中的民用航空器或者从飞行中的航空器上落下的人或者物造成损害的情形	《中华人民共和国民用航空法》第157条
因飞行中的民用航空器或者从飞行中的航空器上落下的人或者物造成损害，民用航空器经营人的赔偿责任	《中华人民共和国民用航空法》第158条
对地面第三人造成损害的侵权责任	《中华人民共和国民用航空法》第159条
两个以上的民用航空器共同造成损害的情形	《中华人民共和国民用航空法》第162条
地面第三人损害赔偿的诉讼时效	《中华人民共和国民用航空法》第171条
国内航空运输承运人的赔偿责任限额	《国内航空运输承运人赔偿责任限额规定》第3条
承运人赔偿责任的独立性	《国内航空运输承运人赔偿责任限额规定》第5条

航空运输损害责任纠纷包括的内容：
（1）航空运输人身损害责任纠纷
（2）航空运输财产损害责任纠纷

相关法规

中华人民共和国民用航空法（节录）
（2009年8月27日修正）

第一百二十四条【民用航空器对旅客的人身侵害责任】 因发生在民用航空器上或者在旅客上、下民用航空器过程中的事件，造成旅客人身伤亡的，承运人应当承担责任；但是，旅客的人身伤亡完全是由于旅客本人的健康状况造成的，承运人不承担责任。

第一百二十五条【民用航空器对旅客的财产侵害责任】 因发

生在民用航空器上或者在旅客上、下民用航空器过程中的事件，造成旅客随身携带物品毁灭、遗失或者损坏的，承运人应当承担责任。**因发生在航空运输期间的事件，造成旅客的托运行李毁灭、遗失或者损坏的，承运人应当承担责任。

旅客随身携带物品或者托运行李的毁灭、遗失或者损坏完全是由于行李本身的自然属性、质量或者缺陷造成的，承运人不承担责任。

本章所称行李，包括托运行李和旅客随身携带的物品。

因发生在航空运输期间的事件，造成货物毁灭、遗失或者损坏的，承运人应当承担责任；**但是，承运人证明货物的毁灭、遗失或者损坏完全是由于下列原因之一造成的，不承担责任：**

（一）货物本身的自然属性、质量或者缺陷；

（二）承运人或者其受雇人、代理人以外的人包装货物的，货物包装不良；

（三）战争或者武装冲突；

（四）政府有关部门实施的与货物入境、出境或者过境有关的行为。

本条所称**航空运输期间**，是指在机场内、民用航空器上或者机场外降落的任何地点，托运行李、货物处于承运人掌管之下的全部期间。

航空运输期间，不包括机场外的任何陆路运输、海上运输、内河运输过程；但是，此种陆路运输、海上运输、内河运输是为了履行航空运输合同而装载、交付或者转运，在没有相反证据的情况下，所发生的损失视为在航空运输期间发生的损失。

第一百二十六条【因航空器延误对旅客造成损害的责任】 旅客、行李或者货物在航空运输中因延误造成的损失，承运人应当承担责任；但是，承运人证明本人或者其受雇人、代理人为了避免损失的发生，已经采取一切必要措施或者不可能采取此种措施的，不承担责任。

第一百二十七条【承运人责任的减轻和免除】 在旅客、行李运输中，经承运人证明，损失是由索赔人的过错造成或者促成的，应当根据造成或者促成此种损失的过错的程度，相应免除或者减轻承运人的责任。旅客以外的其他人就旅客死亡或者受伤提出赔偿请求时，经承运人证明，死亡或者受伤是旅客本人的过错造成或者促成的，同样应当根据造成或者促成此种损失的过错的程度，相应免除或者减轻承运人的责任。

在货物运输中，经承运人证明，损失是由索赔人或者代行权利人的过错造成或者促成的，应当根据造成或者促成此种损失的过错的程度，相应免除或者减轻承运人的责任。

第一百三十五条【航空运输的诉讼时效】 航空运输的诉讼时效期间为二年，自民用航空器到达目的地点、应当到达目的地点或者运输终止之日起计算。

第一百五十七条【因飞行中的民用航空器或者从飞行中的航空器上落下的人或者物造成损害的情形】 因飞行中的民用航空器或者从飞行中的民用航空器上落下的人或者物，造成地面（包括水面，下同）上的人身伤亡或者财产损害的，受害人有权获得赔偿；但是，所受损害并非造成损害的事故的直接后果，或者所受损害仅是民用航空器依照国家有关的空中交通规则在空中通过造成的，受害人无权要求赔偿。

前款所称**飞行中**，是指自民用航空器为实际起飞而使用动力时起至着陆冲程终了时止；就轻于空气的民用航空器而言，飞行中是指自其离开地面时起至其重新着地时止。

第一百五十八条【因飞行中的民用航空器或者从飞行中的航空器上落下的人或者物造成损害，民用航空器经营人的赔偿责任】 本法第一百五十七条规定的赔偿责任，由民用航空器的经营人承担。

前款所称**经营人**，是指损害发生时使用民用航空器的人。民用航空器的使用权已经直接或者间接地授予他人，本人保留对该民用航空器的航行控制权的，本人仍被视为经营人。

经营人的受雇人、代理人在受雇、代理过程中使用民用航空器，无论是否在其受雇、代理范围内行事，均视为经营人使用民用航空器。

民用航空器登记的所有人应当被视为经营人，并承担经营人的责任；除非在判定其责任的诉讼中，所有人证明经营人是他人，并在法律程序许可的范围内采取适当措施使该人成为诉讼当事人之一。

第一百五十九条【对地面第三人造成损害的侵权责任】 未经对民用航空器有航行控制权的人同意而使用民用航空器，对地面第三人造成损害的，有航行控制权的人除证明本人已经适当注意防止此种使用外，应当与该非法使用人承担连带责任。

第一百六十二条【两个以上的民用航空器共同造成损害的情形】 两个以上的民用航空器在飞行中相撞或者相扰，造成本法第一百五十七条规定的应当赔偿的损害，或者两个以上的民用航空器共同造成此种损害的，各有关民用航空器均应当被认为已经造成此种损害，各有关民用航空器的经营人均应当承担责任。

第一百七十一条【地面第三人损害赔偿的诉讼时效】 地面第三人损害赔偿的诉讼时效期间为二年,自损害发生之日起计算;但是,在任何情况下,时效期间不得超过自损害发生之日起三年。

国内航空运输承运人赔偿责任限额规定
(2006年2月28日 中国民用航空总局令第164号)

第三条【国内航空运输承运人的赔偿责任限额】 国内航空运输承运人(以下简称承运人)应当在下列规定的赔偿责任限额内按照实际损害承担赔偿责任,但是《民用航空法》另有规定的除外:
（一）对每名旅客的赔偿责任限额为人民币40万元;
（二）对每名旅客随身携带物品的赔偿责任限额为人民币3000元;
（三）对旅客托运的行李和对运输的货物的赔偿责任限额,为每公斤人民币100元。

第五条【承运人赔偿责任的独立性】 旅客自行向保险公司投保航空旅客人身意外保险的,此项保险金额的给付,不免除或者减少承运人应当承担的赔偿责任。

NO.366　因申请诉前财产保全损害责任纠纷

条文要旨重点提示	对应条文序号
因申请诉前财产保全损害责任的民法依据——承担民事责任的方式	《中华人民共和国民法通则》第134条
利害关系人申请诉前财产保全并提供担保	《中华人民共和国民事诉讼法》第101条

中华人民共和国民法通则（节录）
（2009年8月27日修正）

第一百三十四条【承担民事责任的方式】 承担民事责任的方式主要有：

（一）停止侵害；

（二）排除妨碍；

（三）消除危险；

（四）返还财产；

（五）恢复原状；

（六）修理、重作、更换；

（七）赔偿损失；

（八）支付违约金；

（九）消除影响、恢复名誉；

（十）赔礼道歉。

以上承担民事责任的方式，可以单独适用，也可以合并适用。

人民法院审理民事案件，除适用上述规定外，还可以予以训诫、责令具结悔过、收缴进行非法活动的财物和非法所得，并可以依照法律规定处以罚款、拘留。

> 民法通则

中华人民共和国民事诉讼法（节录）
（2012年8月31日 主席令第59号）

第一百零一条【利害关系人申请诉前财产保全】 利害关系人因情况紧急，不立即申请保全将会使其合法权益受到难以弥补的损害的，可以在提起诉讼或者申请仲裁前向被保全财产所在地、被申请人住所地或者对案件有管辖权的人民法院申请采取保全措施。申请人应当提供担保，不提供担保的，裁定驳回申请。

人民法院接受申请后，必须在四十八小时内作出裁定；裁定采取保全措施的，应当立即开始执行。

申请人在人民法院采取保全措施后三十日内不依法提起诉讼或者申请仲裁的，人民法院应当解除保全。

> 相关法规

NO.367 因申请诉前证据保全损害责任纠纷

相关法规

中华人民共和国民事诉讼法（节录）
（2012年8月31日　主席令第59号）

第八十一条【证据保全】　在证据可能灭失或者以后难以取得的情况下，当事人可以在诉讼过程中向人民法院申请保全证据，人民法院也可以主动采取保全措施。

因情况紧急，在证据可能灭失或者以后难以取得的情况下，利害关系人可以在提起诉讼或者申请仲裁前向证据所在地、被申请人住所地或者对案件有管辖权的人民法院申请保全证据。

证据保全的其他程序，参照适用本法第九章保全的有关规定。

NO.368 因申请诉中财产保全损害责任纠纷

相关法规

中华人民共和国民事诉讼法（节录）
（2012年8月31日　主席令第59号）

第一百条【财产保全的申请和法院裁定】　人民法院对于可能因当事人一方的行为或者其他原因，使判决难以执行或者造成当事人其他损害的案件，根据对方当事人的申请，可以裁定对其财产进行保全、责令其作出一定行为或者禁止其作出一定行为；当事人没有提出申请的，人民法院在必要时也可以裁定采取保全措施。

人民法院采取保全措施，可以责令申请人提供担保，申请人不提供担保的，裁定驳回申请。

人民法院接受申请后，对情况紧急的，必须在四十八小时内作出裁定；裁定采取保全措施的，应当立即开始执行。

NO.369 因申请诉中证据保全损害责任纠纷

相关法规

中华人民共和国民事诉讼法（节录）
（20012年8月31日 主席令第59号）

第八十一条【证据保全】 在证据可能灭失或者以后难以取得的情况下，当事人可以在诉讼过程中向人民法院申请保全证据，人民法院也可以主动采取保全措施。

因情况紧急，在证据可能灭失或者以后难以取得的情况下，利害关系人可以在提起诉讼或者申请仲裁前向证据所在地、被申请人住所地或者对案件有管辖权的人民法院申请保全证据。

证据保全的其他程序，参照适用本法第九章保全的有关规定。

NO.370 因申请先予执行损害责任纠纷

民法通则

中华人民共和国民法通则（节录）
（2009年8月27日修正）

（略，参见"NO.366因申请诉前财产保全损害责任纠纷"）

相关法规

中华人民共和国民事诉讼法（节录）
（2012年8月31日 主席令第59号）

第一百零六条【先予执行】 人民法院对下列案件，根据当事人的申请，可以裁定先予执行：

（一）追索赡养费、扶养费、抚育费、抚恤金、医疗费用的；
（二）追索劳动报酬的；
（三）因情况紧急需要先予执行的。

第十部分 适用特殊程序案件案由

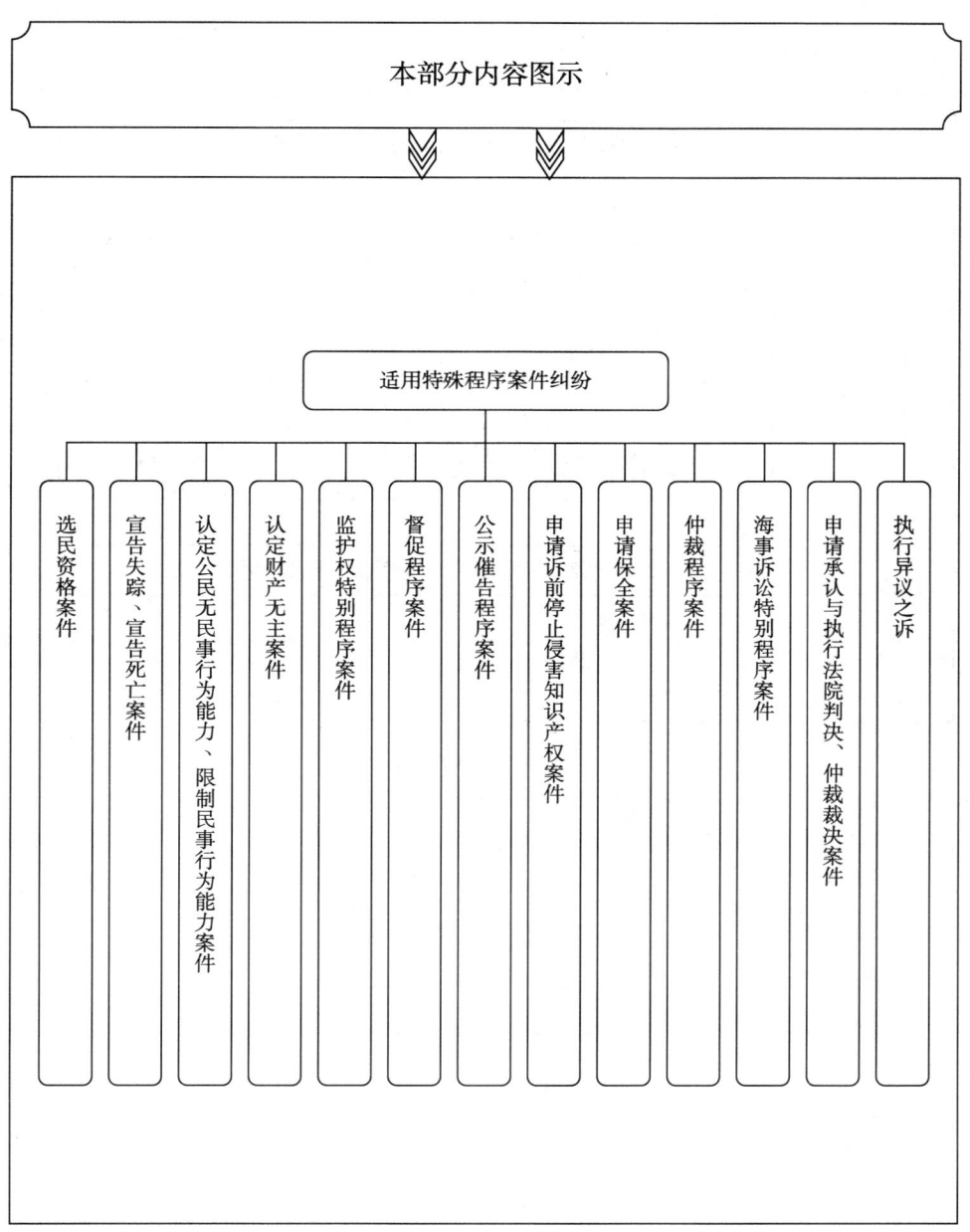

三十一、选民资格案件

> 选民资格案件

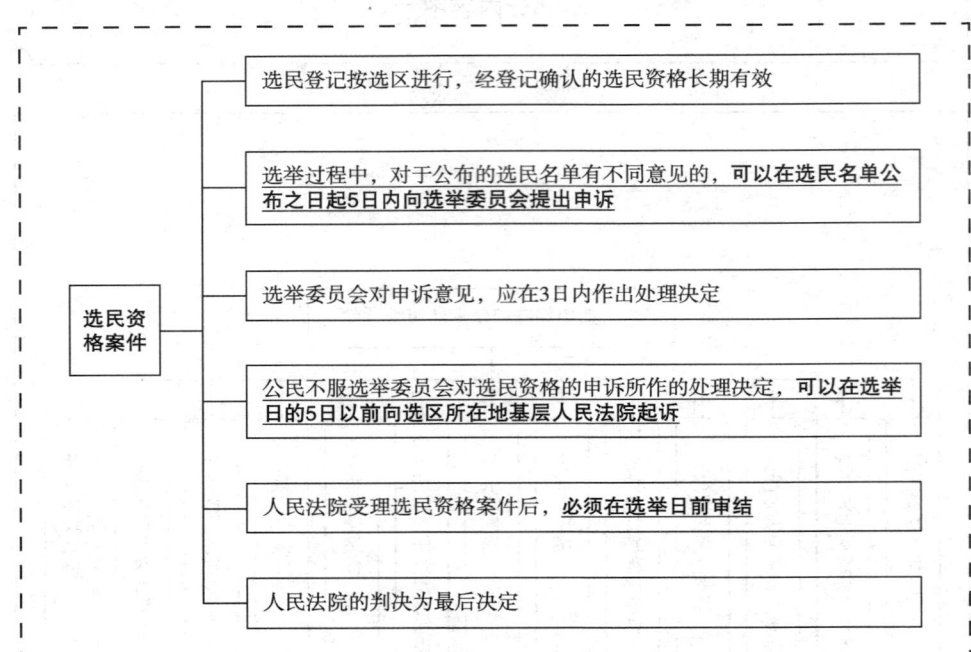

NO.371 申请确定选民资格

条文要旨重点提示	对应条文序号
对选民资格的申诉处理不服的起诉	《中华人民共和国民法通则》第181条
登记确认选民资格	《中华人民共和国全国人民代表大会和地方各级人民代表大会选举法》第26条

相关法规

中华人民共和国民事诉讼法（节录）

（2012年8月31日　主席令第59号）

第一百八十一条【对选民资格的申诉处理不服的起诉】 公民不服选举委员会对选民资格的申诉所作的处理决定，可以在选举日的五日以前向选区所在地基层人民法院起诉。

中华人民共和国全国人民代表大会和地方各级人民代表大会选举法（节录）

（2010年3月14日　主席令第27号）

第二十六条【登记确认选民资格】 选民登记按选区进行，经登记确认的选民资格长期有效。每次选举前对上次选民登记以后新满十八周岁的、被剥夺政治权利期满后恢复政治权利的选民，予以登记。对选民经登记后迁出原选区的，列入新迁入的选区的选民名单；对死亡的和依照法律被剥夺政治权利的人，从选民名单上除名。

精神病患者不能行使选举权利的，经选举委员会确认，不列入选民名单。

三十二、宣告失踪、宣告死亡案件

- 申请宣告公民失踪
- 申请撤销宣告失踪
- 申请为失踪人财产指定、变更代管人
- 失踪人债务支付纠纷
- 申请宣告公民死亡
- 申请撤销宣告公民死亡
- 被撤销死亡宣告人请求返还财产纠纷

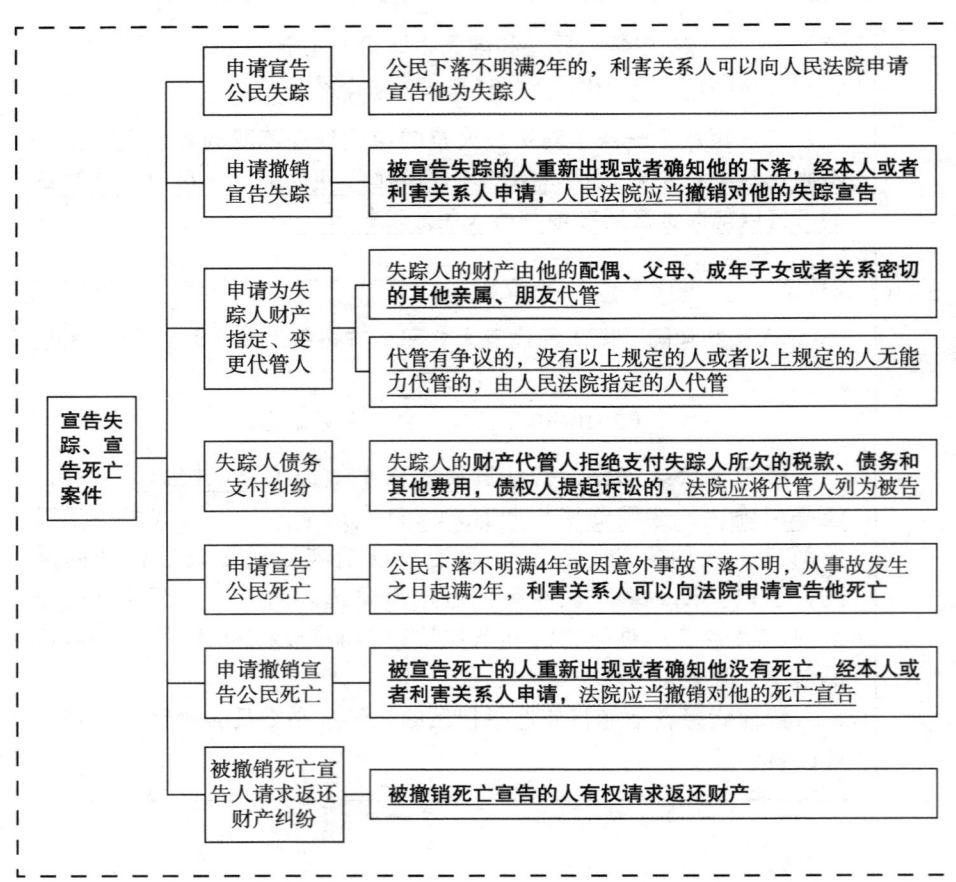

宣告失踪、宣告死亡案件		
	申请宣告公民失踪	公民下落不明满2年的,利害关系人可以向人民法院申请宣告他为失踪人
	申请撤销宣告失踪	**被宣告失踪的人重新出现或者确知他的下落,经本人或者利害关系人申请,人民法院应当撤销对他的失踪宣告**
	申请为失踪人财产指定、变更代管人	失踪人的财产由他的**配偶、父母、成年子女或者关系密切的其他亲属、朋友**代管
		代管有争议的,没有以上规定的人或者以上规定的人无能力代管的,由人民法院指定的人代管
	失踪人债务支付纠纷	失踪人的财产代管人拒绝支付失踪人所欠的税款、债务和其他费用,债权人提起诉讼的,法院应将代管人列为被告
	申请宣告公民死亡	公民下落不明满4年或因意外事故下落不明,从事故发生之日起满2年,利害关系人可以向法院申请宣告他死亡
	申请撤销宣告公民死亡	**被宣告死亡的人重新出现或者确知他没有死亡,经本人或者利害关系人申请,法院应当撤销对他的死亡宣告**
	被撤销死亡宣告人请求返还财产纠纷	**被撤销死亡宣告的人有权请求返还财产**

NO.372 申请宣告公民失踪

条文要旨重点提示	对应条文序号
宣告失踪的条件	《中华人民共和国民法通则》第20条 《中华人民共和国民事诉讼法》第183条
宣告失踪的公告期间	《中华人民共和国民事诉讼法》第185条
失踪人的工作单位能否向人民法院申请宣告失踪人死亡的司法解释	最高人民法院《关于失踪人的工作单位能否向人民法院申请宣告失踪人死亡的批复》
关于申请宣告失踪的利害关系人及程序的司法解释	最高人民法院《关于贯彻执行〈中华人民共和国民法通则〉若干问题的意见》第24—34条
夫妻一方下落不明，只要求离婚，不申请宣告下落不明人失踪或死亡的案件及宣告失踪案件的其他司法解释	最高人民法院《关于适用〈中华人民共和国民事诉讼法〉的解释》第217条、第343条、第345条

民法通则

中华人民共和国民法通则（节录）
（2009年8月27日修正）

第二十条【宣告失踪的条件】 公民下落不明满二年的，利害关系人可以向人民法院申请宣告他为失踪人。

战争期间下落不明的，下落不明的时间从战争结束之日起计算。

相关法规

中华人民共和国民事诉讼法（节录）
（2012年8月31日 主席令第59号）

第一百八十三条【宣告失踪的条件】 公民下落不明满二年，利害关系人申请宣告其失踪的，向下落不明人住所地基层人民法院提出。申请书应当写明失踪的事实、时间和请求，并附有公安机关或者其他有关机关关于该公民下落不明的书面证明。

第一百八十五条【宣告失踪和宣告死亡的公告期间】 人民法

院受理宣告失踪、宣告死亡案件后，应当发出寻找下落不明人的公告。宣告失踪的公告期间为三个月，宣告死亡的公告期间为一年。因意外事故下落不明，经有关机关证明该公民不可能生存的，宣告死亡的公告期间为三个月。

公告期间届满，人民法院应当根据被宣告失踪、宣告死亡的事实是否得到确认，作出宣告失踪、宣告死亡的判决或者驳回申请的判决。

最高人民法院关于失踪人的工作单位能否向人民法院申请宣告失踪人死亡的批复
〔1986年2月18日　〔1985〕民他字第28号〕

湖北省高级人民法院：

你院鄂法〔1985〕民行字第14号《关于失踪人的工作单位能否向人民法院提出申请宣告失踪人死亡》的请示报告收悉。经我们研究认为：《中华人民共和国民事诉讼法（试行）》第一百三十三条所指的<u>利害关系人，必须是与被申请宣告死亡的人存在一定的人身关系或者民事权利义务关系的人</u>。宣恩县人大常委会为解决减员增补以及停发失踪人聂××的工资等问题，不宜作为利害关系人向人民法院申请宣告失踪人死亡，应按《中华人民共和国地方各级人民代表大会和地方各级人民政府组织法》及我国劳动制度的有关规定处理。

（司法解释）

最高人民法院关于贯彻执行《中华人民共和国民法通则》若干问题的意见（试行）（节录）
〔1988年4月2日　法（办）发〔1988〕6号〕

24．<u>申请宣告失踪的利害关系人，包括被申请宣告失踪人的配偶、父母、子女、兄弟姐妹、祖父母、外祖父母、孙子女、外孙子女以及其他与被申请人有民事权利义务关系的人。</u>

25．申请宣告死亡的利害关系人的顺序是：

（一）配偶；

（二）父母、子女；

（三）兄弟姐妹、祖父母、外祖父母、孙子女、外孙子女；

（四）其他有民事权利义务关系的人。

申请撤销死亡宣告不受上列顺序限制。

26．**下落不明**是指公民离开最后居住地后没有音讯的状况。对于在台湾或者在国外，无法正常通讯联系的，不得以下落不明宣告死亡。

27．战争期间下落不明的，申请宣告死亡的期间适用民法通则第二十三条第一款第一项的规定。

28．民法通则第二十条第一款、第二十三条第一款第一项中的下落不明的起算时间，**从公民音讯消失之次日起算。**

宣告失踪的案件，由被宣告失踪人住所地的基层人民法院管辖。住所地与居住地不一致的，由最后居住地基层人民法院管辖。

29．**宣告失踪不是宣告死亡的必须程序。**公民下落不明，符合申请宣告死亡的条件，利害关系人可以不经申请宣告失踪而直接申请宣告死亡。但利害关系人只申请宣告失踪的，应当宣告失踪；同一顺序的利害关系人，有的申请宣告死亡，有的不同意宣告死亡，则应当宣告死亡。

33．债务人下落不明，但未被宣告失踪，债权人起诉要求清偿债务的，人民法院可以在公告传唤后缺席判决或者按中止诉讼处理。

34．人民法院审理宣告失踪的案件，比照**民事诉讼法（试行）规定的特别程序**进行。

人民法院审理宣告失踪的案件，应当查清被申请宣告失踪人的财产，指定临时管理人或者采取诉讼保全措施，发出寻找失踪人的公告，公告期间为半年。公告期间届满，人民法院根据被宣告失踪人失踪的事实是否得到确认，作出宣告失踪的判决或者终结审理的裁定。如果判决宣告为失踪人，应当同时指定失踪人的财产代管人。

最高人民法院关于适用《中华人民共和国民事诉讼法》的解释（节录）

（2015年1月30日　法释〔2015〕5号）

第二百一十七条　夫妻一方下落不明，另一方诉至人民法院，只要求离婚，不申请宣告下落不明人失踪或者死亡的案件，人民法院应当受理，对下落不明人公告送达诉讼文书。

第三百四十三条　宣告失踪或者宣告死亡案件，人民法院可以根据申请人的请求,清理下落不明人的财产,并指定案件审理期间的财产管理人。公告期满后,人民法院判决宣告失踪的,应当同时依照民法通则第二十一条第一款的规定指定失踪人的财产代管人。

第三百四十五条 人民法院判决宣告公民失踪后,利害关系人向人民法院申请宣告失踪人死亡,自失踪之日起满四年的,人民法院应当受理,宣告失踪的判决即是该公民失踪的证明,审理中仍应依照民事诉讼法第一百八十五条规定进行公告。

NO.373　申请撤销宣告失踪

条文要旨重点提示	对应条文序号
申请撤销宣告失踪	《中华人民共和国民法通则》第22条 《中华人民共和国民事诉讼法》第186条

民法通则

中华人民共和国民法通则(节录)
(2009年8月27日修正)

第二十二条【申请撤销宣告失踪】 被宣告失踪的人重新出现或者确知他的下落,经本人或者利害关系人申请,人民法院应当撤销对他的失踪宣告。

相关法规

中华人民共和国民事诉讼法(节录)
(2012年8月31日　主席令第59号)

第一百八十六条【撤销宣告失踪】 被宣告失踪、宣告死亡的公民重新出现,经本人或者利害关系人申请,人民法院应当作出新判决,撤销原判决。

NO.374 申请为失踪人财产指定、变更代管人

条文要旨重点提示	对应条文序号
宣告失踪的法律后果（包括为失踪人申请指定、变更代管人）	《中华人民共和国民法通则》第21条
为失踪人申请变更代管人的司法解释	最高人民法院《关于贯彻执行〈中华人民共和国民法通则〉若干问题的意见（试行）》第35条 最高人民法院《关于适用〈中华人民共和国民事诉讼法〉的解释》第344条
为失踪人申请指定代管人的司法解释	最高人民法院《关于适用〈中华人民共和国民事诉讼法〉的解释》第343条

民法通则

中华人民共和国民法通则（节录）
（2009年8月27日修正）

第二十一条 【宣告失踪的法律后果】 失踪人的财产由他的配偶、父母、成年子女或者关系密切的其他亲属、朋友代管。**代管有争议的，没有以上规定的人或者以上规定的人无能力代管的，由人民法院指定的人代管。**

失踪人所欠税款、债务和应付的其他费用，由代管人从失踪人的财产中支付。

司法解释

最高人民法院关于贯彻执行《中华人民共和国民法通则》若干问题的意见（试行）（节录）
〔1988年4月2日 法（办）发〔1988〕6号〕

35. 失踪人的财产代管人以无力履行代管职责，申请变更代管人的，人民法院比照特别程序进行审理。

失踪人的财产代管人不履行代管职责或者侵犯失踪人财产权益的，失踪人的利害关系人可以向人民法院请求财产代管人承担民事责任。如果同时申请人民法院变更财产代管人的，变更之诉比照特别程序单独审理。

> **最高人民法院关于适用《中华人民共和国民事诉讼法》的解释（节录）**
> （2015年1月30日　法释〔2015〕5号）
>
> 　　**第三百四十三条**　宣告失踪或者宣告死亡案件，人民法院可以根据申请人的请求，清理下落不明人的财产，并指定案件审理期间的财产管理人。公告期满后，人民法院判决宣告失踪的，应当同时依照民法通则第二十一条第一款的规定指定失踪人的财产代管人。
> 　　**第三百四十四条**　失踪人的财产代管人经人民法院指定后，代管人申请变更代管的，比照民事诉讼法特别程序的有关规定进行审理。申请理由成立的，裁定撤销申请人的代管人身份，同时另行指定财产代管人；申请理由不成立的，裁定驳回申请。
> 　　失踪人的其他利害关系人申请变更代管的，人民法院应当告知其以原指定的代管人为被告起诉，并按普通程序进行审理。

NO.375　失踪人债务支付纠纷

司法解释

> **最高人民法院关于贯彻执行《中华人民共和国民法通则》**
> **若干问题的意见（试行）（节录）**
> 〔1988年4月2日　法（办）发〔1988〕6号〕
>
> 　　32．<u>失踪人的财产代管人拒绝支付失踪人所欠的税款、债务和其他费用，债权人提起诉讼的，人民法院应当将代管人列为被告。</u>
> 　　失踪人的财产代管人向失踪人的债务人要求偿还债务的，可以作为原告提起诉讼。

NO.376　申请宣告公民死亡

条文要旨重点提示	对应条文序号
宣告死亡的条件	《中华人民共和国民法通则》第20条
申请宣告死亡	《中华人民共和国民事诉讼法》第184条

第十部分 适用特殊程序案件案由　　403

续表

条文要旨重点提示	对应条文序号
宣告失踪和宣告死亡的公告期间	《中华人民共和国民事诉讼法》第185条
有关宣告死亡的司法解释	最高人民法院《关于贯彻执行〈中华人民共和国民法通则〉若干问题的意见（试行）》第25—27条、第36—38条

民法通则 >

中华人民共和国民法通则（节录）
（2009年8月27日修正）

第二十条【宣告死亡的条件】 公民有下列情形之一的，利害关系人可以向人民法院申请宣告他死亡：
（一）下落不明满四年的；
（二）因意外事故下落不明，从事故发生之日起满二年的。
战争期间下落不明的，下落不明的时间从战争结束之日起计算。

相关法规 >

中华人民共和国民事诉讼法（节录）
（2012年8月31日　主席令第59号）

第一百八十四条【申请宣告死亡】　公民下落不明满四年，或者因意外事故下落不明满二年，或者因意外事故下落不明，经有关机关证明该公民不可能生存，利害关系人申请宣告其死亡的，向下落不明人住所地基层人民法院提出。

申请书应当写明下落不明的事实、时间和请求，并附有公安机关或者其他有关机关关于该公民下落不明的书面证明。

第一百八十五条【宣告失踪和宣告死亡的公告期】　人民法院受理宣告失踪、宣告死亡案件后，应当发出寻找下落不明人的公告。宣告失踪的公告期间为三个月，**宣告死亡的公告期间为一年**。因意外事故下落不明，经有关机关证明该公民不可能生存的，宣告死亡的公告期间为三个月。

公告期间届满，人民法院应当根据被宣告失踪、宣告死亡的事实是否得到确认，作出宣告失踪、宣告死亡的判决或者驳回申请的判决。

最高人民法院关于贯彻执行《中华人民共和国民法通则》若干问题的意见（试行）（节录）

［1988年4月2日　法（办）发〔1988〕6号］

25．申请宣告死亡的利害关系人的顺序是：

（一）配偶；

（二）父母、子女；

（三）兄弟姐妹、祖父母、外祖父母、孙子女、外孙子女；

（四）其他有民事权利义务关系的人。

申请撤销死亡宣告不受上列顺序限制。

26．下落不明是指公民离开最后居住地后没有音讯的状况。对于在台湾或者在国外，无法正常通讯联系的，不得以下落不明宣告死亡。

27．战争期间下落不明的，申请宣告死亡的期间适用民法通则第二十三条第一款第一项的规定。

36．被宣告死亡的人，判决宣告之日为其死亡的日期。判决书除发给申请人外，还应当在被宣告死亡的人住所地和人民法院所在地公告。

被宣告死亡和自然死亡的时间不一致的，被宣告死亡所引起的法律后果仍然有效，但自然死亡前实施的民事法律行为与被宣告死亡引起的法律后果相抵触的，则以其实施的民事法律行为为准。

37．被宣告死亡的人与配偶的婚姻关系，自死亡宣告之日起消灭。死亡宣告被人民法院撤销，如果其配偶尚未再婚的，夫妻关系从撤销死亡宣告之日起自行恢复；如果其配偶再婚后又离婚或者再婚后配偶又死亡的，则不得认定夫妻关系自行恢复。

38．被宣告死亡的人在被宣告死亡期间，其子女被他人依法收养，被宣告死亡的人在死亡宣告被撤销后，仅以未经本人同意而主张收养关系无效的，一般不应准许，但收养人和被收养人同意的除外。

相关法规

第十部分 适用特殊程序案件案由

条文详析：

申请宣告死亡的利害关系人的顺序为：
1. 配偶
2. 父母、子女
3. 兄弟姐妹、祖父母、外祖父母、孙子女、外孙子女
4. 其他有民事权利义务关系的人

备注： 申请宣告失踪的利害关系人没有顺序要求。宣告死亡有顺序要求。

NO.377　　　申请撤销宣告公民死亡

条文要旨重点提示	对应条文序号
撤销宣告死亡及宣告死亡期间民事法律行为的效力	《中华人民共和国民法通则》第24条
申请撤销宣告失踪和宣告死亡	《中华人民共和国民事诉讼法》第186条
有关撤销宣告死亡的司法解释	最高人民法院《关于贯彻执行〈中华人民共和国民法通则〉若干问题的意见（试行）》第37—40条

民法通则

中华人民共和国民法通则（节录）
（2009年8月27日修正）

第二十四条【撤销宣告死亡及宣告死亡期间民事法律行为的效力】 被宣告死亡的人重新出现或者确知他没有死亡，经本人或者利害关系人申请，人民法院应当撤销对他的死亡宣告。

有民事行为能力人在被宣告死亡期间实施的民事法律行为有效。

相关法规

中华人民共和国民事诉讼法（节录）
（2012年8月31日 主席令第59号）

第一百八十六条 【申请撤销宣告失踪和宣告死亡】 被宣告失踪、宣告死亡的公民重新出现，经本人或者利害关系人申请，人民法院应当作出新判决，撤销原判决。

司法解释

最高人民法院关于贯彻执行《中华人民共和国民法通则》若干问题的意见（试行）（节录）
〔1988年4月2日 法（办）发〔1988〕6号〕

37．被宣告死亡的人与配偶的婚姻关系，自死亡宣告之日起消灭。死亡宣告被人民法院撤销，如果其配偶尚未再婚的，夫妻关系从撤销死亡宣告之日起自行恢复；如果其配偶再婚后又离婚或者再婚后配偶又死亡的，则不得认定夫妻关系自行恢复。

38．被宣告死亡的人在被宣告死亡期间，其子女被他人依法收养，被宣告死亡的人在死亡宣告被撤销后，仅以未经本人同意而主张收养关系无效的，一般不应准许，但收养人和被收养人同意的除外。

39．利害关系人隐瞒真实情况使他人被宣告死亡而取得其财产的，除应返还原物及孳息外，还应对造成的损失予以赔偿。

40．被撤销死亡宣告的人请求返还财产，其原物已被第三人合法取得的，第三人可不予返还。但依继承法取得原物的公民或者组织，应当返还原物或者给予适当补偿。

NO.378 被撤销死亡宣告人请求返还财产纠纷

条文要旨重点提示	对应条文序号
被撤销死亡宣告人请求返还财产	《中华人民共和国民法通则》第25条
有关被撤销死亡宣告人请求返还财产的司法解释	最高人民法院《关于贯彻执行〈中华人民共和国民法通则〉若干问题的意见（试行）》第39条、第40条

民法通则 ▷

中华人民共和国民法通则（节录）

（2009年8月27日修正）

第二十五条【被撤销死亡宣告人请求返还财产】 被撤销死亡宣告的人有权请求返还财产。依照继承法取得他的财产的公民或者组织，应当返还原物；原物不存在的，给予适当补偿。

司法解释 ▷

最高人民法院关于贯彻执行《中华人民共和国民法通则》若干问题的意见（试行）（节录）

〔1988年4月2日 法（办）发〔1988〕6号〕

39. <u>利害关系人隐瞒真实情况使他人被宣告死亡而取得其财产的，除应返还原物及孳息外，还应对造成的损失予以赔偿。</u>

40. <u>被撤销死亡宣告的人请求返还财产，其原物已被第三人合法取得的，第三人可不予返还。</u>但依继承法取得原物的公民或者组织，应当返还原物或者给予适当补偿。

三十三、认定公民无民事行为能力、限制民事行为能力案件

> - 申请宣告公民无民事行为能力
> - 申请宣告公民限制民事行为能力
> - 申请宣告公民恢复限制民事行为能力
> - 申请宣告公民恢复完全民事行为能力

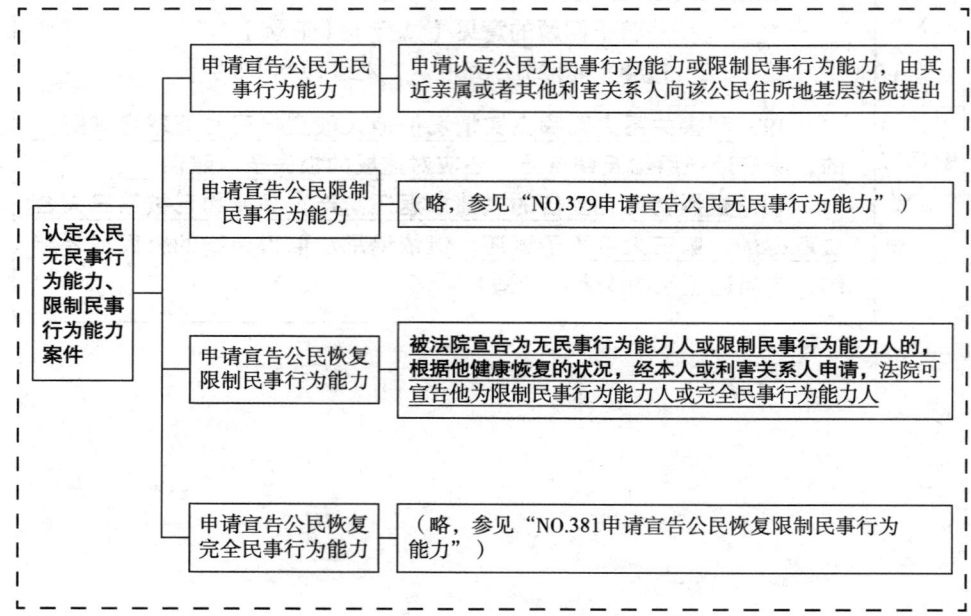

认定公民无民事行为能力、限制民事行为能力案件：

- 申请宣告公民无民事行为能力：申请认定公民无民事行为能力或限制民事行为能力，由其近亲属或者其他利害关系人向该公民住所地基层法院提出

- 申请宣告公民限制民事行为能力：（略，参见"NO.379申请宣告公民无民事行为能力"）

- 申请宣告公民恢复限制民事行为能力：**被法院宣告为无民事行为能力人或限制民事行为能力人的，根据他健康恢复的状况，经本人或利害关系人申请**，法院可宣告他为限制民事行为能力人或完全民事行为能力人

- 申请宣告公民恢复完全民事行为能力：（略，参见"NO.381申请宣告公民恢复限制民事行为能力"）

NO.379 申请宣告公民无民事行为能力

条文要旨重点提示	对应条文序号
精神病人的民事行为能力	《中华人民共和国民法通则》第13条
精神病人的民事行为能力宣告与变更	《中华人民共和国民法通则》第19条
认定公民无民事行为能力或者限制民事行为能力的申请人	《中华人民共和国民事诉讼法》第187条
对无民事行为能力或者限制民事行为能力的公民进行鉴定	《中华人民共和国民事诉讼法》第188条
认定公民无民事行为能力或者限制民事行为能力的代理人	《中华人民共和国民事诉讼法》第189条
关于申请宣告公民为无民事行为能力人的司法解释	最高人民法院《关于贯彻执行〈中华人民共和国民法通则〉若干问题的意见（试行）》第5条、第8条、第180条 最高人民法院《关于适用〈中华人民共和国民事诉讼法〉的解释》第349条

民法通则

中华人民共和国民法通则（节录）
（2009年8月27日修正）

第十三条【精神病人的民事行为能力】 不能辨认自己行为的精神病人是无民事行为能力人，由他的法定代理人代理民事活动。
不能完全辨认自己行为的精神病人是限制民事行为能力人，可以进行与他的精神健康状况相适应的民事活动；其他民事活动由他的法定代理人代理，或者征得他的法定代理人的同意。

第十九条【精神病人的民事行为能力宣告与变更】 精神病人的利害关系人，可以向人民法院申请宣告精神病人为无民事行为能力人或者限制民事行为能力人。
被人民法院宣告为无民事行为能力人或者限制民事行为能力人的，根据他健康恢复的状况，经本人或者利害关系人申请，人民法院可以宣告他为限制民事行为能力人或者完全民事行为能力人。

中华人民共和国民事诉讼法（节录）

（2012年8月31日 主席令第59号）

第一百八十七条【认定公民无民事行为能力或者限制民事行为能力的申请人】 申请认定公民无民事行为能力或者限制民事行为能力，由其近亲属或者其他利害关系人向该公民住所地基层人民法院提出。

申请书应当写明该公民无民事行为能力或者限制民事行为能力的事实和根据。

第一百八十八条【对无民事行为能力或者限制民事行为能力的公民进行鉴定】 人民法院受理申请后，必要时应当对被请求认定为无民事行为能力或者限制民事行为能力的公民进行鉴定。申请人已提供鉴定意见的，应当对鉴定意见进行审查。

第一百八十九条【认定公民无民事行为能力或者限制民事行为能力的代理人】 人民法院审理认定公民无民事行为能力或者限制民事行为能力的案件，应当由该公民的近亲属为代理人，但申请人除外。近亲属互相推诿的，由人民法院指定其中一人为代理人。该公民健康情况许可的，还应当询问本人的意见。

人民法院经审理认定申请有事实根据的，判决该公民为无民事行为能力或者限制民事行为能力人；认定申请没有事实根据的，应当判决予以驳回。

最高人民法院关于贯彻执行《中华人民共和国民法通则》若干问题的意见（试行）（节录）

〔1988年4月2日 法（办）发〔1988〕6号〕

5. 精神病人（包括痴呆症人）如果没有判断能力和自我保护能力，不知其行为后果的，可以认定为不能辨认自己行为的人；对于比较复杂的事物或者比较重大的行为缺乏判断能力和自我保护能力，并且不能预见其行为后果的，可以认定为不能完全辨认自己行为的人。

8. 在诉讼中，当事人及利害关系人提出一方当事人患有精神病（包括痴呆症），人民法院认为确有必要认定的，应当按照民事诉讼法（试行）规定的特别程序，先作出当事人有无民事行为能力的判决。

确认精神病人（包括痴呆症人）为限制民事行为能力人的，应当比照民事诉讼法（试行）规定的特别程序进行审理。

180. 外国人在我国领域内进行民事活动，如依其本国法律为无民事行为能力，而依我国法律为有民事行为能力，应当认定为有民事行为能力。

最高人民法院关于适用《中华人民共和国民事诉讼法》的解释（节录）
（2015年1月30日　法释〔2015〕5号）

第三百四十九条　在诉讼中，当事人的利害关系人提出该当事人患有精神病，要求宣告该当事人无民事行为能力或者限制民事行为能力的，应由利害关系人向人民法院提出申请，由受诉人民法院按照特别程序立案审理，原诉讼中止。

NO.380　申请宣告公民限制民事行为能力

相关法规：（略，参见"NO.379申请宣告公民无民事行为能力"）

NO.381　申请宣告公民恢复限制民事行为能力

中华人民共和国民法通则（节录）
（2009年8月27日修正）

民法通则

第十九条【精神病人的民事行为能力宣告与变更】　精神病人的利害关系人，可以向人民法院申请宣告精神病人为无民事行为能力人或者限制民事行为能力人。

被人民法院宣告为无民事行为能力人或者限制民事行为能力人

的，根据他健康恢复的状况，经本人或者利害关系人申请，人民法院可以宣告他为限制民事行为能力人或者完全民事行为能力人。

| NO.382 | 申请宣告公民恢复完全民事行为能力 |

| 相关法规 | （略，参见"NO.381申请宣告公民恢复限制民事行为能力"） |

三十四、认定财产无主案件

> 申请认定财产无主
> 申请撤销认定财产无主

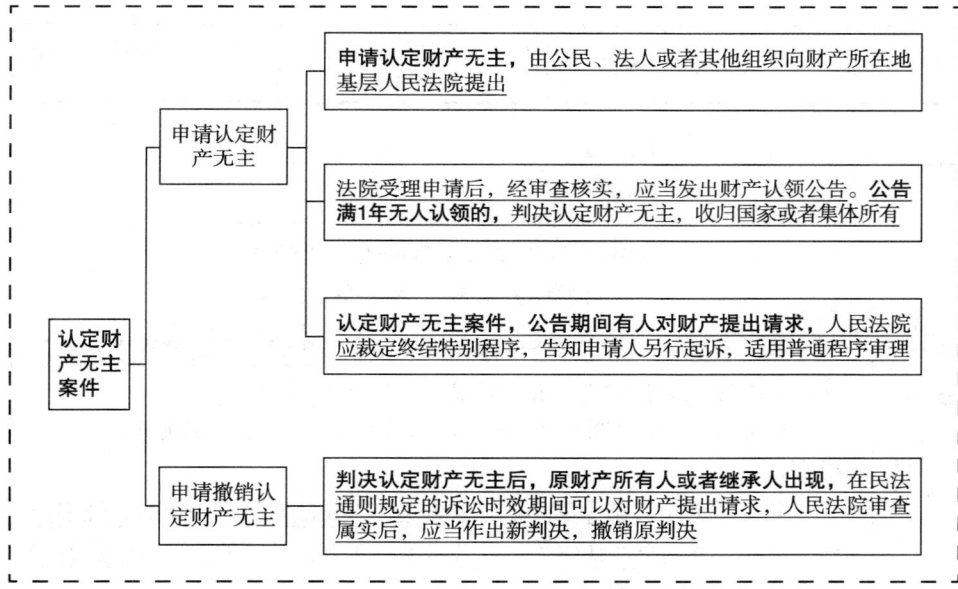

NO.383 申请认定财产无主

条文要旨重点提示	对应条文序号
申请认定财产无主	《中华人民共和国民事诉讼法》第191条
财产认领公告	《中华人民共和国民事诉讼法》第192条
关于申请认定财产无主的司法解释	最高人民法院《关于适用〈中华人民共和国民事诉讼法〉的解释》第350条

相关法规

中华人民共和国民事诉讼法（节录）
（2012年8月31日　主席令第59号）

第一百九十一条【申请认定财产无主】　申请认定财产无主，由公民、法人或者其他组织向财产所在地基层人民法院提出。

申请书应当写明财产的种类、数量以及要求认定财产无主的根据。

第一百九十二条【财产认领公告】　人民法院受理申请后，经审查核实，应当发出财产认领公告。公告满一年无人认领的，判决认定财产无主，收归国家或者集体所有。

司法解释

最高人民法院关于适用《中华人民共和国民事诉讼法》的解释（节录）
（2015年1月30日　法释〔2015〕5号）

第三百五十条　认定财产无主案件，公告期间有人对财产提出请求的，人民法院应当裁定终结特别程序，告知申请人另行起诉，适用普通程序审理。

NO.384 申请撤销认定财产无主

相关法规

中华人民共和国民事诉讼法（节录）

（2012年8月31日 主席令第59号）

第一百九十三条【申请撤销认定财产无主】 判决认定财产无主后，原财产所有人或者继承人出现，在民法通则规定的诉讼时效期间可以对财产提出请求，人民法院审查属实后，应当作出新判决，撤销原判决。

三十五、监护权特别程序案件

- 申请确定监护人
- 申请变更监护人
- 申请撤销监护人资格

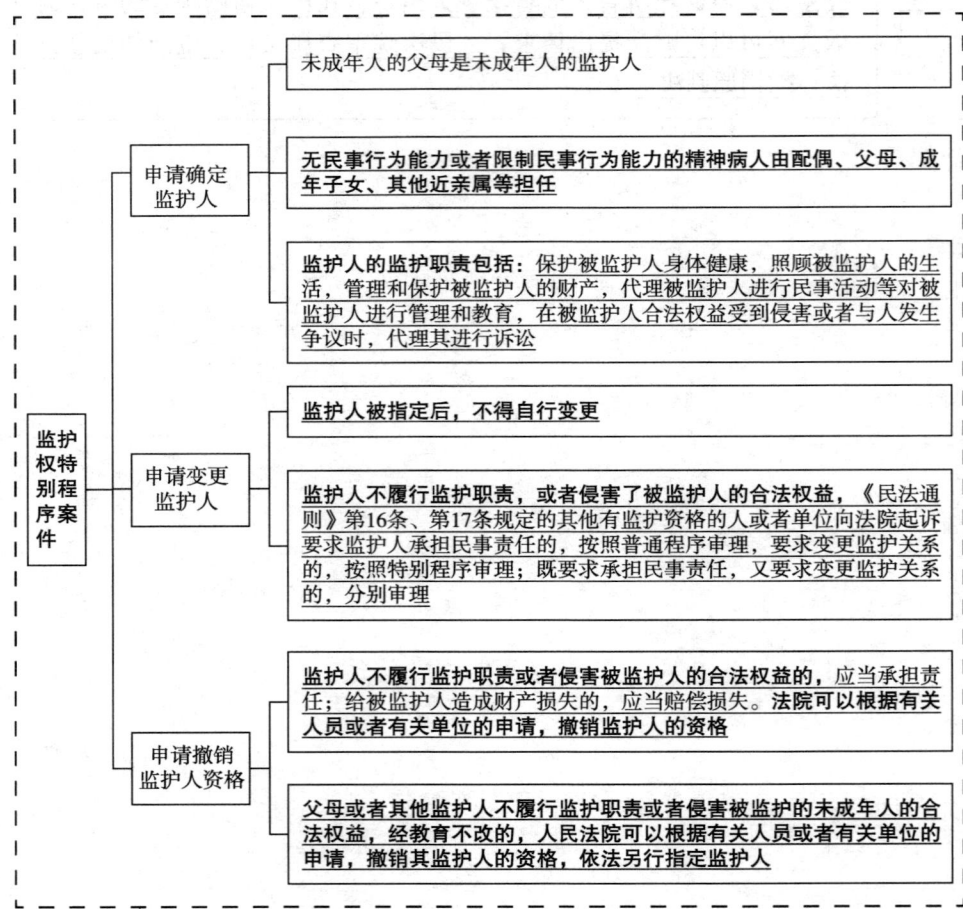

监护权特别程序案件

申请确定监护人
- 未成年人的父母是未成年人的监护人
- 无民事行为能力或者限制民事行为能力的精神病人由配偶、父母、成年子女、其他近亲属等担任
- 监护人的监护职责包括：保护被监护人身体健康，照顾被监护人的生活，管理和保护被监护人的财产，代理被监护人进行民事活动等对被监护人进行管理和教育，在被监护人合法权益受到侵害或者与人发生争议时，代理其进行诉讼

申请变更监护人
- 监护人被指定后，不得自行变更
- 监护人不履行监护职责，或者侵害了被监护人的合法权益，《民法通则》第16条、第17条规定的其他有监护资格的人或者单位向法院起诉要求监护人承担民事责任的，按照普通程序审理，要求变更监护关系的，按照特别程序审理；既要求承担民事责任，又要求变更监护关系的，分别审理

申请撤销监护人资格
- 监护人不履行监护职责或者侵害被监护人的合法权益的，应当承担责任；给被监护人造成财产损失的，应当赔偿损失。法院可以根据有关人员或者有关单位的申请，撤销监护人的资格
- 父母或者其他监护人不履行监护职责或者侵害被监护的未成年人的合法权益，经教育不改的，人民法院可以根据有关人员或者有关单位的申请，撤销其监护人的资格，依法另行指定监护人

NO.385 申请确定监护人

条文要旨重点提示	对应条文序号
未成年人的监护人	《中华人民共和国民法通则》第16条
精神病人的监护人	《中华人民共和国民法通则》第17条
有关监护人的确定等内容的司法解释	最高人民法院《关于贯彻执行〈中华人民共和国民法通则〉若干问题的意见(试行)》第10—22条 最高人民法院《关于适用〈中华人民共和国民事诉讼法〉的解释》第67条

中华人民共和国民法通则（节录）
（2009年8月27日修正）

民法通则

第十六条【未成年人的监护人】 未成年人的父母是未成年人的监护人。

未成年人的父母已经死亡或者没有监护能力的，由下列人员中有监护能力的人担任监护人：

（一）祖父母、外祖父母；

（二）兄、姐；

（三）关系密切的其他亲属、朋友愿意承担监护责任，经未成年人的父、母的所在单位或者未成年人住所地的居民委员会、村民委员会同意的。

对担任监护人有争议的，由未成年人的父、母的所在单位或者未成年人住所地的居民委员会、村民委员会在近亲属中指定。对指定不服提起诉讼的，由人民法院裁决。

没有第一款、第二款规定的监护人的，由未成年人的父、母的所在单位或者未成年人住所地的居民委员会、村民委员会或者民政部门担任监护人。

第十七条【精神病人的监护人】 无民事行为能力或者限制民事行为能力的精神病人，由下列人员担任监护人：

（一）配偶；
（二）父母；
（三）成年子女；
（四）其他近亲属；
（五）关系密切的其他亲属、朋友愿意承担监护责任，经精神病人的所在单位或者住所地的居民委员会、村民委员会同意的。

对担任监护人有争议的，由精神病人的所在单位或者住所地的居民委员会、村民委员会在近亲属中指定。对指定不服提起诉讼的，由人民法院裁决。

没有第一款规定的监护人的，由精神病人的所在单位或者住所地的居民委员会、村民委员会或者民政部门担任监护人。

最高人民法院关于贯彻执行《中华人民共和国民法通则》若干问题的意见（试行）（节录）

[1988年4月2日 法（办）发〔1988〕6号]

（民法通则）

10．监护人的监护职责包括：保护被监护人的身体健康，照顾被监护人的生活，管理和保护被监护人的财产，代理被监护人进行民事活动，对被监护人进行管理和教育，在被监护人合法权益受到侵害或者与人发生争议时，代理其进行诉讼。

11．认定监护人的监护能力，应当根据监护人的身体健康状况、经济条件，以及与被监护人在生活上的联系状况等因素确定。

12．民法通则中规定的近亲属包括配偶、父母、子女、兄弟姐妹、祖父母、外祖父母、孙子女、外孙子女。

13．为患有精神病的未成年人设定监护人，适用民法通则第十六条的规定。

14．人民法院指定监护人时，可以将民法通则第十六条第二款中的（一）、（二）、（三）项或第十七条第一款中的（一）、（二）、（三）、（四）、（五）项规定视为指定监护人的顺序。前一顺序有监护资格的人无监护能力或者对被监护人明显不利的，人民法院可以根据对被监护人有利的原则从后一顺序有监护资格的人中择优确定。被监护人有识别能力的，应视情况征求被监护人的意见。

监护人可以是一人，也可以是同一顺序中的数人。

15. **有监护资格的人之间协议确定监护人的，应当由协议确定的监护人对被监护人承担监护责任。**

16. **对于担任监护人有争议的，应当按照民法通则第十六条第三款或者第十七条第二款的规定，由有关组织予以指定。** 未经指定而向人民法院起诉的，人民法院不予受理。

17. **有关组织依照民法通则规定指定监护人，以书面或者口头通知了被指定人的，应当认定指定成立。** 被指定人不服的，应当在接到通知的次日起三十日内向人民法院起诉。逾期起诉的，按变更监护关系处理。

18. **监护人被指定后，不得自行变更。** 擅自变更的，由原被指定的监护人和变更后的监护人承担监护责任。

19. **被指定人对指定不服提起诉讼的，人民法院应当根据本意见第十四条的规定，作出维持或者撤销指定监护人的判决。如果判决是撤销原指定的，可以同时另行指定监护人。** 此类案件，比照民事诉讼法（试行）规定的特别程序进行审理。

在人民法院作出判决前的监护责任，一般应当按照指定监护人的顺序由有监护资格的人承担。

20. **监护人不履行监护职责，或者侵害了被监护人的合法权益，民法通则第十六条、第十七条规定的其他有监护资格的人或者单位向人民法院起诉要求监护人承担民事责任的，按照普通程序审理，要求变更监护关系的，按照特别程序审理；既要求承担民事责任，又要求变更监护关系的，分别审理。**

22. **监护人可以将监护职责部分或者全部委托给他人。** 因被监护人的侵权行为需要承担民事责任的，应当由监护人承担，但另有约定的除外；被委托人确有过错的，负连带责任。

最高人民法院关于适用《中华人民共和国民事诉讼法》的解释（节录）
（2015年1月30日　法释〔2015〕5号）

第八十三条　在诉讼中，无民事行为能力人、限制民事行为能力人的监护人是他的法定代理人。事先没有确定监护人的，可以由有监护资格的人协商确定；协商不成的，由人民法院在他们之中指定诉讼中的法定代理人。当事人没有民法通则第十六条第一款、第二款或者第十七条第一款规定的监护人的，可以指定该法第十六条第四款或者第十七条第三款规定的有关组织担任诉讼中的法定代理人。

NO.386 申请变更监护人

相关法规

最高人民法院关于贯彻执行《中华人民共和国民法通则》若干问题的意见（试行）（节录）

[1988年4月2日 法（办）发〔1988〕6号]

17.有关组织依照民法通则规定指定监护人，以书面或者口头通知了被指定人的，应当认定指定成立。被指定人不服的，应当在接到通知的次日起三十日内向人民法院起诉。逾期起诉的，按变更监护关系处理。

18.监护人被指定后，不得自行变更。擅自变更的，由原被指定的监护人和变更后的监护人承担监护责任。

20.监护人不履行监护职责，或者侵害了被监护人的合法权益，民法通则第十六条、第十七条规定的其他有监护资格的人或者单位向人民法院起诉要求监护人承担民事责任的，按照普通程序审理，要求变更监护关系的，按照特别程序审理；既要求承担民事责任，又要求变更监护关系的，分别审理。

NO.387 申请撤销监护人资格

条文要旨重点提示	对应条文序号
监护人的职责及民事责任(包括申请撤销监护人资格)	《中华人民共和国民法通则》第18条
申请撤销未成年人监护人的资格	《中华人民共和国未成年人保护法》第53条
有关申请撤销监护人资格的司法解释	最高人民法院《关于贯彻执行〈中华人民共和国民法通则〉若干问题的意见》第20条、第21条 最高人民法院《关于适用〈中华人民共和国民事诉讼法〉的解释》第351条

中华人民共和国民法通则（节录）
（2009年8月27日修正）

民法通则

第十八条 【监护人的职责及民事责任】 监护人应当履行监护职责，保护被监护人的人身、财产及其他合法权益，除为被监护人的利益外，不得处理被监护人的财产。

监护人依法履行监护的权利，受法律保护。

<u>监护人不履行监护职责或者侵害被监护人的合法权益的，应当承担责任；给被监护人造成财产损失的，应当赔偿损失。人民法院可以根据有关人员或者有关单位的申请，撤销监护人的资格。</u>

中华人民共和国未成年人保护法
（2012年10月26日 主席令第65号）

相关法规

第五十三条【申请撤销未成年人监护人的资格】 <u>父母或者其他监护人不履行监护职责或者侵害被监护的未成年人的合法权益，经教育不改的，人民法院可以根据有关人员或者有关单位的申请，撤销其监护人的资格，依法另行指定监护人。被撤销监护资格的父母应当依法继续负担抚养费用。</u>

最高人民法院关于贯彻执行《中华人民共和国民法通则》若干问题的意见（试行）（节录）
〔1988年4月2日 法（办）发〔1988〕6号〕

司法解释

20．<u>监护人不履行监护职责，或者侵害了被监护人的合法权益，民法通则第十六条、第十七条规定的其他有监护资格的人或者单位向人民法院起诉要求监护人承担民事责任的，按照普通程序审理，要求变更监护关系的，按照特别程序审理；既要求承担民事责任，又要求变更监护关系的，分别审理。</u>

21．<u>夫妻离婚后，与子女共同生活的一方无权取消对方对该子女的监护权。但是未与该子女共同生活的一方，对该子女有犯罪行为、虐待行为或者对该子女明显不利的，人民法院认为可以取消的除外。</u>

最高人民法院关于适用《中华人民共和国民事诉讼法》的解释（节录）

（2015年1月30日　法释〔2015〕5号）

第三百五十一条　被指定的监护人不服指定，应当自接到通知之日起三十日内向人民法院提出异议。经审理，认为指定并无不当的，裁定驳回异议；指定不当的，判决撤销指定，同时另行指定监护人。判决书应当送达异议人、原指定单位及判决指定的监护人。

三十六、督促程序案件

> 申请支付令

督促程序案件 → 申请支付令：

- **债权人请求债务人给付金钱、有价证券，并符合债权人与债务人没有其他债务纠纷的；支付令能够送达债务人的条件的，**可以向有管辖权的基层人民法院申请支付令

- 债权人提出申请后，人民法院应当在5日内通知债权人是否受理

- 法院受理申请后，**经审查债权人提供的事实、证据，对债权债务关系明确、合法的，**应当在受理之日起15日内向债务人发出支付令；申请不成立的，裁定予以驳回

NO.388 申请支付令

条文要旨重点提示	对应条文序号
债权人基于海事事由申请支付令	《中华人民共和国海事诉讼程序特别法》第99条
用人单位拖欠或者未足额支付劳动报酬时,劳动者可依法申请支付令	《中华人民共和国劳动合同法》第30条
债权人申请支付令	《中华人民共和国民事诉讼法》第214条
支付令的发出	《中华人民共和国民事诉讼法》第216条
支付令的失效	《中华人民共和国民事诉讼法》第217条
有关申请支付令的司法解释	最高人民法院《关于适用〈中华人民共和国民事诉讼法〉的解释》第十九点（督促程序）

相关法规

中华人民共和国海事诉讼程序特别法（节录）
（1999年12月25日　主席令第28号）

第九十九条【债权人基于海事事由申请支付令】 债权人基于海事事由请求债务人给付金钱或者有价证券，符合《中华人民共和国民事诉讼法》有关规定的，可以向有管辖权的海事法院申请支付令。

债务人是外国人、无国籍人、外国企业或者组织，但在中华人民共和国领域内有住所、代表机构或者分支机构并能够送达支付令的，债权人可以向有管辖权的海事法院申请支付令。

中华人民共和国劳动合同法（节录）
（2012年12月28日　主席令第73号）

第三十条【用人单位拖欠或者未足额支付劳动报酬时，劳动者可依法申请支付令】 用人单位应当按照劳动合同约定和国家规定，向劳动者及时足额支付劳动报酬。

用人单位拖欠或者未足额支付劳动报酬的，劳动者可以依法向当地人民法院申请支付令，人民法院应当依法发出支付令。

中华人民共和国民事诉讼法（节录）
（2012年8月31日　主席令第59号）

第二百一十四条【债权人申请支付令】　债权人请求债务人给付金钱、有价证券，符合下列条件的，可以向有管辖权的基层人民法院申请支付令：

（一）债权人与债务人没有其他债务纠纷的；

（二）支付令能够送达债务人的。

申请书应当写明请求给付金钱或者有价证券的数量和所根据的事实、证据。

第二百一十六条【支付令的发出】　人民法院受理申请后，经审查债权人提供的事实、证据，对债权债务关系明确、合法的，应当在受理之日起十五日内向债务人发出支付令；申请不成立的，裁定予以驳回。

债务人应当自收到支付令之日起十五日内清偿债务，或者向人民法院提出书面异议。

债务人在前款规定的期间不提出异议又不履行支付令的，债权人可以向人民法院申请执行。

第二百一十七条【支付令的失效】　人民法院收到债务人提出的书面异议后，经审查，异议成立的，应当裁定终结督促程序，支付令自行失效。

支付令失效的，转入诉讼程序，但申请支付令的一方当事人不同意提起诉讼的除外。

司法解释

最高人民法院关于适用《中华人民共和国民事诉讼法》的解释（节录）
（2015年1月30日　法释〔2015〕5号）

十九、督促程序

第四百二十七条　两个以上人民法院都有管辖权的，债权人可以向其中一个基层人民法院申请支付令。

债权人向两个以上有管辖权的基层人民法院申请支付令的，由最先立案的人民法院管辖。

第四百二十八条 人民法院收到债权人的支付令申请书后，认为申请书不符合要求的，可以通知债权人限期补正。人民法院应当自收到补正材料之日起五日内通知债权人是否受理。

第四百二十九条 债权人申请支付令，符合下列条件的，基层人民法院应当受理，并在收到支付令申请书后五日内通知债权人：

（一）请求给付金钱或者汇票、本票、支票、股票、债券、国库券、可转让的存款单等有价证券；

（二）请求给付的金钱或者有价证券已到期且数额确定，并写明了请求所根据的事实、证据；

（三）债权人没有对待给付义务；

（四）债务人在我国境内且未下落不明；

（五）支付令能够送达债务人；

（六）收到申请书的人民法院有管辖权；

（七）债权人未向人民法院申请诉前保全。

不符合前款规定的，人民法院应当在收到支付令申请书后五日内通知债权人不予受理。

基层人民法院受理申请支付令案件，不受债权金额的限制。

第四百三十条 人民法院受理申请后，由审判员一人进行审查。经审查，有下列情形之一的，裁定驳回申请：

（一）申请人不具备当事人资格的；

（二）给付金钱或者有价证券的证明文件没有约定逾期给付利息或者违约金、赔偿金，债权人坚持要求给付利息或者违约金、赔偿金的；

（三）要求给付的金钱或者有价证券属于违法所得的；

（四）要求给付的金钱或者有价证券尚未到期或者数额不确定的。

人民法院受理支付令申请后，发现不符合本解释规定的受理条件的，应当在受理之日起十五日内裁定驳回申请。

第四百三十一条 向债务人本人送达支付令，债务人拒绝接收的，人民法院可以留置送达。

第四百三十二条 有下列情形之一的，人民法院应当裁定终结督促程序，已发出支付令的，支付令自行失效：

（一）人民法院受理支付令申请后，债权人就同一债权债务关系又提起诉讼的；

（二）人民法院发出支付令之日起三十日内无法送达债务人的；

（三）债务人收到支付令前，债权人撤回申请的。

第四百三十三条 债务人在收到支付令后，未在法定期间提出书面异议，而向其他人民法院起诉的，不影响支付令的效力。

债务人超过法定期间提出异议的，视为未提出异议。

第四百三十四条 债权人基于同一债权债务关系，在同一支付令申请中向债务人提出多项支付请求，债务人仅就其中一项或者几项请求提出异议的，不影响其他各项请求的效力。

第四百三十五条 债权人基于同一债权债务关系，就可分之债向多个债务人提出支付请求，多个债务人中的一人或者几人提出异议的，不影响其他请求的效力。

第四百三十六条 对设有担保的债务的主债务人发出的支付令，对担保人没有拘束力。

债权人就担保关系单独提起诉讼的，支付令自人民法院受理案件之日起失效。

第四百三十七条 经形式审查，债务人提出的书面异议有下列情形之一的，应当认定异议成立，裁定终结督促程序，支付令自行失效：

（一）本解释规定的不予受理申请情形的；

（二）本解释规定的裁定驳回申请情形的；

（三）本解释规定的应当裁定终结督促程序情形的；

（四）人民法院对是否符合发出支付令条件产生合理怀疑的。

第四百三十八条 债务人对债务本身没有异议，只是提出缺乏清偿能力、延缓债务清偿期限、变更债务清偿方式等异议的，不影响支付令的效力。

人民法院经审查认为异议不成立的，裁定驳回。

债务人的口头异议无效。

第四百三十九条 人民法院作出终结督促程序或者驳回异议裁定前，债务人请求撤回异议的，应当裁定准许。

债务人对撤回异议反悔的，人民法院不予支持。

第四百四十条 支付令失效后，申请支付令的一方当事人不同意提起诉讼的，应当自收到终结督促程序裁定之日起七日内向受理申请的人民法院提出。

申请支付令的一方当事人不同意提起诉讼的，不影响其向其他有管辖权的人民法院提起诉讼。

第四百四十一条 支付令失效后，申请支付令的一方当事人自收到终结督促程序裁定之日起七日内未向受理申请的人民法院表明不同意提起诉讼的，视为向受理申请的人民法院起诉。

债权人提出支付令申请的时间，即为向人民法院起诉的时间。

第四百四十二条 债权人向人民法院申请执行支付令的期间，适用民事诉讼法第二百三十九条的规定。

第四百四十三条 人民法院院长发现本院已经发生法律效力的支付令确有错误，认为需要撤销的，应当提交本院审判委员会讨论决定后，裁定撤销支付令，驳回债权人的申请。

三十七、公示催告程序案件

> ➢ 申请公示催告

公示催告程序案件	申请公示催告	记名股票被盗、遗失或灭失，股东可依《中华人民共和国民事诉讼法》规定的**公示催告程序**，请求法院宣告该股票失效
		按照规定可以背书转让的票据持有人，因票据被盗、遗失或者灭失，可以向票据支付地的基层人民法院**申请公示催告**
		人民法院决定受理申请，应当同时通知支付人停止支付，并在三日内发出公告，催促利害关系人申报权利

NO.389 申请公示催告

条文要旨重点提示	对应条文序号
因票据被盗、丢失申请公示催告	《中华人民共和国民事诉讼法》第218条
法院公示催告期间及支付人的停止支付	《中华人民共和国民事诉讼法》第219条、第220条
利害关系人的申报	《中华人民共和国民事诉讼法》第221条
无人申报时，宣告票据无效	《中华人民共和国民事诉讼法》第222条
因正当理由不能向法院申报的利害关系人可以提起诉讼	《中华人民共和国民事诉讼法》第223条
记名股票丢失的公示催告	《中华人民共和国公司法》第143条
票据丢失的挂失止付及申请公示催告	《中华人民共和国票据法》第15条 《票据管理实施办法》第19—21条
涉外票据丢失的适用	《中华人民共和国票据法》第94条
有关公示催告程序的司法解释	最高人民法院《关于对遗失金融债券可否按"公示催告"程序办理的复函》 最高人民法院《关于适用〈中华人民共和国民事诉讼法〉的解释》第二十点（公示催告程序）

相关法规

中华人民共和国民事诉讼法（节录）

（2012年8月31日 主席令第59号）

第二百一十八条【因票据被盗、丢失申请公示催告】 按照规定可以背书转让的票据持有人，因票据被盗、遗失或者灭失，可以向票据支付地的基层人民法院申请公示催告。依照法律规定可以申请公示催告的其他事项，适用本章规定。

申请人应当向人民法院递交申请书，写明票面金额、发票人、持票人、背书人等票据主要内容和申请的理由、事实。

第二百一十九条【法院公示催告期间】 人民法院决定受理申请,应当同时通知支付人停止支付,并在三日内发出公告,催促利害关系人申报权利。公示催告的期间,由人民法院根据情况决定,但不得少于六十日。

第二百二十条【支付人的停止支付】 支付人收到人民法院停止支付的通知,应当停止支付,至公示催告程序终结。

公示催告期间,转让票据权利的行为无效。

第二百二十一条【利害关系人的申报】 利害关系人应当在公示催告期间向人民法院申报。

人民法院收到利害关系人的申报后,应当裁定终结公示催告程序,并通知申请人和支付人。

申请人或者申报人可以向人民法院起诉。

第二百二十二条【无人申报时,宣告票据无效】 没有人申报的,人民法院应当根据申请人的申请,作出判决,宣告票据无效。判决应当公告,并通知支付人。自判决公告之日起,申请人有权向支付人请求支付。第二百条利害关系人因正当理由不能在判决前向人民法院申报的,自知道或者应当知道判决公告之日起一年内,可以向作出判决的人民法院起诉。

第二百二十三条【因正当理由不能向法院起诉的利害关系人可以提起诉讼】 利害关系人因正当理由不能在判决前向人民法院申报的,自知道或者应当知道判决公告之日起一年内,可以向作出判决的人民法院起诉。

中华人民共和国公司法(节录)
(2013年12月28日修正)

第一百四十三条【记名股票丢失的公示催告】 记名股票被盗、遗失或者灭失,股东可以依照《中华人民共和国民事诉讼法》规定的公示催告程序,请求人民法院宣告该股票失效。人民法院宣告该股票失效后,股东可以向公司申请补发股票。

中华人民共和国票据法(节录)
(2004年8月28日 主席令第22号)

第十五条【票据丢失的挂失止付及申请公示催告】 票据丧失,失票人可以及时通知票据的付款人挂失止付,但是,未记载付款人或者无法确定付款人及其代理付款人的票据除外。

收到挂失止付通知的付款人,应当暂停支付。

失票人应当在通知挂失止付后三日内,也可以在票据丧失后,依法向人民法院申请公示催告,或者向人民法院提起诉讼。

第九十四条【涉外票据丢失的法律适用】 涉外票据的法律适用,依照本章的规定确定。

前款所称涉外票据,是指出票、背书、承兑、保证、付款等行为中,既有发生在中华人民共和国境内又有发生在中华人民共和国境外的票据。

票据管理实施办法(节录)

(2011年1月8日修正)

第十九条【挂失止付】 票据法规定可以办理挂失止付的票据丧失的,失票人可以依照票据法的规定及时通知付款人或者代理付款人挂失止付。

失票人通知票据的付款人或者代理付款人挂失止付时,应当填写挂失止付通知书并签章。挂失止付通知书应当记载下列事项:

(一)票据丧失的时间和事由;

(二)票据种类、号码、金额、出票日期、付款日期、付款人名称、收款人名称;

(三)挂失止付人的名称、营业场所或者住所以及联系方法。

第二十条【付款人的暂停支付】 付款人或者代理付款人收到挂失止付通知书,应当立即暂停支付。付款人或者代理付款人自收到挂失止付通知书之日起12日内没有收到人民法院的止付通知书的,自第13日起,挂失止付通知书失效。

第二十一条【挂失止付的拒绝】 付款人或者代理付款人在收到挂失止付通知书前,已经依法向持票人付款的,不再接受挂失止付。

最高人民法院关于对遗失金融债券可否按"公示催告"程序办理的复函

（1992年5月8日　法函〔1992〕60号）

中国银行：

你行中银综〔1992〕59号《关于对遗失债券有关法律问题的请示》收悉。经研究，答复如下：

我国民事诉讼法第一百九十三条规定："按照规定可以背书转让的票据持有人，因票据被盗、遗失或者灭失，可以向票据支付地的基层人民法院申请公示催告。依照法律规定可以申请公示催告的其他事项，适用本章规定。"这里的票据是指汇票、本票和支票。你行发行的金融债券不属于以上几种票据，也不属于"依照法律规定可以申请公示催告的其他事项"。而且你行在"发行通知"中明确规定，此种金融债券"不计名、不挂失，可以转让和抵押"。因此，对你行发行的金融债券不能适用公示催告程序。

相关法规

最高人民法院关于适用《中华人民共和国民事诉讼法》的解释
（节录）

（2015年1月30日　法释〔2015〕5号）

二十、公示催告程序

第四百四十四条　民事诉讼法第二百一十八条规定的票据持有人，是指票据被盗、遗失或者灭失前的最后持有人。

第四百四十五条　人民法院收到公示催告的申请后，应当立即审查，并决定是否受理。经审查认为符合受理条件的，通知予以受理，并同时通知支付人停止支付；认为不符合受理条件的，七日内裁定驳回申请。

第四百四十六条　因票据丧失，申请公示催告的，人民法院应结合票据存根、丧失票据的复印件、出票人关于签发票据的证明、申请人合法取得票据的证明、银行挂失止付通知书、报案证明等证据，决定是否受理。

第四百四十七条　人民法院依照民事诉讼法第二百一十九条规定发出的受理申请的公告，应当写明下列内容：

（一）公示催告申请人的姓名或者名称；
（二）票据的种类、号码、票面金额、出票人、背书人、持票人、付款期限等事项以及其他可以申请公示催告的权利凭证的种类、号码、权利范围、权利人、义务人、行权日期等事项；
（三）申报权利的期间；
（四）在公示催告期间转让票据等权利凭证，利害关系人不申报的法律后果。

第四百四十八条 公告应当在有关报纸或者其他媒体上刊登，并于同日公布于人民法院公告栏内。人民法院所在地有证券交易所的，还应当同日在该交易所公布。

第四百四十九条 公告期间不得少于六十日，且公示催告期间届满日不得早于票据付款日后十五日。

第四百五十条 在申报期届满后、判决作出之前，利害关系人申报权利的，应当适用民事诉讼法第二百二十一条第二款、第三款规定处理。

第四百五十一条 利害关系人申报权利，人民法院应当通知其向法院出示票据，并通知公示催告申请人在指定的期间查看该票据。公示催告申请人申请公示催告的票据与利害关系人出示的票据不一致的，应当裁定驳回利害关系人的申报。

第四百五十二条 在申报权利的期间无人申报权利，或者申报被驳回的，申请人应当自公示催告期间届满之日起一个月内申请作出判决。逾期不申请判决的，终结公示催告程序。

裁定终结公示催告程序的，应当通知申请人和支付人。

第四百五十三条 判决公告之日起，公示催告申请人有权依据判决向付款人请求付款。

付款人拒绝付款，申请人向人民法院起诉，符合民事诉讼法第一百一十九条规定的起诉条件的，人民法院应予受理。

第四百五十四条 适用公示催告程序审理案件，可由审判员一人独任审理；判决宣告票据无效的，应当组成合议庭审理。

第四百五十五条 公示催告申请人撤回申请，应在公示催告前提出；公示催告期间申请撤回的，人民法院可以径行裁定终结公示催告程序。

第四百五十六条 人民法院依照民事诉讼法第二百二十条规定通知支付人停止支付，应当符合有关财产保全的规定。支付人收到停止支付通知后拒不止付的，除可依照民事诉讼法第一百一十一条、第一百一十四条规定采取强制措施外，在判决后，支付人仍应承担付款义务。

第四百五十七条 人民法院依照民事诉讼法第二百二十一条规定终结公示催告程序后，公示催告申请人或者申报人向人民法院提起诉讼，因票据权利纠纷提起的，由票据支付地或者被告住所地人民法院管辖；因非票据权利纠纷提起的，由被告住所地人民法院管辖。

第四百五十八条 依照民事诉讼法第二百二十一条规定制作的终结公示催告程序的裁定书，由审判员、书记员署名，加盖人民法院印章。

第四百五十九条 依照民事诉讼法第二百二十三条的规定，利害关系人向人民法院起诉的，人民法院可按票据纠纷适用普通程序审理。

第四百六十条 民事诉讼法第二百二十三条规定的正当理由，包括：

（一）因发生意外事件或者不可抗力致使利害关系人无法知道公告事实的；

（二）利害关系人因被限制人身自由而无法知道公告事实，或者虽然知道公告事实，但无法自己或者委托他人代为申报权利的；

（三）不属于法定申请公示催告情形的；

（四）未予公告或者未按法定方式公告的；

（五）其他导致利害关系人在判决作出前未能向人民法院申报权利的客观事由。

第四百六十一条 根据民事诉讼法第二百二十三条的规定，利害关系人请求人民法院撤销除权判决的，应当将申请人列为被告。

利害关系人仅诉请确认其为合法持票人的，人民法院应当在裁判文书中写明，确认利害关系人为票据权利人的判决作出后，除权判决即被撤销。

三十八、申请诉前停止侵害知识产权案件

- ➤ 申请诉前停止侵害专利权
- ➤ 申请诉前停止侵害注册商标专用权
- ➤ 申请诉前停止侵害著作权
- ➤ 申请诉前停止侵害植物新品种权

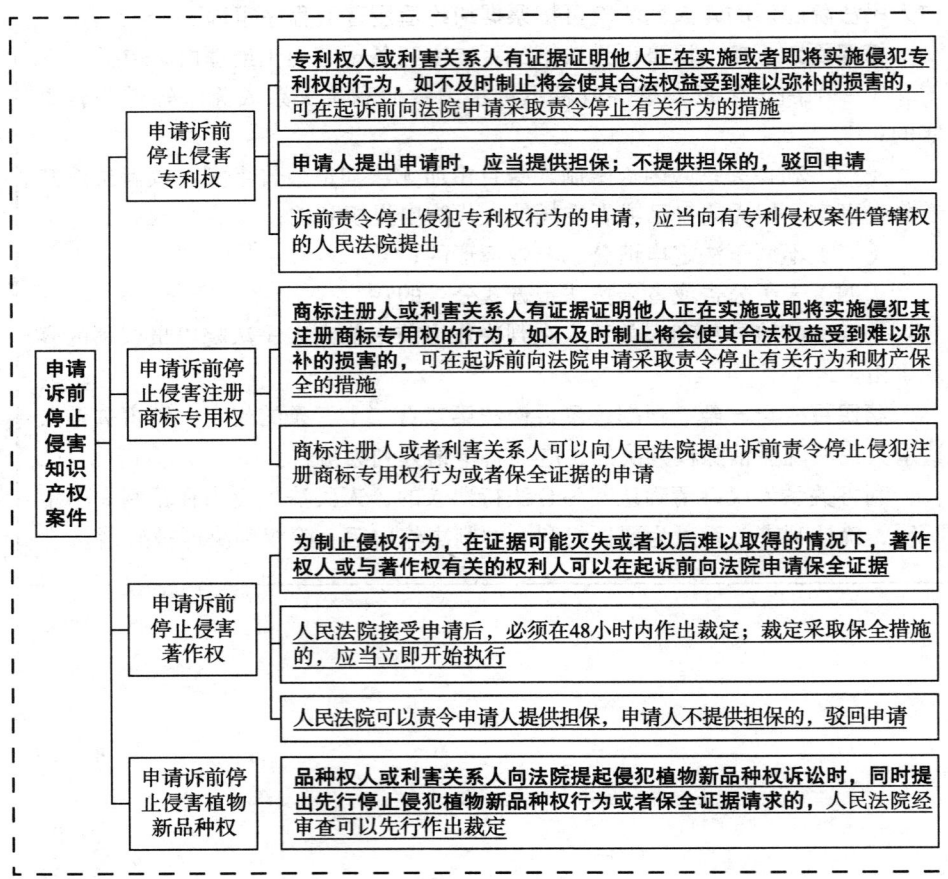

NO.390 申请诉前停止侵害专利权

条文要旨重点提示	对应条文序号
申请诉前停止侵害专利权行为	《中华人民共和国专利法》第66条
申请诉前停止侵害继承电路布图设计专有权行为和财产保全	《集成电路布图设计保护条例》第32条
对诉前停止侵犯专利权行为的司法解释	最高人民法院《关于对诉前停止侵犯专利权行为适用法律问题的若干规定》第1—17条
集成电路布图设计案件的审理适用诉前停止侵犯专利权行为的司法解释	最高人民法院《关于开展涉及集成电路布图设计案件审判工作的通知》第三部分

相关法规

中华人民共和国专利法（节录）
（2008年12月27日　主席令第8号）

第六十六条【申请诉前停止侵害专利权行为】　专利权人或者利害关系人有证据证明他人正在实施或者即将实施侵犯专利权的行为，如不及时制止将会使其合法权益受到难以弥补的损害的，可以在起诉前向人民法院申请采取责令停止有关行为的措施。

申请人提出申请时，应当提供担保；不提供担保的，驳回申请。

人民法院应当自接受申请之时起四十八小时内作出裁定；有特殊情况需要延长的，可以延长四十八小时。裁定责令停止有关行为的，应当立即执行。当事人对裁定不服的，可以申请复议一次；复议期间不停止裁定的执行。

申请人自人民法院采取责令停止有关行为的措施之日起十五日内不起诉的，人民法院应当解除该措施。

申请有错误的，申请人应当赔偿被申请人因停止有关行为所遭受的损失。

集成电路布图设计保护条例（节录）

（2001年4月2日　国务院令第300号）

第三十二条　【申请诉前停止侵害继承电路布图设计专有权行为和财产保全】　布图设计权利人或者利害关系人有证据证明他人正在实施或者即将实施侵犯其专有权的行为，如不及时制止将会使其合法权益受到难以弥补的损害的，可以在起诉前依法向人民法院申请采取责令停止有关行为和财产保全的措施。

最高人民法院关于对诉前停止侵犯专利权行为适用法律问题的若干规定（节录）

（2001年6月7日　法释〔2001〕20号）

【司法解释】

第一条　根据专利法第六十一条的规定，专利权人或者利害关系人可以向人民法院提出诉前责令被申请人停止侵犯专利权行为的申请。

提出申请的利害关系人，包括专利实施许可合同的被许可人、专利财产权利的合法继承人等。专利实施许可合同被许可人中，独占实施许可合同的被许可人可以单独向人民法院提出申请；排他实施许可合同的被许可人在专利权人不申请的情况下，可以提出申请。

第二条　诉前责令停止侵犯专利权行为的申请，应当向有专利侵权案件管辖权的人民法院提出。

第三条　专利权人或者利害关系人向人民法院提出申请，应当递交书面申请状；申请状应当载明当事人及其基本情况、申请的具体内容、范围和理由等事项。申请的理由包括有关行为如不及时制止会使申请人合法权益受到难以弥补的损害的具体说明。

第四条　申请人提出申请时，应当提交下列证据：

（一）专利权人应当提交证明其专利权真实有效的文件，包括专利证书、权利要求书、说明书、专利年费交纳凭证。提出的申请涉及实用新型专利的，申请人应当提交国务院专利行政部门出具的检索报告。

（二）利害关系人应当提供有关专利实施许可合同及其在国务院专利行政部门备案的证明材料，未经备案的应当提交专利权人的证明，或者证明其享有权利的其他证据。

排他实施许可合同的被许可人单独提出申请的，应当提交专利权人放弃申请的证明材料。

专利财产权利的继承人应当提交已经继承或者正在继承的证据材料。

（三）提交证明被申请人正在实施或者即将实施侵犯其专利权的行为的证据，包括被控侵权产品以及专利技术与被控侵权产品技术特征对比材料等。

第五条 人民法院作出诉前停止侵犯专利权行为的裁定事项，应当限于专利权人或者利害关系人申请的范围。

第六条 申请人提出申请时应当提供担保，申请人不提供担保的，驳回申请。

当事人提供保证、抵押等形式的担保合理、有效的，人民法院应当准予。

人民法院确定担保范围时，应当考虑责令停止有关行为所涉及产品的销售收入，以及合理的仓储、保管等费用；被申请人停止有关行为可能造成的损失，以及人员工资等合理费用支出；其他因素。

第七条 在执行停止有关行为裁定过程中，被申请人可能因采取该项措施造成更大损失的，人民法院可以责令申请人追加相应的担保。申请人不追加担保的，解除有关停止措施。

第八条 停止侵犯专利权行为裁定所采取的措施，不因被申请人提出反担保而解除。

第九条 人民法院接受专利权人或者利害关系人提出责令停止侵犯专利权行为的申请后，经审查符合本规定第四条的，应当在四十八小时内作出书面裁定；裁定责令被申请人停止侵犯专利权行为的，应当立即开始执行。

人民法院在前述期限内，需要对有关事实进行核对的，可以传唤单方或双方当事人进行询问，然后再及时作出裁定。

人民法院作出诉前责令被申请人停止有关行为的裁定，应当及时通知被申请人，至迟不得超过五日。

第十条 当事人对裁定不服的，可以在收到裁定之日起十日内申请复议一次。复议期间不停止裁定的执行。

第十一条 人民法院对当事人提出的复议申请应当从以下方面进行审查：

（一）被申请人正在实施或即将实施的行为是否构成侵犯专利权；

（二）不采取有关措施，是否会给申请人合法权益造成难以弥补的损害；

（三）申请人提供担保的情况；

（四）责令被申请人停止有关行为是否损害社会公共利益。

第十二条 专利权人或者利害关系人在人民法院采取停止有关行为的措施后十五日内不起诉的，人民法院解除裁定采取的措施。

第十三条 申请人不起诉或者申请错误造成被申请人损失，被申请人可以向有管辖权的人民法院起诉请求申请人赔偿，也可以在专利权人或者利害关系人提起的专利权侵权诉讼中提出损害赔偿的请求，人民法院可以一并处理。

第十四条 停止侵犯专利权行为裁定的效力，一般应维持到终审法律文书生效时止。人民法院也可以根据案情，确定具体期限；期限届满时，根据当事人的请求仍可作出继续停止有关行为的裁定。

第十五条 被申请人违反人民法院责令停止有关行为裁定的，依照民事诉讼法第一百零二条规定处理。

第十六条 人民法院执行诉前停止侵犯专利权行为的措施时，可以根据当事人的申请，参照民事诉讼法第七十四条的规定，同时进行证据保全。

人民法院可以根据当事人的申请，依照民事诉讼法第九十二条、第九十三条的规定进行财产保全。

第十七条 专利权人或者利害关系人向人民法院提起专利侵权诉讼时，同时提出先行停止侵犯专利权行为请求的，人民法院可以先行作出裁定。

最高人民法院关于开展涉及集成电路布图设计案件审判工作的通知
（节录）

（2001年11月16日 法发〔2001〕24号）

三、关于诉前申请采取责令停止有关行为措施的适用

对于申请人民法院采取诉前责令停止侵犯布图设计专有权行为措施的，应当参照《最高人民法院关于对诉前停止侵犯专利权行为适用法律问题的若干规定》执行。

NO.391　申请诉前停止侵害注册商标专用权

条文要旨重点提示	对应条文序号
申请诉前停止侵害注册商标专用权和财产保全	《中华人民共和国商标法》第65条
关于诉前停止侵犯注册商标专用权行为和保全证据的司法解释	最高人民法院《关于诉前停止侵犯注册商标专用权行为和保全证据适用法律问题的解释》第1—16条

相关法规

中华人民共和国商标法（节录）
（2013年8月30日　主席令第6号）

第六十五条【申请诉前停止侵害注册商标权和财产保全】　商标注册人或者利害关系人有证据证明他人正在实施或者即将实施侵犯其注册商标专用权的行为，如不及时制止将会使其合法权益受到难以弥补的损害的，可以依法在起诉前向人民法院申请采取责令停止有关行为和财产保全的措施。

司法解释

最高人民法院关于诉前停止侵犯注册商标专用权行为和保全证据适用法律问题的解释（节录）
（2002年1月9日　法释〔2002〕2号）

第一条　根据商标法第五十七条、第五十八条的规定，**商标注册人或者利害关系人可以向人民法院提出诉前责令停止侵犯注册商标专用权行为或者保全证据的申请。**

提出申请的利害关系人，包括商标使用许可合同的被许可人、注册商标财产权利的合法继承人。注册商标使用许可合同被许可人中，独占使用许可合同的被许可人可以单独向人民法院提出申请；排他使用许可合同的被许可人在商标注册人不申请的情况下，可以提出申请。

第二条　诉前责令停止侵犯注册商标专用权行为或者保全证据

的申请，应当向侵权行为地或者被申请人住所地对商标案件有管辖权的人民法院提出。

第三条 商标注册人或者利害关系人向人民法院提出诉前停止侵犯注册商标专用权行为的申请，应当递交书面申请状。申请状应当载明：（一）当事人及其基本情况；（二）申请的具体内容、范围；（三）申请的理由，包括有关行为如不及时制止，将会使商标注册人或者利害关系人的合法权益受到难以弥补的损害的具体说明。

商标注册人或者利害关系人向人民法院提出诉前保全证据的申请，应当递交书面申请状。申请状应当载明：（一）当事人及其基本情况；（二）申请保全证据的具体内容、范围、所在地点；（三）请求保全的证据能够证明的对象；（四）申请的理由，包括证据可能灭失或者以后难以取得，且当事人及其诉讼代理人因客观原因不能自行收集的具体说明。

第四条 申请人提出诉前停止侵犯注册商标专用权行为的申请时，应当提交下列证据：

（一）商标注册人应当提交商标注册证，利害关系人应当提交商标使用许可合同、在商标局备案的材料及商标注册证复印件；排他使用许可合同的被许可人单独提出申请的，应当提交商标注册人放弃申请的证据材料；注册商标财产权利的继承人应当提交已经继承或者正在继承的证据材料。

（二）证明被申请人正在实施或者即将实施侵犯注册商标专用权的行为的证据，包括被控侵权商品。

第五条 人民法院作出诉前停止侵犯注册商标专用权行为或者保全证据的裁定事项，应当限于商标注册人或者利害关系人申请的范围。

第六条 申请人提出诉前停止侵犯注册商标专用权行为的申请时应当提供担保。

申请人申请诉前保全证据可能涉及被申请人财产损失的，人民法院可以责令申请人提供相应的担保。

申请人提供保证、抵押等形式的担保合理、有效的，人民法院应当准许。

申请人不提供担保的，驳回申请。

人民法院确定担保的范围时，应当考虑责令停止有关行为所涉及的商品销售收益，以及合理的仓储、保管等费用，停止有关行为可能造成的合理损失等。

第七条 在执行停止有关行为裁定过程中，被申请人可能因采取该项措施造成更大损失的，人民法院可以责令申请人追加相应的担保。申请人不追加担保的，可以解除有关停止措施。

第八条 停止侵犯注册商标专用权行为裁定所采取的措施，不因被申请人提供担保而解除，但申请人同意的除外。

第九条 人民法院接受商标注册人或者利害关系人提出责令停止侵犯注册商标专用权行为的申请后，经审查符合本规定第四条的，应当在四十八小时内作出书面裁定；裁定责令被申请人停止侵犯注册商标专用权行为的，应当立即开始执行。

人民法院作出诉前责令停止有关行为的裁定，应当及时通知被申请人，至迟不得超过五日。

第十条 当事人对诉前责令停止侵犯注册商标专用权行为裁定不服的，可以在收到裁定之日起十日内申请复议一次。复议期间不停止裁定的执行。

第十一条 人民法院对当事人提出的复议申请应当从以下方面进行审查：

（一）被申请人正在实施或者即将实施的行为是否侵犯注册商标专用权；

（二）不采取有关措施，是否会给申请人合法权益造成难以弥补的损害；

（三）申请人提供担保的情况；

（四）责令被申请人停止有关行为是否损害社会公共利益。

第十二条 商标注册人或者利害关系人在人民法院采取停止有关行为或者保全证据的措施后十五日内不起诉的，人民法院应当解除裁定采取的措施。

第十三条 申请人不起诉或者申请错误造成被申请人损失的，被申请人可以向有管辖权的人民法院起诉请求申请人赔偿，也可以在商标注册人或者利害关系人提起的侵犯注册商标专用权的诉讼中提出损害赔偿请求，人民法院可以一并处理。

第十四条 停止侵犯注册商标专用权行为裁定的效力，一般应维持到终审法律文书生效时止。

人民法院也可以根据案情，确定停止有关行为的具体期限；期限届满时，根据当事人的请求及追加担保的情况，可以作出继续停止有关行为的裁定。

第十五条 被申请人违反人民法院责令停止侵犯注册商标专用权行为或者保全证据裁定的，依照民事诉讼法第一百零二条规定处理。

第十六条 商标注册人或者利害关系人向人民法院提起商标侵权诉讼时或者诉讼中，提出先行停止侵犯注册商标专用权请求的，人民法院可以先行作出裁定。前款规定涉及的有关申请、证据提交、担保的确定、裁定的执行和复议等事项，参照本司法解释有关规定办理。

NO.392 申请诉前停止侵害著作权

条文要旨重点提示	对应条文序号
申请诉前著作权保全	《中华人民共和国著作权法》第51条
软件著作权人申请保全	《计算机软件保护条例》第26条
关于著作权申请保全的司法解释	最高人民法院《关于审理著作权民事纠纷案件适用法律若干问题的解释》第30条

相关法规

中华人民共和国著作权法（节录）
（2010年2月26日　主席令第26号）

第五十一条【申请诉前著作权保全】 为制止侵权行为，在证据可能灭失或者以后难以取得的情况下，著作权人或者与著作权有关的权利人可以在起诉前向人民法院申请保全证据。

人民法院接受申请后，必须在四十八小时内作出裁定；裁定采取保全措施的，应当立即开始执行。

人民法院可以责令申请人提供担保，申请人不提供担保的，驳回申请。

申请人在人民法院采取保全措施后十五日内不起诉的，人民法院应当解除保全措施。

计算机软件保护条例（节录）
（2013年11月30日　国务院令第632号）

第二十六条【软件著作权人申请保全】 软件著作权人有证据证明他人正在实施或者即将实施侵犯其权利的行为，如不及时制止，将会使其合法权益受到难以弥补的损害的，可以依照《中华人民共和国著作权法》第五十条的规定，在提起诉讼前向人民法院申请采取责令停止有关行为和财产保全的措施。

**最高人民法院关于审理著作权民事纠纷案件适用法律
若干问题的解释（节录）**

（2002年10月12日　法释〔2002〕31号）

司法解释

第三十条　对2001年10月27日前发生的侵犯著作权行为，当事人于2001年10月27日后向人民法院提出申请采取责令停止侵权行为或者证据保全措施的，适用著作权法第四十九条、第五十条的规定。

人民法院采取诉前措施，参照《最高人民法院关于诉前停止侵犯注册商标专用权行为和保全证据适用法律问题的解释》的规定办理。

NO.393　申请诉前停止侵害植物新品种权

**最高人民法院关于审理侵犯植物新品种权纠纷案件具体应用
法律问题的若干规定（节录）**

（2007年1月12日　法释〔2007〕1号）

司法解释

第五条　品种权人或者利害关系人向人民法院提起侵犯植物新品种权诉讼时，同时提出先行停止侵犯植物新品种权行为或者保全证据请求的，人民法院经审查可以先行作出裁定。

人民法院采取证据保全措施时，可以根据案件具体情况，邀请有关专业技术人员按照相应的技术规程协助取证。

三十九、申请保全案件

- ➢ 申请诉前财产保全
- ➢ 申请诉中财产保全
- ➢ 申请诉前证据保全
- ➢ 申请诉中证据保全
- ➢ 仲裁程序中的财产保全
- ➢ 仲裁程序中的证据保全
- ➢ 申请中止支付信用证项下款项
- ➢ 申请中止支付保函项下款项

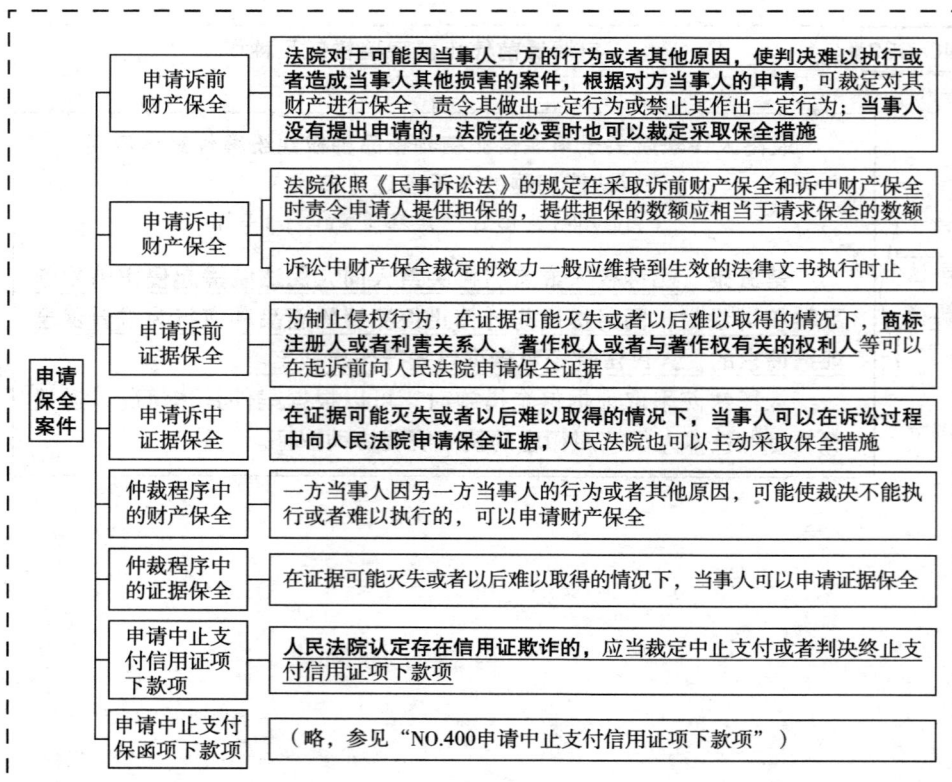

NO.394 申请诉前财产保全

条文要旨重点提示	对应条文序号
申请诉前财产保全、范围、方法、解除以及对保全不服的复议	《中华人民共和国民事诉讼法》第101—104条、第108条
商标注册人或利害关系人申请停止有关行为、诉前财产保全	《中华人民共和国商标法》第65条
著作权人或者与著作权有关的权利人申请停止有关行为和诉前财产保全	《中华人民共和国著作权法》第50条
布图设计权利人或者利害关系人申请停止有关行为和诉前财产保全	《集成电路布图设计保护条例》第32条
软件著作权人申请停止有关行为和诉前财产保全	《计算机软件保护条例》第26条

相关法规

中华人民共和国民事诉讼法（节录）
（2012年8月31日　主席令第59号）

第一百零一条【申请诉前财产保全】　利害关系人因情况紧急，不立即申请保全将会使其合法权益受到难以弥补的损害的，可以在提起诉讼或者申请仲裁前向被保全财产所在地、被申请人住所地或者对案件有管辖权的人民法院申请采取保全措施。申请人应当提供担保，不提供担保的，裁定驳回申请。

人民法院接受申请后，必须在四十八小时内作出裁定；裁定采取保全措施的，应当立即开始执行。

申请人在人民法院采取保全措施后三十日内不依法提起诉讼或者申请仲裁的，人民法院应当解除保全。

第一百零二条【财产保全的范围】　保全限于请求的范围，或者与本案有关的财物。

第一百零三条【财产保全采取的方法】　财产保全采取查封、扣押、冻结或者法律规定的其他方法。人民法院保全财产后，应当立即通知被保全财产的人。

财产已被查封、冻结的，不得重复查封、冻结。

第一百零四条【保全的解除】 财产纠纷案件，被申请人提供担保的，人民法院应当裁定解除保全。

第一百零八条【对保全、先于执行裁定不服的复议】 当事人对保全或者先予执行的裁定不服的，可以申请复议一次。复议期间不停止裁定的执行。

中华人民共和国商标法（节录）
（2013年8月30日　主席令第6号）

第六十五条【商标注册人或利害关系人申请停止有关行为、诉前财产保全】 商标注册人或者利害关系人有证据证明他人正在实施或者即将实施侵犯其注册商标专用权的行为，如不及时制止将会使其合法权益受到难以弥补的损害的，可以依法在起诉前向人民法院申请采取责令停止有关行为和财产保全的措施。

中华人民共和国著作权法（节录）
（2010年2月26日　主席令第26号）

第五十条【著作权人或者与著作权有关的权利人申请停止有关行为和诉前财产保全】 著作权人或者与著作权有关的权利人有证据证明他人正在实施或者即将实施侵犯其权利的行为，如不及时制止将会使其合法权益受到难以弥补的损害的，可以在起诉前向人民法院申请采取责令停止有关行为和财产保全的措施。

人民法院处理前款申请，适用《中华人民共和国民事诉讼法》第九十三条至第九十六条和第九十九条的规定。

集成电路布图设计保护条例（节录）
（2001年4月2日　国务院令第300号）

第三十二条【布图设计权利人或者利害关系人申请停止有关行为和诉前财产保全】 布图设计权利人或者利害关系人有证据证明他人正在实施或者

即将实施侵犯其专有权的行为,如不及时制止将会使其合法权益受到难以弥补的损害的,可以在起诉前依法向人民法院申请采取责令停止有关行为和财产保全的措施。

计算机软件保护条例(节录)

(2013年1月30日　主席令第632号)

第二十六条【软件著作权人申请停止有关行为和诉前财产保全】 软件著作权人有证据证明他人正在实施或者即将实施侵犯其权利的行为,如不及时制止,将会使其合法权益受到难以弥补的损害的,可以依照《中华人民共和国著作权法》第五十条的规定,在提起诉讼前向人民法院申请采取责令停止有关行为和财产保全的措施。

NO.395　申请诉中财产保全

最高人民法院关于适用《中华人民共和国民事诉讼法》的解释(节录)

(2015年1月30日　法释〔2015〕5号)

第一百五十二条 人民法院依照民事诉讼法第一百条、第一百零一条规定,在采取诉前保全、诉讼保全措施时,责令利害关系人或者当事人提供担保的,应当书面通知。

利害关系人申请诉前保全的,应当提供担保。申请诉前财产保全的,应当提供相当于请求保全数额的担保;情况特殊的,人民法院可以酌情处理。申请诉前行为保全的,担保的数额由人民法院根据案件的具体情况决定。

在诉讼中,人民法院依申请或者依职权采取保全措施的,应当根据案件的具体情况,决定当事人是否应当提供担保以及担保的数额。

第一百五十三条 人民法院对季节性商品、鲜活、易腐烂变质以及其他不宜长期保存的物品采取保全措施时,可以责令当事人及时处理，由人民法院保存价款；必要时，人民法院可予以变卖，保存价款。

第一百五十四条 人民法院在财产保全中采取查封、扣押、冻结财产措施时，应当妥善保管被查封、扣押、冻结的财产。不宜由人民法院保管的，人民法院可以指定被保全人负责保管；不宜由被保全人保管的，可以委托他人或者申请保全人保管。

查封、扣押、冻结担保物权人占有的担保财产，一般由担保物权人保管；由人民法院保管的，质权、留置权不因采取保全措施而消灭。

第一百五十五条 由人民法院指定被保全人保管的财产，如果继续使用对该财产的价值无重大影响，可以允许被保全人继续使用；由人民法院保管或者委托他人、申请保全人保管的财产，人民法院和其他保管人不得使用。

第一百五十六条 人民法院采取财产保全的方法和措施，依照执行程序相关规定办理。

第一百五十七条 人民法院对抵押物、质押物、留置物可以采取财产保全措施，但不影响抵押权人、质权人、留置权人的优先受偿权。

第一百五十八条 人民法院对债务人到期应得的收益，可以采取财产保全措施，限制其支取，通知有关单位协助执行。

第一百五十九条 债务人的财产不能满足保全请求，但对他人有到期债权的，人民法院可以依债权人的申请裁定该他人不得对本案债务人清偿。该他人要求偿付的，由人民法院提存财物或者价款。

第一百六十条 当事人向采取诉前保全措施以外的其他有管辖权的人民法院起诉的，采取诉前保全措施的人民法院应当将保全手续移送受理案件的人民法院。诉前保全的裁定视为受移送人民法院作出的裁定。

第一百六十一条 对当事人不服一审判决提起上诉的案件，在第二审人民法院接到报送的案件之前，当事人有转移、隐匿、出卖或者毁损财产等行为，必须采取保全措施的，由第一审人民法院依当事人申请或者依职权采取。第一审人民法院的保全裁定，应当及时报送第二审人民法院。

第一百六十二条 第二审人民法院裁定对第一审人民法院采取的保全措施予以续保或者采取新的保全措施的，可以自行实施，也可以委托第一审人民法院实施。

再审人民法院裁定对原保全措施予以续保或者采取新的保全措施的，可以自行实施，也可以委托原审人民法院或者执行法院实施。

第一百六十三条 法律文书生效后，进入执行程序前，债权人因对方当事人转移财产等紧急情况，不申请保全将可能导致生效法律文书不能执行或者难以执行的，可以向执行法院申请采取保全措施。债权人在法律文书指定的履行期间届满后五日内不申请执行的，人民法院应当解除保全。

第一百六十四条　对申请保全人或者他人提供的担保财产，人民法院应当依法办理查封、扣押、冻结等手续。

第一百六十五条　人民法院裁定采取保全措施后，除作出保全裁定的人民法院自行解除或者其上级人民法院决定解除外，在保全期限内，任何单位不得解除保全措施。

第一百六十六条　裁定采取保全措施后，有下列情形之一的，人民法院应当作出解除保全裁定：

（一）保全错误的；

（二）申请人撤回保全申请的；

（三）申请人的起诉或者诉讼请求被生效裁判驳回的；

（四）人民法院认为应当解除保全的其他情形。

解除以登记方式实施的保全措施的，应当向登记机关发出协助执行通知书。

第一百六十七条　财产保全的被保全人提供其他等值担保财产且有利于执行的，人民法院可以裁定变更保全标的物为被保全人提供的担保财产。

第一百六十八条　保全裁定未经人民法院依法撤销或者解除，进入执行程序后，自动转为执行中的查封、扣押、冻结措施，期限连续计算，执行法院无需重新制作裁定书，但查封、扣押、冻结期限届满的除外。

NO.396　申请诉前证据保全

条文要旨重点提示	对应条文序号
商标注册人或者利害关系人申请诉前证据保全	《中华人民共和国商标法》第66条
著作权人或者与著作权有关的权利人申请诉前证据保全	《中华人民共和国著作权法》第51条
软件著作权人申请诉前证据保全	《计算机软件保护条例》第27条

条文要旨重点提示	对应条文序号
关于专利权诉前证据保全的司法解释	最高人民法院《关于对诉前停止侵犯专利权行为适用法律问题的若干规定》第16条
关于著作权诉前证据保全的司法解释	最高人民法院《关于审理著作权民事纠纷案件适用法律若干问题的解释》第30条
关于植物新品种纠纷的诉前证据保全司法解释	最高人民法院《关于审理侵犯植物新品种权纠纷案件具体应用法律问题的若干规定》第5条

相关法规

中华人民共和国商标法（节录）

（2013年8月30日　主席令第6号）

第六十六条【商标注册人或者利害关系人申请诉前证据保全】 为制止侵权行为，在证据可能灭失或者以后难以取得的情况下，商标注册人或者利害关系人可以依法在起诉前向人民法院申请保全证据。

中华人民共和国著作权法（节录）

（2010年2月26日　主席令第26号）

第五十一条【著作权人或者与著作权有关的权利人申请诉前证据保全】 为制止侵权行为，在证据可能灭失或者以后难以取得的情况下，著作权人或者与著作权有关的权利人可以在起诉前向人民法院申请保全证据。

人民法院接受申请后，必须在四十八小时内作出裁定；裁定采取保全措施的，应当立即开始执行。

人民法院可以责令申请人提供担保，申请人不提供担保的，驳回申请。

申请人在人民法院采取保全措施后十五日内不起诉的，人民法院应当解除保全措施。

计算机软件保护条例（节录）
（2013年1月30日　国务院令第632号）

第二十七条【软件著作权人申请诉前证据保全】 为了制止侵权行为，在证据可能灭失或者以后难以取得的情况下，软件著作权人可以依照《中华人民共和国著作权法》第五十一条的规定，在提起诉讼前向人民法院申请保全证据。

最高人民法院关于对诉前停止侵犯专利权行为适用法律问题的若干规定（节录）
（2001年6月7日　法释〔2001〕20号）

第十六条 人民法院执行诉前停止侵犯专利权行为的措施时，可以根据当事人的申请，参照民事诉讼法第七十四条的规定，同时进行证据保全。

人民法院可以根据当事人的申请，依照民事诉讼法第九十二条、第九十三条的规定进行财产保全。

最高人民法院关于审理著作权民事纠纷案件适用法律若干问题的解释（节录）
（2002年10月12日　法释〔2002〕31号）

第三十条 对2001年10月27日前发生的侵犯著作权行为，当事人于2001年10月27日后向人民法院提出申请采取责令停止侵权行为或者证据保全措施的，适用著作权法第四十九条、第五十条的规定。人民法院采取诉前措施，参照《最高人民法院关于诉前停止侵犯注册商标专用权行为和保全证据适用法律问题的解释》的规定办理。

最高人民法院关于审理侵犯植物新品种权纠纷案件具体应用法律问题的若干规定（节录）

（2007年1月12日 法释〔2007〕1号）

第五条 品种权人或者利害关系人向人民法院提起侵犯植物新品种权诉讼时，同时提出先行停止侵犯植物新品种权行为或者保全证据请求的，人民法院经审查可以先行作出裁定。

人民法院采取证据保全措施时，可以根据案件具体情况，邀请有关专业技术人员按照相应的技术规程协助取证。

NO.397　申请诉中证据保全

相关法规

中华人民共和国民事诉讼法（节录）

（2013年8月31日 主席令第59号）

第八十一条【申请诉中证据保全】 在证据可能灭失或者以后难以取得的情况下，当事人可以在诉讼过程中向人民法院申请保全证据，人民法院也可以主动采取保全措施。

因情况紧急，在证据可能灭失或者以后难以取得的情况下，利害关系人可以在提起诉讼或者申请仲裁前向证据所在地、被申请人住所地或者对案件有管辖权的人民法院申请保全证据。

证据保全的其他程序，参照适用本法第九章保全的有关规定。

NO.398　仲裁程序中的财产保全

条文要旨重点提示	对应条文序号
申请仲裁中的财产保全	《中华人民共和国仲裁法》第28条
有关我国涉外仲裁机构中财产保全的司法解释	最高人民法院《关于适用〈中华人民共和国民事诉讼法〉的解释》第542条

相关法规

中华人民共和国仲裁法（节录）
（2009年8月27日修正）

第二十八条【申请仲裁中的财产保全】 一方当事人因另一方当事人的行为或者其他原因，可能使裁决不能执行或者难以执行的，可以申请财产保全。

当事人申请财产保全的，仲裁委员会应当将当事人的申请依照民事诉讼法的有关规定提交人民法院。

申请有错误的，申请人应当赔偿被申请人因财产保全所遭受的损失。

司法解释

最高人民法院关于适用《中华人民共和国民事诉讼法》的解释（节录）
（2015年1月30日 法释〔2015〕5号）

第五百四十二条 依照民事诉讼法第二百七十二条规定，中华人民共和国涉外仲裁机构将当事人的保全申请提交人民法院裁定的，人民法院可以进行审查，裁定是否进行保全。裁定保全的，应当责令申请人提供担保，申请人不提供担保的，裁定驳回申请。

当事人申请证据保全，人民法院经审查认为无需提供担保的，申请人可以不提供担保。

NO.399 仲裁程序中的证据保全

相关法规

中华人民共和国仲裁法（节录）
（2009年8月27日修正）

第四十六条【申请证据保全】 在证据可能灭失或者以后难以取得的情况下，当事人可以申请证据保全。当事人申请证据保全的，仲裁委员会应当将当事人的申请提交证据所在地的基层人民法院。

第六十八条 【涉外仲裁的当事人申请证据保全的情形】 涉外仲裁的当事人申请证据保全的，涉外仲裁委员会应当将当事人的申请提交证据所在地的中级人民法院。

NO.400 ➡ 申请中止支付信用证项下款项

司法解释

最高人民法院关于审理信用证纠纷案件若干问题的规定（节录）
（2005年11月14日 法释〔2005〕13号）

第八条 凡有下列情形之一的，应当认定存在信用证欺诈：
（一）受益人伪造单据或者提交记载内容虚假的单据；
（二）受益人恶意不交付货物或者交付的货物无价值；
（三）受益人和开证申请人或者其他第三方串通提交假单据，而没有真实的基础交易；
（四）其他进行信用证欺诈的情形。

第九条 开证申请人、开证行或者其他利害关系人发现有本规定第八条的情形，并认为将会给其造成难以弥补的损害时，可以向有管辖权的人民法院申请中止支付信用证项下的款项。

第十条 人民法院认定存在信用证欺诈的，应当裁定中止支付或者判决终止支付信用证项下款项，但有下列情形之一的除外：
（一）开证行的指定人、授权人已按照开证行的指令善意地进行了付款；
（二）开证行或者其指定人、授权人已对信用证项下票据善意地作出了承兑；
（三）保兑行善意地履行了付款义务；
（四）议付行善意地进行了议付。

第十一条 当事人在起诉前申请中止支付信用证项下款项符合下列条件的，人民法院应予受理：
（一）受理申请的人民法院对该信用证纠纷案件享有管辖权；
（二）申请人提供的证据材料证明存在本规定第八条的情形；
（三）如不采取中止支付信用证项下款项的措施，将会使申请人的合法权益受到难以弥补的损害；
（四）申请人提供了可靠、充分的担保；
（五）不存在本规定第十条的情形。
当事人在诉讼中申请中止支付信用证项下款项的，应当符合前款第（二）、（三）、（四）、（五）项规定的条件。

第十二条 人民法院接受中止支付信用证项下款项申请后，必须在四十八小时内作出裁定；裁定中止支付的，应当立即开始执行。
人民法院作出中止支付信用证项下款项的裁定，应当列明申请人、被申请人和第三人。

第十三条 当事人对人民法院作出中止支付信用证项下款项的裁定有异议的，可以在裁定书送达之日起十日内向上一级人民法院申请复议。上一级人民法院应当自收到复议申请之日起十日内作出裁定。
复议期间，不停止原裁定的执行。

NO.401 申请中止支付保函项下款项

司法解释

最高人民法院关于审理信用证纠纷案件若干问题的规定（节录）
（2005年11月14日　法释〔2005〕13号）

（略，参见"NO.400申请中止支付信用证项下款项"）

四十、仲裁程序案件

> 申请确认仲裁协议效力
> 申请撤销仲裁裁决

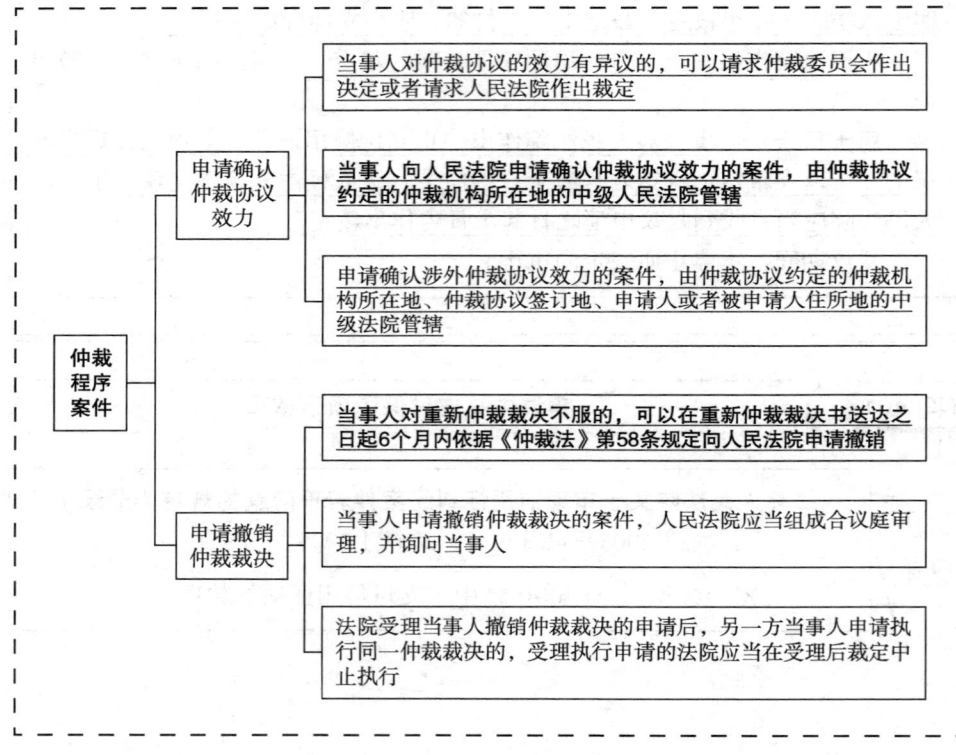

NO.402 申请确认仲裁协议效力

条文要旨重点提示	对应条文序号
仲裁协议的内容、无效的仲裁协议、仲裁协议效力的异议和鉴定	《中华人民共和国仲裁法》第16条、第17条、第20条
有关申请确认仲裁协议效力的司法解释	最高人民法院《关于适用〈中华人民共和国仲裁法〉若干问题的解释》第12—27条

相关法规

中华人民共和国仲裁法（节录）
（2009年8月27日修正）

第十六条【仲裁协议的内容】 仲裁协议包括合同中订立的仲裁条款和以其他书面方式在纠纷发生前或者纠纷发生后达成的请求仲裁的协议。

仲裁协议应当具有下列内容：
（一）请求仲裁的意思表示；
（二）仲裁事项；
（三）选定的仲裁委员会。

第十七条【无效的仲裁协议】 有下列情形之一的，仲裁协议无效：
（一）约定的仲裁事项超出法律规定的仲裁范围的；
（二）无民事行为能力人或者限制民事行为能力人订立的仲裁协议；
（三）一方采取胁迫手段，迫使对方订立仲裁协议的。

第二十条【仲裁协议效力的异议和鉴定】 当事人对仲裁协议的效力有异议的，可以请求仲裁委员会作出决定或者请求人民法院作出裁定。一方请求仲裁委员会作出决定，另一方请求人民法院作出裁定的，由人民法院裁定。

当事人对仲裁协议的效力有异议，应当在仲裁庭首次开庭前提出。

最高人民法院关于适用《中华人民共和国仲裁法》若干问题的解释（节录）

（2006年8月23日 法释〔2006〕7号）

第十二条 当事人向人民法院申请确认仲裁协议效力的案件，由仲裁协议约定的仲裁机构所在地的中级人民法院管辖；仲裁协议约定的仲裁机构不明确的，由仲裁协议签订地或者被申请人住所地的中级人民法院管辖。

申请确认涉外仲裁协议效力的案件，由仲裁协议约定的仲裁机构所在地、仲裁协议签订地、申请人或者被申请人住所地的中级人民法院管辖。

涉及海事海商纠纷仲裁协议效力的案件，由仲裁协议约定的仲裁机构所在地、仲裁协议签订地、申请人或者被申请人住所地的海事法院管辖；上述地点没有海事法院的，由就近的海事法院管辖。

第十三条 依照仲裁法第二十条第二款的规定，当事人在仲裁庭首次开庭前没有对仲裁协议的效力提出异议，而后向人民法院申请确认仲裁协议无效的，人民法院不予受理。

仲裁机构对仲裁协议的效力作出决定后，当事人向人民法院申请确认仲裁协议效力或者申请撤销仲裁机构的决定的，人民法院不予受理。

第十四条 仲裁法第二十六条规定的"**首次开庭**"是指答辩期满后人民法院组织的第一次开庭审理，不包括审前程序中的各项活动。

第十五条 人民法院审理仲裁协议效力确认案件，应当组成合议庭进行审查，并询问当事人。

第十六条 对涉外仲裁协议的效力审查，适用当事人约定的法律；当事人没有约定适用的法律但约定了仲裁地的，适用仲裁地法律；没有约定适用的法律也没有约定仲裁地或者仲裁地约定不明的，适用法院地法律。

第十七条 当事人以不属于仲裁法第五十八条或者民事诉讼法第二百六十条规定的事由申请撤销仲裁裁决的，人民法院不予支持。

第十八条 仲裁法第五十八条第一款第一项规定的"**没有仲裁**

协议"是指当事人没有达成仲裁协议。仲裁协议被认定无效或者被撤销的，视为没有仲裁协议。

第十九条 当事人以仲裁裁决事项超出仲裁协议范围为由申请撤销仲裁裁决，经审查属实的，人民法院应当撤销仲裁裁决中的超裁部分。但超裁部分与其他裁决事项不可分的，人民法院应当撤销仲裁裁决。

第二十条 仲裁法第五十八条规定的"**违反法定程序**"，是指违反仲裁法规定的仲裁程序和当事人选择的仲裁规则可能影响案件正确裁决的情形。

第二十一条 当事人申请撤销国内仲裁裁决的案件属于下列情形之一的，人民法院可以依照仲裁法第六十一条的规定通知仲裁庭**在一定期限内重新仲裁：**

（一）仲裁裁决所根据的证据是伪造的；

（二）对方当事人隐瞒了足以影响公正裁决的证据的。

人民法院应当在通知中说明要求重新仲裁的具体理由。

第二十二条 仲裁庭在人民法院指定的期限内开始重新仲裁的，人民法院应当裁定终结撤销程序；未开始重新仲裁的，人民法院应当裁定恢复撤销程序。

第二十三条 当事人对重新仲裁裁决不服的，可以在**重新仲裁裁决书送达之日起六个月内**依据仲裁法第五十八条规定向人民法院申请撤销。

第二十四条 当事人申请撤销仲裁裁决的案件，人民法院应当组成合议庭审理，并询问当事人。

第二十五条 人民法院受理当事人撤销仲裁裁决的申请后，另一方当事人申请执行同一仲裁裁决的，受理执行申请的人民法院应当在受理后裁定中止执行。

第二十六条 当事人向人民法院申请撤销仲裁裁决被驳回后，又在执行程序中以相同理由提出不予执行抗辩的，人民法院不予支持。

第二十七条 当事人在仲裁程序中未对仲裁协议的效力提出异议，在仲裁裁决作出后以仲裁协议无效为由主张撤销仲裁裁决或者提出不予执行抗辩的，人民法院不予支持。

当事人在仲裁程序中对仲裁协议的效力提出异议，在仲裁裁决作出后又以此为由主张撤销仲裁裁决或者提出不予执行抗辩，经审查符合仲裁法第五十八条或者民事诉讼法第二百一十七条、第二百六十条规定的，人民法院应予支持。

| NO.403 | 申请撤销仲裁裁决 |

条文要旨重点提示	对应条文序号
申请撤销仲裁裁决	《中华人民共和国仲裁法》第58条
提出撤销仲裁裁决的期限	《中华人民共和国仲裁法》第59条
有关申请撤销仲裁裁决的司法解释	最高人民法院《关于适用〈中华人民共和国仲裁法〉若干问题的解释》第17—30条

相关法规

中华人民共和国仲裁法（节录）
（2009年8月27日修正）

第五十八条【申请撤销仲裁裁决】 当事人提出证据证明裁决有下列情形之一的，可以向仲裁委员会所在地的中级人民法院申请撤销裁决：

（一）没有仲裁协议的；

（二）裁决的事项不属于仲裁协议的范围或者仲裁委员会无权仲裁的；

（三）仲裁庭的组成或者仲裁的程序违反法定程序的；

（四）仲裁裁决所依据的证据是伪造的；

（五）对方当事人隐瞒了足以影响公正裁决的证据的；

（六）仲裁员在仲裁该案时有索贿，徇私舞弊，枉法裁决行为的。

人民法院经组成合议庭审查核实裁决有前款规定情形之一的，应当裁定撤销。

人民法院认定该裁决违背社会公共利益的，应当裁定撤销。

第五十九条【提出撤销仲裁裁决的期限】 当事人申请撤销裁决的，应当自收到裁决书之日起6个月内提出。

最高人民法院关于适用《中华人民共和国仲裁法》若干问题的解释
（节录）

（2006年8月23日　法释〔2006〕7号）

第十七条　当事人以不属于仲裁法第五十八条或者民事诉讼法第二百六十条规定的事由申请撤销仲裁裁决的，人民法院不予支持。

第十八条　仲裁法第五十八条第一款第一项规定的"没有仲裁协议"是指当事人没有达成仲裁协议。仲裁协议被认定无效或者被撤销的，视为没有仲裁协议。

第十九条　当事人以仲裁裁决事项超出仲裁协议范围为由申请撤销仲裁裁决，经审查属实的，人民法院应当撤销仲裁裁决中的超裁部分。但超裁部分与其他裁决事项不可分的，人民法院应当撤销仲裁裁决。

第二十条　仲裁法第五十八条规定的"违反法定程序"，是指违反仲裁法规定的仲裁程序和当事人选择的仲裁规则可能影响案件正确裁决的情形。

第二十一条　当事人申请撤销国内仲裁裁决的案件属于下列情形之一的，人民法院可以依照仲裁法第六十一条的规定**通知仲裁庭在一定期限内重新仲裁**：

（一）仲裁裁决所根据的证据是伪造的；

（二）对方当事人隐瞒了足以影响公正裁决的证据的。

人民法院应当在通知中说明要求重新仲裁的具体理由。

第二十二条　仲裁庭在人民法院指定的期限内开始重新仲裁的，人民法院应当裁定终结撤销程序；未开始重新仲裁的，人民法院应当裁定恢复撤销程序。

第二十三条　当事人对重新仲裁裁决不服的，可以在重新仲裁裁决书送达之日起六个月内依据仲裁法第五十八条规定向人民法院申请撤销。

第二十四条　当事人申请撤销仲裁裁决的案件，人民法院应当组成合议庭审理，并询问当事人。

第二十五条　人民法院受理当事人撤销仲裁裁决的申请后，另一方当事人申请执行同一仲裁裁决的，受理执行申请的人民法院应当在受理后裁定中止执行。

第二十六条 当事人向人民法院申请撤销仲裁裁决被驳回后，又在执行程序中以相同理由提出不予执行抗辩的，人民法院不予支持。

第二十七条 当事人在仲裁程序中未对仲裁协议的效力提出异议，在仲裁裁决作出后以仲裁协议无效为由主张撤销仲裁裁决或者提出不予执行抗辩的，人民法院不予支持。

当事人在仲裁程序中对仲裁协议的效力提出异议，在仲裁裁决作出后又以此为由主张撤销仲裁裁决或者提出不予执行抗辩，经审查符合仲裁法第五十八条或者民事诉讼法第二百一十七条、第二百六十条规定的，人民法院应予支持。

第二十八条 当事人请求不予执行仲裁调解书或者根据当事人之间的和解协议作出的仲裁裁决书的，人民法院不予支持。

第二十九条 当事人申请执行仲裁裁决案件，由被执行人住所地或者被执行的财产所在地的中级人民法院管辖。

第三十条 根据审理撤销、执行仲裁裁决案件的实际需要，人民法院可以要求仲裁机构作出说明或者向相关仲裁机构调阅仲裁案卷。

人民法院在办理涉及仲裁的案件过程中作出的裁定，可以送相关的仲裁机构。

四十一、海事诉讼特别程序案件

- ➢ 申请海事请求保全
- ➢ 申请海事支付令
- ➢ 申请海事强制令
- ➢ 申请海事证据保全
- ➢ 申请设立海事赔偿责任限制基金
- ➢ 申请船舶优先权催告
- ➢ 申请海事债权登记与受偿

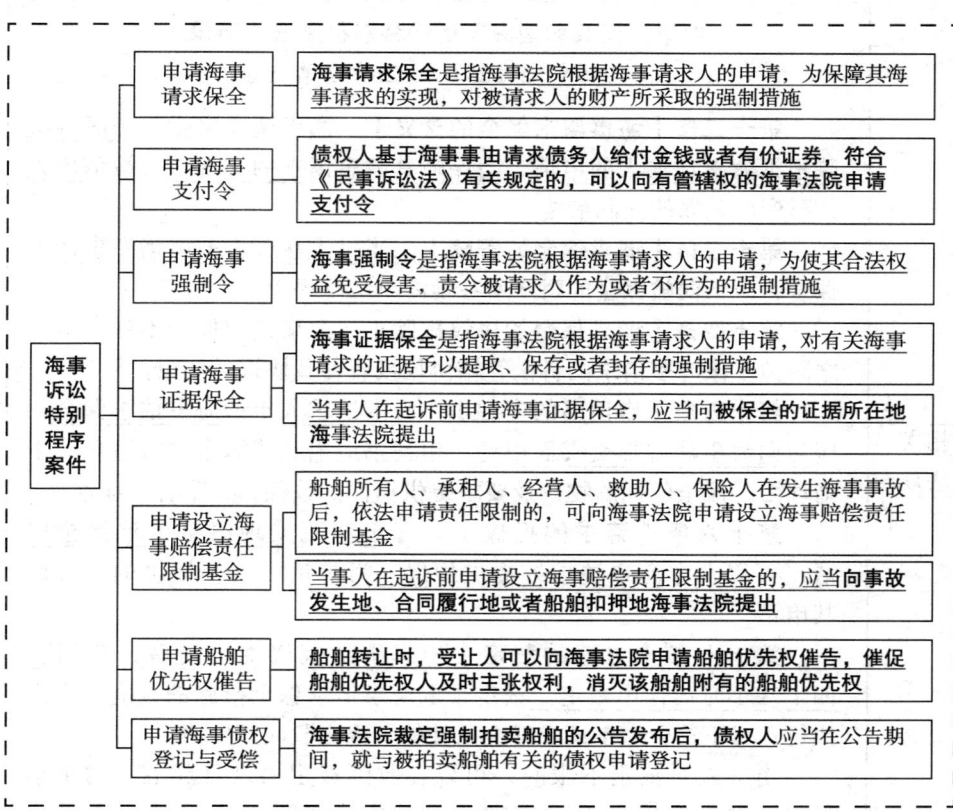

海事诉讼特别程序案件	申请海事请求保全	**海事请求保全**是指海事法院根据海事请求人的申请,为保障其海事请求的实现,对被请求人的财产所采取的强制措施
	申请海事支付令	债权人基于海事事由请求债务人给付金钱或者有价证券,符合《民事诉讼法》有关规定的,可以向有管辖权的海事法院申请支付令
	申请海事强制令	**海事强制令**是指海事法院根据海事请求人的申请,为使其合法权益免受侵害,责令被请求人作为或者不作为的强制措施
	申请海事证据保全	**海事证据保全**是指海事法院根据海事请求人的申请,对有关海事请求的证据予以提取、保存或者封存的强制措施
		当事人在起诉前申请海事证据保全,应当向**被保全的证据所在地海事法院提出**
	申请设立海事赔偿责任限制基金	船舶所有人、承租人、经营人、救助人、保险人在发生海事故后,依法申请责任限制的,可向海事法院申请设立海事赔偿责任限制基金
		当事人在起诉前申请设立海事赔偿责任限制基金的,应当向**事故发生地、合同履行地或者船舶扣押地海事法院提出**
	申请船舶优先权催告	**船舶转让时**,受让人可以向海事法院申请船舶优先权催告,催促船舶优先权人及时主张权利,消灭该船舶附有的船舶优先权
	申请海事债权登记与受偿	**海事法院裁定强制拍卖船舶的公告发布后**,债权人应当在公告期间,就与被拍卖船舶有关的债权申请登记

NO.404 申请海事请求保全

申请海事请求保全包括的内容：
（1）申请扣押船舶
（2）申请拍卖扣押船舶
（3）申请扣押船载货物
（4）申请拍卖扣押船载货物
（5）申请扣押船用燃油及船用物料
（6）申请拍卖扣押船用燃油及船用物料

相关法规

中华人民共和国海事诉讼特别程序法（节录）
（1999年12月25日 主席令第28号）

第十二条【海事请求保全的含义】 海事请求保全是指海事法院根据海事请求人的申请，为保障其海事请求的实现，对被请求人的财产所采取的强制措施。

第十三条【请求保全的管辖】 当事人在起诉前申请海事请求保全，应当向被保全的财产所在地海事法院提出。

第十四条【请求保全的协议排除】 海事请求保全不受当事人之间关于该海事请求的诉讼管辖协议或者仲裁协议的约束。

第十五条【申请书的内容】 海事请求人申请海事请求保全，应当向海事法院提交书面申请。申请书应当载明海事请求事项、申请理由、保全的标的物以及要求提供担保的数额，并附有关证据。

第十六条【请求的担保】 海事法院受理海事请求保全申请，可以责令海事请求人提供担保。海事请求人不提供的，驳回其申请。

第十七条【申请的裁定】 海事法院接受申请后，应当在四十八小时内作出裁定。裁定采取海事请求保全措施的，应当立即执行；对不符合海事请求保全条件的，裁定驳回其申请。

当事人对裁定不服的，可以在收到裁定书之日起五日内申请复议一次。海事法院应当在收到复议申请之日起五日内作出复议决定。复议期间不停止裁定的执行。

利害关系人对海事请求保全提出异议，海事法院经审查，认为理由成立的，应当解除对其财产的保全。

第十八条【解除保全】 被请求人提供担保，或者当事人有正当理由申请解除海事请求保全的，海事法院应当及时解除保全。

海事请求人在本法规定的期间内，未提起诉讼或者未按照仲裁协议申请仲裁的，海事法院应当及时解除保全或者返还担保。

第十九条【诉讼或仲裁的提起】 海事请求保全执行后，有关海事纠纷未进入诉讼或者仲裁程序的，当事人就该海事请求，可以向采取海事请求保全的海事法院或者其他有管辖权的海事法院提起诉讼，但当事人之间订有诉讼管辖协议或者仲裁协议的除外。

第二十条【对申请保全错误的处理】 海事请求人申请海事请求保全错误的，应当赔偿被请求人或者利害关系人因此所遭受的损失。

第二十一条【海事请求保全申请扣押的范围】 下列海事请求，可以申请扣押船舶：

（一）船舶营运造成的财产灭失或者损坏；

（二）与船舶营运直接有关的人身伤亡；

（三）海难救助；

（四）船舶对环境、海岸或者有关利益方造成的损害或者损害威胁；为预防、减少或者消除此种损害而采取的措施；为此种损害而支付的赔偿；为恢复环境而实际采取或者准备采取的合理措施的费用；第三方因此种损害而蒙受或者可能蒙受的损失；以及与本项所指的性质类似的损害、费用或者损失；

（五）与起浮、清除、回收或者摧毁沉船、残骸、搁浅船、被弃船或者使其无害有关的费用，包括与起浮、清除、回收或者摧毁仍在或者曾在该船上的物件或者使其无害的费用，以及与维护放弃的船舶和维持其船员有关的费用；

（六）船舶的使用或者租用的协议；

（七）货物运输或者旅客运输的协议；

（八）船载货物（包括行李）或者与其有关的灭失或者损坏；

（九）共同海损；

（十）拖航；

（十一）引航；

（十二）为船舶营运、管理、维护、维修提供物资或者服务；

（十三）船舶的建造、改建、修理、改装或者装备；

（十四）港口、运河、码头、港湾以及其他水道规费和费用；

（十五）船员的工资和其他款项，包括应当为船员支付的遣返费和社会保险费；

（十六）为船舶或者船舶所有人支付的费用；

（十七）船舶所有人或者光船承租人应当支付或者他人为其支付的船舶保险费（包括互保会费）；

（十八）船舶所有人或者光船承租人应当支付的或者他人为其支付的与船舶有关的佣金、经纪费或者代理费；

（十九）有关船舶所有权或者占有的纠纷；

（二十）船舶共有人之间有关船舶的使用或者收益的纠纷；

（二十一）船舶抵押权或者同样性质的权利；

（二十二）因船舶买卖合同产生的纠纷。

第二十二条【扣押的例外情况】 非因本法第二十一条规定的海事请求不得申请扣押船舶，但为执行判决、仲裁裁决以及其他法律文书的除外。

第二十三条【法院扣押】 有下列情形之一的，海事法院可以扣押当事船舶：

（一）船舶所有人对海事请求负有责任，并且在实施扣押时是该船的所有人；

（二）船舶的光船承租人对海事请求负有责任，并且在实施扣押时是该船的光船承租人或者所有人；

（三）具有船舶抵押权或者同样性质的权利的海事请求；

（四）有关船舶所有权或者占有的海事请求；

（五）具有船舶优先权的海事请求。

海事法院可以扣押对海事请求负有责任的船舶所有人、光船承租人、定期租船人或者航次租船人在实施扣押时所有的其他船舶，但与船舶所有权或者占有有关的请求除外。

从事军事、政府公务的船舶不得被扣押。

第二十四条【重复申请和扣押的例外】 海事请求人不得因同一海事请求申请扣押已被扣押过的船舶，但有下列情形之一的除外：

（一）被请求人未提供充分的担保；

（二）担保人有可能不能全部或者部分履行担保义务；

（三）海事请求人因合理的原因同意释放被扣押的船舶或者返还已提

供的担保；或者不能通过合理措施阻止释放被扣押的船舶或者返还已提供的担保。

第二十五条【未立即查明申请人的扣押】 海事请求人申请扣押当事船舶，不能立即查明被请求人名称的，不影响申请的提出。

第二十六条【协助执行】 海事法院在发布或者解除扣押船舶命令的同时，可以向有关部门发出协助执行通知书，通知书应当载明协助执行的范围和内容，有关部门有义务协助执行。海事法院认为必要，可以直接派员登轮监护。

第二十七条【限制处分或抵押】 海事法院裁定对船舶实施保全后，经海事请求人同意，可以采取限制船舶处分或者抵押等方式允许该船舶继续营运。

第二十八条【扣押期限】 海事请求保全扣押船舶的期限为三十日。

海事请求人在三十日内提起诉讼或者申请仲裁以及在诉讼或者仲裁过程中申请扣押船舶的，扣押船舶不受前款规定期限的限制。

第二十九条【拍卖申请】 船舶扣押期间届满，被请求人不提供担保，而且船舶不宜继续扣押的，海事请求人可以在提起诉讼或者申请仲裁后，向扣押船舶的海事法院申请拍卖船舶。

第三十条【拍卖申请裁定】 海事法院收到拍卖船舶的申请后，应当进行审查，作出准予或者不准予拍卖船舶的裁定。

当事人对裁定不服的，可以在收到裁定书之日起五日内申请复议一次。海事法院应当在收到复议申请之日起五日内作出复议决定。复议期间停止裁定的执行。

第四十四条【海事请求人扣押货物的申请】 海事请求人为保障其海事请求的实现，可以申请扣押船载货物。

申请扣押的船载货物，应当属于被请求人所有。

第四十五条【海事请求人的扣押数额】 海事请求人申请扣押船载货物的价值，应当与其债权数额相当。

第四十六条【保全扣押期限】 海事请求保全扣押船载货物的期限为十五日。

海事请求人在十五日内提起诉讼或者申请仲裁以及在诉讼或者仲裁过程中申请扣押船载货物的，扣押船载货物不受前款规定期限的限制。

第四十七条【申请拍卖】 船载货物扣押期间届满，被请求人不提供担保，而且货物不宜继续扣押的，海事请求人可以在提起诉讼或者申请仲裁后，向扣押船载货物的海事法院申请拍卖货物。

对无法保管、不易保管或者保管费用可能超过其价值的物品，海事请求人可以申请提前拍卖。

第四十八条【拍卖申请裁定】 海事法院收到拍卖船载货物的申请后，应当进行审查，在七日内作出准予或者不准予拍卖船载货物的裁定。

当事人对裁定不服的，可以在收到裁定书之日起五日内申请复议一次。海事法院应当在收到复议申请之日起五日内作出复议决定。复议期间停止裁定的执行。

第四十九条【拍卖机构】 拍卖船载货物由海事法院指定的本院执行人员和聘请的拍卖师组成的拍卖组织实施，或者由海事法院委托的机构实施。

拍卖船载货物，本节没有规定的，参照本章第二节拍卖船舶的有关规定。

第五十条【申请其他保全】 海事请求人对与海事请求有关的船用燃油、船用物料申请海事请求保全，适用本节规定。

NO.405 　　　　　　　　　　申请海事支付令

条文要旨重点提示	对应条文序号
申请海事支付令的民法基础 ——债权人申请支付令；申请债券支付令的确认或驳回；支付令的异议和失效	《中华人民共和国民事诉讼法》第214条、第216条、第217条
债权人申请海事支付令	《中华人民共和国海事诉讼特别程序法》第99条
有关支付令的司法解释	最高人民法院《关于适用〈中华人民共和国民事诉讼法〉的解释》第429—442条

相关法规

中华人民共和国民事诉讼法（节录）

（2013年8月31日　主席令第59号）

第二百一十四条【债权人申请支付令】 债权人请求债务人给

付金钱、有价证券，符合下列条件的，可以向有管辖权的基层人民法院申请支付令：

（一）债权人与债务人没有其他债务纠纷的；

（二）支付令能够送达债务人的。

申请书应当写明请求给付金钱或者有价证券的数量和所根据的事实、证据。

第二百一十六条【申请债券支付令的确认或驳回】 人民法院受理申请后，经审查债权人提供的事实、证据，对债权债务关系明确、合法的，应当在受理之日起十五日内向债务人发出支付令；申请不成立的，裁定予以驳回。

债务人应当自收到支付令之日起十五日内清偿债务，或者向人民法院提出书面异议。

债务人在前款规定的期间不提出异议又不履行支付令的，债权人可以向人民法院申请执行。

第二百一十七条【支付令的异议和失效】 人民法院收到债务人提出的书面异议后，经审查，异议成立的，应当裁定终结督促程序，支付令自行失效。

支付令失效的，转入诉讼程序，但申请支付令的一方当事人不同意提起诉讼的除外。

中华人民共和国海事诉讼特别程序法（节录）
（1999年12月25日　主席令第28号）

第九十九条【债权人申请海事支付令】 债权人基于海事事由请求债务人给付金钱或者有价证券，符合《中华人民共和国民事诉讼法》有关规定的，可以向有管辖权的海事法院申请支付令。

债务人是外国人、无国籍人、外国企业或者组织，但在中华人民共和国领域内有住所、代表机构或者分支机构并能够送达支付令的，债权人可以向有管辖权的海事法院申请支付令。

最高人民法院关于适用《中华人民共和国民事诉讼法》的解释
（节录）

（2015年1月30日　法释〔2015〕5号）

第四百二十九条　债权人申请支付令，符合下列条件的，基层人民法院应当受理，并在收到支付令申请书后五日内通知债权人：

（一）请求给付金钱或者汇票、本票、支票、股票、债券、国库券、可转让的存款单等有价证券；

（二）请求给付的金钱或者有价证券已到期且数额确定，并写明了请求所根据的事实、证据；

（三）债权人没有对待给付义务；

（四）债务人在我国境内且未下落不明；

（五）支付令能够送达债务人；

（六）收到申请书的人民法院有管辖权；

（七）债权人未向人民法院申请诉前保全。

不符合前款规定的，人民法院应当在收到支付令申请书后五日内通知债权人不予受理。

基层人民法院受理申请支付令案件，不受债权金额的限制。

第四百三十条　人民法院受理申请后，由审判员一人进行审查。经审查，有下列情形之一的，裁定驳回申请：

（一）申请人不具备当事人资格的；

（二）给付金钱或者有价证券的证明文件没有约定逾期给付利息或者违约金、赔偿金，债权人坚持要求给付利息或者违约金、赔偿金的；

（三）要求给付的金钱或者有价证券属于违法所得的；

（四）要求给付的金钱或者有价证券尚未到期或者数额不确定的。

人民法院受理支付令申请后，发现不符合本解释规定的受理条件的，应当在受理之日起十五日内裁定驳回申请。

第四百三十一条　向债务人本人送达支付令，债务人拒绝接收的，人民法院可以留置送达。

第四百三十二条　有下列情形之一的，人民法院应当裁定终结督促程序，已发出支付令的，支付令自行失效：

（一）人民法院受理支付令申请后，债权人就同一债权债务关系又提起诉讼的；

（二）人民法院发出支付令之日起三十日内无法送达债务人的；

（三）债务人收到支付令前，债权人撤回申请的。

第四百三十三条 债务人在收到支付令后，未在法定期间提出书面异议，而向其他人民法院起诉的，不影响支付令的效力。

债务人超过法定期间提出异议的，视为未提出异议。

第四百三十四条 债权人基于同一债权债务关系，在同一支付令申请中向债务人提出多项支付请求，债务人仅就其中一项或者几项请求提出异议的，不影响其他各项请求的效力。

第四百三十五条 债权人基于同一债权债务关系，就可分之债向多个债务人提出支付请求，多个债务人中的一人或者几人提出异议的，不影响其他请求的效力。

第四百三十六条 对设有担保的债务的主债务人发出的支付令，对担保人没有拘束力。

债权人就担保关系单独提起诉讼的，支付令自人民法院受理案件之日起失效。

第四百三十七条 经形式审查，债务人提出的书面异议有下列情形之一的，应当认定异议成立，裁定终结督促程序，支付令自行失效：

（一）本解释规定的不予受理申请情形的；

（二）本解释规定的裁定驳回申请情形的；

（三）本解释规定的应当裁定终结督促程序情形的；

（四）人民法院对是否符合发出支付令条件产生合理怀疑的。

第四百三十八条 债务人对债务本身没有异议，只是提出缺乏清偿能力、延缓债务清偿期限、变更债务清偿方式等异议的，不影响支付令的效力。

人民法院经审查认为异议不成立的，裁定驳回。

债务人的口头异议无效。

第四百三十九条 人民法院作出终结督促程序或者驳回异议裁定前，债务人请求撤回异议的，应当裁定准许。

债务人对撤回异议反悔的，人民法院不予支持。

第四百四十条 支付令失效后，申请支付令的一方当事人不同意提起诉讼的，应当自收到终结督促程序裁定之日起七日内向受理申请的人民法院提出。

申请支付令的一方当事人不同意提起诉讼的，不影响其向其他有管辖权的人民法院提起诉讼。

第四百四十一条 支付令失效后，申请支付令的一方当事人自收到终结督促程序裁定之日起七日内未向受理申请的人民法院表明不同意提起诉讼的，视为向受理申请的人民法院起诉。

债权人提出支付令申请的时间，即为向人民法院起诉的时间。

第四百四十二条 债权人向人民法院申请执行支付令的期间，适用民事诉讼法第二百三十九条的规定。

NO.406 ▷ 申请海事强制令

相关法规：

中华人民共和国海事诉讼特别程序法（节录）
（1999年12月25日 主席令第28号）

第五十一条【海事强制令的含义】 海事强制令是指海事法院根据海事请求人的申请，为使其合法权益免受侵害，责令被请求人作为或者不作为的强制措施。

第五十二条【受理法院】 当事人在起诉前申请海事强制令，应当向海事纠纷发生地海事法院提出。

第五十三条【管辖协议的排除】 海事强制令不受当事人之间关于该海事请求的诉讼管辖协议或者仲裁协议的约束。

第五十四条【申请书要求】 海事请求人申请海事强制令，应当向海事法院提交书面申请。申请书应当载明申请理由，并附有关证据。

第五十五条【强制令担保】 海事法院受理海事强制令申请，可以责令海事请求人提供担保。海事请求人不提供的，驳回其申请。

第五十六条【强制令的适用条件】 作出海事强制令，应当具备下列条件：

（一）请求人有具体的海事请求；

（二）需要纠正被请求人违反法律规定或者合同约定的行为；

（三）情况紧急，不立即作出海事强制令将造成损害或者使损害扩大。

第十部分 适用特殊程序案件案由　　475

第五十七条【强制令裁决】 海事法院接受申请后，应当在四十八小时内作出裁定。裁定作出海事强制令的，应当立即执行；对不符合海事强制令条件的，裁定驳回其申请。

第五十八条【复议和异议】 当事人对裁定不服的，可以在收到裁定书之日起五日内申请复议一次。海事法院应当在收到复议申请之日起五日内作出复议决定。复议期间不停止裁定的执行。

利害关系人对海事强制令提出异议，海事法院经审查，认为理由成立的，应当裁定撤销海事强制令。

第五十九条【拒不执行强制令的责任】 被请求人拒不执行海事强制令的，海事法院可以根据情节轻重处以罚款、拘留；构成犯罪的，依法追究刑事责任。

对个人的罚款金额，为一千元以上三万元以下。对单位的罚款金额，为三万元以上十万元以下。

拘留的期限，为十五日以下。

第六十条【申请海事强制令错误的情形】 海事请求人申请海事强制令错误的，应当赔偿被请求人或者利害关系人因此所遭受的损失。

第六十一条【强制令执行后的程序】 海事强制令执行后，有关海事纠纷未进入诉讼或者仲裁程序的，当事人就该海事请求，可以向作出海事强制令的海事法院或者其他有管辖权的海事法院提起诉讼，但当事人之间订有诉讼管辖协议或者仲裁协议的除外。

NO.407 　　　　　　　　申请海事证据保全

相关法规：

中华人民共和国海事诉讼特别程序法（节录）
（1999年12月25日　主席令第28号）

第六十二条【海事证据保全的定义】 海事证据保全是指海事法院根据海事请求人的申请，对有关海事请求的证据予以提取、保存或者封存的强制措施。

第六十三条【受理法院】 当事人在起诉前申请海事证据保全，应当向被保全的证据所在地海事法院提出。

第六十四条 【管辖协议排除】 海事证据保全不受当事人之间关于该海事请求的诉讼管辖协议或者仲裁协议的约束。

第六十五条 【申请书】 海事请求人申请海事证据保全，应当向海事法院提交书面申请。申请书应当载明请求保全的证据、该证据与海事请求的联系、申请理由。

第六十六条 【保全担保】 海事法院受理海事证据保全申请，可以责令海事请求人提供担保。海事请求人不提供的，驳回其申请。

第六十七条 【保全条件】 采取海事证据保全，应当具备下列条件：

（一）请求人是海事请求的当事人；

（二）请求保全的证据对该海事请求具有证明作用；

（三）被请求人是与请求保全的证据有关的人；

（四）情况紧急，不立即采取证据保全就会使该海事请求的证据灭失或者难以取得。

第六十八条 【申请裁决】 海事法院接受申请后，应当在四十八小时内作出裁定。裁定采取海事证据保全措施的，应当立即执行；对不符合海事证据保全条件的，裁定驳回其申请。

第六十九条 【复议和异议】 当事人对裁定不服的，可以在收到裁定书之日起五日内申请复议一次。海事法院应当在收到复议申请之日起五日内作出复议决定。复议期间不停止裁定的执行。被请求人申请复议的理由成立的，应当将保全的证据返还被请求人。

利害关系人对海事证据保全提出异议，海事法院经审查，认为理由成立的，应当裁定撤销海事证据保全；已经执行的，应当将与利害关系人有关的证据返还利害关系人。

第七十条 【进行海事证据保全的措施】 海事法院进行海事证据保全，根据具体情况，可以对证据予以封存，也可以提取复制件、副本，或者进行拍照、录相、制作节录本、调查笔录等。确有必要的，也可以提取证据原件。

第七十一条 【申请海事证据保全错误时的处理】 海事请求人申请海事证据保全错误的，应当赔偿被请求人或者利害关系人因此所遭受的损失。

第七十二条 【海事证据保全后的程序】 海事证据保全后，有关海事纠纷未进入诉讼或者仲裁程序的，当事人就该海事请求，可以向采取证据保全的海事法院或者其他有管辖权的海事法院提起诉讼，但当事人之间订有诉讼管辖协议或者仲裁协议的除外。

第十部分 适用特殊程序案件案由

NO.408 申请设立海事赔偿责任限制基金

> **相关法规**
>
> **中华人民共和国海事诉讼特别程序法（节录）**
> （1999年12月25日 主席令第28号）
>
> **第一百零一条【赔偿责任限制基金的设立】** 船舶所有人、承租人、经营人、救助人、保险人在发生海事事故后，依法申请责任限制的，可以向海事法院申请设立海事赔偿责任限制基金。
>
> 船舶造成油污损害的，船舶所有人及其责任保险人或者提供财务保证的其他人为取得法律规定的责任限制的权利，应当向海事法院设立油污损害的海事赔偿责任限制基金。
>
> 设立责任限制基金的申请可以在起诉前或者诉讼中提出，但最迟应当在一审判决作出前提出。
>
> **第一百零二条【受理法院】** 当事人在起诉前申请设立海事赔偿责任限制基金的，应当向事故发生地、合同履行地或者船舶扣押地海事法院提出。
>
> **第一百零三条【排除协议约束】** 设立海事赔偿责任限制基金，不受当事人之间关于诉讼管辖协议或者仲裁协议的约束。
>
> **第一百零四条【申请文件】** 申请人向海事法院申请设立海事赔偿责任限制基金，应当提交书面申请。申请书应当载明申请设立海事赔偿责任限制基金的数额、理由，以及已知的利害关系人的名称、地址和通讯方法，并附有关证据。
>
> **第一百零五条【受理通知的公告】** 海事法院受理设立海事赔偿责任限制基金申请后，应当在七日内向已知的利害关系人发出通知，同时通过报纸或者其他新闻媒体发布公告。
>
> 通知和公告包括下列内容：
> （一）申请人的名称；
> （二）申请的事实和理由；
> （三）设立海事赔偿责任限制基金事项；
> （四）办理债权登记事项；
> （五）需要告知的其他事项。
>
> **第一百零六条【异议程序】** 利害关系人对申请人申请设立海事赔偿责任限制基金有异议的，应当在收到通知之日起七日内或者

未收到通知的在公告之日起三十日内,以书面形式向海事法院提出。

海事法院收到利害关系人提出的书面异议后,应当进行审查,在十五日内作出裁定。异议成立的,裁定驳回申请人的申请;异议不成立的,裁定准予申请人设立海事赔偿责任限制基金。

当事人对裁定不服的,可以在收到裁定书之日起七日内提起上诉。第二审人民法院应当在收到上诉状之日起十五日内作出裁定。

第一百零七条【裁定设立基金】 利害关系人在规定的期间内没有提出异议的,海事法院裁定准予申请人设立海事赔偿责任限制基金。

第一百零八条【基金的形式和数额】 准予申请人设立海事赔偿责任限制基金的裁定生效后,申请人应当在海事法院设立海事赔偿责任限制基金。

设立海事赔偿责任限制基金可以提供现金,也可以提供经海事法院认可的担保。

海事赔偿责任限制基金的数额,为海事赔偿责任限额和自事故发生之日起至基金设立之日止的利息。以担保方式设立基金的,担保数额为基金数额及其在基金设立期间的利息。

以现金设立基金的,基金到达海事法院指定帐户之日为基金设立之日。以担保设立基金的,海事法院接受担保之日为基金设立之日。

第一百零九条【海事赔偿责任限制基金设立后的程序】 设立海事赔偿责任限制基金以后,当事人就有关海事纠纷应当向设立海事赔偿责任限制基金的海事法院提起诉讼,但当事人之间订有诉讼管辖协议或者仲裁协议的除外。

第一百一十条【海事赔偿责任限制基金的申请错误】 申请人申请设立海事赔偿责任限制基金错误的,应当赔偿利害关系人因此所遭受的损失。

NO.409 申请船舶优先权催告

相关法规

中华人民共和国海事诉讼特别程序法(节录)
(1999年12月25日 主席令第28号)

第一百二十条【船舶优先权的催告申请人】 船舶转让时,受让人可以向海事法院申请船舶优先权催告,催促船舶优先权人及时主张权利,消灭该船舶附有的船舶优先权。

第十部分 适用特殊程序案件案由　　479

第一百二十一条【受理法院】 受让人申请船舶优先权催告的，应当向转让船舶交付地或者受让人住所地海事法院提出。

第一百二十二条【申请文件】 申请船舶优先权催告，应当向海事法院提交申请书、船舶转让合同、船舶技术资料等文件。申请书应当载明船舶的名称、申请船舶优先权催告的事实和理由。

第一百二十三条【对申请的裁定】 海事法院在收到申请书以及有关文件后，应当进行审查，在七日内作出准予或者不准予申请的裁定。

受让人对裁定不服的，可以申请复议一次。

第一百二十四条【公示催告】 海事法院在准予申请的裁定生效后，应当通过报纸或者其他新闻媒体发布公告，催促船舶优先权人在催告期间主张船舶优先权。

船舶优先权催告期间为六十日。

第一百二十五条【优先权登记】 船舶优先权催告期间，船舶优先权人主张权利的，应当在海事法院办理登记；不主张权利的，视为放弃船舶优先权。

第一百二十六条【申请判决】 船舶优先权催告期间届满，无人主张船舶优先权的，海事法院应当根据当事人的申请作出判决，宣告该转让船舶不附有船舶优先权。判决内容应当公告。

NO.410　　申请海事债权登记与受偿

相关法规

中华人民共和国海事诉讼特别程序法（节录）
（1999年12月25日　主席令第28号）

第一百一十一条【拍卖债权登记时间】 海事法院裁定强制拍卖船舶的公告发布后，债权人应当在公告期间，就与被拍卖船舶有关的债权申请登记。公告期间届满不登记的，视为放弃在本次拍卖船舶价款中受偿的权利。

第一百一十二条【海事事故债权登记】 海事法院受理设立海事赔偿责任限制基金的公告发布后，债权人应当在公告期间就与特定场合发生的海事事故有关的债权申请登记。公告期间届满不登记的，视为放弃债权。

第一百一十三条【债权证据】 债权人向海事法院申请登记债权的，应当提交书面申请，并提供有关债权证据。

债权证据，包括证明债权的具有法律效力的判决书、裁定书、调解书、仲裁裁决书和公证债权文书，以及其他证明具有海事请求的证据材料。

第一百一十四条【债权证据审查】 海事法院应当对债权人的申请进行审查，对提供债权证据的，裁定准予登记；对不提供债权证据的，裁定驳回申请。

第一百一十五条【债权文书确认】 债权人提供证明债权的判决书、裁定书、调解书、仲裁裁决书或者公证债权文书的，海事法院经审查认定上述文书真实合法的，裁定予以确认。

第一百一十六条【确认诉讼】 债权人提供其他海事请求证据的，应当在办理债权登记以后，在受理债权登记的海事法院提起确权诉讼。当事人之间有仲裁协议的，应当及时申请仲裁。

海事法院对确权诉讼作出的判决、裁定具有法律效力，当事人不得提起上诉。

第一百一十七条【召开债权人会议】 海事法院审理并确认债权后，应当向债权人发出债权人会议通知书，组织召开债权人会议。

第一百一十八条【分配方案】 债权人会议可以协商提出船舶价款或者海事赔偿责任限制基金的分配方案，签订受偿协议。

受偿协议经海事法院裁定认可，具有法律效力。

债权人会议协商不成的，由海事法院依照《中华人民共和国海商法》以及其他有关法律规定的受偿顺序，裁定船舶价款或者海事赔偿责任限制基金的分配方案。

第一百一十九条【受偿顺序】 拍卖船舶所得价款及其利息，或者海事赔偿责任限制基金及其利息，应当一并予以分配。

分配船舶价款时，应当由责任人承担的诉讼费用，为保存、拍卖船舶和分配船舶价款产生的费用，以及为债权人的共同利益支付的其他费用，应当从船舶价款中先行拨付。

清偿债务后的余款，应当退还船舶原所有人或者海事赔偿责任限制基金设立人。

四十二、申请承认与执行法院判决、仲裁裁决案件

- 申请执行海事仲裁裁决；申请执行知识产权仲裁裁决；申请执行涉外仲裁裁决
- 申请认可和执行香港特别行政区法院民事判决；申请认可和执行香港特别行政区仲裁裁决
- 申请认可和执行澳门特别行政区法院民事判决；申请认可和执行澳门特别行政区仲裁裁决
- 申请认可和执行台湾地区法院民事判决；申请认可和执行台湾地区仲裁裁决
- 申请承认和执行外国法院民事判决、裁定；申请承认和执行外国仲裁裁决

申请承认与执行法院判决、仲裁裁决案件	申请执行海事仲裁裁决	对依法设立的仲裁机构的裁决，一方当事人不履行的，另一方当事人可以向有管辖权的人民法院申请执行
	申请执行知识产权仲裁裁决	**当事人应当履行裁决。一方当事人不履行的，另一方当事人可以依照民事诉讼法的有关规定向人民法院申请执行**
	申请执行涉外仲裁裁决	对中华人民共和国涉外仲裁机构作出的裁决，被申请人提出证据证明仲裁裁决具有法定不予执行的情形时，法院不予执行
	申请认可和执行香港特别行政区法院民事判决	**内地法院和香港特别行政区法院在具有书面管辖协议的民商事案件中作出的须支付款项的具有执行力的终审判决，当事人可依法向内地法院或者香港特别行政区法院申请认可和执行**
	申请认可和执行香港特别行政区仲裁裁决	**在内地或香港特区作出的仲裁裁决，一方当事人不履行裁决的**，另一方当事人可向被申请人住所地或财产所在地有关法院申请执行
	申请认可和执行澳门特别行政区法院民事判决	内地有权受理认可和执行判决申请的法院为**被申请人住所地、经常居住地或者财产所在地的中级人民法院**
	申请认可和执行澳门特别行政区仲裁裁决	在澳门特别行政区作出的仲裁裁决，一方当事人不履行的，另一方当事人可向**被申请人住所地、经常居住地或财产所在地有关法院**申请认可、执行
	申请认可和执行台湾地区法院民事判决	台湾地区有关法院的民事判决，当事人的住所地、经常居住地或被执行财产所在地在其他省、自治区、直辖市的，当事人可依法向法院申请认可
	申请认可和执行台湾地区仲裁裁决	申请人申请认可台湾地区有关法院民事判决，应当提供相关证据，以证明该判决真实并且效力已确定
	申请承认和执行外国法院民事判决、裁定	**法院对申请或者请求承认和执行的外国法院作出的发生法律效力的判决、裁定**，依照中国缔结或参加的国际条约，或按照互惠原则进行审查后，认为不违反中国法律的基本原则或国家主权、安全、社会公共利益的，裁定承认其效力，需要执行的，发出执行令
	申请承认和执行外国仲裁裁决	**国外仲裁机构的裁决，需要中国法院承认和执行的，应由当事人直接向被执行人住所地或其财产所在地的中级法院申请**，法院应当依照中国缔结或参加的国际条约，或者按照互惠原则办理

NO.411 申请执行海事仲裁裁决

（略，参见"NO.412申请执行知识产权仲裁裁决"）

NO.412 申请执行知识产权仲裁裁决

——申请执行知识产权仲裁裁决的参照

中华人民共和国仲裁法（节录）
（2009年8月27日修正）

第六十二条【申请执行仲裁裁决】 <u>当事人应当履行裁决。一方当事人不履行的，另一方当事人可以依照民事诉讼法的有关规定向人民法院申请执行。</u>受申请的人民法院应当执行。

第六十三条【裁定不予执行的情形】 <u>被申请人提出证据证明裁决有民事诉讼法第二百一十三条第二款规定的情形之一的，经人民法院组成合议庭审查核实，裁定不予执行。</u>

第六十四条【裁定中止执行】 <u>一方当事人申请执行裁决，另一方当事人申请撤销裁决的，人民法院应当裁定中止执行。</u>

人民法院裁定撤销裁决的，应当裁定终结执行。撤销裁决的申请被裁定驳回的，人民法院应当裁定恢复执行。

NO.413 申请执行涉外仲裁裁决

相关法规

中华人民共和国民事诉讼法（节录）
（2013年8月31日 主席令第59号）

第二百七十四条【裁定不予执行的涉外仲裁裁决】 <u>对中华人民共和国涉外仲裁机构作出的裁决，被申请人提出证据证明仲裁裁</u>

决有下列情形之一的，经人民法院组成合议庭审查核实，**裁定不予执行**：
（一）当事人在合同中没有订有仲裁条款或者事后没有达成书面仲裁协议的；
（二）被申请人没有得到指定仲裁员或者进行仲裁程序的通知，或者由于其他不属于被申请人负责的原因未能陈述意见的；
（三）仲裁庭的组成或者仲裁的程序与仲裁规则不符的；
（四）裁决的事项不属于仲裁协议的范围或者仲裁机构无权仲裁的。
人民法院认定执行该裁决违背社会公共利益的，裁定不予执行。

NO.414　申请认可和执行香港特别行政区法院民事判决

司法解释

最高人民法院关于内地与香港特别行政区法院相互认可和执行当事人协议管辖的民商事案件判决的安排
（2008年7月3日　法释〔2008〕9号）

根据《中华人民共和国香港特别行政区基本法》第九十五条的规定，最高人民法院与香港特别行政区政府经协商，现就当事人协议管辖的民商事案件判决的认可和执行问题作出如下安排：

第一条　内地人民法院和香港特别行政区法院在具有书面管辖协议的民商事案件中作出的须支付款项的具有执行力的终审判决，当事人可以根据本安排向内地人民法院或者香港特别行政区法院申请认可和执行。

第二条　本安排所称"**具有执行力的终审判决**"：
（一）在内地是指：
1. 最高人民法院的判决；
2. 高级人民法院、中级人民法院以及经授权管辖第一审涉外、涉港澳台民商事案件的基层人民法院（名单附后）依法不准上诉或者已经超过法定期限没有上诉的第一审判决，第二审判决和依照审判监督程序由上一级人民法院提审后作出的生效判决。
（二）在香港特别行政区是指终审法院、高等法院上诉法庭及原讼法庭和区域法院作出的生效判决。

本安排所称**判决**，在内地包括判决书、裁定书、调解书、支付令；在香港特别行政区包括判决书、命令和诉讼费评定证明书。

当事人向香港特别行政区法院申请认可和执行判决后，内地人民法院对该案件依法再审的，由作出生效判决的上一级人民法院提审。

第三条 本安排所称"**书面管辖协议**"，是指当事人为解决与特定法律关系有关的已经发生或者可能发生的争议，自本安排生效之日起，以书面形式明确约定内地人民法院或者香港特别行政区法院具有唯一管辖权的协议。

本条所称"**特定法律关系**"，是指当事人之间的民商事合同，不包括雇佣合同以及自然人因个人消费、家庭事宜或者其他非商业目的而作为协议一方的合同。

本条所称"**书面形式**"是指合同书、信件和数据电文（包括电报、电传、传真、电子数据交换和电子邮件）等可以有形地表现所载内容、可以调取以备日后查用的形式。

书面管辖协议可以由一份或者多份书面形式组成。

除非合同另有规定，合同中的管辖协议条款独立存在，合同的变更、解除、终止或者无效，不影响管辖协议条款的效力。

第四条 申请认可和执行符合本安排规定的民商事判决，**在内地向被申请人住所地、经常居住地或者财产所在地的中级人民法院提出，在香港特别行政区向香港特别行政区高等法院提出。**

第五条 被申请人住所地、经常居住地或者财产所在地在内地不同的中级人民法院辖区的，申请人应当选择向其中一个人民法院提出认可和执行的申请，不得分别向两个或者两个以上人民法院提出申请。

被申请人的住所地、经常居住地或者财产所在地，既在内地又在香港特别行政区的，申请人可以同时分别向两地法院提出申请，两地法院分别执行判决的总额，不得超过判决确定的数额。已经部分或者全部执行判决的法院应当根据对方法院的要求提供已执行判决的情况。

第六条 申请人向有关法院申请认可和执行判决的，应当提交以下文件：

（一）请求认可和执行的申请书；

（二）经作出终审判决的法院盖章的判决书副本；

（三）作出终审判决的法院出具的证明书，证明该判决属于本安排第二条所指的终审判决，在判决作出地可以执行；

（四）身份证明材料：

1. 申请人为自然人的，应当提交身份证或者经公证的身份证复印件；

2. 申请人为法人或者其他组织的，应当提交经公证的法人或者其他组织注册登记证书的复印件；

3. 申请人是外国籍法人或者其他组织的，应当提交相应的公证和认证材料。

向内地人民法院提交的文件没有中文文本的，申请人应当提交证明无误的中文译本。

执行地法院对于本条所规定的法院出具的证明书，无需另行要求公证。

第七条 请求认可和执行申请书应当载明下列事项：

（一）当事人为自然人的，其姓名、住所；当事人为法人或者其他组织的，法人或者其他组织的名称、住所以及法定代表人或者主要负责人的姓名、职务和住所；

（二）申请执行的理由与请求的内容，被申请人的财产所在地以及财产状况；

（三）判决是否在原审法院地申请执行以及已执行的情况。

第八条 申请人申请认可和执行内地人民法院或者香港特别行政区法院判决的程序，依据执行地法律的规定。本安排另有规定的除外。

申请人申请认可和执行的期间为二年。

前款规定的期间，内地判决到香港特别行政区申请执行的，从判决规定履行期间的最后一日起计算，判决规定分期履行的，从规定的每次履行期间的最后一日起计算，判决未规定履行期间的，从判决生效之日起计算；香港特别行政区判决到内地申请执行的，从判决可强制执行之日起计算，该日为判决上注明的判决日期，判决对履行期间另有规定的，从规定的履行期间届满后开始计算。

第九条 对申请认可和执行的判决，原审判决中的债务人提供证据证明有下列情形之一的，受理申请的法院经审查核实，应当裁定不予认可和执行：

（一）根据当事人协议选择的原审法院地的法律，管辖协议属于无效。但选择法院已经判定该管辖协议为有效的除外；

（二）判决已获完全履行；

（三）根据执行地的法律，执行地法院对该案享有专属管辖权；

（四）根据原审法院地的法律，未曾出庭的败诉一方当事人未经合法传唤或者虽经合法传唤但未获依法律规定的答辩时间。但原审法院根据其法律或者有关规定公告送达的，不属于上述情形；

（五）判决是以欺诈方法取得的；

（六）执行地法院就相同诉讼请求作出判决，或者外国、境外地区法院就相同诉讼请求作出判决，或者有关仲裁机构作出仲裁裁决，已经为执行地法院所认可或者执行的。

内地人民法院认为在内地执行香港特别行政区法院判决违反内地社会公共利益，或者香港特别行政区法院认为在香港特别行政区执行内地人民法院判决违反香港特别行政区公共政策的，不予认可和执行。

第十条 对于香港特别行政区法院作出的判决，判决确定的债务人已经提出上诉，或者上诉程序尚未完结的，内地人民法院审查核实后，可以中止认可和执行程序。经上诉，维持全部或者部分原判决的，恢复认可和执行程序；完全改变原判决的，终止认可和执行程序。

内地地方人民法院就已经作出的判决按照审判监督程序作出提审裁定，或者最高人民法院作出提起再审裁定的，香港特别行政区法院审查核实后，可以中止认可和执行程序。再审判决维持全部或者部分原判决的，恢复认可和执行程序；再审判决完全改变原判决的，终止认可和执行程序。

第十一条 根据本安排而获认可的判决与执行地法院的判决效力相同。

第十二条 当事人对认可和执行与否的裁定不服的，在内地可以向上一级人民法院申请复议，在香港特别行政区可以根据其法律规定提出上诉。

第十三条 在法院受理当事人申请认可和执行判决期间，当事人依相同事实再行提起诉讼的，法院不予受理。

已获认可和执行的判决，当事人依相同事实再行提起诉讼的，法院不予受理。

对于根据本安排第九条不予认可和执行的判决，申请人不得再行提起认可和执行的申请，但是可以按照执行地的法律依相同案件事实向执行地法院提起诉讼。

第十四条 法院受理认可和执行判决的申请之前或者之后，可以按照执行地法律关于财产保全或者禁制资产转移的规定，根据申请人的申请，对被申请人的财产采取保全或强制措施。

第十五条 当事人向有关法院申请执行判决，应当根据执行地有关诉讼收费的法律和规定交纳执行费或者法院费用。

第十六条 内地与香港特别行政区法院相互认可和执行的标的范围，除判决确定的数额外,还包括根据该判决须支付的利息、经法院核定的律师费以及诉讼费,但不包括税收和罚款。

在香港特别行政区诉讼费是指经法官或者司法常务官在诉讼费评定证明书中核定或者命令支付的诉讼费用。

第十七条 内地与香港特别行政区法院自本安排生效之日(含本日)起作出的判决,适用本安排。

第十八条 本安排在执行过程中遇有问题或者需要修改,由最高人民法院和香港特别行政区政府协商解决。

NO.415 ➡ 申请认可和执行香港特别行政区仲裁裁决

司法解释 ➡

最高人民法院关于内地与香港特别行政区相互执行仲裁裁决的安排
(2000年1月24日 法释〔2000〕3号)

根据《中华人民共和国香港特别行政区基本法》第九十五条的规定,经最高人民法院与香港特别行政区(以下简称香港特区)政府协商,香港特区法院同意执行内地仲裁机构(名单由国务院法制办公室经国务院港澳事务办公室提供)依据《中华人民共和国仲裁法》所作出的裁决,内地人民法院同意执行在香港特区按香港特区《仲裁条例》所作出的裁决。现就内地与香港特区相互执行仲裁裁决的有关事宜作出如下安排:

一、在内地或者香港特区作出的仲裁裁决,一方当事人不履行仲裁裁决的,另一方当事人可以向被申请人住所地或者财产所在地的有关法院申请执行。

二、上条所述的**有关法院**,在内地指被申请人住所地或者财产所在地的中级人民法院,在香港特区指香港特区高等法院。

被申请人住所地或者财产所在地在内地不同的中级人民法院辖区内的,申请人可以选择其中一个人民法院申请执行裁决,不得分别向两个或者两个以上人民法院提出申请。

被申请人的住所地或者财产所在地,既在内地又在香港特区的,申请人不得同时分别向两地有关法院提出申请。只有一地法院执行不足以偿还其债务时，才可就不足部分向另一地法院申请执行。两地法院先后执行仲裁裁决的总额，不得超过裁决数额。

三、**申请人向有关法院申请执行在内地或者香港特区作出的仲裁裁决的**，应当提交以下文书：

（一）执行申请书；

（二）仲裁裁决书；

（三）仲裁协议。

四、**执行申请书的内容应当载明下列事项**：

（一）申请人为自然人的情况下，该人的姓名、地址；申请人为法人或者其他组织的情况下，该法人或其他组织的名称、地址及法定代表人姓名；

（二）被申请人为自然人的情况下，该人的姓名、地址；被申请人为法人或者其他组织的情况下，该法人或其他组织的名称、地址及法定代表人姓名；

（三）申请人为法人或者其他组织的，应当提交企业注册登记的副本。申请人是外国籍法人或者其他组织的，应当提交相应的公证和认证材料；

（四）申请执行的理由与请求的内容，被申请人的财产所在地及财产状况。

执行申请书应当以中文文本提出，裁决书或者仲裁协议没有中文文本的，申请人应当提交正式证明的中文译本。

五、**申请人向有关法院申请执行内地或者香港特区仲裁裁决的期限依据执行地法律有关时限的规定。**

六、有关法院接到申请人申请后，应当按执行地法律程序处理及执行。

七、**在内地或者香港特区申请执行的仲裁裁决，被申请人接到通知后，提出证据证明有下列情形之一的，经审查核实，有关法院可裁定不予执行：**

（一）仲裁协议当事人依对其适用的法律属于某种无行为能力的情形；或者该项仲裁协议依约定的准据法无效；或者未指明以何种法律为准时，依仲裁裁决地的法律是无效的；

（二）被申请人未接到指派仲裁员的适当通知，或者因他故未能陈述意见的；

（三）裁决所处理的争议不是交付仲裁的标的或者不在仲裁协议条款之内，或者裁决载有关于交付仲裁范围以外事项的决定的；但交付仲裁事项的决定可与未交付仲裁的事项划分时，裁决中关于交付仲裁事项的决定部分应当予以执行；

（四）仲裁庭的组成或者仲裁庭程序与当事人之间的协议不符，或者在有关当事人没有这种协议时与仲裁地的法律不符的；

（五）裁决对当事人尚无约束力，或者业经仲裁地的法院或者按仲裁地的法律撤销或者停止执行的。

有关法院认定依执行地法律，争议事项不能以仲裁解决的，则可不予执行该裁决。

内地法院认定在内地执行该仲裁裁决违反内地社会公共利益，或者香港特区法院决定在香港特区执行该仲裁裁决违反香港特区的公共政策，则可不予执行该裁决。

八、申请人向有关法院申请执行在内地或者香港特区作出的仲裁裁决，应当根据执行地法院有关诉讼收费的办法交纳执行费用。

九、1997年7月1日以后申请执行在内地或者香港特区作出的仲裁裁决按本安排执行。

十、对1997年7月1日至本安排生效之日的裁决申请问题，双方同意：

1997年7月1日至本安排生效之日因故未能向内地或者香港特区法院申请执行，申请人为法人或者其他组织的，可以在本安排生效后六个月内提出；如申请人为自然人的，可以在本安排生效后一年内提出。

对于内地或香港特区法院在1997年7月1日至本安排生效之日拒绝受理或者拒绝执行仲裁裁决的案件，应允许当事人重新申请。

十一、本安排在执行过程中遇有问题和修改，应当通过最高人民法院和香港特区政府协商解决。

NO.416 申请认可和执行澳门特别行政区法院民事判决

司法解释

最高人民法院关于内地与澳门特别行政区法院相互认可和执行民商事案件判决的安排

（2006年3月21日　法释〔2006〕2号）

根据《中华人民共和国澳门特别行政区基本法》第九十三条的规定，最高人民法院与澳门特别行政区经协商，就内地与澳门特别行政区法院相互认可和执行民商事判决事宜，达成如下安排：

第一条　内地与澳门特别行政区民商事案件（在内地包括劳动

争议案件，在澳门特别行政区包括劳动民事案件）判决的相互认可和执行，适用本安排。

本安排亦适用于刑事案件中有关民事损害赔偿的判决、裁定。

本安排不适用于行政案件。

第二条 本安排所称"**判决**"，在内地包括：判决、裁定、决定、调解书、支付令；在澳门特别行政区包括：裁判、判决、确认和解的裁定、法官的决定或者批示。

本安排所称"**被请求方**"，指内地或者澳门特别行政区双方中，受理认可和执行判决申请的一方。

第三条 一方法院作出的具有给付内容的生效判决，当事人可以向对方有管辖权的法院申请认可和执行。

没有给付内容，或者不需要执行，但需要通过司法程序予以认可的判决，当事人可以向对方法院单独申请认可，也可以直接以该判决作为证据在对方法院的诉讼程序中使用。

第四条 内地有权受理认可和执行判决申请的法院为被申请人住所地、经常居住地或者财产所在地的中级人民法院。两个或者两个以上中级人民法院均有管辖权的，申请人应当选择向其中一个中级人民法院提出申请。

澳门特别行政区有权受理认可判决申请的法院为中级法院，有权执行的法院为初级法院。

第五条 被申请人在内地和澳门特别行政区均有可供执行财产的，申请人可以向一地法院提出执行申请。

申请人向一地法院提出执行申请的同时，可以向另一地法院申请查封、扣押或者冻结被执行人的财产。待一地法院执行完毕后，可以根据该地法院出具的执行情况证明，就不足部分向另一地法院申请采取处分财产的执行措施。

两地法院执行财产的总额，不得超过依据判决和法律规定所确定的数额。

第六条 请求认可和执行判决的申请书，应当载明下列事项：

（一）申请人或者被申请人为自然人的，应当载明其姓名及住所；为法人或者其他组织的，应当载明其名称及住所，以及其法定代表人或者主要负责人的姓名、职务和住所；

（二）请求认可和执行的判决的案号和判决日期；

（三）请求认可和执行判决的理由、标的，以及该判决在判决作出地法院的执行情况。

第七条 申请书应当附生效判决书副本，或者经作出生效判决的法院盖章的证明书，同时应当附作出生效判决的法院或者有权限机构出具的证明下列事项的相关文件：

（一）传唤属依法作出，但判决书已经证明的除外；

（二）无诉讼行为能力人依法得到代理，但判决书已经证明的除外；

（三）根据判决作出地的法律，判决已经送达当事人，并已生效；

（四）申请人为法人的，应当提供法人营业执照副本或者法人登记证明书；

（五）判决作出地法院发出的执行情况证明。

如被请求方法院认为已充分了解有关事项时，可以免除提交相关文件。

被请求方法院对当事人提供的判决书的真实性有疑问时，可以请求作出生效判决的法院予以确认。

第八条 申请书应当用中文制作。所附司法文书及其相关文件未用中文制作的，应当提供中文译本。其中法院判决书未用中文制作的，应当提供由法院出具的中文译本。

第九条 法院收到申请人请求认可和执行判决的申请后，应当将申请书送达被申请人。

被申请人有权提出答辩。

第十条 被请求方法院应当尽快审查认可和执行的请求，并作出裁定。

第十一条 被请求方法院经审查核实存在下列情形之一的，裁定不予认可：

（一）根据被请求方的法律，判决所确认的事项属被请求方法院专属管辖；

（二）在被请求方法院已存在相同诉讼，该诉讼先于待认可判决的诉讼提起，且被请求方法院具有管辖权；

（三）被请求方法院已认可或者执行被请求方法院以外的法院或仲裁机构就相同诉讼作出的判决或仲裁裁决；

（四）根据判决作出地的法律规定，败诉的当事人未得到合法传唤，或者无诉讼行为能力人未依法得到代理；

（五）根据判决作出地的法律规定，申请认可和执行的判决尚未发生法律效力，或者因再审被裁定中止执行；

（六）在内地认可和执行判决将违反内地法律的基本原则或者社会公共利益；在澳门特别行政区认可和执行判决将违反澳门特别行政区法律的基本原则或者公共秩序。

第十二条 法院就认可和执行判决的请求作出裁定后，应当及时送达。

当事人对认可与否的裁定不服的，在内地可以向上一级人民法院提请复议，在澳门特别行政区可以根据其法律规定提起上诉；对执行中作出的裁定不服的，可以根据被请求方法律的规定，向上级法院寻求救济。

第十三条 经裁定予以认可的判决，与被请求方法院的判决具有同等效力。判决有给付内容的，当事人可以向该方有管辖权的法院申请执行。

第十四条 被请求方法院不能对判决所确认的所有请求予以认可和执行时，可以认可和执行其中的部分请求。

第十五条 法院受理认可和执行判决的申请之前或者之后，可以按照被请求方法律关于财产保全的规定，根据申请人的申请，对被申请人的财产采取保全措施。

第十六条 在被请求方法院受理认可和执行判决的申请期间，或者判决已获认可和执行，当事人再行提起相同诉讼的，被请求方法院不予受理。

第十七条 对于根据本安排第十一条（一）、（四）、（六）项不予认可的判决，申请人不得再行提起认可和执行的申请。但根据被请求方的法律，被请求方法院有管辖权的，当事人可以就相同案件事实向当地法院另行提起诉讼。

本安排第十一条（五）项所指的判决，在不予认可的情形消除后，申请人可以再行提起认可和执行的申请。

第十八条 为适用本安排，由一方有权限公共机构（包括公证员）作成或者公证的文书正本、副本及译本，免除任何认证手续而可以在对方使用。

第十九条 申请人依据本安排申请认可和执行判决，应当根据被请求方法律规定，交纳诉讼费用、执行费用。

申请人在生效判决作出地获准缓交、减交、免交诉讼费用的，在被请求方法院申请认可和执行判决时，应当享有同等待遇。

第二十条 对民商事判决的认可和执行，除本安排有规定的以外，适用被请求方的法律规定。

第二十一条 本安排生效前提出的认可和执行请求，不适用本安排。

两地法院自1999年12月20日以后至本安排生效前作出的判决，当事人未向对方法院申请认可和执行，或者对方法院拒绝受理的，仍可以于本安排生效后提出申请。

澳门特别行政区法院在上述期间内作出的判决，当事人向内地人民法院申请认可和执行的期限，自本安排生效之日起重新计算。

第二十二条 本安排在执行过程中遇有问题或者需要修改，应当由最高人民法院与澳门特别行政区协商解决。

第二十三条　为执行本安排，最高人民法院和澳门特别行政区终审法院应当相互提供相关法律资料。

最高人民法院和澳门特别行政区终审法院每年相互通报执行本安排的情况。

第二十四条　本安排自2006年4月1日起生效。

NO.417　申请认可和执行澳门特别行政区仲裁裁决

最高人民法院关于内地与澳门特别行政区相互认可和执行仲裁裁决的安排

（2007年12月12日　法释〔2007〕17号）

司法解释

根据《中华人民共和国澳门特别行政区基本法》第九十三条的规定，经最高人民法院与澳门特别行政区协商，现就内地与澳门特别行政区相互认可和执行仲裁裁决的有关事宜达成如下安排：

第一条　内地人民法院认可和执行澳门特别行政区仲裁机构及仲裁员按照澳门特别行政区仲裁法规在澳门作出的民商事仲裁裁决，澳门特别行政区法院认可和执行内地仲裁机构依据《中华人民共和国仲裁法》在内地作出的民商事仲裁裁决，适用本安排。

本安排没有规定的，适用认可和执行地的程序法律规定。

第二条　在内地或者澳门特别行政区作出的仲裁裁决，一方当事人不履行的，另一方当事人可以向被申请人住所地、经常居住地或者财产所在地的有关法院申请认可和执行。

内地有权受理认可和执行仲裁裁决申请的法院为中级人民法院。两个或者两个以上中级人民法院均有管辖权的，当事人应当选择向其中一个中级人民法院提出申请。

澳门特别行政区有权受理认可仲裁裁决申请的法院为中级法院，有权执行的法院为初级法院。

第三条　被申请人的住所地、经常居住地或者财产所在地分别在内地和澳门特别行政区的，申请人可以向一地法院提出认可和执行申请，也可以分别向两地法院提出申请。

当事人分别向两地法院提出申请的，两地法院都应当依法进行审查。予以认可的，采取查封、扣押或者冻结被执行人财产等执行措施。仲裁地法院应当先进行执行清偿；另一地法院在收到仲裁地法院关于经执行债权未获清偿情况的证明后，可以对申请人未获清偿的部分进行执行清偿。两地法院执行财产的总额，不得超过依据裁决和法律规定所确定的数额。

第四条　申请人向有关法院申请认可和执行仲裁裁决的，应当提交以下文件或者经公证的副本：

（一）申请书；

（二）申请人身份证明；

（三）仲裁协议；

（四）仲裁裁决书或者仲裁调解书。

上述文件没有中文文本的，申请人应当提交经正式证明的中文译本。

第五条　申请书应当包括下列内容：

（一）申请人或者被申请人为自然人的，应当载明其姓名及住所；为法人或者其他组织的，应当载明其名称及住所，以及其法定代表人或者主要负责人的姓名、职务和住所；申请人是外国籍法人或者其他组织的，应当提交相应的公证和认证材料；

（二）请求认可和执行的仲裁裁决书或者仲裁调解书的案号或识别资料和生效日期；

（三）申请认可和执行仲裁裁决的理由及具体请求，以及被申请人财产所在地、财产状况及该仲裁裁决的执行情况。

第六条　申请人向有关法院申请认可和执行内地或者澳门特别行政区仲裁裁决的期限，依据认可和执行地的法律确定。

第七条　对申请认可和执行的仲裁裁决，被申请人提出证据证明有下列情形之一的，经审查核实，有关法院可以裁定不予认可：

（一）仲裁协议一方当事人依对其适用的法律在订立仲裁协议时属于无行为能力的；或者依当事人约定的准据法，或当事人没有约定适用的准据法而依仲裁地法律，该仲裁协议无效的；

（二）被申请人未接到选任仲裁员或者进行仲裁程序的适当通知，或者因他故未能陈述意见的；

（三）裁决所处理的争议不是提交仲裁的争议，或者不在仲裁协议范围之内；或者裁决载有超出当事人提交仲裁范围的事项的决定，但裁决中超出提交仲裁范围的事项的决定与提交仲裁事项的决定可以分开的，裁决中关于提交仲裁事项的决定部分可以予以认可；

（四）仲裁庭的组成或者仲裁程序违反了当事人的约定，或者在当事人没有约定时与仲裁地的法律不符的；

（五）裁决对当事人尚无约束力，或者业经仲裁地的法院撤销或者拒绝执行的。有关法院认定，依执行地法律，争议事项不能以仲裁解决的，不予认可和执行该裁决。内地法院认定在内地认可和执行该仲裁裁决违反内地法律的基本原则或者社会公共利益，澳门特别行政区法院认定在澳门特别行政区认可和执行该仲裁裁决违反澳门特别行政区法律的基本原则或者公共秩序，不予认可和执行该裁决。

第八条 申请人依据本安排申请认可和执行仲裁裁决的，应当根据执行地法律的规定，交纳诉讼费用。

第九条 一方当事人向一地法院申请执行仲裁裁决，另一方当事人向另一地法院申请撤销该仲裁裁决，被执行人申请中止执行且提供充分担保的，执行法院应当中止执行。

根据经认可的撤销仲裁裁决的判决、裁定，执行法院应当终结执行程序；撤销仲裁裁决申请被驳回的，执行法院应当恢复执行。

当事人申请中止执行的，应当向执行法院提供其他法院已经受理申请撤销仲裁裁决案件的法律文书。

第十条 受理申请的法院应当尽快审查认可和执行的请求，并作出裁定。

第十一条 法院在受理认可和执行仲裁裁决申请之前或者之后，可以依当事人的申请，按照法院地法律规定，对被申请人的财产采取保全措施。

第十二条 由一方有权限公共机构（包括公证员）作成的文书正本或者经公证的文书副本及译本，在适用本安排时，可以免除认证手续在对方使用。

第十三条 本安排实施前，当事人提出的认可和执行仲裁裁决的请求，不适用本安排。

自1999年12月20日至本安排实施前，澳门特别行政区仲裁机构及仲裁员作出的仲裁裁决，当事人向内地申请认可和执行的期限，自本安排实施之日起算。

第十四条 为执行本安排，最高人民法院和澳门特别行政区终审法院应当相互提供相关法律资料。

最高人民法院和澳门特别行政区终审法院每年相互通报执行本安排的情况。

第十五条 本安排在执行过程中遇有问题或者需要修改的，由最高人民法院和澳门特别行政区协商解决。

第十六条 本安排自2008年1月1日起实施。

NO.418 申请认可和执行台湾地区法院民事判决

条文要旨重点提示	对应条文序号
有关申请认可和执行台湾地区法院民事判决的司法解释	最高人民法院《关于人民法院认可台湾地区有关法院民事判决的规定》
有关认可和执行台湾地区民事调解书或调解协议的司法解释（比照有关申请认可和执行台湾地区法院民事判决的做法处理）	最高人民法院《关于当事人持台湾地区有关法院民事调解书或者有关机构出具或确认的调解协议书向人民法院申请认可人民法院应否受理的批复》
有关认可和执行台湾地区支付令的司法解释（比照有关申请认可和执行台湾地区法院民事判决的做法处理）	最高人民法院《关于当事人持台湾地区有关法院支付命令向人民法院申请认可人民法院应否受理的批复》

司法解释

最高人民法院关于人民法院认可台湾地区有关法院民事判决的规定
（1998年5月22日　法释〔1998〕11号）

第一条　为保障我国台湾地区和其他省、自治区、直辖市的诉讼当事人的民事权益与诉讼权利，特制定本规定。

第二条　台湾地区有关法院的民事判决，当事人的住所地、经常居住地或者被执行财产所在地在其他省、自治区、直辖市的，当事人可以根据本规定向人民法院申请认可。

第三条　申请由申请人住所地、经常居住地或者被执行财产所在地中级人民法院受理。

第四条　申请人应提交申请书，并须附有不违反一个中国原则的台湾地区有关法院民事判决书正本或经证明无误的副本、证明文件。

第五条　申请书应记明以下事项：

（一）申请人姓名、性别、年龄、职业、身份证件号码、申请时间和住址（申请人为法人或者其他组织的，应记明法人或者其他组织的名称、地址、法定代表人姓名、职务）；

（二）当事人受传唤和应诉情况及证明文件；

（三）请求和理由；

（四）其他需要说明的情况。

第六条 人民法院收到申请书，经审查，符合本规定第四条和第五条的条件的，应当在七日内受理；不符合本规定第四条和第五条的条件的，不予受理，并在七日内通知申请人，同时说明不受理的理由。

第七条 人民法院审查认可台湾地区有关法院民事判决的申请，由审判员组成合议庭进行。

第八条 人民法院受理申请后，对于台湾地区有关法院民事判决是否生效不能确定的，应告知申请人提交作出判决的法院出具的证明文件。

第九条 台湾地区有关法院的民事判决具有下列情形之一的，裁定不予认可：

（一）申请认可的民事判决的效力未确定的；

（二）申请认可的民事判决，是在被告缺席又未经合法传唤或者在被告无诉讼行为能力又未得到适当代理的情况下作出的；

（三）案件系人民法院专属管辖的；

（四）案件的双方当事人订有仲裁协议的；

（五）案件系人民法院已作出判决，或者外国、境外地区法院作出判决或境外仲裁机构作出仲裁裁决已为人民法院所承认的；

（六）申请认可的民事判决具有违反国家法律的基本原则，或者损害社会公共利益情形的。

第十条 人民法院审查申请后，对于台湾地区有关法院民事判决不具有本规定第九条所列情形的，裁定认可其效力。

第十一条 申请人委托他人代理申请认可台湾地区有关法院民事判决的，应当向人民法院提交由委托人签名或盖章并经当地公证机关公证的授权委托书。

第十二条 人民法院受理认可台湾地区有关法院民事判决的申请后，对当事人就同一案件事实起诉的，不予受理。

第十三条 案件虽经台湾地区有关法院判决，但当事人未申请认可，而是就同一案件事实向人民法院提起诉讼的，应予受理。

第十四条 人民法院受理认可申请后，作出裁定前，申请人要求撤回申请的，应当允许。

第十五条 对人民法院不予认可的民事判决，申请人不得再提出申请，但可以就同一案件事实向人民法院提起诉讼。

第十六条　人民法院作出民事判决前，一方当事人申请认可台湾地区有关法院就同一案件事实作出的判决的，应当中止诉讼，对申请进行审查。经审查，对符合认可条件的申请，予以认可，并终结诉讼；对不符合认可条件的，则恢复诉讼。

第十七条　申请认可台湾地区有关法院民事判决的，应当在该判决发生效力后一年内提出。

第十八条　被认可的台湾地区有关法院民事判决需要执行的，依照《中华人民共和国民事诉讼法》规定的程序办理。

第十九条　申请认可台湾地区有关法院民事裁定和台湾地区仲裁机构裁决的，适用本规定。

最高人民法院关于人民法院认可台湾地区有关法院民事判决的补充规定

（2009年4月24日　法释〔2009〕4号）

为了更好地解决认可台湾地区有关法院民事判决的相关问题，维护当事人的合法权益，现对最高人民法院《关于人民法院认可台湾地区有关法院民事判决的规定》（以下简称《规定》）作出补充规定。

第一条　申请人同时提出认可和执行台湾地区有关法院民事判决申请的，人民法院应按规定对认可申请进行审查。

经人民法院裁定认可的台湾地区有关法院民事判决，与人民法院作出的生效判决具有同等效力。申请人依裁定向人民法院申请执行的，人民法院应予受理。

第二条　申请认可的台湾地区有关法院民事判决，包括对商事、知识产权、海事等民事纠纷案件作出的判决。

申请认可台湾地区有关法院民事裁定、调解书、支付令，以及台湾地区仲裁机构裁决的，适用《规定》和本补充规定。

第三条　申请人向两个以上有管辖权的中级人民法院申请认可的，由最先立案的中级人民法院管辖。

申请人向被执行财产所在地中级人民法院申请认可的，应当提供被执行财产存在的相关证据。

第四条　申请人申请认可台湾地区有关法院民事判决，应当提供相关证据，以证明该判决真实并且效力已确定。

第五条 申请人提出认可台湾地区有关法院民事判决的申请时，或者在案件受理后、人民法院作出裁定前，可以提出财产保全申请。

申请人申请财产保全的，应当向人民法院提供有效的担保。申请人不提供担保或者提供的担保不符合条件的，驳回其申请。

第六条 具有下列情形之一的，人民法院应当及时解除财产保全：

（一）人民法院作出准予财产保全的裁定后，被申请人提供有效担保的；

（二）人民法院作出认可裁定后，申请人在申请执行期限内不申请执行的；

（三）人民法院裁定不予认可台湾地区有关法院民事判决的；

（四）申请人撤回保全申请的。

申请财产保全的其他程序，适用民事诉讼法及相关司法解释的规定。

第七条 申请认可台湾地区有关法院民事判决的案件，应根据案件的不同类型，由相关民事审判庭的审判人员组成合议庭进行审理。

第八条 人民法院经审查能够确认该判决真实并且效力已确定，且不具有《规定》第九条所列情形的，裁定认可其效力；不能确认的，裁定驳回申请人的申请。

第九条 申请认可台湾地区有关法院民事判决的，应当在该判决效力确定后二年内提出。

当事人因不可抗拒的事由或者其他正当理由耽误期限而不能提出认可申请的，在障碍消除后的十日内，可以申请顺延期限。

第十条 人民法院受理申请人申请后，应当在六个月内审结。

最高人民法院关于当事人持台湾地区有关法院民事调解书或者有关机构出具或确认的调解协议书向人民法院申请认可人民法院应否受理的批复

（1999年4月27日　法释〔1999〕10号）

四川省高级人民法院：

你院关于当事人持台湾地区有关法院民事调解书或者有关机构出具或确认的调解协议书向人民法院申请认可，人民法院应否受理的请示收悉。经研究，答复如下：

<u>台湾地区有关法院出具的民事调解书，是在法院主持下双方当事人达成</u>

的协议，应视为与法院民事判决书具有同等效力。当事人向人民法院申请认可的，人民法院应比照我院《关于人民法院认可台湾地区有关法院民事判决的规定》予以受理。但对台湾地区有关机构（包括民间调解机构）出具或确认的调解协议书，当事人向人民法院申请认可的，人民法院不应予以受理。

此复

最高人民法院关于当事人持台湾地区有关法院支付命令向人民法院申请认可人民法院应否受理的批复
（2001年4月10日　法释〔2001〕13号）

广东省高级人民法院：

你院粤高法立〔2000〕30号《关于当事人持台湾地区有关法院支付命令向人民法院申请认可，人民法院应否受理的请示》收悉。经研究，答复如下：

人民法院对当事人持台湾地区有关法院支付命令及其确定证明书申请其认可的，可比照我院《关于人民法院认可台湾地区有关法院民事判决的规定》予以受理。

NO.419　申请认可和执行台湾地区仲裁裁决

司法解释

最高人民法院关于人民法院认可台湾地区有关法院民事判决的规定
（节录）
（1998年5月22日　法释〔1998〕11号）

第十九条　申请认可台湾地区有关法院民事裁定和台湾地区仲裁机构裁决的，适用本规定。

NO.420 申请承认和执行外国法院民事判决、裁定

相关法规

中华人民共和国民事诉讼法（节录）
（2012年8月31日 主席令第59号）

第二百八十二条【申请承认和执行外国法院民事判决、裁定】人民法院对申请或者请求承认和执行的外国法院作出的发生法律效力的判决、裁定，依照中华人民共和国缔结或者参加的国际条约，或者按照互惠原则进行审查后，认为不违反中华人民共和国法律的基本原则或者国家主权、安全、社会公共利益的，裁定承认其效力，需要执行的，发出执行令，依照本法的有关规定执行。违反中华人民共和国法律的基本原则或者国家主权、安全、社会公共利益的，不予承认和执行。

NO.421 申请承认和执行外国仲裁裁决

相关法规

中华人民共和国民事诉讼法（节录）
（2012年8月31日 主席令第59号）

第二百八十三条【申请承认和执行外国法院仲裁裁决】国外仲裁机构的裁决，需要中华人民共和国人民法院承认和执行的，应当由当事人直接向被执行人住所地或者其财产所在地的中级人民法院申请，人民法院应当依照中华人民共和国缔结或者参加的国际条约，或者按照互惠原则办理。

四十三、执行异议之诉

➢ 案外人执行异议之诉
➢ 申请执行人执行异议之诉
➢ 执行分配方案异议之诉

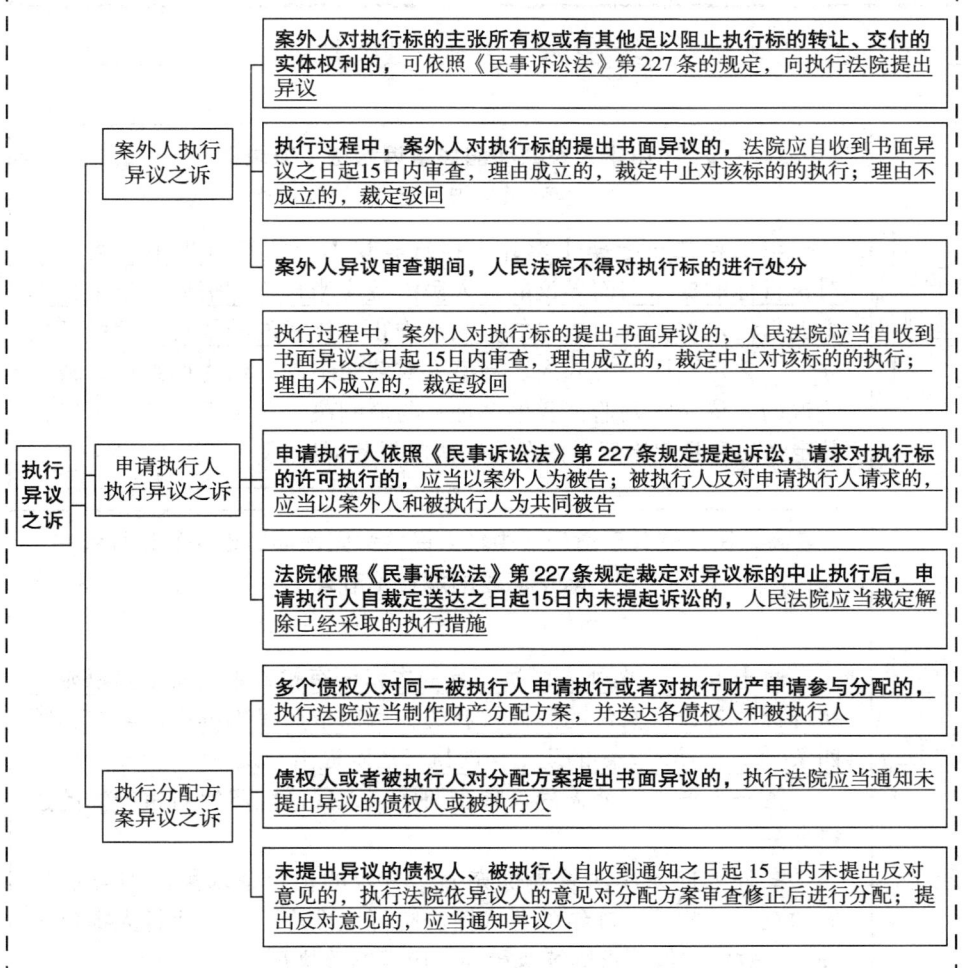

NO.422 案外人执行异议之诉

条文要旨重点提示	对应条文序号
案外人执行异议	《中华人民共和国民法通则》第227条
有关案外人执行异议的司法解释	最高人民法院《关于适用〈中华人民共和国民事诉讼法〉执行程序若干问题的解释》第15条、第16条

相关法规

中华人民共和国民事诉讼法（节录）
（2012年8月31日　主席令第59号）

第二百二十七条【案外人执行异议】 执行过程中，案外人对执行标的提出书面异议的，人民法院应当自收到书面异议之日起十五日内审查，理由成立的，裁定中止对该标的的执行；理由不成立的，裁定驳回。案外人、当事人对裁定不服，认为原判决、裁定错误的，依照审判监督程序办理；与原判决、裁定无关的，可以自裁定送达之日起十五日内向人民法院提起诉讼。

司法解释

最高人民法院关于适用《中华人民共和国民事诉讼法》执行程序若干问题的解释（节录）
（2008年11月3　法释〔2008〕13号）

第十五条 案外人对执行标的主张所有权或者有其他足以阻止执行标的转让、交付的实体权利的，可以依照民事诉讼法第二百零四条(修订后第227条)的规定，向执行法院提出异议。

第十六条 案外人异议审查期间，人民法院不得对执行标的进行处分。

案外人向人民法院提供充分、有效的担保请求解除对异议标的的查封、扣押、冻结的，人民法院可以准许；申请执行人提供充分、有效的担保请求继续执行的，应当继续执行。

因案外人提供担保解除查封、扣押、冻结有错误，致使该标的无法执行的，人民法院可以直接执行担保财产；申请执行人提供担保请求继续执行有错误，给对方造成损失的，应当予以赔偿。

NO.423　申请执行人执行异议之诉

最高人民法院关于适用《中华人民共和国民事诉讼法》执行程序若干问题的解释（节录）

（2008年11月3日　法释〔2008〕13号）

第二十一条　申请执行人依照民事诉讼法第二百零四条规定（修订后第227条）提起诉讼，请求对执行标的许可执行的，应当以案外人为被告；被执行人反对申请执行人请求的，应当以案外人和被执行人为共同被告。

第二十二条　申请执行人依照民事诉讼法第二百零四条规定（修订后第227条）提起诉讼的，由执行法院管辖。

第二十三条　人民法院依照民事诉讼法第二百零四条规定（修订后第227条）裁定对异议标的中止执行后，申请执行人自裁定送达之日起十五日内未提起诉讼的，人民法院应当裁定解除已经采取的执行措施。

第二十四条　申请执行人依照民事诉讼法第二百零四条（修订后第227条）规定提起诉讼的，执行法院应当依照诉讼程序审理。经审理，理由不成立的，判决驳回其诉讼请求；理由成立的，根据申请执行人的诉讼请求作出相应的裁判。

NO.424 执行分配方案异议之诉

最高人民法院关于适用《中华人民共和国民事诉讼法》执行程序若干问题的解释

（2008年11月3日 法释〔2008〕13号）

司法解释

第二十五条 多个债权人对同一被执行人申请执行或者对执行财产申请参与分配的，执行法院应当制作财产分配方案，并送达各债权人和被执行人。债权人或者被执行人对分配方案有异议的，应当自收到分配方案之日起十五日内向执行法院提出书面异议。

第二十六条 债权人或者被执行人对分配方案提出书面异议的，执行法院应当通知未提出异议的债权人或被执行人。

未提出异议的债权人、被执行人收到通知之日起十五日内未提出反对意见的，执行法院依异议人的意见对分配方案审查修正后进行分配；提出反对意见的，应当通知异议人。异议人可以自收到通知之日起十五日内，以提出反对意见的债权人、被执行人为被告，向执行法院提起诉讼；异议人逾期未提起诉讼的，执行法院依原分配方案进行分配。

诉讼期间进行分配的，执行法院应当将与争议债权数额相应的款项予以提存。